群星闪耀时
这个时代的足坛传奇

瓜迪奥拉

生利的另一种道路

EP GUARDIOLA
OTHER WAY OF WINNING

] 吉列姆·巴拉格 著 陈中捷 译

新世界出版社
NEW WORLD PRESS

北京版权保护中心海外合同登记
图字：01-2014-0780

图书在版编目（CIP）数据

瓜迪奥拉：胜利的另一种道路 /（西）巴拉格著；陈中捷译. -- 北京：新世界出版社，2014.2
ISBN 978-7-5104-4844-7

Ⅰ. ①瓜… Ⅱ. ①巴… ②陈… Ⅲ. ①瓜迪奥拉—传记 Ⅳ. ① K835.514.7

中国版本图书馆 CIP 数据核字 (2014) 第 021564 号

PEP GUARDIOLA: Another Way of Winning by Guillem Balague
First published by Orion Books Ltd, London

瓜迪奥拉：胜利的另一种道路

作　　者：（西）吉列姆・巴拉格
译　　者：陈中捷
选题策划：蒋 祥 陈中捷
责任编辑：丁 鼎
责任印制：李一鸣 黄厚清
出版发行：新世界出版社
社　　址：北京西城区百万庄大街 24 号（100037）
发 行 部：（010）6899 5968 （010）6899 8733（传真）
总 编 室：（010）6899 5424 （010）6832 6679（传真）
本社中文网址：http：//www.nwp.cn
本社英文网址：http：//www.newworld-press.com
版 权 部：+8610 6899 6306
版权部电子信箱：frank@nwp.com.cn
印　　刷：三河市骏杰印刷厂
经　　销：新华书店
开　　本：710 × 1000 1/16
字　　数：320 千字
印　　张：22.25
版　　次：2014 年 3 月第 1 版 2014 年 3 月第 1 次印刷
书　　号：ISBN 978-7-5104-4844-7
定　　价：59.80 元

球员时代的瓜迪奥拉

1994 年美国世界杯

2009 年 5 月 21 日罗马决战之前的新闻发布会上

2008/2009 欧洲冠军联赛决赛，巴塞罗那 2–0 击败曼联，
第三次捧起大耳朵杯，成为西甲历史上首个三冠王

好好瞅瞅这冠军奖杯

2009 欧洲超级杯决赛，巴萨加时赛险
胜顿涅茨克矿工，夺取赛季第 5 冠

9 世俱杯决赛，梅西绝杀，巴塞罗那
胜拉普拉塔大学生，成就 6 冠王

0 年 4 月 28 日，2009/2010 欧冠半决赛次回合，国际米兰与巴塞罗那的比赛
，瓜迪奥拉指导伊布，穆里尼奥跑到两人背后，“充当”起了瓜帅的翻译

2010 年 5 月 16 日，2009/2010 西甲第 38 轮，
巴塞罗那 4–0 巴拉多利德，成功卫冕

2010 年 8 月 5 日， 巴萨 2010 中国行抵京后首个发布会，徐云龙、瓜迪奥拉、洪元硕、梅西、张路合影

巴萨在北京工人体育场进行了训练，
瓜帅十分悠闲地看着自己的队员

2010 年 8 月 25 日，2010 甘珀杯，巴萨 4-2AC 米兰，小罗重回诺坎普与原队友共享金杯

2011 年 1 月 20 日，瓜迪奥拉戴上小丑红鼻子声援某社会活动

新闻发布会上的瓜迪奥拉若有所思

2011 年 5 月 4 日，2010/2011 欧冠联赛半决赛次回合，曼联 vs 沙尔克 04，瓜迪奥拉来到老特拉福德球场考察敌情

在诺坎普的庆祝活
发表激昂的讲话

2011 年 5 月 28 日，巴萨在温布尔顿战胜曼联，再次获得欧冠冠军，兴奋的球员将瓜迪奥拉高高抛起

再次赢得欧冠奖杯，瓜迪奥拉与爱将阿比达尔激动地拥抱在一起

教练组手拉手庆祝胜利

2011 年的美妙伦敦之夜，瓜迪奥拉手捧欧冠奖杯，笑容满面

在诺坎普庆祝的狂欢之夜，瓜迪奥拉向球迷伸出了四根手指，意为巴萨四夺冠军杯

2011 年 5 月 29 日，巴塞罗那夺冠载誉回家，进入诺坎普球场狂欢

瓜迪奥拉打起高尔夫来也是有模有样

2011 年 7 月 30 日，在巴萨与曼联的季前友谊赛后，瓜迪奥拉上前与弗格森问候

2011 年 8 月 31 日，欧洲足坛名帅齐聚精英论坛，弗格森、瓜迪奥拉成为普拉蒂尼的“左膀右臂”

2011年9月8日，瓜迪奥拉获颁议会金质奖章，与家人合影留念

年 9 月 13 日，欧冠小组赛
罗那 vs AC 米兰，面对最后
钟的丢球，瓜迪奥拉难掩失落

球员及教练造访当
童医院看望小球迷

2012 年 1 月 9 日，瑞士苏黎世，2011 国际足联金球奖颁奖礼前的发布会

在 2011 国际足联金球奖颁奖礼上，瓜迪奥拉再次与弗格森相遇

瓜迪奥拉获国际足联
年度最佳教练

2012 年 1 月 18 日，西班牙国王杯 1/4
决赛首回合，皇家马德里 1–2 巴塞罗那

在巴萨执教的这几年，
瓜迪奥拉苍老了不少

瓜迪奥拉和家人一起观看篮球

2012 年 4 月 27 日，瓜迪奥拉召
闻发布会，正式宣布将不与巴萨续

2012 年 5 月 24 日，国王杯前瞻，巴塞罗那召开发布会，瓜迪奥拉迎接最后一战

即将离开巴萨的瓜迪奥拉，他的未来将会在哪里?

2012 年 5 月 5 日，2011/2012 西甲第 37 轮，巴塞罗那 4-0 西班牙人

梅西用 4 个进球送别恩师，两人在场边紧紧相拥

2012 年 5 月 26 日，巴塞罗那在诺坎普举行赛季庆祝活动，瓜迪奥拉与俱乐部告别

卸下巴萨主帅一职的瓜迪
奥拉和妻儿来到纽约度假

瓜迪奥拉接女儿放学，在
与家人享受难得的清闲时

2013 年 6 月 24 日，瓜迪奥拉
将上任拜仁主帅

瓜迪奥拉现身拜仁慕尼黑安联球场

2013年7月16日，拜仁新援蒂亚戈·阿尔坎塔拉正式亮相

3 年 7 月 23 日，拜仁新赛季球队展示
教练和球员亮相安联球场公开训练

2013 年 7 月 24 日，拜仁慕尼黑和巴塞罗那的友谊赛，在场边指挥的瓜迪奥拉十分投入

2013 奥迪杯决赛，拜仁慕尼黑 2-1 曼城，瓜帅再次展现迷人笑容

拜仁慕尼黑拍摄官方宣传照花絮

2013 年 8 月 30 日，欧洲超级杯，拜仁慕尼黑 vs
切尔西，里贝里扳平比分后与教练激动相拥

瓜迪奥拉盛装出席啤
酒节，畅饮欢乐十足

2013 年 12 月 10 日，欧冠小组赛，
拜仁 2–3 曼城，瓜帅神情凝重

2013 世俱杯半决赛，广州恒大 vs 拜仁慕尼黑，里皮和瓜迪奥拉赛后交流

2014 年 1 月 12 日，拜仁慕尼黑多哈冬训

瓜迪奥拉在拜仁又将缔
造一个怎样的神话?

此书献给

我的弟弟古斯塔沃(巴萨球迷)

我的妹妹约兰达(新晋巴萨球迷)

路易斯·米盖尔·加西亚(这辈子都不会是巴萨球迷)

布伦特·维尔克斯(他一直提醒我们足球无关生死)

译者序

2012 年年底，一位朋友向我推荐了这本当时出版不久的新书。彼时距离瓜迪奥拉归隐不足半年，人们对于他的离开和未来抱有诸多疑问，本书作者吉列姆·巴拉格（Guillem Balague）又是欧洲著名的足球媒体人，拥有丰厚的人脉和独特的视角，因此这本书被很多球迷视为找寻真相的所在。我于 2013 年初联系巴拉格先生做欧洲足球媒体人的相关访谈，因此我们有了直接的对话，期间决定将这本书引入中国，并且在翻译的同时联络中外出版社推进此书的中文版授权，过程中得到了家人、朋友和同事的大力帮助，只言片语无法表达谢意。需要说明的是，2013 年年中这本书的平装版在海外问世，其中已经增补了瓜迪奥拉加盟拜仁的章节，披露了瓜迪奥拉离开巴萨后的隐居生活以及复出内幕，译作也及时增加了这一部分内容。

起初在朋友的推荐下阅读这本书，只是抱着了解更多幕后故事的心态，身为一个体育媒体人，我自认为对于瓜迪奥拉、巴萨和足球已经有足够多的了解。但是随着阅读的深入，我开始改变自己的看法，我所了解的不过是大众传媒所报道的内容，而大众传媒对于足球的关注大多只浮于表面，即最能引发话题和吸引眼球的那部分，而水面之下的部分，他们无意触及，或者无力触及。就拿本书主角瓜迪奥拉的身份——教练来说，相较于球员，教练往往被认为是足球世界的配角或者幕后角色，很少有人真正关心教练的工作。媒体往往基于比赛状况、转会操作、日常言论来评判其工作，稍有深入也不过是浮光掠影地谈及其“战术理念”（当然不排除有真正的聪明人可以看透战术细节），然而教练们迅速苍白的发鬓诚实地告诉我们，他们承受的压力超乎寻常，执教工作非常复杂。从这个角度而言，很多人都大大低估了教练工作的难度。大众普遍对教练缺乏尊重，即便是最优秀的教练，也会引来浅薄的非议，他们的形象则非黑即白，显得较为单薄。

不过从另一个角度而言，教练群体本身也并无意寻求被大众理解。他们甚至乐得居于幕后，与大众保持距离。一方面，他们中的绝大多数人认定自己即“配角”，包括瓜迪奥拉在内，他们相信战术最终要依靠球员去实现，自己的工作不过是保证球员发挥出应有实力，而外界的赞誉和注目应当用来滋养球员的信心，教练不应夺其锋芒。另一方面，教练有太多不可言说的秘密，他对于球队了若指掌，他的每一个决定都基于权衡自己所掌握的信息，比如，在旁观者看来一次不可理喻的弃用或许正是他对球队长期规划中决定性的一步，但是无论何时，他都很难将这样的信息表达出来。教练有着太多这样的“不可说”，于是很多时候他们要么避开大众，要么戴上面具和大众交谈。因此，大众往往是在信息不对等的情况下对教练的决定加以评判，事后当你了解到更多信息的时候你便会皱皱眉头，重新组织自己对此事的认知，即便有些时候你的评判碰巧踩对点，你也很难夸赞自己料事如神。

巴拉格所撰的传记与大众传媒对足球的报道有着较大的区别，这本书的聚焦点全在瓜迪奥拉一人身上，因此他既在讲述瓜迪奥拉的足球生涯，也在讲述一名教练的成长经历与工作状态，曼联传奇主帅弗格森所著的序言、瓜迪奥拉本人的自述、瓜迪奥拉恩师的回忆、瓜迪奥拉密友的倾诉、瓜迪奥拉弟子的追述、诸多事件当事人的叙说让视角更为多元。在读完这本书之后，我几乎看到了所有想看到的故事，没错，我了解到了拉玛西亚对瓜迪奥拉的影响，了解到了球员时代他受到的苦难冤屈，了解到了他为成为教练进行的修行，了解到了他如何与球员建立纽带，了解到了他为何与穆里尼奥一拍两散，了解到了他与梅西的微妙关系，了解到了他为何再次离开巴萨，了解到了他为何对拜仁情有独钟……

但是更多的，我看到了一个更真实的瓜迪奥拉，“他”有别于媒体塑造的完美形象，他确实谦逊低调，情感细腻，也富有理想，但是他也有焦躁不安，也会束手无策，也曾不堪重负；更多的，我看到了一名优秀教练所拥有的手段和态度，他对于球队的影响不仅限于排兵布阵，而是渗透到了方方面面各处细节，他对于胜负的看法为他提供了不断前行的动力，在他看来，胜利仿佛是砒霜，而失利才是蜜糖；更多的，我看到了一位背负俱乐部乃至民族期望的“楷模”如何失去力量，他只是想做一个纯粹的足球人，过多的标签和职责让他精疲力竭。这一切不由让我对“瓜迪奥拉们”多了一份敬畏，球迷可以肆无忌惮地评头论足，媒体可以不负责任地指手画脚，球员可以一门心思地专注自我，可“瓜迪奥拉们”才是真正承受这所有并且还要小心翼翼照看那二三十号牛人自尊及雄心的人呐……好吧，足球是亿万人追捧的大众运动，教练却是不求被理解的精英职业。

以上，便是后来我决定翻译这本书的原因，也是后来我决定将更多“足球人”传记引入中国的原因。足球世界确有一些人值得我们沉下心细细品读，瓜迪奥拉，就是其中之一。

虎扑体育主编　陈中捷

2014年1月11日

序　言

在佩普·瓜迪奥拉的球员时代，我曾有机会签下他，但是我错过了。当时他已经意识到了，自己职业生涯的未来不在巴塞罗那。

当时瓜迪奥拉要离开巴萨的理由并不明显，可我们还是与他进行了一次对话，我认为自己很有可能得到他，也许是我选择的时机有问题吧。如果瓜迪奥拉当初能加盟曼联，那一定会很有意思。他是最终斯科尔斯进化成为的那一类球员：他是队长，是领袖，是克鲁伊夫那支非凡梦之队的中场掌控者，他拥有从容的气质，能够很好地利用球来控制比赛节奏，这样的特质也让他成为了那个时代最了不起的球员之一，那也正是我一直在找寻的特质。后来，那个赛季我签下了贝隆。有些时候你回首往昔，忆起那些货真价实的顶级球员，不禁会自问："当初他若加盟曼联会是怎样?"佩普·瓜迪奥拉就会让我陷入这样的沉思。

我理解当时佩普作为球员的处境。在巴塞罗那这样的俱乐部，你内心总是希望自己在此效力终生。尽管那个赛季结束时他离开了球队，可当我们接触他的时候，他大概觉得还有留下的可能。这件事真是让人感叹，在足球的世界，没有什么是天长地久的：岁月就像是一把无情刻刀，终有一天会逼迫你和你的球队做出了断。当时我认为我们给了瓜迪奥拉一条出路，可以让他的职业生涯有另一种可能，结果却不遂人愿。他的遭遇让我想起了12岁加盟曼联的加里·内维尔，我和他情同父子，你依赖他，信任他，他是球队的基石，但是某一天这一切都会成为过去。对于佩普而言，意识到自己在巴萨路到尽头一定非常痛苦。我理解他的犹豫不决，他不想这么快就低头认命，然而某个时刻我们终究要把引援的目光投向别处，机会就这样消失了。

瓜迪奥拉之所以能在教练岗位上取得如此成就，有一点引起了我的注意，那就是他为人非常谦逊。他从来不会得意忘形，总是恭敬有礼，这是非常重要的品质。能够拥有这样的品质是好事，回顾他的整个职业生涯，他一直都是这样谦卑。作为球员的他不是媒体的宠儿，他以自己的方式去解读比赛，他没有强劲的身体素质，却是一位异常冷静的球员。作为教练的他对于球队风格有着严格要求，可无论输赢他都能保持同样的优雅和内敛。说实话，我认为在这个行当里出现这样一个人是件好事。

不过现在看来，他似乎已经到了执教生涯的某个阶段，他感受到了人们对巴萨的期待，深知巴萨帅位的分量。我相信他一定思考过："这样的成功能持续多久？我能不能打造另外一支冠军球队？我能不能创造另外一个欧洲冠军？我能不能保持现在的水准?"

如果我能及时给出建议，我会告诉佩普：稍安勿躁，丢掉一次欧冠冠军并不能让你的执教水准或者球队实力受到贬损。我理解你所承受的压力：佩普的球队每每出战总是背负过高的期望，与此同时，所有的对手又都想要击败他们。实际上，我认为从某种程度上来说佩普也是幸运的，因为他只需要担心一件事即可：如何不让这些对手得逞。

就我个人观点而言，我认为他应当继续。所以，为什么要离开呢?也许这事关掌控球员，事关巴萨风格在被对手熟知之后如何找寻新的战术，又或者事关如何激励球队。以我的经验，一个"普通人"在生活中往往想以最简单的方式去行事。比如说，我知道有些人 50 岁就退休了，可别问我为什么！我一直以来都在观察，像斯科尔斯、吉格斯、哈维、梅西和普约尔这样的人之所以与众不同，正是因为他们拥有非凡的动力，身为杰出的人类个体，他们从来不会担心缺乏动力这种事，因为他们骄傲的自尊不允许他们失去动力。我相信佩普的球队有很多这样的人，他们拥有源源不断的动力，可以成为他人的榜样，这和那些想要早早退休的人截然不同。

比如杰拉德·皮克，从他来曼联的时候我就认识他了，我了解他的个性：他在场下是个悠然自得也很好相处的大男孩，但是在球场上他就是一个赢家。他在曼联的时候就是如此，我们不想让他离开的，他回到巴塞罗那同样如此。和大多数人相比，佩普拥有的球员并不需要更多的激励，也许他低估了他们的自我激励能力？正如你所见，他在巴萨不断斩获荣誉，要让球队保持高水准的竞技状态和长时间的成功的确需要一些特别的才能。但是我相信，他拥有足够多的办法让这一切重现，重现，再重现。

瓜迪奥拉过去4年间在巴萨获得的成就超越了曾经在此执教的所有教练，其中不乏一些响亮的名字：范加尔、里杰卡尔德，以及克鲁伊夫。而且瓜迪奥拉使得球队在某些领域到达了一个更高的境界——比如压迫——严谨缜密的球风和精益求精的态度已然成为了他麾下巴萨的标志。同时佩普还创造了一种球队文化，在这种文化的熏陶下，球员知道自己一旦不努力就会被扫地出门。相信我，要做到这一步并不容易。

关于瓜迪奥拉的未来会充满各种猜测和议论，深思熟虑之后，他的下一步会是怎样？他究竟会不会来到英超？对于瓜迪奥拉而言，在执教这样一支梦幻的巴萨之后，下一站无论是哪里看起来都很难是更优的选择。执教其他球队不会为他卸下分毫压力，也不会降低人们对他的期待。实际上他无论去哪儿都会面临同样的问题：作为一名主帅，他必须为球队决定最优方案，这事关如何选择球员，如何选择战术。事情就是这么简单，从这个角度来讲，无论你去哪儿都是一样的，因为所有主帅都要背负压力。这么多年下来，我在曼联算得上是成功的，但也并非万事太平——每一天每一小时你都要处理许多麻烦事。说到底，你总得和足球世界的人打交道，有太多人和事需要操心：经纪人、家庭、球员状态、年龄结构、球队士气、各类伤病、各方情报，等等等等。如果佩普要去往其他俱乐部，这些他曾经面对过的问题依旧会存在。而人们对他的期待也将如影随形。

所以，为什么呢？为什么他决定要离开？如果在佩普宣布自己的决定前你问我这个问题，我会说这样做是愚蠢的。皇马在20世纪50年代末和60年代初获得了5座欧冠奖杯，我们有理由相信佩普在巴萨也能完成同样的壮举。对于我而言，执教一支球队事关自我激励。如果我是佩普，离开会是最难的抉择。

阿列克斯·弗格森爵士于2012年4月

罗马，2009年5月27日，欧冠决赛

比赛已经进行到了第8分钟，巴萨依然没有找到自己的节奏。球员都各居其位，可没有人展现出足够的侵略性，他们没有扑上去向对方的持球队员施压。面对他们曼联显得太恭敬了，踢得束手束脚。巴尔德斯刚扑出C罗的一脚射门，紧接着又来了一脚，曼联步步紧逼，C罗的这次射门只是将将偏出门柱，就差了那么几公分，这几公分便决定了进，或者不进。

这几公分也决定了世界将如何评判瓜迪奥拉和他在诺坎普的革新。

吉格斯、卡里克和安德森在巴萨的防线间不停传递，是时候做些改变了。瓜迪奥拉猛然从教练席站起身，喊出了急攻的指令，他的声音盖过了罗马奥林匹克球场内的嘈杂声，传到了场上球员的耳中。

依照指示，梅西的位置移动到了曼联的两个中卫之间，扮演伪中锋的角色，埃托奥拉到边路，占据右边路的位置。稳坐教练席的弗格森面无表情，他对于比赛开始至今的局面很满意，感觉一切尽在掌控。

但是局势在改变，起初还只是暗流涌动。梅西的传球找到了伊涅斯塔，伊涅斯塔又将球传给哈维，哈维再度把球送回梅西脚下。卡里克和安德森必须在短时间内做出迅速反应，决定各自分别去盯防哪名球员，卡住哪条传球线路，覆盖哪块防守区域。吉格斯需要跟防布斯克茨，他可帮不上忙。

伊涅斯塔在中场拿到皮球，眼见埃弗拉漏掉埃托奥，右路出现的机会顿时被他察觉。他带球向前，掐准时机将球精准地送到了禁区边缘的埃托奥脚下。面对控球的埃托奥，维迪奇做出了一次搏命式防守，不料

埃托奥轻松闪过，电光火石之间他完全依仗自己的杀手本能将球射向了近角。

那一瞬间，那脚射门最终的结果，以及随之引发的狂欢，使得一个培育了40年的理念得以爆发，掀起了改变未来数年足球世界的惊天巨浪。

致弗格森爵士的一封信

弗格森爵士，佩普之所以抛下他所铸就的一切离开巴塞罗那，那是因为他和大多数教练都不一样。他离开的原因很简单，因为他不是你们那一类的足球人。

2009 年罗马的那场欧冠决赛是你们的遭遇战，也许在那时您就能看出端倪。那场决赛正是瓜迪奥拉理念的全面展示，他将俱乐部的哲学渗透到了比赛的方方面面——从赛前战术准备，最后一次的队内讲话，到最终庆祝胜利的方式，无不如此。佩普邀请全世界加入进来，与自己和队员们一同来感受参加欧冠决战的愉悦。

他信心满满，他相信球队已经准备妥当，可以击败你们。如若事与愿违，球迷也可以昂着头回家，因为巴萨毕竟以自己的方式尝试过，何况更要考虑到之前两个赛季球队经历了那样一段黯淡的光景。自佩普上任一年以来，他不仅扭转了俱乐部的颓势，还大大击退了足坛盛行的功利主义风气，在那些人看来，获得巅峰荣耀和踢出漂亮比赛是不可调和的矛盾，有些人甚至想要背弃体育精神，抛弃应有的底线。是谁定下了这样的规矩，又是谁带来了这样的风气？佩普要逆势而为，因为那是他内心信仰所在。

接下来发生的一切众所周知。

在这段执教旅程的最后，佩普已经不再是罗马欧冠之夜您所见到的那个踌躇满志、激情四溢的少帅了，亦或者如您之后一年在尼翁见到他时那样——在欧足联总部的那次露面是他少有的社交活动。

当他向世界宣布自己要离开执掌了 4 年教鞭的母队时，您可以看到他为之付出了多少：他的眼神疲惫无力，后退的发际线灰影斑驳。在瑞士的那个上午，您在一旁谆谆教诲传授长者箴言，他侧耳旁听神采奕奕反应敏锐，如今这样的神采已不复存在，当您看着他的那双眼睛时尤其可以感受到这一点。您知道吗，后来他还会提及与您之间那短短的15分钟对话，将之视为教练生涯的荣幸。他就像是一个十几岁的追星族一般日复一日地唠叨着："我和弗格森爵士见了面，我还和他说了话！"对当时的他而言，一切都是新鲜而又刺激的，困难对他而言更多地意味着挑战，而非望而却步的鸿沟。

2010年9月那个阳光明媚的上午，一年一度的精英教练峰会在日内瓦湖畔的欧足联总部进行，那是一座充满现代气息的矩形建筑。这是您二人第一次以教练同行的身份在社交场合见面。在那之前，除了罗马之夜的寒暄你们并无其他交集，佩普倒是一直想着哪天可以抛开比赛的烦恼，在您的办公室坐上一会儿。这次峰会为欧洲的精英教练们提供了一次好好聚聚的机会，大家可以一起聊聊八卦，谈谈趋势，吐吐怨气，要知道一年中其余时间他们都是在无尽的孤独中度过的，既要手忙脚乱地打理二十来号球员，还要应付自己的家人和各路经纪人。

在尼翁的贵宾中自然也有穆里尼奥的身影，此前一个赛季，这位个性斑斓的皇马新帅率领国际米兰斩获了欧冠冠军，而他们在半决赛中击败的正是佩普的巴塞罗那。会议将要持续两天，头天上午10点左右你们搭乘面包车抵达欧足联总部，一共配有两部面包车，穆里尼奥搭的是第一部，和他一起的还有时任切尔西主帅安切洛蒂以及时任罗马主帅拉涅利。佩普和您一道，搭乘的是第二辆面包车。您一进入大厦，穆里尼奥便走近围拢您的人群，佩普则默默旁观眼前发生的一切，他用镜头记录着这一刻，这样的瞬间对于他的人生总是别有意义。他身旁尽是足球圈响当当的名字，可他只是在那里聆听、观察并且汲取营养，一如往常。

佩普远离人们的交谈独处了好一会儿，直到穆里尼奥的目光扫到他。葡萄牙人立刻离开了自己所在的人群，热情地上前与佩普握手寒暄，相视而笑。他们热络地聊了几分钟，此情此景吸引了一些同行的注意，于是云达不莱梅主帅托马斯·沙夫也加入了进来。

这是佩普·瓜迪奥拉和何塞·穆里尼奥最后一次充满善意的交谈。

之后教练们走进主会场进入当天峰会的首个议程，会上你们侃侃而谈过去这个赛季欧冠比赛中出现的战术趋势，当然还有诸多话题涉及西班牙称雄的2010年南非世界杯。首个议程结束后，大家摆好姿势拍摄集体照。德尚坐在前排正中央，刚好在瓜迪奥拉和穆里尼奥中间，队列左侧您坐在安切洛蒂身旁，当时场面欢腾，可谓其乐融融。

在第二项议程开始前还有一次茶歇，您和佩普刚好就坐在了同一区域，眼前则是美不胜收的日内瓦湖景，这里可以俯瞰湛蓝的湖水，亦可以远眺湖滨上极具特色的建筑。

佩普在您面前毕恭毕敬。在他眼里您一直是教练界的巨人，但是在那个上午，您只是一位笑容可掬的苏格兰老人——球场外的您经常露出如此神态。尽管佩普当时已经拿下了9项赛事中的7个冠军，尽管整个足球世界都在议论他在巴萨进行的是升级还是改革，他却依旧保持着让您赞赏的谦卑。佩普的活力和阳光为这个行业带来了一股清新之风——这是大家在当时的共识。

不多时，那场茶歇闲聊就自然而然地演变成了师生间的简短授课，佩普喜欢见证和了解那些传奇人物在足球世界的非凡经历。他记得范加尔时代的阿贾克斯和萨基时代的米兰的许多细节，关于这两支球队，他总有说不完的话。欧冠奖杯对他而言充满神圣感，就好像当年那件普拉蒂尼的签名球衣一般。而在佩普心中的荣誉殿堂中，您也占据了一席之地。

佩普像学生一样聆听教诲，细细咀嚼每个单词，他对您的敬仰已然多了几分虔诚，这并不仅仅是因为谈话的内容或者您对职业足球的洞察力，相比您的见识，更打动他的是您所站的高度。

他对于您在曼联漫长的执教生涯心生敬畏，毕竟要在一支球队的帅位上坐这么久需要思变的勇气和强韧的精神。佩普也一直认为身处巴萨或曼联这样的球队，承受的压力必然不同于在其他球队。他渴望了解，在获得一系列成功之后，人该如何继续保持对胜利的饥渴，不至于失去前进的动力。他认为一支常胜球队也需要经历失败，以此接受只有挫折才能带来的教训。佩普想要知道弗格森爵士您是如何处理这些难题的，您如何保持清醒的头脑，您如何面对失败。你们没有太多时间来逐一讨论，但下次见面时这些问题一定会被提及，这点您可以确信无疑。

佩普推崇您面对胜负时的泰然处之，佩服您维护足球哲学时的全力以赴——而您也建议佩普如您一般忠于自己，捍卫信仰的理念，听从内心的声音。

“佩佩。”您说道——出于尊敬他甚至都没有纠正您对他名字的误读，“你必须看清自己是谁。很多年轻教练因为各种各样的原因改变了自己的本性，可能是因为你无法掌控周围的环境，可能是因为某些事情的开端并不顺利，又或者是因为胜利让你迷失了自己。于是突然之间他们想要对战术进行修正，他们还想要对自己大动干戈。他们没有明白，不管在何种情况下，你只有保持本色，才能面对足球这个怪物，并且一举击败它。”

对您而言，这些话也许不过是友善的建议，面对年轻的面孔您总是会不由得升腾起父爱般的关怀。然而有意无意之间，您向佩普泄漏了自己在足球世界长盛不衰的秘密、前行的动力以及和这项运动之间奇异的羁绊，深陷足球圈，你时而感觉被束缚，时而又感觉被释放。

当佩普苦闷地盘算未来的时候，您的话语一次又一次地浮现在他的脑海。他明白您所说的含义，但是，在巴萨执教的 4 年之间他还是不由自主地扭曲了自己。足球这个怪物，终究还是改变了他。

您警告他不要迷失真实的自我，但他还是改变了，部分原因在于那些对他满怀感激和崇敬之情的球迷，他们忘了他不过是一个足球教练；部分原因在于他自己，他渐渐发现自己无法做出决断，那样既会伤害他自己，也会伤害他的球员——最终情感的包袱让他不堪重负。于是终有一日，佩普认定，找回自我的唯一方式便是抛下自己创造的一切。

他很想遵循您的箴言，可是他终究不是您，弗格森爵士。有些时候您将足球比作奇怪的牢笼，虽然身陷囹圄却无意逃脱。温格和您观点相同，他也无法理解，瓜迪奥拉拥有世界上最好的球员，所有人都对他们赞赏有加推崇备至，为何他会离开这支荣誉满载的梦之队。

佩普宣布离开巴塞罗那的那个上午，也就是他们在欧冠半决赛爆冷负于切尔西之后的第三天，温格在接受媒体采访时说道："巴萨的哲学高于冠军的得失。虽然欧冠出局，但现在也许不是做决定的正确时机。哪怕过去的一年让人失望，我仍然希望瓜迪奥拉可以留在巴萨，继续捍卫他的理念，那会是一件很有乐趣的事。"

而佩普的大脑一刻也不得停歇，在每一次做出决定前都会以每秒100次的转速运行——即使在他做出最终的决定前，他依旧在质问自己。他无法逃避自己的宿命（作为一名教练回到巴萨），但是他无法在这样的强压下继续生活下去，那几乎将他的精力消耗殆尽。他的世界充满了太多的困扰、争执、怀疑和永远无法满足的期待。当他和朋友去打高尔夫时，当他瘫坐在家中沙发上和妻子克里斯蒂娜以及3个孩子一起看电影时，当他在夜晚无法入眠时，这一切都缠绕着他挥散不去。不管身在何处，他一直都在工作、思考、抉择和困惑。让他和工作（以及巨大的期望）分开的唯一办法就是彻底离开。

2007年还是新手的他激情满怀地接过了巴萨B队的教鞭，5年后他在一队挂印而去，他几乎耗尽了精力，身后留下的则是14座冠军奖杯。这并非我自己臆造的说辞，佩普在确认离去的新闻发布会上亲口讲述了自己是如何的疲惫。

还记得吗？2011年金球奖颁发前，您还被记者问起过佩普。您获得了终生成就奖，他获得了年度最佳教练，你们刚好出席同一个新闻发布会。您的回应非常直接："瓜迪奥拉去哪里会比待在巴塞罗那更好呢？要是他萌生去意，我一定难以理解。"

也就是那一天，巴萨技术总监，同时也是佩普挚友的苏比萨雷塔找到了他，苏比萨雷塔很了解尼翁那次对话对佩普的影响，也深知您在他心中的地位，他对佩普说道："听听弗格森这个智慧老人说的话，他经历了人世和足球圈的种种……"此时的佩普已经将赛季末想要离开球队的念头告诉了苏比萨雷塔，他回击道："你这个杂种，老是想方设法让我拿不定主意！"

弗格森爵士，看看2008年佩普刚刚接手巴萨一线队时的影像吧，那时候的他看起来比37岁的年纪更年轻，踌躇满志难掩激情。可4年后再看看他，是不是看起来比41岁的实际年龄更老呢？尼翁的那个上午，作为主帅的他还在率领球队攀向一个令人炫目的全新高度，创造前所未有的辉煌历史，在日内瓦湖畔的那次短暂对话之前，佩普已然找到了战术创新的方案。在之后的3个赛季里，他在攻防两端的策略更具革命性，他的球队也几乎在每一项参加的赛事都获得过成功。

问题在于，一路走来，每一次的胜利都让他离告别更近一步。

一个在经济危机中沉浮的国家需要找寻时代的偶像，于是他们将佩普描绘成了这个社会的领袖，一个完美无瑕的楷模。弗格森爵士，正如您所知，人无完人。也许您不会同意，但是几乎没有人可以承受如此重担。

成为巴萨主帅需要充沛的精力，4年后的他已经不再享受欧战的夜晚，皇马又在场内外将西甲变成了一场寸步难行的角逐，佩普觉得是时候抽身离开了——他13岁就来到了巴萨，除去6年的漂泊，他为这支球队倾尽所有。当他回到这里之后——因为他注定要回来——以激流勇退的方式离开难道不是最好的结局吗？

再看一下佩普的照片吧，弗格森爵士。他已经将自己的一切献给了巴塞罗那，如今看来，他离开的原因是不是更明了了呢？

目录

CONTENTS

1. 他为什么要离开?

1. 为什么

2011 年 11 月，巴萨即将在欧冠小组赛中远征米兰，彼时的佩普已经在球队执教了 4 年，临行的最后一堂训练课前，他让队员围成一个圈。他要说出一个秘密，一个他、蒂托·比拉诺瓦以及医生一直向球队隐瞒的那个秘密，但是那一刻的悲恸让他无语凝咽，他竟然无法完整地表述自己的语意。焦虑，不适，他的声音颤抖不止，不得不退到一边。医生只得代而为之，向球员们宣告事态的严重性。佩普的眼睛一直盯着地板，拿着那只常用的水壶往嘴里灌水，以防再度失声，只是有些时候这样做也无济于事。

医生随后告诉队员们，佩普的得力助手，也是他的挚友比拉诺瓦的腮腺——最大的唾液腺——出现肿瘤，必须接受手术进行摘除，因此他无法随队前往意大利。

两个小时训练结束，队员离去时依旧难以从震惊中缓过神来。佩普则远离人群，独自一人默默徘徊。之后与米兰的一战惊心动魄，两队放手进攻，为球迷们奉献了一场高潮迭起的对攻战，最终佩普的球队以 3 -2 击败米兰，在本小组占据头名。尽管战果喜人，佩普依旧愁眉不展。

人们总是说：人生无常，世事难料。往往当你觉得自己无所不能的时候，生活就会给你一些教训，然后你又会想起挫败也是生活的一部分。在得知比拉诺瓦患了重症之后，瓜迪奥拉对于人生的思索开始加速。之前的一个赛季他也经历过类似的心路历程，当时是因为阿比达尔的肝部长了一个肿瘤。法国左后卫最终得以康复，不仅赶上了欧冠半决赛对阵皇马的第二回合比赛，还上场踢了一小会儿，佩普将那场比赛形容为自己记忆中诺坎普最令人动容的一夜。当时比赛已经进行到了第90分钟，巴萨与皇马1－1战平，在首回合战胜对手的情况下他们一只脚已经踏入了欧冠决赛，阿比达尔上场时迎接他的是诺坎普球迷极为罕见且热烈的集体起立鼓掌。要知道加泰罗尼亚人和英格兰人非常相似，他们在情感的表达上有很强的从众倾向，他们生来喜欢压抑自己的情感，只有转化为群体情绪才能被真正释放。

那场比赛过去几周之后，在佩普和球队其他人毫不知情的情况下，普约尔亲手将队长袖标交给了阿比达尔，由法国人代表球队从普拉蒂尼手中接过欧冠冠军奖杯。然而又过了差不多一年，医生告知法国左后卫先前的治疗失败，他需要接受肝移植。

阿比达尔和比拉诺瓦的病情对瓜迪奥拉的打击非常大，他因此动摇了。瓜迪奥拉是个喜欢预测未来的人，球队事无巨细他都要过问，还会为意外状况精心准备预案。可是阿比达尔和比拉诺瓦的病情是无法预见的，也是无法控制的。当这些事发生的时候他感到既无助又无力，更让他揪心的是自己所在意的人的生命正在受到威胁。

在米兰得胜之后，球队需赶赴马德里对阵实力平平的赫塔菲。巴萨在那场比赛中完全占优，却始终无法攻破对手的球门，最终遗憾落败。瓜迪奥拉和球队原本想以一场胜利祝福比拉诺瓦，这个结果也让他们的愿望落空，此时的巴萨助教已经成功接受了肿瘤摘除手术，开始进入康复疗程。

就在这样一座寒气逼人、空空荡荡的球场里，巴萨以0－1输掉了比赛。这些球员（以及他们的主帅）曾经主宰了多少个辉煌的夜晚，然而在这样一场堪称丑陋的比赛之后想让他们重新振作变得愈发困难。丢掉3分使得巴萨在联赛冠军的争夺中早早地落在了后面，佩普为此不免感到沮丧。争冠对手皇马则以 4 –1 击败了同城死敌马德里竞技，将积分榜上的领跑优势扩大到了 5 分，他们对成功充满了饥饿感，迫切地想要为瓜迪奥拉的时代画上休止符，彼时的皇马看起来势不可挡。

赛后，佩普的情绪让球队成员感到担忧，而在西甲联赛中的颓势并非佩普低落的唯一原因。2011 年 11 月 27 日的早晨，巴萨正搭机回程，佩普从未像此时一样孤独、颓丧和沉默，他所表现出的痛苦远多于经历了一场单纯的失利。他身边的座位空着，没有人想坐在那里，因为那是属于比拉诺瓦的位置。

相比此刻，你很难看到巴萨主帅情绪更低落的时候了。

若在佩普做出决定之前有机会开口，弗格森会告诉他："看清这份工作的本质，不要做出愚蠢的决定。"可如果曼联主帅见过那架飞机上孤独的佩普，他可能会改变自己的看法。

安东尼·苏比萨雷塔目睹了蒂托病情给佩普带来的沉重打击，无论是前往米兰和马德里的途中，还是那些比赛前后的训练课上，佩普的神态举止他都看在眼中。就好像有一柄利剑刺穿了他的身躯，他的生命力透过那个窟窿不住地往外倾泻。他看起来灰心丧气，脸庞日渐瘦削，身子佝偻萎缩，整个人顿时苍老了起来。

苏比多么希望知道该对佩普说些什么，知道该如何安慰他鼓励他。也许那一样于事无补，但是让他感到懊恼的是自己当时束手无策。

蒂托最终渡过了难关，但是那个星期让佩普认清了一件事——他内心最深的恐惧确实存在，那就是自己还没有做好准备去承担更多：他没有做好准备去背负更多的重责，他没有做好准备去找寻更多的解决方案，他也没有做好准备去规避更多可能的危机，他更没有做好准备去面对更多无休止的工作和计划，那些事让他更多地远离了家庭。

佩普 10 月以来一直存在于心的疑虑终于被确认了。也就是在与鲍里索夫的欧冠小组赛之后他告诉苏比和主席罗塞尔，他认为自己的精力不足以继续执教一个赛季：所以如果被问及续约事宜，他的回答将是"不"。这是一个非正式的决定，但是他已经将感受告知外界。俱乐部则迅速做出了回应：他有足够的时间去考虑自己的决定，现在还不急着下定论。

作为佩普一生的朋友，也是他的同事，苏比深知他的个性，这个时候最好不要给他压力。技术总监希望佩普的表态只是因为他感到了一丝疲倦，毕竟他此时的低落也是情有可原的。回想当初他们还是队友的时候，苏比也曾见过瓜迪奥拉的情绪如此大起大落。

苏比想起了佩普刚刚执教一线队时两人的一次聚餐，这是一次朋友间的聚会，苏比当时还没有在俱乐部任职，佩普则兴奋地描绘着自己如何在球队大展拳脚，新政如何获得良效，他的激情是如此的具有感染力。但是他也告诉苏比，自己不会在这个帅位上永远坐下去。这是佩普的自我保护，因为他和其他人一样清楚俱乐部终有一日会将主帅无情地扫地出门。他认定总有一天自己会失去球员，他的话语将变得无足轻重，因为长期而言，你无法控制整个大环境——包括媒体、主席之位的争夺、脱口秀节目的内容、前任主帅（或球员）的影响等等。

佩普的朋友查理·雷克萨奇曾经是巴萨的球员，也是约翰·克鲁伊夫那支巴萨梦之队的教练组成员，堪称这家加泰罗尼亚俱乐部的标志性人物，是巴萨俱乐部哲学的布道者，充满了传奇色彩。他经常把这样一句话挂在嘴边：做巴萨的主帅，只能把 30% 的精力用于球队本身的建设，其余 70% 要用来应付庞大机构和和繁复制度带来的包袱。佩普在球员时代就感受到这一点，作为教练他也很快地体验到了这种没完没了的压力，查理的话一点都没错。

克鲁伊夫也很清楚这一点，有段时间他和瓜迪奥拉经常一起吃饭，他早就警告过佩普——在巴萨执教会一年比一年困难。如果他能回到过去，再次成为梦之队的主帅，他会提前两年离开球队。“该走就走，不要强留。”克鲁伊夫曾这样告诫佩普。

所以苏比萨雷塔知道要说服佩普留下很难，他只能等待一个最佳时机。为此他大多数时候避而不谈这个话题，只是偶尔试探一下瓜迪奥拉的口风。但是对于自己的未来，瓜迪奥拉从未给出确切答案，他每次给苏比的回应都大同小异，无非是“你知道我最近日子不好过”，抑或是“我们以后再说”。

2011/2012 赛季伊始，瓜迪奥拉召集球员开会，之前一个赛季他们刚刚赢得了联赛和欧冠的双冠王。他提醒自己的球员：“你们应当清楚那不是终点，你们要继续赢下去。”自从足球发明的那一天起，所有冠军队教头都会如此训诫球员，巴萨也确实携双冠余威继续收割奖杯：先是西班牙超级杯，再是欧洲超级杯，最后是 12 月的世俱杯。

但是巴萨原本就阵容单薄，比利亚和阿比达尔的伤病使得瓜迪奥拉的用人更加捉襟见肘，国王杯和西班牙超级杯（这两项赛事中他们都战胜了皇马）的倾力投入让他们在西甲战线上付出了高昂的代价。这两项赛事的胜利也让巴萨的球迷更加拥戴佩普，就好像他们已经阻止了死敌复兴一般。

进入 9 月，与 AC 米兰的欧冠小组赛成为了整个赛季的转折点，也为之后发生的一切埋下了伏笔。意大利人在比赛最后时刻攻入一球，在诺坎普以 2－2 战平了巴萨。那粒失球源于一次防守糟糕的角球，瓜迪奥拉因此得出结论，他的球队已经失去了锐气，导致失分的原因在于他们在防守中注意力不集中，而对比赛的投入恰恰是巴萨此前出类拔萃的原因所在。紧接着球队在西甲遭遇接二连三的客场噩梦，其中就包括了 11 月 0－1 负于赫塔菲一战。

佩普偶尔会自问，球员是否还像过去几年那样服从自己的指挥。3－4－3阵形无法按设想运转也让他苦思冥想；他好像已经知道自己无法执教到第五个赛季，于是他开始冒着风险对首发阵容动刀；他还意识到掌控球员变得愈发困难，有些人若不抛弃恶习也许会就此走入歧途。丹尼·阿尔维斯夏天和妻子闹分居，圣诞假期又逾期不归，尽管赛季还在进行中，瓜迪奥拉依旧出人意料地给了他一个礼拜时间去“清醒清醒”。这样的惩戒，至少是这样公开的一次惩戒，在这家西甲豪门的历史上并无先例。

此外巴西边后卫对战术指令的漫不经心也为他招来了数次当众斥

责，要知道，往常佩普很少会公开批评球员。某场比赛，阿尔维斯在进攻端的投入远远逾越了自己的职责，赛后瓜迪奥拉告诫他："你首先是一个后卫，归根结底，你是一个后卫。"与此同时，即使是坐冷板凳巴西人也显得满不在乎，他还不是唯一一个。在比赛中看着这些漫不经心的脸，佩普感到了灰心。当有人为不能首发而恼怒的时候，佩普选择了委婉的回应，他褒奖了普约尔和凯塔，他们即使出任替补也毫无怨言。他是这样对球员们说的："我相信他们在心里把我咒骂了几千遍，但是他们明白，最重要的是团队利益。"

按常理说，这样的问题在任何一支球队的更衣室都很常见，时间越长越是屡见不鲜。但是每一次冲突，即使是最琐碎的矛盾，都会腐蚀佩普在自己和球员间精心构建的桥梁。

当然那个赛季仍有亮点，巴萨在 2 月的国王杯四分之一决赛中淘汰了皇马，瓜迪奥拉在某一刻好像又恢复了前几个赛季的神采：面对挑战斗志昂扬，好像有耗之不竭的精力。球队当时依然在为各条战线的冠军而战，佩普对未来三缄其口招致了一些媒体主编的批评，他们给他贴上了"十全圣人"和"故作玄虚"的标签，俱乐部高层则认为若球队战绩优异，瓜迪奥拉就会选择留下。

苏比萨雷塔一直试图在续约问题上和佩普达成某些共识。11 月的时候，技术总监提出由比拉诺瓦做佩普的接班人，也许这是一个逻辑上说得通的备选方案，同时也是苏比萨雷塔的策略，他想让佩普更清晰地了解离开的后果，也许这样做可以让佩普再考虑考虑。

私底下，俱乐部思量着佩普的生日也许会是转机。两年前，为了庆祝自己的 39 岁生日，瓜迪奥拉带着爱人克里斯蒂娜前往加泰罗尼亚乐队 Manel 的演唱会。当时他尚未续约的消息全国皆知，乐队和现场观众特意改动歌词为他庆生，并请求他与球队续约。第二天瓜迪奥拉就宣布在球队再干一年。

2012 年 1 月 18 日，那是瓜迪奥拉的 41 岁生日。巴萨刚刚在东京的世俱杯上击溃桑托斯夺冠，比拉诺瓦也已经回到了球队，俱乐部认为万事俱备，让佩普改变心意的时机已经成熟。但是他依旧没有点头。

在之后的几个月里，技术总监苏比萨雷塔和主席桑德罗·罗塞尔都数次旁敲侧击提及此事，甚至在私人聚餐上也是如此，直到2012年4月25日他宣布自己心意已决。

“嘿，想得怎么样了？”2月的一次社交活动上罗塞尔向佩普如此发问，在场的尽是加泰罗尼亚的政界显贵和社会名流，也许这并不是发问的最佳时机。

“现在还不是时候，主席。”佩普的回应直截了当，他从不放松戒备。

罗塞尔在2010年6月前任主席拉波尔塔任期已满之后赢得了选举，在那之前数月佩普已经同意续约一个赛季，但是他希望新主席上任后能确认合同细节。罗塞尔走马上任两周之内这份合同都没有敲定，没有点头，没有谈判，甚至没有只言片语。在此期间，之前一个赛季以2500万欧元加盟巴萨的迪米特洛·齐格林斯基被以1500万欧元的价格卖回了他的老东家顿涅茨克矿工。瓜迪奥拉顿感不悦，他不想把这名中卫卖掉，可俱乐部告诉他球队资金吃紧，需要现金来分发工资，实际上罗塞尔只是想用这样的方式向人们证明前任主席拉波尔塔是个败家子。

那段时间风波不断，佩普的恩师约翰·克鲁伊夫交还了拉波尔塔授予的荣誉主席徽章，这一公开之举将两任主席之间的争斗推向高潮。树欲静而风不止，瓜迪奥拉就这样被夹在了中间。

这显然不是一段友谊的开始。

自罗塞尔上任之后各家媒体也突然变得面目可憎起来：国家电台凭空指控巴萨服用禁药；与皇马的欧冠半决赛充斥着阴谋论；主帅在球队的未来也成为了媒体炒作的焦点。但是与口无遮拦的拉波尔塔相比，新任主席更想保持低调，也有部分原因在于他觉得自己开口是不合时宜的。他感受到了束缚，他觉得自己身处的俱乐部已经拥有了一个万众膜拜的偶像，不管这个偶像是不是自己想要的，他已然存在于此。那就是瓜迪奥拉，所以罗塞尔不得不在很多问题上迁就主帅的原则，若不是权威尚嫌不足，他很想在这些问题上说“不”：庞大的教练团队，高昂的衍生费用，以及最大的分歧——签下法布雷加斯。

而在主席争端中罗塞尔一度难以平息怒火，执意要向对手复仇，他对拉波尔塔提起了民事诉讼，指控其在俱乐部经营中存在财政舞弊，这意味着拉波尔塔的个人资产可能会被冻结。这时候，佩普邀请前任主席共进晚餐，他像朋友一样看着拉波尔塔，这个给了佩普第一份教练工作的男人就这样当众落泪。他的生活已经支离破碎，他可能还要失去自己的一切。几天过后，瓜迪奥拉在一次新闻发布会上承认自己为拉波尔塔感到难过。据罗塞尔的助手所言，主席认为这是一次“令人不快的意外”。

紧张局势得到了缓解，诉讼案也就此不了了之，但是诺坎普不会遗忘此间发生的一切。

所以毫不奇怪的一点是，瓜迪奥拉与拉波尔塔之间拥有的那种认同感从未在他与罗塞尔之间产生过，但是主席也不是非得爱你不可。罗塞尔在伦敦代表球队领取劳伦斯最佳团队奖时被问道：“如果佩普赛季末离开会怎样?”主席是这样回答的：“这家俱乐部在他来之前就已经存在，他走后依然如此。”

是的，主席不是非得爱教练不可，只是二人行事风格如此明显的截然不同，若非如此，会不会对俱乐部更好一些呢?

“把下赛季要做的事列个清单，这可以帮助你理清思路，看看自己是不是真的要做这些事。”苏比萨雷塔还没有放弃尝试。眼见瓜迪奥拉的心思渐渐明朗起来，苏比萨雷塔想要找个好法子让他重新审视自己的决定。佩普笑答：“不是时候。”又是这句话。

试探性的施压依旧无效，也许压根不提这事会更好。苏比再次改变自己的策略，自打那时起，这个话题几乎从主席、技术总监和主帅之间消失了。一切都取决于主帅自己，他何时做好准备，就何时告知他们心中所想。

赛季中有几次佩普似乎看穿了苏比萨雷塔的心思，面对唠唠叨叨的老友他的嘴角扬起似是而非的笑，苏比萨雷塔立刻便知主帅远未做好准备，还不是谈论续约的时候，要想在那个时候和佩普好好沟通正经事门都没有。

和苏比萨雷塔一样，队员们也说自己非常了解佩普，他既会和大伙儿开开玩笑轻松轻松，也有足够的威严让全队端正坐姿洗耳恭听。作为教练，他不会放过任何一个可以提升他们表现的小细节，他能够洞察这项运动的奥义并且倾囊相授。但是队员们也说，教练身上有很多他们读不懂的东西。他们看到了一个复杂的个体，他总是深思熟虑，有时候甚至到了有些偏执的地步。队员们说他们确信教练想要和妻儿相处更久，但是他不能，因为他的大部分时间都花在了如何赢得比赛上。他是为此而生的，有些时候他们也会困惑：他的偏执是不是过火了？

然而对佩普而言，那样的偏执正是找寻灵感所必须的，只有偏执才能让他预知下场比赛的走势，只有偏执才能让他找到获胜的方法，或者用他的话说，只有偏执才能让他“感受到这份职业的分量”。

虽然身后有一个 24 人之多的助手团队，他的工作时间依然比绝大多数人都要长，尽管俱乐部为他配备了专门分析比赛的专家团队，他依然要在这项业务上亲力亲为。“对我而言，最美妙的莫过于设想每场比赛的状况。”瓜迪奥拉说道，“我的战术板上有哪些可用的棋子，我可以用什么方式去应对比赛，我的对手又会如何出招……我一直都在尝试设想这些将要发生的事。我要让球员心里踏实一些，让他们知道自己会遇到怎样的状况，这可以帮助球队表现得更好。”

任务一个接着一个，比赛一场接着一场，在此间忙碌是瓜迪奥拉最感生命力旺盛的时候，接二连三的挑战让他肾上腺素急剧分泌，他沉浸其中不可自拔。对这份工作的理解既能满足他的渴望，也会燃烧他的生命。但是对他而言没有第二条路，他对球迷只有一个承诺，2008 年率队亮相时他是这样说的：“我向你们保证，我们会努力奋斗。我不知道我们是不是一定会赢，但是我们会非常拼命。系好你的安全带，享受这段急速飞驰的旅程。”

瓜迪奥拉的工作热情传承自父母，同时也是非常典型的加泰罗尼亚人价值观：用辛勤诚实的劳动来救赎你的灵魂，为自己的工作倾注所有。2011 年 7 月，他在加泰罗尼亚议会宫被授予了国家金质奖章，这是加泰罗尼亚公民的最高荣耀，旨在表彰他为加泰罗尼亚体育精神传扬做出的贡献。在这样一个具有象征意义的场合，佩普在获奖感言中说道："如果我们每天都能早起，我是说真的起得很早，然后好好思考，相信我，我们会是一个无比强大的国家。"

然而与此同时，佩普也为自己设立了难以企及的高标准，不够完美成为了始终困扰他的难题。他也许看上去很强大，强大到足以把一支球队乃至一个民族扛在自己的肩上，可实际上他对于外界对球队的反应相当敏感，他担心球队无法达到球迷的期望从而让他们失望，或者说，他也在担心自己无法达到自己的期望。

有一次他对密友吐露心声："我设想了一个解决问题的最佳方案，但是有些时候球员在比赛中的表现较之我的设想更胜一筹。那种感觉就像是经历一次小小的挫折，我应该先于他们找到那个方法才是。"

俱乐部上下、技术总监和主帅都试图通过训练和分析的手段降低比赛的不可预知性，减少比赛中的意外。在一场比赛前，主帅需要明确自己的策略，但是最终责任还是会落到球员身上，你无法操控球员，更进一步说，球场上依然存在着无穷的变数。2009 年斯坦福桥一战，巴萨眼看就要输掉比赛，伊涅斯塔绝杀救主，试问旁人该如何解释此球？对佩普而言，这是足球的神奇之处，却也是让他沮丧的原因。他想要预知不可预知的事物，无论他多努力，这都是一场无法取胜的较量。

"瓜迪奥拉热爱足球。"他的朋友、电影导演大卫·特鲁巴写道，"他喜欢胜利的感觉，这是竞技体育的意义所在，尤其是以适当的方式去获得胜利。他搭建了这样一个体系，需要你做的只是信任他信赖他。当他发现球员开始松懈下来，斗志不再旺盛，思想出现动摇，哪怕在一堂无关紧要的训练课瞥见这样的苗头，他也会因此感到忧伤，意志消沉到恨不得扭头就走。"

“其实这根本不值得多虑。”特鲁巴继续写道，“可谁让他是这样一个偏执的工作狂呢？他在意一切细节，因为他知道细节可以决定成败。他热爱自己效力的这家俱乐部，他认为每个人都不过是构成这个庞大建筑的一块砖头，做好分内的事，拿好该拿的钱，别想着索取哪怕一星半点的额外好处。他也不想被人当成导师或者圣人，他希望大家把他看作一个纯粹的教练，当然得是一个好教练。其他所有的责任都是外界强加到他身上的，这个社会需要道德楷模，这自然是有利有弊的。也许大家都厌倦了欺诈、投机和为恶，想想有些人为了达到商业或政治目的不惜通过电视和其他媒体来传播这种不良的价值观，以此来教人投机倒把损人利己。他就生活在这样一个社会中，但是他用非常简单的方式净化了这个社会，那就是好好工作，他就像一个默默砌墙的砖瓦匠一般，即便没有人关注，没有人喝彩，依然要砌好每一块砖。好好工作，最终让公众了解了他的价值观。”

“主帅的工作是没有尽头的。”佩普经常这样说。多少个夜晚，佩普这个足球疯子①都会留在训练基地反复观看同事们早已分析透彻的视频录像，然而某一天早晨，教练们却在训练场上察觉到了他的神色异样。那个充满活力的佩普不见了，取而代之的是个沉默寡言的男人，即便他开口，也是一副心事重重的样子。“出什么事了？”他的同事询问。“昨天我原本要去看我女儿的芭蕾表演，但是我去不了。”“为什么？”他的朋友惊讶地问道。“因为我在看对手的比赛录像。”

“说真的，我每天都觉得自己明天就会走人。”在执教球队两年之后的某次公开场合上瓜迪奥拉这样说道，“当你在掌权的时候心里也得有数，自己不是非得待下去不可。我一边好好工作，一边也希望自己能自由地决定未来。签下长约对我而言会是痛苦的折磨，那样会让人失去激情。所以我选择一年一签，要是可以，我真想半年一签……我认为人做每件事的动机都在于找寻你真正的热爱，然而这也是当下最难的事。找

---

① 西语为 enfermo de fútbol，他的一些爱将对他的爱称。

寻你真正的热爱，是一切工作的本质。”

但是，在他执教的最后一个赛季，他再也找寻不到这种本质：他不再享受欧冠的大战之夜，焦虑和彷徨折磨着他。我应该继续待下去吗？继续待下去对球队和我有好处吗？我是否应该想出一些新招来激励球员？我能不能找到别的办法让梅西得其所需？那么伊涅斯塔、法布雷加斯和阿尔维斯又当如何？这样的状态下我能不能再坚持一年？甚至一个月？荣誉满载的年轻教练今后的路该怎么走？是不是应该走出去接受新的挑战？

罗曼·阿布拉莫维奇对于瓜迪奥拉的忧虑感知已久，他想要趁虚而入。在佩普执教巴萨的最后两年里，阿布始终在追逐他，俄罗斯富豪多次试图说服瓜迪奥拉入主斯坦福桥。2011 年夏天，也就是安切洛蒂离开切尔西之后，阿布的追求攻势达到了高潮。当时安德烈·维拉斯·博阿斯只是切尔西主帅的第四候选人，排在他之前的有希丁克、穆里尼奥以及当年 2 月刚刚续约一年的佩普。6 月，瓜迪奥拉着手开始自己在巴萨最后一个赛季的工作，此时阿布拉莫维奇通过中间人向佩普发出邀约，请他搭乘私人直升机前往自己在摩纳哥的游艇会面。佩普礼貌地拒绝了：“不要再对我谈这件事了，我不想见罗曼，说不定以后会改变主意。”阿布在瓜迪奥拉执教巴萨的最后几个月卷土重来，在解雇维拉斯·博阿斯之后他先是两度找到贝尼特斯，想要提供给对方一份 3 个月的短约。切尔西老板觉得自己能够说服佩普放弃休整一年的计划，在离开巴萨之后直接接管切尔西。

2012 赛季末，在佩普·瓜迪奥拉真正从公众视野中消失前，切尔西老板递上了最后一份报价，他提出由一位临时主帅执教球队一年，一年后球队主教练之职依然对佩普虚位以待，一旦做好准备，他希望佩普尽早开始筹划 2013/2014 赛季的球队阵容。

切尔西是第一家如此积极地追逐瓜迪奥拉的俱乐部，AC 米兰和国际米兰紧随其后。

最后一个赛季初期的一件事也对后来的事态产生了影响。西甲第三轮，巴萨前往圣·塞巴斯蒂安对阵皇家社会，佩普认为从国家队归来的梅西或许有些劳累，于是将他列入了替补名单。梅西因此勃然大怒，他在比赛仅有的几分钟出场时间里形同消失，紧接着第二天又缺席了训练。打那之后，梅西每场必出战。

梅西在球队的角色需要好好思量一番。这个阿根廷小个子破纪录如同砍瓜切菜，佩普围绕他构建了球队的体系，很多前锋因为无法适应梅西副手的角色而离开（伊布拉希莫维奇、埃托奥和博扬都在其列；比利亚加盟球队时被告知将出任中锋，之后也不得不常常出现在边路）。球队一旦遇挫，阿根廷人就会被赋予更多的职责，这点在客场尤其明显。佩普在选择阵容时就会考虑如何支援梅西，但是对梅西的器重削弱了其他球员的重要性，也让年轻球员诚惶诚恐。

2011/2012 赛季，梅西在各项赛事中总共打入 73 球。与之形成鲜明对比的是队内第二射手法布雷加斯和桑切斯分别只打入 15 球。佩普创造了一个进球怪物，也让球队这个集体付出了代价，他知道自己要对球员负责，也要对现状负责。就好像约翰·克鲁伊夫所说的那样："瓜迪奥拉在更衣室里要照顾很多人的自尊，所以他最后精疲力竭也毫不意外。"

为此佩普致电足球圈某位顶级教头，问了这样一个问题：如果球队平衡不复存在，你会怎么做？是你走人，还是让球员走人？对方给出了一个也许他并不愿意听到的答案：让球员走人。这是弗格森爵士的惯常做法，但是很显然，和佩普相比曼联主帅对于自己的球员没有那么深的羁绊，无论是道德上还是情感上都是如此。佩普在自己的第一次执教经历中注入了相当多的情感，事实上他倾注了太多。到最后他需要依靠药物才能入眠，只有和妻子孩子一起散步才能让他的情绪安定下来。

赛季中球队一度落后皇马达 13 分之多，在这个无比微妙的时刻，瓜迪奥拉说道："我至今为止所做的一切并不能成为我的免罪金牌，球迷若有疑虑，他们一定有自己的理由。"从统计数据看球队的表现依然令人赞叹，但是和先前 3 个赛季相比，球队已经失去了他们的锐气，佩普觉得自己需要为此负责。2 月，在潘普洛纳 2 –3 负于奥萨苏纳之后他又说道："我们犯了太多的错误，很多问题都让我措手不及。工作没有做好，这是我的过失。"

实际上这只是佩普的心理战术，他效仿约翰・克鲁伊夫公开承认巴萨"无法取得联赛冠军"。心理战术奏效了，球员们担心主帅想走，便想证明自己依然勇于接受挑战，依然保持饥渴。巴萨一度收复失地，将与皇马之间的差距缩小到了 4 分，但是这样的表现来得略晚了一些。5 月，在诺坎普一战负于皇马之后，巴萨将联赛冠军拱手让与了穆里尼奥和他们的老对手。

在最后的几个月里，佩普也数次一反常态地在新闻发布会上对裁判进行了抨击。他在为失利寻找借口，同时这也预示着瓜迪奥拉也许不再专注。

在经历苦痛挣扎之后，佩普不得不接受一个人生的事实：盛极必衰（带队前 3 年获得 13 座冠军奖杯）。如果你一直赢下去，你对胜利的渴望也会衰退。他想用大幅度的战术改变和巨大的自我牺牲来逃避这一必然的轮回，在他看来照看好自己的身体都已经不再重要，一直以来对健康的忽略也让他的身体状况终于开始恶化，其中 3 月的那次椎间盘突出让他歇了好几天。

巴萨教练团队当时的分析显示球队的赛前备战并无差错，对对手的研究和解读依旧细致入微，他们也确信自己在传递信息时足够富有激情，问题出在了球队的执行力上。另外一方面，从拉玛西亚晋升到一线队的年轻球员获得了佩普格外的信任，这也为他招来了质疑。特略在诺坎普对阵皇马时首发出任边锋，穆里尼奥的球队最终在那场比赛中获得了关键性胜利，昆卡则作为先发出战了与切尔西的欧冠半决赛第二回合较量，他们原本被寄望发挥出与法布雷加斯、桑切斯或者佩德罗同等的水准，后三人在这两场关键战役中均有单场比赛坐穿板凳的经历。

将这样才华出众的球员留在替补席，是彼时巴萨可以承受的吗？佩普是不是和球队过于亲近，才会使得自己只见树木不见森林？

这些重要决策最终决定了这个赛季的战果，在事关生死的关键战役用青涩小将顶替经验丰富的高水平球员，瓜迪奥拉的做法引发了争议，被他搁置的一线队球员信心受损，受到提拔的年轻球员也难免受到打击。

何塞·穆里尼奥在马德里目睹这一切恐怕会不由得窃笑。尽管瓜迪奥拉否认再三，但是穆里尼奥对巴萨的影响是确实存在的，他侵扰巴萨的策略奏效了。任期内最后一次国家德比结束之后，当被记者问及过去多次德比留下的记忆，佩普的声音立刻低沉了下去："不管赢还是输，国家德比都没有给我留下多少美好的回忆，总是有太多的场外因素让我感到费解。"真的是这样吗？难道他连伯纳乌那场风卷残云的6－2都不记得了？那么摧毁穆里尼奥国家德比首演的5－0呢？那场比赛可是被很多人夸赞成足球史上最美妙的表演。只能说他承受了太多的外界压力，这种压力不仅来自穆里尼奥，也来自毫无底线的马德里媒体。他们肆意侮辱佩普，暗示巴萨的成功源于服用禁药。对于佩普这样一个敏感的人而言，这些足以让他抹去所有记忆，即使是最美好的记忆也不例外。

眼见赛季临近结束，佩普对于自己的未来心意已决，正是他一手打造了这支巴萨，使其成为了这个星球上最令人赞叹的球队之一，如今他要离开这里了。唯一要做的，就是找到合适的方式告别，对俱乐部，对队员，还有球迷们。但是现在该如何开口？如若这赛季可以拿到欧冠，告别又会变得容易一些。

当他考虑好离开的一切细节后，他决意先向所有人隐瞒这个决定，包括自己的父母。

2. 决定

其实关于瓜迪奥拉的未来在他正式宣布决定前早已埋下了重要的伏笔，带队的第三个年头，他无意间在与一名意大利记者对话时露了底。佩普通常不做一对一的纪录式访谈，为了布雷西亚的队史纪念 DVD 他破例出镜录制，不料谈话的内容被人泄漏给了意大利国家电视台。不过那与其说是对个人状态的评估，倒不如说是讲出了一个亘古不变的通理，适用的对象不仅是巴萨，也是绝大多数豪门俱乐部。他是这样说的："要在一个庞大的组织里待上四年需要相当大的勇气。球员会厌倦你，你也会厌倦球员；媒体会厌倦你，你也会厌倦媒体，看着不变的面孔，听着不变的问题，一切都一成不变。最后你会知道那一天终于还是来了，球员时代我就明白这一点，然后我就会说：'好吧，是时候走人了。'"

看上去佩普这回又一次感觉到"是时候走人"了，只不过这次他的身份已经变成了教练。

欧冠半决赛第二回合，巴萨主场 2 –2 战平比赛 60 分钟时间内以 10 人应战的切尔西，以总比分 2 –3 出局目送对手晋级决赛，赛后没多久瓜迪奥拉便在诺坎普见到了主席桑德罗・罗塞尔，他随即说道："主席先生，明天早上请到我家来一趟。"

随后佩普和助手比拉诺瓦也谈了一次，告诉对方自己将挂印而去，比拉诺瓦对此早有预料。瓜迪奥拉还特意做了一次预测，这让比拉诺瓦吃惊不小："我觉得他们会提议由你接手，不管你做什么决定我都会支持你。"其实早在去年 11 月苏比萨雷塔和瓜迪奥拉的一次对话中比拉诺瓦就已经被作为接替者提及，只不过他本人毫不知情。当时技术总监向佩普发问："如果真的决定要走，你觉得蒂托能接你的班吗?"佩普的回答是"当然可以"，实际上他也不知道自己的朋友是否愿意接手，他甚至不知道苏比萨雷塔说这话是不是认真的。

第二天早上 9 点，佩普·瓜迪奥拉在家中举行了这次会议，桑德罗·罗塞尔、安东尼·苏比萨雷塔、蒂托·比拉诺瓦和副主席何塞·马里亚·贝尔托梅乌悉数到场。直到此时，他才将不在巴萨继续执教的决定告知俱乐部高层。

他告诉诸位与会者："你们都知道，整个赛季我们都在讨论某件事，我想法没变，我打算离开，我不得不离开。"会议持续了 3 个小时，佩普解释了这个决定背后的原因，联赛败于皇马以及欧冠负于切尔西并非直接原因，但也起了推波助澜的作用。

之后一天他将决定告知父母，尽管他的妈妈多乐丝认为儿子"健康第一"，但是她在听到这个消息时仍然免不了"心头一颤"。用多乐丝的话来说，他需要"一个地方放松休息一下"。他的父亲瓦伦蒂也是持同样的观点，在他看来自己的儿子"被会员、球迷和俱乐部赋予了太多责任因而不堪重负"。根据《国家报》记者拉蒙·贝萨的描述，佩普的父亲非常理解儿子的决定，他甚至在 9 月就预言了这个结果。当时瓜迪奥拉在加泰罗尼亚议会宫被授予了金质奖章，他的父亲如此说道："赞誉接踵而来，是时候准备收拾行囊了。"

同样来自《国家报》的记者路易斯·马丁则发现，在佩普正式向公众宣布决定之前的两天里，很多人都试图劝说他改变心意。巴尔德斯、伊涅斯塔、哈维，甚至还有梅西的短信塞满了他的收件箱，比拉诺瓦也出面劝他三思。苏比萨雷塔明知希望渺茫依然要做最后一搏，他提出了一个疯狂的终极方案，其实不需多说他也知道结果如何："青年队还有个岗位空缺，你干吗不去瞧瞧呢？你不是最喜欢带孩子吗?”佩普看着他，想知道老友的葫芦里到底卖的是什么药，他的回答同样让对方捉摸不透：“天哪，这可真是个好主意。”两位好友相视大笑。

瓜迪奥拉已经将离开决定告知了主席，两天后，他觉得是时候让球员们知道了。

队里还没有人能确定主帅是走是留，在欧冠半决赛负于切尔西之后，正在等待赛后例行药检的队长普约尔发现佩普徘徊着，没有进入新闻发布会现场，他觉得这是一个积极的信号。然后他告诉队友们：“走着瞧好了，这礼拜他就会告诉我们要留下。他可不想现在就离开我们。”事后普约尔承认自己确无未卜先知的天赋。欧冠出局后球员们得到了两天的休息时间，期间流言纷飞，他们听说了罗塞尔前往瓜迪奥拉家中开会的事，却吃不准究竟会发生什么。

第二天的报纸头条也证明俱乐部以外的人士都不知道究竟会发生什么，《世界体育报》将头版一分为二，一半的头条标题是“佩普会走”，另一半的头条标题则是“佩普将留”。球员们大多认为训练课前的小会无非是瓜迪奥拉向大家确认留队执教。他们互相安慰道：“他看起来一切正常嘛。”他们多么希望佩普能驱走心中的恐惧和疑虑，待得再久一点，哪怕一个赛季也好。

只有少数几人知道瓜迪奥拉将要宣布怎样的决定。球员们聚集在训练基地的更衣室内，没有玩笑，顶多是窃窃私语，在佩普走进屋子后又立马变得一片寂静，随后他开始说话。其实球员们已经听说了天空体育关于瓜迪奥拉的报道，接下来他所说的依然让球员们感到很震惊：巴萨的主帅将要离开球队。

“你们是最优秀的球员，我为你们所有人感到骄傲。但是现在，我的精力已不足以继续执教下去，是时候离开了，我太累了。”瓜迪奥拉想尽量表现得轻松些，但是声音出卖了他。为了让球员相信这是最好的结果，他使出了惯用的演讲伎俩，通常他只有在解说对手弱点时才会这么做，他必须打动球员。“大概是 10 月份的时候，我告诉主席自己在这里做主帅的日子到头了，但是我当时不能告诉你们，因为那样会麻烦多多。现在一切都有了定论。有些事我没法教给你们，但是下任教练可以，他会是个很有能力的人。对我来说继续执教会是一场冒险，因为那样我们会互相伤害，我为你们考虑了许多，若真是那样，我永远都无法宽恕自己。你们让我的很多设想都成为了现实，所以即便离开，我也是心满意足的，我已经完成了我的使命。这家俱乐部有不可阻挡的力量，我们取得的成就是非凡的，只是巴萨的主帅从来都不长命。我在这里待了4年，就成为了队史上执教场次第三多的主帅。而我们之所以能坚持这么久，是因为球队一直在赢。只是在此期间，我的力量也在渐渐流失。我会非常快乐地离开这里，主席还让我考虑其他的职位，但是我要让自己重新充满活力，就需要远离这一切。”

语毕，更衣室仍然鸦雀无声。他又继续说道：“我之所以现在告诉大家，是因为我们在联赛和欧冠的角逐都已经结束，所以我也有时间和大家好好说再见，我会把你们挨个叫来办公室，我想分别感谢每一个人。我不想大家鼓掌或者怎样……让我们开始训练吧！”

随后佩普拍了拍手，强调讲话已经结束，这也是他对队员发出的指令，从此刻起他们必须站起身向前看了。在这短短不到一刻钟的时间里，这家俱乐部的历史经历了一个重要的拐点，队员们多少有些不知所措。

这一天的训练课上，佩普没有苛求他的队员们。他知道自己刚刚让他们品尝到了苦涩的滋味。当球员们走出更衣室踏上训练场，便意味着他们迈出了治愈心伤的第一步。而对于佩普来说，这是一个故事终章的开始，而这个故事的最开头，则要追溯到大约30年前一个宁静的加泰罗尼亚小镇，那个小镇叫作圣培多尔……

Ⅱ. 从圣培多尔的广场到诺坎普教练席

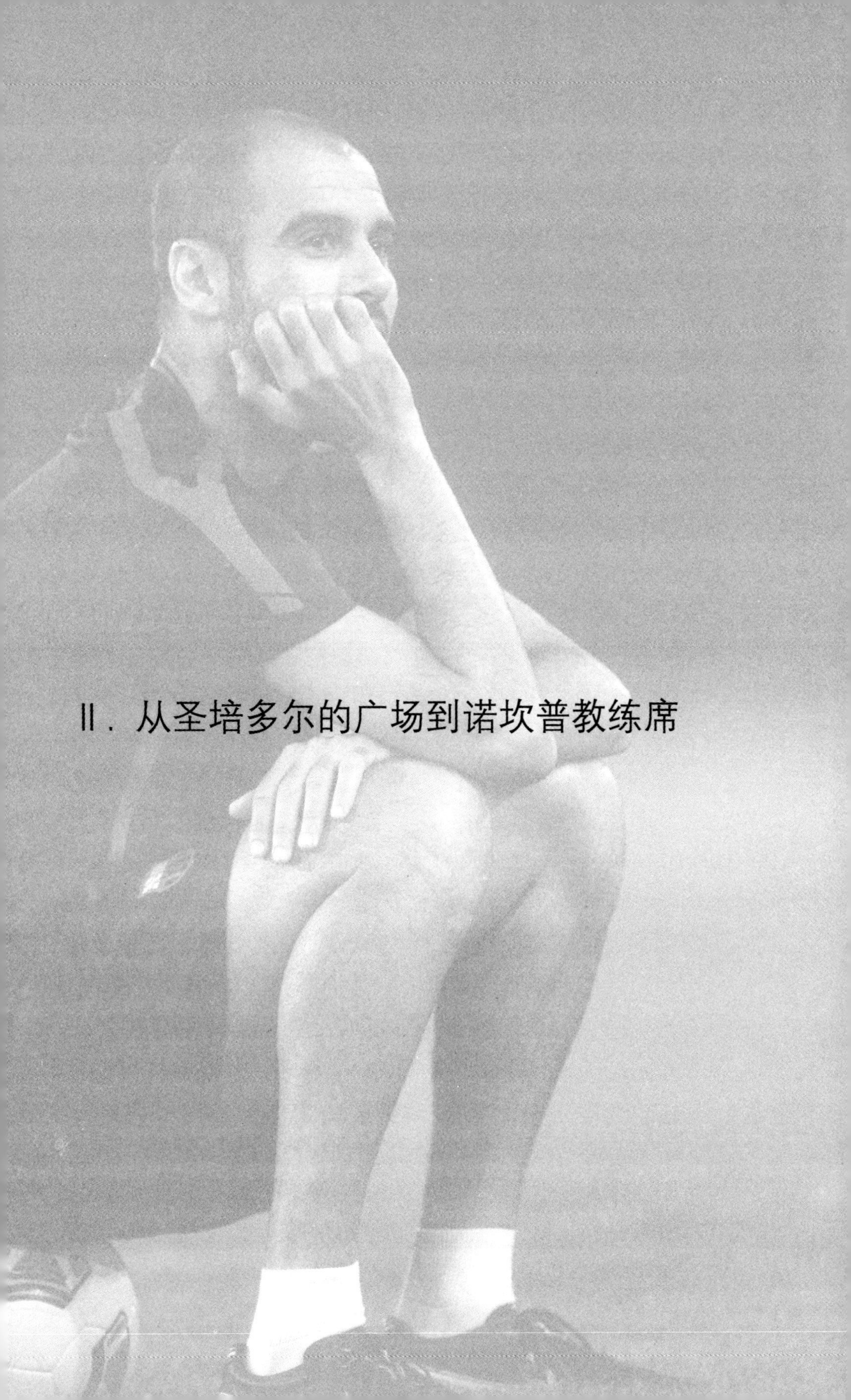

1979 年某日早晨，圣培多尔村庄的广场

佩普的故乡圣培多尔位于巴塞罗那西北 70 公里之外，是一个坐落于大峡谷之间的小镇，驱车前往便可以一睹沿途瑰丽的峡谷风光。那里的空气混杂着些许干土的气息，清新扑鼻。一路向前，地平线尽头的山峦奇峰开始进入视线，那是加泰罗尼亚雄伟奇异的圣山蒙特塞拉特，它就像一张环绕山谷的巨幅剪纸，为这个宁静的加泰罗尼亚小村庄竖起了一张天然的幕布。

小镇只有 7500 人，踏入小镇的地界，首先映入眼帘的建筑是瓜迪奥拉父母的新家，这座现代化楼房有三层高，紧贴小镇的主干道，周围尽是新建的房屋，身为砖瓦匠的佩普父亲便是楼房的建造者。通往镇中心的路上可见几座废弃的工厂，诉说着小镇曾经历的工业时代，这些工厂在中世纪拱桥的映衬下显得格外荒凉。在圣培多尔，无论是否认识，只要在街上相遇人们就会互相问候。若是遇上熟人，免不了要停下脚步，打开话匣子聊聊。渐渐地，宽阔的大马路变成了古旧的羊肠小道，而这些小路的尽头是圣培多尔的两个广场——宏伟广场和市政广场，后者也被成为贝尔加广场，当然现在大家更多地称之为“瓜迪奥拉诞生的那个广场”。

1979 年任意一天的早晨，你都可以在镇上看到一个瘦削的 8 岁男孩，他穿着市政队 15 号球衣，腋下夹着足球朝着广场中央走去，这个孩子的双腿像树枝般细长，他被当地人亲切地称呼为“小瓜迪”。随后他会呼唤自己的伙伴来到广场，里面还有一个叫作皮拉尔的女孩子，一旦伙伴人数凑齐，他便把球踢向墙壁，宣告开球。

那是一个没有游戏机的时代，马路上尽管信号灯闪烁，车却难觅踪影，或者说对这些沉溺街头足球的孩子而言，汽车的数量还不足以造成危险。佩普在上学路上就会踢上两脚，实际上他去哪儿都带着足球，随时随地都要踢上两脚，课间休息要踢，午饭时间也要踢，鹅卵石街道上

要踢，喷泉边上也要踢。甚至家里人吃晚饭的时候他还要练球，这时候他妈妈便会无奈地呵斥道："歇个5分钟行不行？球放下，人过来。"想来全世界的小镇里必然有无数这样的孩子，当然也有无数这样的妈妈。

那个时候一切都是轻松写意的，用瓜迪奥拉自己的话说，没有什么"条条框框"。你带着球到广场，踢到天黑为止回家，就是这么简单。孩子们不需要正规场地，不需要赛事组织，连比赛时间也不需要设定，"球场上"没有门柱，自然也没有球网，更没有警告孩子们不得在此踢球玩耍的标识。

一扇金属制的车库大门被拿来当作球门，大家总是会为了谁做守门员争论一番。皮拉尔从来不愿去守门，她射术精良，球感上佳，后来皮拉尔为隔壁镇子的女子足球队踢了十多年，这恐怕要归功于她幼年时和佩普这群小伙伴日复一日的练习吧。

佩普的归属也是"球场上"的争议话题。道理很简单，得到他的一方战术就会很明朗，佩普可以掌控比赛，只要把球传给他就万事大吉了。他的朋友们都明白佩普是最优秀的，他拥有其他人不具备的能力。为了避免争端，最后变成了由佩普来分配双方球员，这样两边实力多少可以均衡一些。这也意味着佩普早早就扮演起了领袖的角色，对他而言这是种不假思索的本能。

星期六或者星期天的时候，街头足球也许会持续整整一天，难免有孩子脚头失准造成广场上的公物损坏，但是只要佩普对人家露个笑脸，他和伙伴们就能免于责难。

现如今，来往的汽车穿梭于广场之上，有些甚至还停在了广场中央，那再也不是孩子们可以踢球的乐园了。

当佩普回到巴萨执教B队的时候，他常常会开车回到圣培多尔，绕着整个镇子慢慢踱步；当他考虑是否要从B队前往一线队执教时，他依然数次回到小镇，在此默默沉思；之后4年间他打造出这个星球上最优秀的球队，一举改变了整个足球世界，这段时间里你很难再在镇子上看到他的身影，但依然可以感受到他存在于此。这里的球场以他的名字命名，这里的酒吧贴上了他的照片，当地有家球迷协会在广场中央的石墩上安置了一块纪念碑，旨在向巴塞罗那俱乐部致敬，4 年间这家协会的会员增加了百余人。由于足球运动在当地风靡，手球队的数量还因此减少了。镇子里的孩子只想踢足球，他们会非常自豪地告诉你自己来自佩普·瓜迪奥拉的镇子：圣培多尔。

所以，佩普依然存在于圣培多尔，当然，圣培多尔也被佩普深藏在心中。那里的人们用加泰罗尼亚语轻声交谈，那里的人们用加泰罗尼亚语书写标示，那里的人们用加泰罗尼亚语命名街道。很多阳台上都飘扬着加泰罗尼亚区旗——也就是人们口中的 *senyera*①，废弃的房屋外墙上满是表达民族情绪的涂鸦，他们想以这样的方式唤起人们的民族意识。这座小镇拥有“通向巴塞罗那之路”的美誉，中世纪时所有的贡品和税收都要路经此地送往巴塞罗那。巴塞罗那，那是加泰罗尼亚的首府，也将是改变佩普一生命运的地方。

佩普为自己是个加泰罗尼亚人而自豪，他的教养和谦恭源于他的父母，他们和镇子上其他的父母并无二致，谦逊有礼，和蔼可亲。正是他们在佩普的心中埋下了种子，也许这也是圣培多尔代代相传的品质。

佩普的朋友大卫·特鲁巴就是这样认为的：“佩普是一个砖瓦匠的儿子，没有人注意到这个基本事实。对佩普而言，他的父亲瓦伦蒂就是勤劳和努力的榜样。很久以前，父母们没有金钱财产留给下一代，于是他们只能让孩子继承自己的尊严和原则，这个圣培多尔家庭抚养他长大成人，他们就是如此这般把古老的价值观灌输给他。如果你想要分析或者评判佩普的个性，你必须要记得一点，羊绒大衣和西装革履所包裹的，依然是一个砖瓦匠的儿子。他脚上穿着名贵的意大利皮鞋，心却依然属于朴实无华的帆布便鞋。”

每当佩普回忆起圣培多尔的孩提时光，回忆起自己的父母，回忆起漫长的广场比赛，他没法挑出某个特别的时刻，他只记得一种感觉，那

---

① 在加泰罗尼亚语中意为旗帜，加泰罗尼亚区旗为红黄横条纹旗。

种感觉叫作快乐，最纯粹，也是最简单的快乐。每当他回到家乡见到父母或者圣培多尔其他亲戚时，这种快乐就会重新回到身边。他会和家人一起坐在广场上，直到不请自来的钦慕者大量聚拢过来，美好的时光便告一段落。

记忆再度回到从前，每当太阳下山，小佩普就会回家，把足球放到卧室的角落里，那个屋子毫不起眼，唯一的装饰物是一张普拉蒂尼的海报：对于 10 岁的瓜迪奥拉而言，他就是足球。那个年代电视上并没有太多海外比赛的直播，瓜迪奥拉从未看过普拉蒂尼踢球，但是他听父亲和祖父说起过这个男人——他的能耐，他的领袖气质，他的明星风范。佩普对普拉蒂尼所知道的一切都源于长者生动的描绘和那张海报：那一刻优雅的法国人高昂着头颅控制着皮球，他观察着场上局势，正为下一次传球做准备。普拉蒂尼的魅力对佩普的影响久远，5 年后，一个名叫佩普·瓜迪奥拉的诺坎普小球童将要在终场哨响时追着普拉蒂尼要签名，结果他虽没有得偿所愿，可他却因此学到了人生关键的一课。这件事我们稍后再说。

在镇上的修道院学校读书时佩普是公认的好学生，大家称他为“小面包”，在加泰罗尼亚语中特指那些品学兼优的好孩子。他在学校热爱学习，又乐于助人，只是某些时候父亲要他帮忙砌砖，小瓜迪便会逃之夭夭，这也是他最叛逆的时候了。他的笑容一直就像抹了蜜一样甜，因此镇上只要一有圣诞剧演出，他总会扮演天使。

7 岁的时候佩普转学去了数英里之外的天主教教会学校曼雷萨学院，这是他第一次离家。这所学校非常严苛，所以佩普必须很快地适应新环境和新老师。他的英语启蒙老师是维吉利奥修士，现如今面对欧冠新闻发布会上的海外媒体，佩普可以轻松地开讲英语。他还会讲意大利语，加泰罗尼亚语和西班牙语当然不在话下，对了，还有法语。

在曼雷萨学院佩普的个性愈发凸显，他相当自律，拥有与生俱来的魅力，他也依旧痴迷足球。当然最重要的一点在于佩普是个很好的聆听者，他就像海绵一样吸收着周围所有人的知识，尤其是那些长者。他比大多数同龄人都要高一些瘦一些，按他妈妈的说法，那是因为他一刻不停才会如此，不过这不妨碍他成为足球队队长们最青睐的球员。他还经常独自一人颠球，那是他最喜欢的游戏，没人比得过他。

在教会学校的某场比赛中，瓜迪奥拉被曼雷萨竞体队①的球探看上了，这位“瘦高个”男孩的领袖气质和传球能力吸引了他们的目光。托他老爹瓦伦蒂的福，佩普开始了在竞体队一周两到三次的训练，一些重要的足球理念就此扎根于他的心中：“不要死盯某位球员，也不要被任何人盯死；控球时要抬头观察；触球至多两次；坚持让球走地面。”如果说好的指导是通向成功的金色大道，那么曼雷萨算是佩普足球生涯理想的起点。

对于圣培多尔的孩子而言，支持巴塞罗那是自然而然的选择，巴萨的同城死敌西班牙人队在这个镇子上只有一名拥趸，这个人恰巧就是佩普的爷爷，为了纪念已经过世的老人，他们家里甚至还挂着一张西班牙人队的海报。但是长辈的立场并未撼动佩普对巴萨的忠诚，他说道：“我的爷爷是世界上最善良的人，他胸怀宽广，拥有一颗悲天悯人之心，所以他觉得自己必须支持比较弱小的球队，因为他们老被欺负。在我们镇子上，除了他之外再也没有第二个西班牙人队的球迷了。”

佩普在竞体队的队友刚好有位持有巴萨季票的亲戚，于是佩普便问他能否借来一用，好让他去诺坎普看一场比赛。1982 年，10 岁的佩普将有生以来第一次踏入诺坎普这座雄伟的球场，巴萨在主场迎战奥萨苏纳。街道上的人流如潮水般涌向球场，人们手中挥舞着巴萨的旗帜，佩普既感喜悦，又感兴奋，身处如此宏大的场景之中，他体验到了一种“不可思议的感觉”。他坐在了北看台七层，那片看台刚好位于一侧球门的后方，就像此前千万孩子一样，佩普对朋友嘟哝了一句：“我愿意付 100 万在这儿踢一次球。”

事实上当佩普在竞体队踢球时，他和巴萨青训梯队有过数次交手。

---

① 即 Gimnàstic de Manresa，为加泰罗尼亚小镇曼雷萨当地球队。曼雷萨距离圣培多尔约 10 公里路程。

这些比赛让他受益非凡，他能够很好地评估自己和球队的实力。在那支竞体队里他是个中翘楚，但是他察觉到巴萨有好些与自己实力相当的孩子，有些甚至更强。

也就是差不多这时候，瓦伦蒂瞒着 11 岁的儿子填写了一份表格。那是一家体育报纸分发的报名表，通过这个渠道，孩子们将有机会参加巴萨组织的试训。

“巴萨想看看你。”几天后他的父亲告诉佩普，他着实吃了一惊。后来佩普去参加了试训，但是他表现得很紧张，在对抗中身子也显得过于瘦弱。踢得糟糕透了，他心知肚明，当天晚上他失眠了，第二天又被叫去，佩普被安放在了边路的进攻位置，他没有边路突破所需要的速度和力量，他的表现毫无起色。之后他又得到了一次机会，第三天他再度受邀试训，教练把他挪到了中场的位置，突然间佩普成为了一块球场上的魔力磁石，他策划进攻掌控节奏，尽己所能。随即巴萨做出决定，他们想要佩普入队。

他的父亲并没有告诉他这个消息，因为他并不觉得当时前往巴塞罗那对儿子的成长有利。瓦伦蒂也好，佩普的妈妈多乐丝也好，他们都担心巴塞罗那之行带来的压力会让佩普心力交瘁。他每次回家都比平时更沉默一些，他显得忧心忡忡，连饭都吃不好。在和妻子商量之后，瓦伦蒂决定拒绝巴萨的邀请。他们认为佩普前往拉玛西亚为时尚早，他太稚嫩了，还没法离家独自生活，更不要说面对残酷的竞争了。

在这次试训之后的几年中，足球依然在瓜迪奥拉家中占有很重的分量，随着佩普晋升为竞体队队长，家人不停地往返于曼雷萨和其他各地，与佩普一道征战联赛和友谊赛。巴萨梦似乎就这样被遗忘了。

几年后，瓜迪奥拉家中又一次接到了巴萨的电话，瓦伦蒂俯在话筒边听完了对方的条件。

“我们必须谈谈。”在某日竞体队训练之后，瓦伦蒂找到了自己的儿子。瓦伦蒂、多乐丝和他们 13 岁的儿子佩普围坐在餐桌旁。面对涉世未深的儿子，瓦伦蒂告诉他镇子和学校不是全部，外面的世界还很大；

他也希望儿子能做好准备，因为一旦离家会遇到重重困难，须要牢记学业依然是重中之重；他想告诉儿子，加入巴萨意味着他要背负前所未有的责任和期待。在佩普此前的人生中，足球不过是他的游戏，然而正如瓦伦蒂对儿子所说的那样，从事他所钟爱的这项运动，加入他所崇敬的这家俱乐部，将使得他有机会改变自己的人生。

佩普将父亲的教诲默记心中，其实他早已下定决心，如果巴萨不再召唤他，他将放弃自己的职业球员之梦，然而，巴萨又一次召唤了他！心意已定，佩普·瓜迪奥拉将要离开家乡，离开他熟悉的一切，他要前往那座大城市，为成为一名职业球员而竭尽全力。他要去追逐一个梦，这个梦就是为巴塞罗那而战！

20 世纪 80 年代后期某年 8 月初的某个夜晚，在巴塞罗那，一个男孩跳上了拉玛西亚的上铺

接到电话之后不久，佩普就和父母以及哥哥佩雷动身前往拉玛西亚参观，这座旧时的农舍已经成为了巴塞罗那年轻学员的聚集地。佩普要和其他 4 个孩子共居一室，他攀上某个上铺随即又打开了窗子，看到窗外景象他情不自禁地喊了起来：“哇，妈妈，看呐。以后我每天一开窗就能看到诺坎普！”

当他搬到拉玛西亚的时候，他把心爱的普拉蒂尼海报留在了曾经的卧室——有意无意间，足球的意义已经上升到了另一个高度。不过对佩普而言，足球仍是一种游戏。后来佩普承认，在 13 岁的年纪抛下熟悉的一切包括所有的朋友是非常艰难的一件事，与家庭的纽带变得支离破碎，在新的环境下必须建立新的人际关系，但是他没有将自己在球队早年的时光看作是悲苦的回忆。偶尔有那么几个晚上，他会走到这座旧时农舍的底楼，拿起付费电话和父母聊聊。但是和很多思家成疾的孩子不一样，佩普打电话的频率要少得多，毕竟巴塞罗那离镇子只有 1 小时车程，他周末大多可以回去和家人团聚。现如今，他将那段时间描述为“大开眼界的日子”，一切都是新鲜的，到处都有新发现，离家反而可以

让他更成熟，他长大了，而且成长得非常快，远离家庭和朋友让佩普和他的队友们更加坚韧。

不过在他父亲的记忆中又是另外一番模样："这孩子哭着打电话给我们，他让我们操碎了心。"

记忆总是爱开玩笑，剑拔弩张的教练生涯让他精疲力竭，从而对他的记忆产生了一种奇异的效果：他早年的人生记忆似乎被重写了，如今回望那段岁月，佩普总是带有一丝忧郁和依恋，只是那样的纯真已经一去不复返了。很显然，在那段记忆中美好已经驱散了痛苦，要知道他10年前还在自传中写过"在那栋大房子里"有时会觉得"很无助"。不过俱乐部给了佩普和其他孩子生活所需的一切，"尤其当我需要关怀和平静的时候，他们立即就会出现在我身边，扫清我逐梦旅途上的麻烦，这对我来说太重要了，我一直心存感激，无以为报。"

他们的一天往往从一顿营养早餐开始，早餐的食谱包括有乳酪、谷物食品、烤面包、果酱和牛奶。和其他同龄孩子不同，拉玛西亚的孩子共用一台电视，而且这台电视每晚11点就会准时关机。其实相比午夜档前的电视节目，有些事更能让他们"大开眼界"。每当夜幕降临，拉玛西亚进入宵禁，佩普和他的室友们就会聚到窗子前找乐，这已经成为了每日的寝室例行任务，他们暗中窥探着窗外发生的一切：在通向拉玛西亚大门的这条大街上，妓女们在暮色的遮掩下来来往往，忙活着自己的生意。时间久了，他们如此这般的表现也变成了"屋子里的固定装饰"。

晚上就寝时间一到，孩子们的哭声往往会成为"夜曲"的重要声部，但是佩普很快就发现哭泣并不会让自己感到好受；不管怎样大家都是怀揣梦想而来，所以还是专注做好本分更实在，对佩普而言这其中便包含了对身体素质的系统性提升，教练们都觉得他很有潜力，可也都对他瘦弱的体格感到担忧。

球队经常要前往加泰罗尼亚各地进行比赛，也就是在这几年间，他真正了解了这片家乡热土，而在漫长的旅途中，佩普会不知疲倦地谈论足球。他也一直在学习，从身边看到的一切开始，从对手身上学习，从教练身上学习，从老队员身上学习。某个周末他在B队看到了一个任意球战术，随即便和队友将这个套路复制到了比赛中，并且取得了进球。教练问："这是谁的主意？哪里看来的战术？"15岁的佩普·瓜迪奥拉回答道："这是从成年队看来的。"拉玛西亚就是这样一座由球员和教练投身其中的足球高等学府。

"孩子一心只想踢球，想与足球为伴，拉玛西亚就能让你实现这个愿望。"佩普回忆道，"每天都是踢球的好日子，若不然你也可以去看看其他人是怎么训练的。有几次他们邀我在拉玛西亚讲话，我就打了这样一个比方：每天晚上入睡前，问问你自己还爱不爱足球，问问你自己在现在这个时间，是否还愿意爬起来带上球去踢两脚。"任何时候如果答案是"否"，那就该另谋生路了。

住在拉玛西亚还有别的好处，比赛日分发俱乐部宣传册的工作需要用到这些孩子，球童的工作也需要用到这些孩子——当然等着当球童的人可多了，这样一来孩子们就可以成为诺坎普的"特权观众"。佩普的少年时期就有这样一张照片：那是1986年的欧冠半决赛，巴萨在击败哥德堡之后成功进入决赛，终场哨响，巴萨的球员把主帅维纳布尔斯扛在肩上肆意庆祝，而小佩普就在一旁兴高采烈地拍手叫好。

当球童的经历也让佩普学到了意想不到的一课，在一场巴萨和尤文图斯的比赛前，少年佩普焦急地等待偶像普拉蒂尼走出球员通道。有机会亲眼目睹偶像风姿这还是头一遭，为此他已经期待了好几个星期。为了得到普拉蒂尼的签名，佩普把纸和笔藏在了兜里，他还制定了一个巧妙的行动计划：尤文图斯要在场地的另一端热身，普拉蒂尼总得穿过球场才能到热身地点，佩普就打算在这个时候上前讨要签名，也只有这个时候才会让他免于麻烦。随后卡布里尼、博尼尼和布尼奥一道走了出来，紧接着是劳德鲁普，可就是不见普拉蒂尼的身影。原来法国巨星不是一直参与全队热身的，佩普恍然大悟："啊，球员之间并非人人平等。"纸和笔没有派上用场，依然躺在他的兜里。

那张普拉蒂尼的海报后来在他老家的卧室挂了好些年，但是渐渐地，另一位球员占据了瓜迪奥拉的心：吉尔莫·阿莫尔，作为年长佩普4岁的拉玛西亚学员，他要比普拉蒂尼鲜活得多了，日后他也成为了克鲁伊夫那支梦之队的中场球员。

“那年我13岁，打那时起，我便开始注意你的一举一动。”10年前，佩普在自传《我的足球，和我生命中的人》① 关于阿莫尔的部分中如此写道，“我不止关注你的每场比赛，还有每一次训练。我注意到你待人接物的方式，你就像是交际的行家，面对任何人都能应付自如。我的训练课是晚上7点开始的。但是我习惯提前2个小时到场，这样我就能在边上的1号场增长见识：我想知道你如何激励自己，如何鼓励队友；我想知道你如何向队友要球，如何倾听他人意见；我想知道你如何能赢得周围所有人的尊敬。感谢你当年教给我们的一点一滴，在拉玛西亚的1号场，在晚餐的饭桌上，在更衣室内，在假期里，在客场酒店里，甚至是电视上……”

当阿莫尔随B队从客场归来时，瓜迪奥拉便会缠着他谈论比赛结果和细节，值得一提的是今后将要成为瓜迪奥拉助手的蒂托·比拉诺瓦当时也在这支球队中。通常来说阿莫尔的回答都是：“我们赢了。”之后的几年里，阿莫尔成为了佩普的老大哥，在他身上你看得到巴塞罗那俱乐部所有的价值观，而佩普也深知俱乐部不仅仅是钢筋水泥构建起的宏伟球场和训练基地，更多的是阿莫尔和其他球员代代传承的足球基因。当佩普成为巴萨主帅之后，他做的头两件事就是卖掉了罗纳尔迪尼奥和德科，同时任命阿莫尔为球队青训主管，他之所以这样做，就是期望本土球员能够在更衣室再度拥有影响力。

彼时的瓜迪奥拉依然是纤细的瘦高个，这和一个足球运动员的理想身材大相径庭。但是伟大的艺术往往就是在挫折中孕育而生的，瓜迪奥拉的速度和力量无法与对手抗衡，于是他选择用脑力来代替体力，他本

---

① 即 *La meva gent, el meufutbol*，是于2001年出版的瓜迪奥拉自传。

能地开发出了无人可及的空间感，他可以用一脚传球甩脱三名球员的纠缠，他可以用传球拉开空间，亦能用传球来收紧阵线，在他脚下，球远远要比人跑得多。一般孩子刚开始踢球时都热衷学习盘带，瓜迪奥拉是个例外，他热衷于学习如何传球。

现如今拉玛西亚早已成为了巴塞罗那青训体系的代名词，从过去到现在那里从来就不乏天赋，30 多年里拉玛西亚人才辈出，他们也造就了让世界为之倾倒的足球风格。“有些人觉得拉玛西亚就是可口可乐的配方。”加泰罗尼亚记者拉蒙·贝萨说道，“是一种神秘的胜利方程式。”实际上根本没有秘密可言，那只是一种简单而又不断完善的理念：战术方面强调控球协作以攻代守，永远以攻破对手球门为目标；青训方面要找寻最有才华的球员，但不以身体素质作为考量的主要标准。在此基础上球队对技术能力严格把关，并保证孩子们在发展的过程中对足球运动有良好的理解。这就是建立在技术与天赋之上的哲学，仅此而已。“我永远都会记得自己来到巴萨时他们告诉我的第一件事，那时候我还是个小孩子。”巴萨中场哈维回忆道，“他们说，在这里，把球弄丢是一种罪过。”

巴萨的运营模式源于俱乐部对美丽足球的热爱，要知道加泰罗尼亚豪门早在 20 世纪 50 年代就招贤纳士，将库巴拉、柯奇士和塞博尔这 3 位匈牙利国家队的重要成员收至帐下，俱乐部历史上两位重要人物劳利亚诺·鲁伊斯和克鲁伊夫的革新也起到了重要的推动作用。劳利亚诺是一位顽固的教练，70 年代他将一套基于技术和天赋开发的训练模式带到了巴萨，在他执教的第二个赛季，这套模式被推广到了所有梯队。而在克鲁伊夫治下，控球是最重要的信条。“如果你能控制皮球，对手就没有球权，没有球权自然就无法发起进攻。”克鲁伊夫日复一日地说着这句话。于是之后的工作就变成了寻找能够控住球的球员，训练中也有大量的站位演练。

为了贯彻俱乐部的理念，拉玛西亚不仅培养球员踢球，还教导他们做人，和古往今来所有优秀的青训营一样，他们为球员注入了强烈的归属感。正如哈维所说的那样："这支巴萨成功的关键在哪里？在于我们大部分人都来自'这栋大房子'，是他造就了现在这支球队。不仅仅是球员，教练也来自那里，还有队医、体能训练师甚至杂务工。我们都是*culés*①，我们都是巴萨拥趸，是一个亲密无间的大家庭，我们会为了共同的目标全力以赴。"

2011 年，拉玛西亚旧址完成历史使命，那里不再是巴塞罗那青年学员的聚集地，但是始于 30 多年前的那场革新依然没有结束。在瓜迪奥拉入主球队之后，拉玛西亚最优秀的人才获得了最大限度的信任，此时也正是拉玛西亚的历史巅峰。正如过去的奥运会选手、加泰罗尼亚作家马尔蒂·佩拉纳乌所说的那样："拉玛西亚是造就非凡卓越的分化因子，是象征球会形象的飘扬旗帜，也是夯实基业的远见投资。"当然这笔投资也收到了很好的回报，2010 年，伊涅斯塔、梅西和哈维作为金球奖评选前三名肩并肩站在了国际足联的领奖台，同届金球奖前三受训自同一训练营，拉玛西亚前无古人。

"我人生中最美好的时光是在拉玛西亚度过的。"佩普回忆道，"那时候我在全力追逐一个不容置疑的梦想：为巴萨一线队效力。我们担心自己不够优秀，入不了克鲁伊夫的法眼，这种忧虑是难以言表的。如果没有当初的渴望，我们没有人可以成为今天的自己。我在谈论的是对足球的热爱和被认可的渴求，荣誉是另外一码事。"

最终佩普克服了身体条件上的弱势，并且让克鲁伊夫注意到了自己，就差最后一步了：得到一队的召唤。当时克鲁伊夫需要一个在防线前调度全队的"4 号"，他并没有因为身体条件而忽略佩普，相反地，他之所以征召佩普，正是因为感觉到这个年轻人能够很好地阅读比赛传出好球。

那是 1989 年 5 月的某一天，佩普突然得到一队的征召，他不得不抛下手头的一切——包括那位刚刚认识的姑娘——抓起球衣赶赴一队报

① 加泰罗尼亚语，代指巴萨球迷。

到，他们即将前往班约莱斯进行一场友谊赛。突如其来的征召让瓜迪奥拉完成了出乎意料的一队首秀，那一年他 18 岁。他在一队的亮相也许可以打动那位姑娘，但是打动不了克鲁伊夫，荷兰人对他的处子战表现毫不感冒，半场休息时克鲁伊夫训斥道："你的动作比我的奶奶还慢！"不过后来佩普渐渐了解到克鲁伊夫的苛责是一种管理手段："当他骂你最狠的时候，当你状态最差的时候，往往是他给予你帮助最多的时候。这是我第一次和球队主帅打交道，他又是这样一位重要人物。所以这件事我是一辈子都忘不了的。"

"你的动作比我的奶奶还慢"——这句话开启了足球史上影响最为深远的一段师徒关系。

1993 年冬天的某个上午，诺坎普的一堂训练课

根据克鲁伊夫在巴萨定的规矩，教练必须身体力行：训练的时候他得留在场上一起踢教学赛，教练需要随时叫停比赛来纠正球员的错误，传达自己的思路，向球员解释为何某人要传球给某人、为何要跑到某个位置以及为何要使用某个技术动作，在克鲁伊夫看来这是最好的教学方式。雷克萨奇在克鲁伊夫执教的 8 年间一直担任他的助教，他是这样说的："约翰在训练中的只言片语抵得过在战术板上 1000 个小时的纸上谈兵。"

这种训练风格为佩普所效仿，今时今日他也是如此实践的。但是对于当年的年轻球员而言，克鲁伊夫显得太过强势，和他交流是很困难的事。他是俱乐部的标志性人物，自己的方法和理念又不容置疑，因此他与人沟通时更像是居高临下的独裁者。

某个阳光灿烂的冬日，在诺坎普和拉玛西亚中间的那块球场上，克鲁伊夫盯上了瓜迪奥拉。"你的身上有两条腿！"他冲着学生吼道，劳德鲁普和其他球员都笑了，"两条腿，两条腿！"主帅试图帮助佩普克服对左脚使用的恐惧，如果他用左脚接球，只需轻轻一触就可调整到右脚，然后送出传球。佩普的困扰在于他不习惯使用左脚。"你有两条腿啊孩

子！”克鲁伊夫继续吼着。

约翰·克鲁伊夫是对瓜迪奥拉影响最大的人，他是执教佩普时间最长的教练，加起来总共有6年。克鲁伊夫是佩普最崇敬的人物，当然也是提拔佩普进入一队的那个人，他相信佩普将成为自己苦苦寻找的那类球员——一个站在防线前的传球手，他是巴萨每次进攻的源头。克鲁伊夫也会教导球员如何盯防对手，如何利用对方的弱点大做文章，换句话说，要想赢得战斗就要扬长避短。对于佩普而言也是如此，面对那些高大强壮的中场，他在空中争夺中几无胜算，所以克鲁伊夫教他以退为进，不要起跳，而是等待。克鲁伊夫的理论是这样的："干吗要硬拼呢?保持距离，判断他头球的第二落点，等他落地的时候球已经是你的了。"

起初佩普过得并不如意，他在B队的表现时有亮点，可再度得到一队征召，已经是班约莱斯首秀18个月后的事了。1990年夏天，巴萨中场路易斯·米拉转会皇马，当时可以客串这个位置的科曼又恰逢伤病。克鲁伊夫和助教雷克萨奇向俱乐部提议引进利物浦中场扬·莫尔比。主席问到是否还有别的选择，雷克萨奇便举荐了瓜迪奥拉，此时的克鲁伊夫早已淡忘了瓜迪奥拉的糟糕首演，于是决定去看看他的比赛。

很不巧的是克鲁伊夫到访B队那天佩普在板凳席坐满90分钟。"你告诉我他很棒，但是他连球都踢不上。"克鲁伊夫冲着雷克萨奇大喊，"我问谁是青年队最棒的，人人都告诉我是瓜迪奥拉，现在他连热身的机会都没有，这是怎么回事?"

克鲁伊夫显得怒不可遏，旁人忙不迭解释说佩普身体不够强壮，某些时候教练更倾向于在那个位置使用更壮或者更快的球员。面对这样的解释，克鲁伊夫答复道："一个好球员不需要强悍的身体。"

争论结束，克鲁伊夫做出了一个影响俱乐部未来的决定。

重返一队的头一天，佩普到得很早，他内心充满了渴望。他打开更衣室的门，发现已经有些队员先到了，克鲁伊夫就在里面，还有队医安赫尔·穆尔，他也是一位巴塞罗那俱乐部哲学的践行者和宣扬者。佩普低着头走进房间，站在那里等待教练发令。"这是你的储物柜，赶紧换衣服吧。”克鲁伊夫只说了这一句话。

1990年12月16日，在主场对阵卡迪斯的比赛中瓜迪奥拉的良师益友阿莫尔遭遇禁赛。19岁的佩普迎来了自己的西甲处子秀，开赛前他紧张得汗如雨下，心跳加速。“我的手心都是汗，真的很紧张。”其实这次倒还好，某一次大战之前他紧张到身体完全不听使唤，甚至还要呕吐。雷克萨奇回忆道：“他太过投入了。”就这样，19岁的佩普·瓜迪奥拉将要代表巴萨出战了，站在他身边的是苏比萨雷塔、穆尼奥斯、亚历山科、尤塞比奥、塞尔纳、巴克罗、戈伊科切亚、劳德鲁普、萨利纳斯和贝吉里斯坦，不久之后这些名字即将成为俱乐部一段巅峰期的代名词。那一天，这些球员帮助巴萨以2-0击败了卡迪斯。

瓜迪奥拉的正式比赛首秀在某种意义上成为了俱乐部历史的分水岭，尽管劳利亚诺·鲁伊斯推动了巴萨的全面职业化，但是俱乐部真正的理念奠基人是克鲁伊夫，而在克鲁伊夫麾下没有人能比瓜迪奥拉更好地诠释这种革新，他就是克鲁伊夫哲学的缩影。“4号”因为瓜迪奥拉被赋予了更多的意义，这是一个近乎神圣的号码，并且成为了俱乐部理念传承的象征。是的，克鲁伊夫时代的第一个4号是路易斯·米拉，真正将4号发扬光大的人却是瓜迪奥拉。

佩普在处子赛季仅仅出场3次，但是紧接着第二个赛季他就被克鲁伊夫排进了主力阵容，他将成为那支史诗般巴萨的掌舵手，克鲁伊夫也希望以此来奠定球队的风格和4号的职责。国际足球的发展越来越趋向于高对抗，巴萨的4号也在进化演变，拉玛西亚持续生产出了哈维、伊涅斯塔、法布雷加斯、蒂亚戈·阿尔坎特拉还有阿尔特塔这样的球员，瓜迪奥拉的技艺正在薪火相传。

“瓜迪奥拉必须踢得聪明，他别无选择。”克鲁伊夫回忆道，“他和我有些相似。作为这类球员，你技术必须要很棒，出球要快，避免和对手冲撞，要做到这些你得有很好的观察能力，对场上的细节要捕捉到位，对他人的位置要洞若观火，这中间有一连串连锁反应。这既适用于球员，也适用于教练，瓜迪奥拉就学会了这一点，说到这儿他反倒要庆幸自己的身体素质不是那么出色，他也足够幸运，因为他遇到了一个和他有过相同经历的教练。”

在一线队立足之后，瓜迪奥拉从雷克萨奇那里也得到了不少建议，其中最让他受用的一句话现在经常被他拿来教育手下的中场球员：“当你在场上拿到球的时候，你的 10 个队友即是你的 10 个传球选择，然后你就要做出最佳选择。”

瓜迪奥拉曾经多次表示，如果 19 岁的他出现在今时今日的巴萨，他将绝无可能成为职业球员，因为自己太瘦太慢了，用他的话说，顶多踢踢西丙联赛。也许 10 年前这句话是对的，也许放在现如今的大多数豪门也是如此，但是巴萨？巴萨不会出现这样的情况，更不要说是今时今日的巴萨。他的传球视野和快速思维能够帮助他很好地融入自己所执教的球队，他的领导能力也不容忽视，这一点在他的职业生涯中得到了很好的验证，他的工作不仅仅是把球交给队友，他还要不断地和他们进行交流。

“米歇尔，别给自己找麻烦。”20 岁的瓜迪奥拉就是这样冲着劳德鲁普喊话的，后者在中场线附近正试图突破三人防守，要知道在那个区域丢球会很危险。劳德鲁普狡黠地眨了眨眼睛：“其实一点也不会麻烦。”当时丹麦人已经是享誉足坛的超级巨星了，但是他知道，这孩子说得没错。

在完成首秀半年多之后，瓜迪奥拉不仅在一线阵容站稳了脚跟，还成为了一位具有非凡影响力和领导能力的球员，他身处正值巅峰的巴萨，1991 年到 1994 年间，克鲁伊夫率队豪取西甲四连冠，那个年代，那是俱乐部历史上最强的一支巴萨。

1991/1992 赛季，巴萨杀入了欧冠决赛，他们要在温布利大球场与桑普多利亚一决雌雄。对于佩普而言，无论是作为巴萨球迷还是巴萨球员，这都意味着美梦将圆，毕竟俱乐部此前从未夺得过欧冠。

比赛前夜，巴萨在伦敦进行了赛前最后一场训练课，前锋萨利纳斯和佩普争论了起来，争论的焦点在于：从球场到最终捧杯的温布利主看台，究竟要走多少级台阶。对佩普来说精确是人生大事，他对于足坛传奇轶闻和颁奖礼仪也颇有研究："告诉你好了，一共有31级台阶要走。"萨利纳斯最爱逗惹佩普，他表达了明确的异议。门将苏比萨雷塔再也受不了这无聊的争论了："要找到答案，最好的办法就是明天赢下比赛。然后我们上去拿奖杯的时候你们可以仔仔细细数一遍，这样总行了吧?"

在首秀过后的第17个月，1992年的5月20日，瓜迪奥拉不出意外地出现在了欧冠决赛的首发阵容中。上场前克鲁伊夫向球员们下达了一个简单的指令："好好享受比赛吧。"这句话本身即是一种足球理念，那是克鲁伊夫哲学的中心思想。对于其他人来说，大战当前如此轻描淡写的一句话或许是对教练这个职业的侮辱。

加时赛下半场进入尾声阶段，罗纳德·科曼任意球破门，一时间球场内的巴萨球迷、巴萨球员和巴萨高官都开始忘我地庆祝，在一片狂欢的气氛中，还有一名巴萨球员心存他想。随着巴萨的队员一个接一个地捧起传说中的"大耳朵杯"，球场内高潮迭起。此时苏比萨雷塔附到瓜迪奥拉耳边说道："孩子你错啦，我仔仔细细数了一遍，一共有33级台阶。"

回到巴萨，站在加泰罗尼亚议会宫的阳台上，佩普·瓜迪奥拉用加泰罗尼亚语大声呼喊："加泰罗尼亚的人民，奖杯终于拿回来了！"就在这样一个具有象征意义的地方，凯旋归来的巴萨英雄们向整座城市展示着欧冠奖杯，差不多也就是在15年前，加泰罗尼亚流亡政府主席特拉德拉在同样的地方发出过类似的呐喊："加泰罗尼亚的人民，我终于回来了?"亚作为球队的本土旗帜，瓜迪奥拉深知巴萨加冕欧冠的意义所在，这家豪门俱乐部已经无可辩驳地成为了整个民族的标志。

瓜迪奥拉回忆道："温布利之夜令人难忘，那是我最美好的回忆。最后庆典变成了一场大派对，这种气氛在剩余的西甲比赛中得到了延续。"仅仅数日之后，由佩普统领中场的这支巴萨极富戏剧性地赢得了西甲联赛的冠军：赛季末轮，联赛领头羊皇马客场挑战特内里费，他们需要一场胜利来锁定冠军，很多人认为皇马夺冠不过是囊中取物。可上半场他们还以 2 –0 领先，下半场却溃不成军，最终遭逆转失利，这也使得他们将冠军奖杯拱手让与了死敌巴萨。

1992 年以前，巴萨是一家在国内联赛荣誉无数在欧洲战场却无甚建树的俱乐部，克鲁伊夫成功地将其打造成了纵横海外的欧洲豪门。克鲁伊夫不仅仅创立了一套独一无二的足球体系，他还向巴萨球迷心目中的恐惧发起了挑战，自 20 世纪初以来巴塞罗那俱乐部就隐含着被压迫者的个性特质，克鲁伊夫要做的就是扫除阴霾！这支球队云集了众多天赋卓越的球星：罗纳德·科曼、斯托伊奇科夫、罗马里奥、米歇尔·劳德鲁普、苏比萨雷塔和巴克罗个个身怀绝技，佩普·瓜迪奥拉坐镇中场调度指挥，这群球员在一起踢出了华丽流畅而又高效犀利的攻势足球，世人将他们称之为“梦之队”。

1992 年对于佩普而言是如梦如幻的一年，夺得欧冠之后不久，他便随西班牙国奥队获得了巴塞罗那奥运会的足球金牌。然而瓜迪奥拉在国字号球队的经历是苦乐参半的，在他的描述中，国家队的岁月“就像是流过指缝的细沙”。

奥运会开战前一个月，西班牙国奥队在距离巴塞罗那 700 公里之外的北部城市帕伦西亚附近集结，用佩普自己的话说，他在训练营的表现“完全就像是一个白痴”，他说道：“我之所以这么说，是因为回忆当年我就是如此。我记得自己表现得很不合群，我没有表现出任何融入球队的意愿，作为团队我们有共同的目标，应当紧密团结在一起，我却没有和大家打成一片。我的队友们都很友好，可他们应该都会觉得我自命不凡，蠢到家了。终有一天，我从浑浑噩噩之中幡然醒悟，开始和这群出色的队友共享美妙的足球。直至今日，我依然和那群家伙保持着坚固的友谊，这份友谊和我们赢得的金牌一样珍贵。”这支西班牙国奥队中的部分成员——费雷尔、阿贝拉多、路易斯·恩里克、阿方索和奇科成为了西班牙国家队之后 10 年的顶梁柱。

那年夏天瓜迪奥拉获得了一个奇怪的名声，人们一般不会这样评价年轻球员：他被人贴上了“输不起”的标签，当然是在足球的范畴内。

如果说他与国奥队友之间的隔阂感伤到了某些人，他在比赛和训练中的不惜命吓到了某些人，那么对于某些不愿真正理解足球的人，他完全是敬而远之。卡马乔在国家队与瓜迪奥拉有过三年共事经历，他的观点是这样的：“在我眼中瓜迪奥拉是个谜一样的人物，看看他的穿衣风格，永远都是黑色。有时候他非常沉默，他一直在分析，一直在思考，为什么赢，为什么输，为什么那个人丢球了。有些时候他想得太多了。”

也就是那一年，他在欧洲足坛声名鹊起。作为克鲁伊夫哲学的信徒，他总能做出正确的传球选择，他善于控制球队的节奏，每场比赛有无数次触球，每次控球都不会超过 1 秒。凭借这样的非凡才华，瓜迪奥拉被授予布拉沃奖①，即 1992 年欧洲 21 岁以下最佳球员。

他就像火箭一般冉冉升起，出道仅仅 2 年就被看作世界级球员，他的球队在西甲战场继续收割联赛奖杯，然而一次痛彻心扉的滑铁卢，让他学到了只有失败才能带来的教训。那是 1994 年 5 月 18 日，正值巅峰的梦之队在欧冠决赛迎战卡佩罗率领的 AC 米兰，此役设在雅典，巴萨是众多专家和赌徒眼中的热门。比赛终了，傲慢轻敌让巴萨吞下了0－4惨败的苦果，这场失利比以往任何时候更感苦涩，因为这无关防守，亦无关战术，而关乎精神。归结起来就是巴萨准备不足，多年之后佩普这样写道：“所有人都觉得对手孱弱不堪②，比赛开打之后我们确信本方实力占优，然后就被灌了 4 个。比分差距太大，以至于我只想着比赛赶紧结束。”

在经历 1990—1994 年的黄金时期之后，克鲁伊夫发现执教变得愈发困难，面对问题他难以想出新的应对之策，也苦于找寻新的激励手段，在巴萨的最后两年，荷兰人做出了一些奇怪的决定，其中一次深深触痛了敏感的佩普。当时克鲁伊夫告知苏比萨雷塔必须离队，佩普一直

---

① 布拉沃奖，即 TrofeoBrovo，由意大利《米兰体育》自 1978 年开始评选的奖项，旨在表彰该赛季欧洲表现最出色的年轻球员。

② 1993/1994 赛季欧冠决赛 AC 米兰阵容严重残缺，尤以中后卫巴雷西和科斯塔库塔的停赛对球队影响最大。

视这位门将为兄长，这件事让他伤心欲绝。直到那晚全队在餐厅送别亲爱的“苏比”，他的情绪才彻底爆发，大家发现佩普不见了人影，被找到的时候，他正一个人躲在角落里流泪痛饮，此情此景，只有苏比亲自安慰他才有用。

1994 年之前，瓜迪奥拉一直是巴萨战术意义上的指挥官。他说道：“我的作用就是把球交给各处的队友完成转移。”在苏比萨雷塔离开之后瓜迪奥拉成为了球队新的领袖，无论场上场下他都要替克鲁伊夫传达指令。

偶尔有些时候他会忘记自己的职责。瓜迪奥拉明白足球是团队运动，但是对足球的热爱让他对于一些顶级球员怀有油然而生的钦慕。尤其在面对那些能以一己之力扭转比赛的“魔术师”时，瓜迪奥拉的这种情感往往会一发而不可收拾。罗马里奥加盟球队时，克鲁伊夫希望巴西人能和自己以及队长共进晚餐，当晚主帅被瓜迪奥拉表现出的那种钦慕——或者说是崇拜震惊了。这种钦慕近乎于阿谀奉承，以至于趁着罗马里奥上洗手间的空，克鲁伊夫不得不提醒佩普注意言行得体，不要再表现得像一个 15 岁的追星族一样幼稚。

很不走运，自雅典负于米兰之后球队的实力便开始下滑。克鲁伊夫为球队揽下了 11 座冠军奖杯，是瓜迪奥拉之前巴萨的历史最佳主帅，也是俱乐部历史上执教时间最长的主帅。然而在他任内的最后 2 年，直到他 1996 年下课，克鲁伊夫都未能再添一座奖杯，他甚至与俱乐部主席路易斯·努涅斯公开决裂。

在他执教的最后一个赛季，也就是 1995/1996 赛季，克鲁伊夫从里斯本竞技签下了路易斯·菲戈，但是球队战绩未见起色。在联赛还剩两轮的情况下巴萨已经完全失去了夺冠可能，此前他们已经在欧冠半决赛被拜仁淘汰，国王杯决赛也负于了马竞，克鲁伊夫和主席努涅斯的关系就此到了尽头。当时巴萨将要迎来联赛中最后一场主场比赛，对手是塞尔塔，然而就在 5 月 18 日最后一次赛前训练开始前，克鲁伊夫和副主席加斯帕特在主帅办公室发生激烈争执，随即，这个带领巴塞罗那走入历史全盛时期的男人宣告下课。

荷兰人并不指望留到赛季末，但是他希望能带队踢完剩余的比赛，这样至少可以有尊严地离开。但是那场争执让他的期望化为泡影，同时他也发现俱乐部已经着手让博比·罗布森爵士取代自己坐上帅位，对于克鲁伊夫而言这简直是奇耻大辱。而在动荡时期，瓜迪奥拉和大多数球员一样只是远远地看着这一切发生，梦之队就此分崩离析。

后克鲁伊夫时代的第一场比赛，诺坎普球场内满是支持荷兰人的标语，人们感谢他为俱乐部带来的所有荣耀。球迷们也分为了两个阵营，一派支持克鲁伊夫，另一派支持主席努涅斯。即便是改变俱乐部历史的男人，也敌不过俱乐部内部的明争暗斗。克鲁伊夫就这样走了，不过他已经留下了最宝贵的遗产，瓜迪奥拉这个瘦瘦高高的年轻中场已经成为了俱乐部的标志性人物，荷兰人的足球哲学也已经渗入了瓜迪奥拉的血液。

克鲁伊夫走后，博比·罗布森爵士接任，这位63岁的老顽童很快从球员那儿就得到了“米奎尔叔叔”① 的外号。罗布森一直没能学会西班牙语，他也没有征服自己的球员，克鲁伊夫先前取得的荣誉足以让任何继任者黯然失色，初来乍到的罗布森被拿来与荷兰人作比，显得尤为不公。

1996年的某个上午，初来乍到的罗布森在诺坎普的一堂训练课

上任后不久的某天早晨，博比·罗布森爵士趴在更衣室的地板上用粉笔讲解着战术，何塞·穆里尼奥则在一旁负责将英语翻译成西班牙语。老人家就这样跪在地上涂涂画画，围在一旁的球员们则不知所措地交换着眼神。也就是在那一刻，在执教巴萨之初，罗布森爵士就已经失去了对更衣室的控制，之后的这个赛季巴萨球员之间形成了一种自治的

① 米奎尔叔叔，即GrandadMiquel，一款经济型红酒广告的主角。

状态。另一方面，穆里尼奥在翻译罗布森的言语时经常会加入额外的指令，有些时候他未免夹带了太多的个人见解。没多久，佩普和何塞这两个足球狂人便气味相投，开始一边商量着一边代行教练之职。时至今日，类似状况发生的频率在穆里尼奥的嘴里更被夸大，而若要问起瓜迪奥拉，他恐怕又不会全盘托出。

瓜迪奥拉在《我的足球，和我生命中的人》一书中写道："查理·雷克萨奇总是说，作为一名教练，你有30%的时间来思考足球本身，其余70%都要用来考虑足球之外的千丝万缕：比如球队的氛围等等……直到罗布森执教那年我才明白这句话。我们来自不同的足球文化，我习惯了克鲁伊夫的执教方式，我觉得所有教练都该是那样的。罗布森认为我们要有所改变，那是我始料未及的。也许他是对的，但是在整个过程中我们浪费了3到4个月的时间。这段时间太长了，在足球世界你必须勇往直前，如果只是抱怨，那就必死无疑。我们必须为了共有的目标同心协力。罗布森和队员们都是为了同一个名字而奋斗：巴萨。但是当我们和罗布森想到一起的时候，为时已晚。整个磨合的过程便是球员'自治'的过程。"

瓜迪奥拉将其称之为磨合，也许意在为罗布斯时期的这种"球员自治"洗白。其实这种说辞是具有误导性的，有些事真的发生过。1997年西班牙国王杯决赛，巴萨在伯纳乌对阵皇家贝蒂斯，半场结束时双方战成1-1平。更衣室内，巴萨球员一心想要抢得先机，上半场他们在贝蒂斯的防线左翼发现了漏洞，对方防线和中场之间的空隙也是他们想要利用的破绽。于是球员们开始互相下达战术指令，当然这其中还夹杂着穆里尼奥的"个人见解"，罗布森则独自一人坐在角落。最终巴萨以3-2击败对手捧起了该赛季的第三座奖杯——此前他们已经获得了西班牙超级杯和欧洲优胜者杯——说起这个赛季的西甲，人们的记忆中会充斥着罗纳尔多风驰电掣般撕裂各队防守的画面。

随着不断地提出问题和解决问题，瓜迪奥拉信心倍增——我们为什么要这样踢？我们为什么要如此这般发起进攻？球在往某个方向运行的时候球员为何不往某个方向移动？当时巴萨的中卫布兰科回忆道：“佩普成天在那儿折腾我，他在更衣室里唠叨个不停，我的头都快炸了。”看来他对于佩普的“坚持己见”并无太好印象，换种说法，那应该是“固执己见”。

赛季尾声，与联赛冠军失之交臂让巴萨短暂的庆祝戛然而止，该年4月，博比·罗布森爵士得知俱乐部已经与路易斯·范加尔达成协议，之后一个赛季荷兰人将接过巴塞罗那的教鞭。

瓜迪奥拉对于范加尔打造的那支阿贾克斯推崇备至，荷兰人的到来意味着他可以近距离聆听大师教诲，但是瓜迪奥拉的竞技生涯在那时遭遇了重大挫折。

范加尔执教后不久，巴萨便在欧冠迎来了拉脱维亚球队斯孔托的挑战，瓜迪奥拉在比赛中拉伤了肌肉，但是待到伤势被确诊时已经酿成大错。瓜迪奥拉在去熟食店的路上察觉到了身体的异样，他甚至无法在红灯亮起前穿过马路。起初这看起来只是无甚大碍的小腿肌肉拉伤，但是后来佩普因此缺席了1997/1998 赛季大部分的比赛，他探访了一位又一位医学专家，在长期的问诊之后终于找出了症结所在。直到赛季末他才得以接受治疗，当时巴萨已经在新帅的率领下夺取了联赛和杯赛双冠王，98 年夏天瓜迪奥拉接受了手术，他也因此缺席了法国世界杯。

由于伤病恢复缓慢，瓜迪奥拉足足花了 15 个月才重新回到巴萨一线队中，那时 1998/1999 赛季几乎过半，他在 12 月 5 日与拉科鲁尼亚的客场比赛中宣告回归。

有人曾不怀好意地暗示瓜迪奥拉在范加尔执教第一个赛季的长期缺阵和神秘伤病并非偶然，他可能在有意躲避为荷兰人效力。事实上，范加尔第一次入主巴萨的三年堪称动荡，即便拿下了两次联赛冠军和一次杯赛冠军，荷兰人依旧是当地媒体的眼中钉肉中刺。但是瓜迪奥拉与范加尔关系不睦的说法是错误的，范加尔入主后不久便认定瓜迪奥拉是阿莫尔的最佳继任者，并任命他为巴萨队长，两个人一直在讨论足球。佩普回忆这段往事时说道：“他和利略是我交谈最多的教练，尤其在刚开始共事的时候，不过到最后联系就淡了，不管是谈话次数还是谈话内容都有了萎缩。”

事实证明瓜迪奥拉和范加尔是相互敬重的，后来我找到范加尔做访谈，邀他好好聊聊佩普，正与媒体冷战的荷兰人竟非常乐意对我开口谈论这位昔日弟子。

用范加尔的话来说，瓜迪奥拉羽翼未满之时就已经展现出了与生俱来的领导才能，他能够在同龄人之间一呼百应，也能让老队员附耳倾听。他是一位具有战术素养的球员，能像教练一样与人交谈，能做到这一点的球员并不在多数。瓜迪奥拉的最佳位置是中场中路的“4 号”位，他可以从那里观察比赛走势，他本身也拥有支配比赛的能力。“他比阿莫尔和纳达尔都要年轻，但是他却是球队队长。我在一次队内会议中任命他为队长，他说道：‘在巴萨这可不常见，我们这儿一直是老队员当队长。’但是我坚持了自己的意见：‘不要拒绝，你是唯一一个可以和我在同一层面交流的人，你就是我的队长。’他经常会告诉菲戈这样的球员该如何站位：站到自己身前，或者拉开到边路，目的便是为了更好地分配球。佩普是个非常具有战术头脑的家伙，也是一个好小伙，正因为这样，他才能说服自己的队友。”

随着巴萨主帅和队长之间关系的升温，佩普在队内地位上升，他也不仅仅是范加尔战术上的传话筒，他时常会给出不同的选项，只要他认为那样做对球队有好处。

关于二人共事的方式，范加尔给出了这样一个事例：“佩普总是很谦逊。没错我们是会交谈他也会给出看法，但他的姿态一直都谦卑。就拿斯托伊奇科夫这个人来说，他不肯接受我的管束，纪律可是重中之重。场下无纪律，则场上无章法。我不得不在全队面前警告保加利亚人：你再违抗命令，队里就没有你的立足之地。我甚至要让他去和 B 队一起训练，但是球员们觉得这样做不好，瓜迪奥拉当时已经是队长了，他跟我说，斯托伊奇科夫应该再得到一次机会。我说：‘好吧，球队比较重要，我没有意见，要是再犯决不轻饶。’于是斯托伊奇科夫留在了一队，但是他很快又开始不听话了，我不得不再次敲打他。然后佩普跑来跟我说：‘我们已经给了他一次机会，他还是老样子，那就按您说的办吧。’他知道斯托伊奇科夫对球队的重要性，但是他也知道没有规矩不成方圆。球队利益高于一切。”

在范加尔第二次入主巴萨，也就是2002/2003赛季之前，瓜迪奥拉对于“球队高于个人”有了更切身的体会。是范加尔让他的球员生涯离终点更进一步，却又无意中为他人生的下一个阶段——教练之路——埋下了伏笔。范加尔回忆道：“说起来是我把瓜迪奥拉边缘化，让哈维取代了他。我觉得佩普如今可以理解了，球员必须明白有些时候你做出改变不仅是因为你的能力，更是因为我们需要为未来考虑。教练必须要为长远做打算，当你看到一名球员状态下滑，另外一名则冉冉升起之时，你就得做些什么。对球员来说这很难接受，瓜迪奥拉内心深处也许无法接受这一现实。但是回过头看，这对俱乐部是有好处的，瓜迪奥拉本人也向前迈出了一步，他以球员的身份离开巴萨，却以主帅的身份重新回到了这里。这是一种循环，俱乐部文化非常重要，不管是哪家俱乐部。球员需要把这种文化牢记于心，传承下去，瓜迪奥拉队里的几员大将——哈维、伊涅斯塔和普约尔——他们所展现的领导力正是从曾经的巴萨球员、球队领袖瓜迪奥拉身上习得的。”

范加尔在巴萨留下的遗产也许是这家俱乐部历史上最遭误解的事物之一，很大程度上这也是荷兰人与当地媒体的紧张关系造成的，后者总是喜欢带着大众一起回忆俱乐部的荣光，将一些观点放大，让人们误以为事实就是那样。比如说，加泰罗尼亚媒体对斯托伊奇科夫和里瓦尔多这样的所谓个性天才趋之若鹜，同时又把范加尔塑造成一个冷酷无情的人，他无法理解巴萨这家俱乐部作为一个民族象征的意义所在。事实截然相反，俱乐部的发展蓝图和战术风格确实是克鲁伊夫一手打造的，但是范加尔在此基础上对球队的运转和体系做出了革新，他理应获得更多尊重，今时今日巴萨的成功有很大一部分要归功于之前的领路人。瓜迪奥拉在谈到范加尔时这样说道：“我不敢说他是世界上最好的教练，虽然他自己一直这么说。但是他肯定是最优秀的之一，我从他那里学到了许多。我很想问问他，有些事如果从头再来一遍，你是否还会那样做呢?”

瓜迪奥拉在范加尔手下效力期间远非一帆风顺，但是更多是因为他的长期伤病导致合同谈判受阻，瓜迪奥拉这才与球队高层有了嫌隙，也正是那段苦涩的记忆让他明白足球世界对于他们这些以此为生的人来说是多么残酷。

在瓜迪奥拉养伤期间俱乐部主席努涅斯曾向医生打探他的健康状况，当医生告知他情况良好时努涅斯却不依不饶：“好吧，那他的脑袋有没有问题？他的脑袋怎么样？他的脑袋是不是有点毛病?”

佩普发现主席在怀疑自己，更糟糕的是令人作呕的流言在巴塞罗那的大街小巷散布开来，流言暗示瓜迪奥拉的神秘伤病其实是艾滋病感染。瓜迪奥拉对于流言的出处一直心存疑虑：既不是队中流出的，也不是记者炮制的，甚至都不是敌对球迷制造的，俱乐部高层却压根没有站出来平息流言保护他们的队长。

失去了高层的支持和尊重，佩普无法在俱乐部继续安心踢球，球队的气氛也变得愈发消沉，当队友兼密友菲戈加盟皇马时他的心情愈发苦涩。主席和其他管理层成员之间分歧越来越大，球员和球迷之间也有了裂痕。巴萨不再是那支为足球喝彩的梦之队了，他们散发着悲观主义的情绪，内部则忙于相互争斗。球迷只得将失望的情绪全部宣泄在背叛球队的菲戈身上，葡萄牙人重回诺坎普时整个球场犹如一座充满怨念的审判庭，要知道在几个月前菲戈还是巴塞罗那城的英雄。当菲戈身穿皇马的白色队服步入球场时，球迷制造的声浪堪比飞机制造的噪音，球迷肆意表达着对菲戈的敌意，但是俱乐部大势已去，这样做并不会让球迷的心情好多少。

菲戈是瓜迪奥拉孩子们的教父，面对这样不可抗拒的力量瓜迪奥拉无可奈何，整个事件从头到尾所制造的气氛也让他更加不安。终于，他受够了这一切，在 2001 年夏天，也就是合同还有一年到期之时决定离开巴塞罗那。瓜迪奥拉告知经纪人奥罗比茨不要再与俱乐部进行续约谈判，奥罗比茨说道："一旦他拿定主意，就不会更改。"不需多言，做出这个决定并不轻松，但是正如瓜迪奥拉所说：'我掂量了一下，如果离开的话我能收获多少，显然要比我留下获得的更多。"

赛季结束前两个月，瓜迪奥拉在诺坎普召开了一场满怀深情的新闻发布会，道出了再见。他独自一人坐在麦克风前，身旁没有任何一位俱乐部高层的陪同。当时的主席加斯帕特是个喜欢在媒体面前抛头露面的人，这回他却很合时宜地因故缺席了。佩普用充满情感的声音向众人宣告："我 13 岁就来到了这里，如今 30 岁的我已经身为人父。我的职业生涯时日无多，我想在海外终结球员之路，体验一下其他国家的文化和联赛。现在的我很冷静，也很踏实，感到无拘无束。"

2001 年 6 月 24 日，在效力巴萨一线队 11 个赛季之后，巴萨队长佩普·瓜迪奥拉离开了他挚爱的俱乐部。他在这里踢了 379 场比赛，只进了 10 个球，但是赢得了 16 座冠军奖杯，其中包括 6 次联赛冠军、1 次欧冠冠军、2 次国王杯冠军和 2 次优胜者杯冠军。他不仅是以一位伟大球员的身份离开此地的，在那个年代，在那支海外球星云集的巴塞罗那，他也是球队的加泰罗尼亚之魂。

瓜迪奥拉在诺坎普的最后一场比赛是国王杯的半决赛，巴萨在这里被塞尔塔淘汰出局，待到所有人离开球场，瓜迪奥拉仍然留在更衣室内不愿离去，他的爱人克里斯蒂娜走过来安慰他——多年以前，瓜迪奥拉走进了克里斯蒂娜家在曼雷萨的店铺挑选牛仔裤——打那时起，一段姻缘就此铸成，克里斯蒂娜也成为了瓜迪奥拉职业生涯最艰难时刻的力量源泉和精神抚慰，正如此时此刻……随后这对情侣和经纪人奥罗比茨走出更衣室，走过球员通道，走向通往球场的阶梯。这是瓜迪奥拉最后一次以球员身份站在诺坎普，20 年前，10 岁的小佩普在南看台第一次见证了诺坎普的雄伟，如今他要向这里告别。空旷的球场一片寂静，但是瓜迪奥拉不想哭泣，他只是感到如释重负。

2001年夏天的某个中午，在意大利的某个村庄的别墅餐厅，卢西亚诺·莫吉在保镖的簇拥下用餐

“佩普离开的时候情况变得很糟糕。”查理·雷克萨奇回忆道，“他们找出各种词眼来辱骂他，他受到了许多无中生有的指责。但是作为巴萨培养的球员，他只能打不还手骂不还口，他被伤得很深，承受了很大的痛苦。瓜迪奥拉不是那种可以轻松释怀的人，他都快被压垮了，所以当他真正离开的时候，他才会觉得无拘无束。”

瓜迪奥拉为俱乐部最后一次出战时只有30岁，状态依然保持得不错，所以人们自然而然地会认为他要加盟一家欧洲豪门。一时间合同邀约不断，国际米兰、AC米兰、罗马、拉齐奥——意大利的强队纷纷伸出橄榄枝，巴黎圣日耳曼也很有兴趣，甚至有几家希腊俱乐部也来凑热闹。在英格兰，热刺、利物浦、阿森纳、曼联、维冈、西汉姆和富勒姆对即将是自由球员的瓜迪奥拉表达了青睐。但是佩普最想加盟的球队是那支在孩提时代引发他无限遐想的球队，他想要加盟尤文图斯，那是普拉蒂尼曾经战斗过的地方，而普拉蒂尼，是他圣培多尔老家墙上海报中的英雄。

根据乔姆·考雷尔版瓜迪奥拉传记①的描述，佩普和尤文图斯的谈判就像是黑帮电影，先是瓜迪奥拉的经纪人奥罗比茨接到了一个电话，通知他尤文图斯某人想要和他来一次密会。之后一辆汽车接走了奥罗比茨，他们从巴塞罗那一路飞驰，穿越数条公路驶向都灵，一路上车内几无言语，最终他们抵达都灵远郊一座不起眼的酒店。“奥罗比茨上楼之后看到了尤文图斯总经理莫吉。”考雷尔描述道，“他坐在一张圆桌前，周围围着一群戴墨镜的平头保镖，一位身材肥胖的女侍应默默地端送着意大利面。突然保镖集体撤走，然后，莫吉和奥罗比茨在3分钟内就达成了协议。”奥罗比茨说实际上双方谈判了大约45分钟，但是场景描述

---

① 即乔姆·考雷尔（JaumeCollell）所著的*Pep Guardiola：de Santpedor a la banqueta del Barça*，出版于2010年。

大致无误，可是双方并没有白纸黑字把一切敲定。

曼联在瓜迪奥拉尚未离队时就对他很有兴趣，但是他的经纪人面对曼联的追逐毫无回应，瓜迪奥拉不允许他在此时与其他球队谈判，因为他当时仍然身穿着巴萨的球衣。弗格森向经纪人施加了巨大的压力，他将瓜迪奥拉视为球队下个赛季备战计划中的关键球员，他甚至发出了最后通牒：他想要和巴萨中场来一次面对面的会谈。瓜迪奥拉犹豫再三还是拒绝了弗格森爵士。这件事就这样告吹，弗格森很生气，而瓜迪奥拉则毫不后悔，弗格森爵士后来说道："也许是我选择的时机不对。"

2011 年欧冠决赛之前，瓜迪奥拉在温布利的新闻发布会上说弗格森当年没有签下自己是正确的决定，但是他掩盖了这笔转会失败背后的真相：在六七个月的追逐之后，在弗格森的儿子和经纪人弗朗西斯·马丁接连尝试未果之后，在瓜迪奥拉本人拒绝了最后的金元攻势之后，曼联不再执迷于他。弗格森签下了贝隆、范尼和布兰科，最终那个赛季曼联获得了联赛第三。

国际米兰、阿森纳、利物浦和热刺继续推进谈判，国际米兰兴趣浓厚，但是尤文图斯才是佩普的首选。在都灵密会过去之后的三个月里，瓜迪奥拉的经纪人与尤文图斯主席阿涅利、总经理莫吉接触不断，但是出人意料的是，意大利豪门突然否认了那次密会的存在，没有意大利面，没有保镖，没有巴塞罗那到都灵的长途行驶，当然，也没有任何协议。

对于尤文图斯的 180 度大转变，合理的解释是莫吉解雇了主帅安切洛蒂，后者对于签下瓜迪奥拉态度积极，如今里皮入替，齐达内加盟皇马，法国人 7600 万欧元的转会费创下了足坛记录，尤文图斯的目标有了重大调整，他们想要打造更年轻的阵容，于是他们引进了内德维德、图拉姆、萨拉斯和布冯。

时间一天一天过去，各种机会从未曾预料的角落出现，皇马都要来掺一脚，他们想要试探佩普的底线，约他在巴黎谈谈。不过这次试探只持续了两分钟，因为瓜迪奥拉的回复是："你们疯了吗?"

眼看欧冠报名截止日已过，佩普要加盟豪门变得越来越困难。他甚至差点加盟阿森纳，但是转会截止日维埃拉转会皇马未果，瓜迪奥拉也未能加入北伦敦球会。

既然参加欧冠的可能已经破灭，那欧冠便不再是选择球队时的必要条件，佩普接受了意甲球队布雷西亚的合同。佩普一到球队，主帅马佐尼便告知是主席想要他，而不是自己本人对他有兴趣。瓜迪奥拉决心通过球场上的努力来证明自己的价值。2001 年 9 月 26 日，赛季已经开始，瓜迪奥拉才与俱乐部签下合同，直到 10 月 14 日对阵切沃，他才完成了首秀。

佩普的朋友、教练利略回忆了他加盟布雷西亚一个半月后的情景："这支意大利球队已经更多地按照佩普的意图去踢球了，马佐尼也是个聪明人，他没有对佩普引入的理念提出反对。有一天，佩普想要下一个对手的比赛录像来进行分析，这件事在俱乐部历史上闻所未闻。"加盟布雷西亚看似是球员生涯的下坡路，佩普却将之视为了解其他足球风格完善战术思想的必经之路。当时他已经决定退役后继续在足球圈摸爬滚打。足球就是他的激情，足球就是他的信念，足球是他最了解的事物。自萨基中兴米兰之后，意甲便被认为是防守战术超前的联赛，80 年代末期的 AC 米兰被视为过去 20 年足坛团队合作及防守策略的标杆，佩普决心要在意大利尽可能地汲取营养。

2001 年 11 月某个冰冷的早晨，布雷西亚的训练场

对佩普而言，长期伤病也好，离开巴萨也罢，哪怕是球场上的惨败，都不如在布雷西亚经历的那两个礼拜更让他揪心。2001 年 10 月 21 日，布雷西亚与皮亚琴察交手，11 月 4 日与拉齐奥对阵，期间瓜迪奥拉药检呈阳性。罗马实验室在进一步检测尿样之后得出报告：瓜迪奥拉服用了诺龙，一种用于提高人体力量和耐力的合成类固醇，作用和睾酮激素类似。

瓜迪奥拉在训练课练习任意球时得知了尿检呈阳性的消息。"我看

到马佐尼和队医在窃窃私语，那一刻，那次对话，改变了我的人生，我之后知道了详细情况。”佩普近期回忆道，“他们谈完之后向我走来，告诉了我这个消息。我回到更衣室，看到手机上有几个未接来电，我便知道外界已经对我做出了审判。”

当天，佩普给马努尔·埃斯蒂亚特打了一个电话，后者是水球界的马拉多纳，奥运会冠军，也在意大利俱乐部效力，与瓜迪奥拉关系密切。“你有认识的律师吗？我需要一名律师。”佩普向马努尔求助。他的朋友第二天便登门探望，埃斯蒂亚特原以为会看到一个意志消沉急需安慰的瓜迪奥拉，他甚至已经想好了抚慰的言语，但是当他敲开门，却发现佩普一如往常：坚忍执着，深思熟虑。瓜迪奥拉一整晚都在搜寻与自己情况类似的禁药事件，细读相关法律文件，全神贯注地研究案例。佩普不愿坐以待毙，他要寻找出路。他要亲自抗争，而不是光把麻烦丢给律师去处理。瓜迪奥拉再次展现了自己的个性，他要将命运抓在自己手中，他人休想代为主宰。

尽管佩普抗争的意愿异常坚定，但是仍有那么几次他的决心受到了考验，每当这时马努尔·埃斯蒂亚特就会撑他一把，免得他陷入绝望之中。佩普在埃斯蒂亚特的自传《我所有的兄弟们》的序言中写道：“7年来我都坚持自己是无辜的。当初有人指着我说‘瓜迪奥拉是个坏人’，那时候你便在我的身边不离不弃。这种事一旦发生就很难洗脱罪名，是你，是你看到了那则带来好运的电视节目，为我指明了通向公正之路。7年过去了，当年指责我的人如今已改变看法，他们会说‘瓜迪奥拉不是个坏人’，我是个好人。是的，这就是命运，我相信命运，而你相信我，所以我格外幸运。是你在我最需要运气的时候为我带来了好运，这是一份礼物，我竞技生涯最大的收获莫过于此，我向你保证，不会有比这更珍贵的了。我的自尊心太过强烈，有些时候难免伤害到自己……”

好吧，也许你正在好奇，电视节目是怎么一回事？瓜迪奥拉指的是某个星期天他从埃斯蒂亚特那里接到的一个电话，当时距离意大利奥委会宣布药检阳性已经过去数月，埃斯蒂亚特打电话过来的时候佩普正蜷缩在沙发上，他接起电话就是一通乱吼，情绪非常激动。埃斯蒂亚特解释说他偶然间在意大利电视台看到一则医学研究的消息，事关诺龙检测结果。国际反兴奋剂组织宣布每毫升少于 2 纳克的尿液不足以对当事人提出紧要指控，因为他们发现人体可以制造每毫升 9 纳克的尿液，当年加拿大田径运动员本·约翰逊的尿液达到了每毫升 2000 纳克。这是一次偶然的转机，但是在漫长的申诉之路上，这也是对佩普精神力量的考验。

“我确信自己一定会赢得申诉。”这句话瓜迪奥拉对意大利媒体说了许多遍。四个月的禁赛给了他迎头一击，也就在意大利奥委会宣布判决的同时，瓜迪奥拉开启了一场不得清白誓不罢休的漫长司法战役。他不接受任何指控及与之相关的处罚，他曾经说过："意大利司法机关不敢正视我，因为我是无辜的。"

2005 年 5 月，布雷西亚法庭对他处以 2000 欧元罚款并 7 个月监禁的判决，因为他先前没有犯罪记录，监禁最终没有执行，但是对于瓜迪奥拉而言这是一次重大打击。他逢人便说："你觉得对阵皮亚琴察这样的球队我需要吃药吗？"

对于佩普来说这事关人格、事实与谎言。因为自己从未做过的事情而受到指控，这让他下定决心拿出每一分钱死磕到底，只为证明自己清白。也许律师真的会拿走每一分钱，但是佩普不会放任自己名誉受损。也许执着是他最大的天性，可包括埃斯蒂亚特在内的"盟友"眼见他为了此案日思夜想，几乎耗尽了精力。后来他的朋友劝他："就让这件事过去吧，已经结束了，人们都已经忘记了。"佩普的回答是："我不会忘记，我知道那是一个谎言，那不是真的。"他必须抗争下去，直到洗刷污名的那一刻。

考雷尔在他撰写的瓜迪奥拉传记中以这样一件事说明了整个案件的荒谬。那是 2005 年的春天，瓜迪奥拉的经纪人奥罗比茨在一堂听证会间歇去到洗手间，一位年长的绅士尾随而入，他在奥罗比茨身边故弄玄虚地嘟哝了一句："只要能赢，清白又算什么。"此人刚好是涉及此案的一位高官。

2007年10月23日，布雷西亚的一家上诉法庭终于宣布瓜迪奥拉无罪，站在科学的角度，药检结果已经被证明不足以形成指控，正是埃斯蒂亚特在电视节目中那次偶然的发现成为了瓜迪奥拉自证清白的开始。事后佩普对自己的好朋友、加泰罗尼亚记者拉蒙·贝萨说道："我要把文件锁进盒子里。我不想再谈论这件事，但若有一天有人还要再查，那么敬请查阅档案便是。"

瓜迪奥拉的情绪中夹杂着释然和喜悦，但又不止于此。他背负了太沉重的精神负担，如今终于可以卸下重担松一口气了。在这个世界上，公众随时随地都有可能将审视的目光投向你，我们会感到忧心忡忡："人们会说些什么呢？"那段时间人们对他充满了怀疑，他一心想要驱散疑云。证明自己的清白，要求司法机关承认自己的错误。这是一场几乎不可能赢的战斗，但凡世上冤案都会给当事人留下难以洗刷的污点，让他们蒙受难以摆脱的阴影，因为人们往往会记得最初的指控，而非最终的结局。

没错，瓜迪奥拉在奋力抗争之后确实证明了自己的清白，洗刷了罪名，恢复了名誉，但是他决心让身边所有人都免于这样的折磨，因此抗争仍在继续。

当法院最终判定无罪之后，时任巴萨B队队长来到他的办公室，代表全体队员向他表示了祝贺。他听着队长的话，突然意识到自己在不知不觉之中已与球员建立起了非常亲密的关系，冗长的司法程序让他感到孤寂和无助，而他的球员却得到了如同父爱般全情投入的关怀，瓜迪奥拉为他们营造了一个温暖的家。

意大利足协直到2009年才正式采信了法院的无罪宣判，那时瓜迪奥拉已经在巴萨尽享成功荣耀了，这起禁药风波的开头举世轰动，结局却轻描淡写。

效力布雷西亚一个赛季之后，瓜迪奥拉在夏天转投罗马，此时法庭仍在受理他的诉讼。瓜迪奥拉转会罗马并非因为对方是家大球会，他是冲着当时罗马主帅卡佩罗而去的，二人足球理念大相径庭，这并不妨碍瓜迪奥拉对卡佩罗推崇备至。佩普渴望体验卡佩罗一丝不苟的防守理念，了解他在压迫对手方面的秘诀。他在罗马出场时间虽少，学习收获却颇丰。“那时候他的职业生涯已经到了最后阶段，所以上场时间很少。”卡佩罗说道，“他是一位行为得体的好球员，他从来不问我为什么不让他上场。他其实非常理解我的意图，但是他的身体跟不上，太慢了。他脑子很快，知道球到脚下之前要做些什么，跑位也非常聪明。他是球场上的领袖。”

由于在罗马鲜有上场机会，瓜迪奥拉在 2003 年 1 月又回到了布雷西亚，开始与罗伯特・巴乔以及安德烈・皮尔洛共事。

也正是在同年，他再度离开布雷西亚，当时的维冈主帅保罗・杰维尔给他打了个电话。“他一直是我最喜爱的球员之一。”杰维尔说道，“我从他的英方经纪人那里拿到了他的电话，我打了过去，留了个口信：‘佩普你好，我是保罗’——诸如此类。过了 10 分钟他就回电了，他对我们知根知底。看我们的比赛转播，对我们中场的短传渗透风格头头是道。他还知道杰米・波拉德和格拉汉姆・卡瓦纳。但是他的周薪得要 1 万英镑，卡塔尔人遂了他的心愿，给了他一份高薪合同。他原本可以加盟一支实力强劲的维冈，最终却在巴塞罗那做了些毫无价值的工作，草草结束了职业生涯。”

在加盟卡塔尔阿尔・阿赫利队之前，瓜迪奥拉曾有机会与 2003 年巴萨主席候选人巴塞特共事，此人拥有一些加泰罗尼亚政坛要员和商界大亨的大力支持。巴塞特找到瓜迪奥拉，邀他日后出任球队的技术总监，佩普应允了他，条件是巴塞特不得利用大牌加盟这张牌来为自己拉票，那种做法在西班牙其实很常见，瓜迪奥拉要求巴塞特向球迷传扬俱乐部的宏伟愿景。

当时便有人向巴塞特与瓜迪奥拉推荐了罗纳尔迪尼奥作为潜在引援目标，但是佩普想要把注意力集中在球队建设本身，在他的设想中梦之队时期的队友罗纳德・科曼会出任球队主帅，若阿贾克斯拒绝放人，那么胡安马·利略会成为备选。

虽然瓜迪奥拉不愿公开用转会做噱头来助选，但是他仍然计划通过引援来完成球队的重建，他的引援目标包括了效力于国际米兰的哥伦比亚中卫伊万·科尔多巴、阿贾克斯主力后卫同时也是该队队长的齐沃、罗马的巴西中场埃莫森和当时效力于利物浦的澳大利亚边锋科威尔。

最终拉波尔塔依靠克鲁伊夫的支持和购入贝克汉姆的许诺赢得了选举，利用贝克汉姆的名头大肆招摇无非是炒作手段，对于拉波尔塔而言却格外奏效。当时曼联官网都宣布了巴萨主席候选人为贝克汉姆报价的消息，实际上这是经纪人扎哈维一手导演的好戏，拉波尔塔为此与他达成协议，承诺当选之后签下他旗下的土耳其门将鲁斯图。一个月后，拉波尔塔践诺，鲁斯图加盟巴萨。

巴塞特参选失败成定局之时，佩普曾对他说：“我知道我们的行事方式与他人有所不同，但是如果再来一次，我们也会这样做，不是吗?”

与巴塞特同伍的决定让之后数年的佩普都受到了困扰，有些人很难原谅他“背叛”导师克鲁伊夫与之为敌的行为，拉波尔塔正是其中之一。

选举失败之后，瓜迪奥拉做出了生涯中唯一一次“向钱看”的决定——加盟卡塔尔联赛，这份 2 年的合约可以让他入账 400 万美元。2004 年记者加布里埃尔·马尔科蒂前往卡塔尔采访佩普，他看到的是一个行将结束职业生涯的瓜迪奥拉，偏居一隅却自得其乐。瓜迪奥拉对他说道：“我觉得像我这样的球员已经变得很稀有了，因为足球愈发强调战术和身体，留给球员思考的时间很少。大多数俱乐部球员都被限定了角色，创造力被磨灭殆尽。”

那时候的佩普只有 33 岁。

欧洲足球的风起云涌也反映了瓜迪奥拉所说的这种变化，那几年里，身强力壮的米兰横行欧战，对抗出众的尤文图斯盛极一时，2004 年波尔图与摩纳哥会师欧冠决赛，之后切尔西力邀穆里尼奥入主，后者对于肌肉型中场推崇备至。佩普是对的，“速度与力量”是那段时间的主旋律，但是挑战者很快就出现了，先是里杰卡尔德治下的巴塞罗那，紧接着瓜迪奥拉自己扛起了大旗。

瓜迪奥拉在卡塔尔的时光大多是在公寓的泳池边消磨的，巴蒂斯图塔、耶罗和卡尼吉亚都是他的邻居，球队教练是曾经的桑托斯边锋佩佩·马西亚，关于贝利和那支巴西队的问题，他们问了他无数遍。就这样，在为阿尔·阿赫利踢了 18 场比赛之后，瓜迪奥拉离开卡塔尔，来到曼城试训。那是 2005 年，他在斯图尔特·皮尔斯的眼皮底下待了 10 天。

试训结束，曼城主帅给了他一份 6 个月的合同，瓜迪奥拉拒绝了，他想要一份期限更长的合同。2005 年 12 月，他加盟墨西哥球队多拉多斯，有机会在好友胡安马·利略手下效力。在那里他见识到了一种新的足球流派，他对于足球方方面面的理解也更为深入，在经营管理、体能准备和科学饮食方面尤其如此。佩普和利略整夜整夜地坐在一起，讨论战术、训练和技术运用，利略为他准备的教练培训课程总是通宵达旦。

2005 年的某个深夜，墨西哥西北部，库利亚坎的一座公寓内

晚餐小酌一番之后，佩普和利略会讨论足球直到次日凌晨，即便第二天有训练也不例外。佩普有时候担心自己会让朋友们感到无聊，毕竟他的谈话内容除了足球还是足球。但是面对利略，他无需多虑，每当瓜迪奥拉想要讨论战术细节，他尽可以放心给利略打电话，佩普在意甲效力时利略也是他家中常客。在足球这个话题上，利略是瓜迪奥拉独一无二的倾诉对象，他和克鲁伊夫是瓜迪奥拉教练之路上对他影响最大的两个人。

在某些问题上佩普一度很茫然，比如防守的理念，又比如训练的方法。每到这种时候他就会立即向利略求助："遇到这样的情况你会怎么办？如果我这么做会怎样？"在佩普看来，利略是这个世界上考虑问题最周全的教练，尽管他在足球顶级舞台上并未获得应有的回报，他能全

面透彻地分析这项运动，在这方面他是行业先驱。

2006年5月，瓜迪奥拉结束了他的墨西哥冒险之旅，回到了西班牙，他在马德里完成了教练课程，同年7月他正式成为具有资质的教练。2006年11月15日，在接受巴塞罗那当地电台RAC1采访时瓜迪奥拉确认自己的职业球员生涯告终。这一年，他35岁。

和许多退役球员不同，佩普并不想立马在大球会执掌一线球队，正如他当时所说，自己还有很多地方需要学习。“作为球员的岁月已经逝去。”佩普说道，“但是我迟早会走上教练岗位。只要有人敲开我的门，给我这个机会，我愿意接受任何级别球队的合同。我希望在青年队工作，和孩子们在一起，我不会一上来就奢求在高级别球队工作。你必须尊重客观规律，这需要一个学习的过程。所以第一步很重要，因为迈出这一步便不能再回头。”

在这次让人动容的公开告别中，瓜迪奥拉也表达了对足球的感恩之情：“这项运动对我而言是受益匪浅的人生课堂。我学会接受失败；我学会从挫折中振作；我明白了自己的队友可能比我更优秀；我也认识到教练可以因为我的劣行将我留在场下。”

佩普也许结束了职业球员的生涯，但是他仍想继续了解研习足球运动。历经克鲁伊夫、罗布森、范加尔、马佐尼和卡佩罗等名帅的亲身教诲，瓜迪奥拉并不满足，他来到阿根廷来巩固自己的战术知识。在那里，他拜访了里卡多·拉沃尔佩（阿根廷夺得78年世界杯时的替补门将，也是前墨西哥国家队主帅）、马塞洛·贝尔萨（广受赞誉的前阿根廷国家队主帅、后来的智利主帅及毕尔巴鄂竞技主帅）、外号为“瘦子”的路易斯·梅诺蒂（1978年世界杯阿根廷国家队冠军教头），他与这些人促膝长谈，畅聊足球。梅诺蒂在他离开后说道：“佩普到这儿来不是为了让我们告诉他怎么做，他早就想清楚了。”

为了拜访贝尔萨，瓜迪奥拉和他的朋友大卫·特鲁巴从布宜诺斯艾利斯驱车309公里前往罗萨里奥。在贝尔萨的公寓内，两位足球人进行了长达11小时高强度高密度的交谈。二人对于彼此都抱有巨大的好奇。

这一天的讨论可谓热火朝天，他们在电脑上搜索资料，对技术细节锱铢必较，深入剖析战术架构，推演场上站位，特鲁巴甚至一度被要求和一张椅子进行一对一的盯防演练。二人对于足球的执着与狂热激烈碰撞，从此成为了互相倾慕的至交。

说起来佩普与贝尔萨有很多共同点：他们希望自己的球队能占据主导，成为比赛的主宰，以攻击对方的球门为首要任务。他们无法忍受在失利后找寻借口的人，与此同时失利对于他们而言又是无法承受之耻，他们会因此感到消沉绝望。绰号“疯子”的贝尔萨告诉佩普：“球队的才华体现在个体的灵光乍现，球队的努力源于每个人的倾力付出，球队无论踢得好坏，态度是没得商量的。”贝尔萨还加了一句，如果无法将自己的情绪传递给球队，球队就无法获胜。佩普频频点头，不停地做着笔记。

佩普此后两次在执教生涯的重要时刻引用了贝尔萨的足球理念，第一次是在他作为巴萨一队主帅的就职发布会上，第二次则是最后一场主场比赛之前，对于那段往事有所了解之后你便会知道那并非巧合，当有人指出他与贝尔萨理念“不谋而合”之时，佩普的回答是：“你以为我生来就知晓一切吗?”

在与佩普作别之前，贝尔萨提出了一个尖锐的问题：“你对足球世界所有负面的事物都了若指掌，有些人身居高位依旧毫无诚信，你为何还要以教练的身份回到足球场呢？你就那么喜欢这种充满血腥味的争斗吗?”佩普不假思索地回答道：“我喜欢这种血腥味。”

阿根廷之旅临近尾声，佩普觉得自己从未像此时一般准备得如此充分。这样说也不尽然，因为佩普从不允许自满情绪的滋长，但是他已经做足了准备，是时候把一切所学投入实践了。

回到西班牙之后佩普与塔拉戈纳扯上了关系，这支加泰罗尼亚俱乐部当时正在西甲为保级苦苦而战，对方提出由路易斯·恩里克出任主帅，瓜迪奥拉出任助理教练。塔拉戈纳俱乐部在讨论之后认为此二人经验过于匮乏，几乎从来没有在任何联赛执教的经历，于是此事便不了了之。

不过，瓜迪奥拉面前还有另外一个机会：巴萨想要和他谈谈，他们希望他回来就职，此时距离他离开这家俱乐部已过去 7 年。

2006 年的 8 月，摩纳哥，欧足联俱乐部颁奖典礼

在瓜迪奥拉韬光养晦，为执教生涯充电的同时，他挚爱的巴萨已经成为了那个年代的宠儿。2006/2007 赛季开始之前，里杰卡尔德已经率队拿下两次联赛冠军外加一次欧冠冠军，在 2005/2006 赛季的欧冠决赛中，巴萨在巴黎与温格率领的阿森纳一决雌雄，最终他们战胜了拥有亨利、皮雷与法布雷加斯的枪手。彼时的里杰卡尔德享誉天下，很多人都认为这支巴萨即将成为俱乐部历史上最伟大的球队。颇具声誉的加泰罗尼亚记者路易斯·卡努特在所撰写的《巴萨的秘密》① 一书中便描述了欧足联俱乐部颁奖典礼上发生的一切，那是在欧洲超级杯前夜，巴萨队长普约尔被评为上赛季欧冠最佳后卫，德科获选最佳中场，埃托奥成为最佳前锋，罗纳尔迪尼奥则是最佳球员。

但是具有讽刺意味的是这场加冕礼竟揭开了里氏巴萨衰败的序幕，摩纳哥之旅正是这支球队由盛转衰的转折点。

颁奖典礼结束之后巴萨回到了驻扎的酒店，第二天他们就要与塞维利亚角逐欧洲超级杯，令人意外的是教练在晚饭时间邀来一支荷兰流行乐团与自己同乐，晚饭过后里杰卡尔德非但没有把球员赶回房间睡觉，还允许他们自行安排休息时间，有些人免不了难以自持寻欢至深夜。“次日，也就是比赛日当天的上午。”卡努克写道，“罗纳尔迪尼奥获准离开酒店去参加一个赞助商的写真拍摄，其他人也都自由活动，在摩纳哥的精品服饰商店好好逛了一圈。”而超级杯另外一方塞维利亚的状态截然相反，胡安德·拉莫斯向来从严治军，他的球队在白天不出意外地积极备战。两队对待比赛迥异的态度最终如实地反映在了比分牌上，比

---

① 即由路易斯·卡努特（LluisCanut）所著的 *Els secrets del Barça*，于 2010 年出版。

赛终场哨响，塞维利亚获得了一场 3－0 的完胜。对于巴萨而言，这场失利为接下来一个赛季发生的一切埋下了伏笔。

2006 年夏天，助教滕卡特前往阿贾克斯赴任一线队主帅，长久以来他一直扮演着里杰卡尔德帐下监军的角色，他的离开助推了巴萨更衣室的失控，成为了这支球队纪律败坏的催化剂。荷兰人在队时一直对罗纳尔迪尼奥严加管教，只要罗纳尔迪尼奥的体重略有上涨，腰围略有扩张，直肠子的滕卡特就会不留情面地加以批评，即便在全队面前，他也要说出自己的看法，他会大声训斥罗纳尔迪尼奥“对队友不敬”。滕卡特和埃托奥之间也保持着爱恨交加的微妙关系，幸而喀麦隆人一直决心证明自己以赢得滕卡特的尊重。可见里杰卡尔德和滕卡特在一起配合默契，他们的红白脸唱得炉火纯青，但是滕卡特一走，里杰卡尔德的老好人态度只会把事情搞砸。

约翰·内斯肯斯接替了滕卡特的工作，成为了里杰卡尔德的新助手，但是他的个性也不适合扮演“坏人”的角色，球队人心渐散，这一趋势愈发难以遏制，球队阵中尤以罗纳尔迪尼奥的竞技状态下滑最为明显。9 个月前他还以无以伦比的表现帮助球队客场 3－0 击败皇马，引得伯纳乌球迷起立为他鼓掌，9 个月后他便成为了媒体眼中的笑料，罗纳尔迪尼奥频繁现身卡斯特德菲尔斯的夜总会，在私人贵宾区夜夜笙歌，相较之下他出现在球场上的次数开始减少，即便亮相诺坎普，吸引人们眼球的也不再是他的球技，而是难以遮盖的肚腩。与此同时，埃托奥受困膝伤，获准离队进行康复治疗，这使得他远离了球队的日常生活，也为之后发生的事留下了隐患。

里杰卡尔德察觉到了队中球星的种种不良行为，但是他没有约束他们，黑天鹅寄望于球员有足够的责任感来守住底线，但是他错了。2006/2007 赛季中段，巴萨的纪律涣散已然体现在了战绩和场上表现之中，亡羊补牢也为时已晚。12 月，球队在世俱杯决赛负于巴西国际队，国际队阵中 17 岁的帕托表现抢眼，这场比赛即是全队竞技水准下滑的症状体现，赛前准备会上里杰卡尔德甚至没有给球员观看对手的录像。

圣诞节后，马奎斯、德科和罗纳尔迪尼奥这些来自南美的球员被允许延长休假，即便如此，他们还是归队迟到。对此，球队没有处罚措施。

赛季过半，进入冬歇，巴萨以2分劣势落后塞维利亚位居积分榜次席，同时以3分优势压过皇马一头，球队总监贝吉里斯坦陷入两难境地。他已经通过种种迹象察觉到了球队纪律涣散，但是球队正在为榜首而战，贝吉里斯坦不愿横加干涉。和其他人一样，他希望球队能够重拾劲头，恢复往日威风。

在4个月的单独恢复之后，埃托奥回到了乱象丛生的更衣室，他对于眼前的一切感到震惊。他立马知会了主席拉波尔塔——后者也是埃托奥在俱乐部的主要盟友——拉波尔塔力挺埃托奥，甚至还授予了他队长之职，原以为事态会暂时平息，不曾想没多久里杰卡尔德便指责埃托奥在与桑坦德竞技的比赛中拒绝替补出战，当时他正在场边热身，然而当教练要求他上场时埃托奥看上去并不情愿。赛后罗纳尔迪尼奥在混合区接受采访时暗示埃托奥的行为让球队士气受挫，因为他没有把球队利益放在第一位。埃托奥向来口无遮拦，几天后在一个新书发布会上他开火了，矛头直指里杰卡尔德。“他是个坏人。”埃托奥继续说道，“这是两派之间的战争，一派是主席的人，另外一派是罗塞尔的人。”

前任副主席罗塞尔刚好是罗纳尔迪尼奥的密友，当初正是他说服巴西人加盟球队，不久之前因为与拉波尔塔的诸多矛盾辞去了副主席一职。埃托奥还不点名地向罗纳尔迪尼奥喊话：“如果有哪个队友站出来说你应该把球队利益放在第一位，他先要想想自己做到没有。”

更衣室失和让球队在联赛末期陷入低谷，2006/2007 赛季巴萨最终四大皆空。他们的联赛积分与皇马相同，但是两队相互交锋战绩皇马占优，因而巴萨只得屈居第二。巴萨因为骄傲自满和军心涣散丢掉了冠军，这是外界的一致看法。

最能体现骄傲自满和军心涣散的比赛莫过于离奇的国王杯半决赛。首回合比赛中巴萨以5－2 战胜赫塔菲，次回合比赛开始前，自认为胜利到手的里杰卡尔德将梅西留在了巴塞罗那，坐镇马德里主场的赫塔菲以 4－0 重创巴萨。

赛季结束，球队内部面临变革的重压，拉波尔塔却认为曾经创下辉煌的里杰卡尔德和这批球员理应再得到一次机会。毕竟这些球员在巅峰期才华横溢，他们组成了一支魔力四射的球队，帮助俱乐部拿下了 14 年来第一座欧冠奖杯。卡努特在《巴萨的秘密》一书中写道："里杰卡尔德向拉波尔塔保证自己能够控制局面，并且帮助罗纳尔迪尼奥恢复状态，实际上俱乐部已经在考虑是否要甩脱这个包袱了。拉波尔塔造访了罗纳尔迪尼奥在卡斯特德菲尔斯的家，巴西人承认自己分了心，信誓旦旦要重回最佳状态。"罗纳尔迪尼奥恳求拉波尔塔再给一次机会，他要证明自己可以改变。

与此同时，刚从阿根廷归来的瓜迪奥拉，接到了巴塞罗那俱乐部的电话。

2007 年初夏，临近正午，佩斯卡拉的某片沙滩上

与佩普一起看球就好比是参加足球高级讲习班，你会对足球有全新的认知。若你有幸在某场比赛进行中坐在他边上，很显然他会禁不住与你分享所有的感受。"球总比人跑得快，所以必须让球跑起来！"16 个字足以概括他的足球理念。

"快看，那个人，那边那个人，他正在隐藏自己！你需要让队友明白，他们永远都可以找到你。"他指着某个跑错位置的球员大喊，"传球前你得知道你要把球传向何处，如果你不知道，那就控住球，把球给门将也好，反正别给你的对手。"这是常识，也是足球场上的成功法则之一。"足球是世界上最简单的游戏，脑袋怎么想，脚就怎么做。"瓜迪奥拉解释道，实际上他比任何人清楚，这一点也不简单。那会儿瓜迪奥拉还会在看球的时候说："总有一天我会成为巴萨主帅。"

差不多每年夏天，佩普和马努尔·埃斯蒂亚特两家都会在意大利佩斯卡拉过上几个礼拜，两位好友在马努尔的房子里长谈，埃斯蒂亚特的耳边总少不了佩普念叨他的足球理论。佩斯卡拉也许不是世界上最美丽

的地方，却是埃斯蒂亚特长久以来的休憩之地。20 世纪 80 年代中期他便开始为佩斯卡拉水球队效力，那时他就在当地添置了房产，他的妻子也是意大利人。退役之后埃斯蒂亚特只要一有时间，就会回到这里。

佩斯卡拉的夏天白昼往往长达 14 个小时，一天的时间仿佛被拉长了一般，这对好友和他们家人的生活也变得极其简单：每天他们都要在沙滩上度过 8 个小时时光，晚饭前回到屋子冲个凉，饭后便是品评美酒的时间，大家往往要聊上好久才互道晚安，然后美美地睡上一觉，只为第二天把同样的事重复一遍，这就是他们的假期。

当然，时至今日要想与世隔绝变得愈发困难，其他游客会在不经意间发现几码之外佩普在同一片沙滩上晒太阳，这可是世界当红球队的主帅，人们会忍不住走上前去，也许会说说自己对某场比赛的回忆。不过对于佩普和马努尔来说，宁静的佩斯卡拉依然是他们互诉梦想和畅谈未来的庇护所。

2007 年夏天，当他们又一次来到佩斯卡拉度假之时，佩普正处于无业状态。墨西哥的短暂效力已是往事，阿根廷的求索之旅也已经结束，退役的决定在 2006 年 11 月便已宣布。他和马努尔在沙滩上漫步，冷不丁地抖落出了一个爆炸性消息。

“巴萨给我提供了一份工作，只要我答应，就能接手。”

“哇，巴塞罗那！”

“没错，他们希望我出任俱乐部梯队的技术总监。”

“是的，你喜欢规划和组织，也很擅长和孩子们打交道。”

“没错没错，但是我不知道，我不知道……”

“你说不知道是什么意思?！你要回去的地方可是巴塞罗那俱乐部！”

“我只是……想和 B 队一起共事，我觉得我应该去执教 B 队，我想从那里起步。”

“但他们不是才降级吗？现在在丙级联赛！”

马努尔清楚地记得那次对话，他也记得自己无法说服好友从西班牙最低级别联赛的球队开始执教生涯并不是一个好主意，可佩普一旦下了决心，便难以让他收回成命。很多深知他脾性的人依旧想要说服他，这将是一个错误的决定。

走出圣培多尔的广场，足球将瓜迪奥拉带到了世界各地。足球就好像是一堂漫长的人生课，这堂课从拉玛西亚的眼泪开始，瓜迪奥拉学会了面对批评和失败，学会接受梦想的破碎，学会经历高潮与低谷，学会了反思与探索；他得到了来自家庭、朋友和导师的鼓励；这段足球之旅始于加泰罗尼亚乡间，途径温布利、意大利、中东、墨西哥和阿根廷，一路上瓜迪奥拉观察、倾听、见证，也亲历许多事。

2007 年夏天，一直处于修行之中的佩普觉得自己准备好了，他想要当教练，他知道该怎么做，也知道如何利用资源。

巴萨技术总监贝吉里斯坦有不同的看法，相比亲力亲为的教练岗位，他认为佩普更适合坐镇幕后，这也是他邀请佩普出任梯队技术总监的原因。贝吉里斯坦认为佩普是一位理论知识完备的统筹者，他完全有能力向各级梯队的年轻球员传授“巴萨哲学”。若是出任该职，佩普需负责建设梯队，选拔球员与教练，监管训练方式，构建新的体系，还要负责兴建新的拉玛西亚青训基地。贝吉里斯坦原本打算在 2007 年夏天离开球队，当时他的合同还剩一年到期，但是当他得知瓜迪奥拉愿意考虑回归的时候，贝吉里斯坦也打算着手再干一年，他想要瓜迪奥拉出任自己的副手，在接下来 12 个月的时间里将其培养成总监之位的接任者。

在贝吉里斯坦考虑向拉波尔塔和管理层提议迎回瓜迪奥拉之前，瓜迪奥拉本人还需要铺几条路，这两位梦之队成员本身的关系便需要修复，他们之间已经至少 4 年未有交往。佩普和克鲁伊夫的关系因为意见相左同样疏远，这要追溯到瓜迪奥拉仍在为巴萨效力之时，也就是克鲁伊夫离开球队之后两年。范加尔放弃了数位巴萨青训培养的本土球员——奥斯卡、罗杰·加西亚、塞拉德斯、贝拉马桑和鲁菲特——克鲁伊夫无法理解为何身为队长的瓜迪奥拉对此熟视无睹，他对佩普说道：“站出来帮帮那些青年队上来的家伙们！”佩普则告诉他“对此无能为力”，因为自己不能干涉教练的决定。克鲁伊夫对此不以为然。

导致梦之队主帅与队长失和的原因不止于此。2003 年巴萨主席竞选，佩普接受了巴塞特的提议，即竞选成功之后出任球队总监，这让昔日梦之队成员大吃一惊，在克鲁伊夫的授意下，贝吉里斯坦、阿莫尔与尤塞比奥本已达成协议，即不公开支持任何候选人，也不会对任何候选人承诺选后任职。这些昔日队友原以为佩普也是同盟，在发现他想公开表达对巴塞特的支持之后，他们顿时有种被背叛的感觉。拥有克鲁伊夫暗中支持的拉波尔塔最终赢得了选举，这也让佩普受到了孤立，此后数年，他都没有和贝吉里斯坦、克鲁伊夫和拉波尔塔说过话。

因为要看牙医，瓜迪奥拉的好友、俱乐部高管穆尔特拉在董事会上姗姗来迟，会上瓜迪奥拉和亚历山科一起被提名为青年队主管候选，穆尔特拉错过了先前贝吉里斯坦的发言——他的发言内容包括考察恩里克为 B 队主帅候选。于是这位高管礼貌地要求贝吉里斯坦告知先前发言的大致内容，当他听到后者对于佩普的任命计划时不禁做了个鬼脸。因为那个时候瓜迪奥拉已经获得了教练资格证，他告诉穆尔特拉自己想要执教。贝吉里斯坦离开会场的时候穆尔特拉借口上洗手间跟上了他，在他进入电梯之前穆尔特拉叫住了他，恳请他三思。穆尔特拉这样对贝吉里斯坦说道：“算我拜托你的好了，先打个电话给佩普，万一他想做的是教练呢？”

于是，2007 年夏天，贝吉里斯坦与佩普在诺坎普附近的索菲娅公主大酒店进行了一次会面，只为讨论后者可能的回归。贝吉里斯坦踏入酒店之时已然选择了宽恕和忘却，对于佩普他有自己的计划，他也为佩普预留了一个特别的职位。尽管穆尔特拉提出了建议，贝吉里斯坦已然希望昔日队长能成为未来的总监。

瓜迪奥拉：“感谢邀请，但是我想做教练。”

贝吉里斯坦：“做哪队的教练？一队可没有空缺，即便是里杰卡尔德的助教也不缺人……”

瓜迪奥拉：“让我带 B 队，他们在第三级联赛。”

贝吉里斯坦：“什么?! 你一定是疯了？这事稳输不赢，带 B 队升级可要比随一队拿冠军难得多。”

瓜迪奥拉：“让我掌控 B 队，我知道该怎么做。”

贝吉里斯坦：“但是我们给你提供的职位可比 B 队教练好得多了，收入更丰厚，掌管青训名头也更响亮。B 队可是在丙级联赛！”

2007 年时的巴萨 B 队正深陷泥沼，人们也不像今天一样把 B 队看做是人才成长的宝库，他们在之前一个赛季降级，只能征战相当于英格兰乙级联赛等级的西班牙丙级联赛。

但是佩普坚持己见。

瓜迪奥拉：“我想做教练，我想带队训练。让我带什么队都行，你愿意给我什么级别的都没问题，少年队，儿童队，任何级别。即便是迷你球场的幼儿队，我也愿意接手。总之我想立马当教练。”

贝吉里斯坦：“你想拯救那支 B 队只会让自己麻烦缠身，你一定是疯了。还有，我们把球队的旗帜瓜迪奥拉放到丙级联赛人们会怎么看？这不合情理！”

随后佩普开始细致入微地讲述他的计划——如何编排阵容，如何安排训练，如何实施管理。“我想和这些孩子们一起工作，我知道他们别无所求却会付出一切，我会让球队升级的。”佩普重复了一遍又一遍。

渐渐地，贝吉里斯坦信服了，他被佩普的激情和理念所征服。这场会面结束之后，巴萨总监开始为瓜迪奥拉的主帅之路做起了铺垫，他开始收集各方意见。他听取了青年队里那些与瓜迪奥拉同期接受课程培训的教练的意见，也听取了培训导师的意见，他们都认为佩普是自己见过最优秀的学员之一。不久之后，贝吉里斯坦就拍板了。

这是典型的瓜迪奥拉：天才卓越而富有胆魄。很少有退役球员会为了一支破败的 B 队而拒绝青训总监之位。

“佩普，你确定要掺和 B 队的事吗？”他的朋友在得知消息之后反复询问。“丙级联赛，那里就是地狱，那不是你所了解的足球世界，等待你的不是一帆风顺，而是荆棘坎坷！你确定自己要那么做吗？”哦，是的，他务必确定。他的回答永远是：“我只想做教练。”就像大卫・特鲁巴所写的那样："佩普一直都很清楚，生命中就是包含了冒险和犯错，不管在哪儿，有时候宁可犯错也要一试。"

然而，佩普希望成为教练的道路上还有一个障碍，事实上B队主帅之位已有人选，那就是瓜迪奥拉的朋友即前队友路易斯·恩里克。某位巴萨高层此前告知这位西班牙前国脚，巴萨董事会将一致同意他出任2007/2008赛季巴萨B队主帅。佩普的半路杀出改变了局面，贝吉里斯坦不得不通知恩里克俱乐部要收回此前的决定。

从很多方面来讲，佩普此刻的人生已经完成了一次循环。20年前那个圣培多尔的男孩幸运地接到了拉玛西亚的录取电话，现在他又回到了足球之路开始的地方。这期间的暂别比留守更具意义，这使得瓜迪奥拉能够更好地回报俱乐部。

2007年6月21日，在退役7个月之后，瓜迪奥拉出任巴萨B队主帅。

2007年6月21日下午，诺坎普，新闻发布会现场

2007年，媒体汇聚诺坎普见证佩普作为教练的初次亮相，佩普说道："我手头没有其他的邀约，没有人给我打过电话。在今天这个下午，我对俱乐部充满感激，对我而言能够执教巴萨B队是一种荣幸。"此时新赛季尚未启程，赛季末人们便会发现执教B队的意义并不只是瓜迪奥拉的一种荣幸，这是一场战役，一场证明瓜迪奥拉执教水准的战役。

当时巴萨正值低谷，外界开始批评主席拉波尔塔为投机分子，这场为任命瓜迪奥拉而召开的新闻发布会为他多少挽回了一些信誉，他需要瓜迪奥拉的光环来庇佑自己，后者不仅是昔日球队功勋，也是俱乐部的象征和加泰罗尼亚的旗帜。拉波尔塔此前经历过成功，他让巴萨在欧洲重新崛起，球队以摧枯拉朽之势拿下了两座西甲冠军和一座欧冠冠军，但是随着时间的推移，俱乐部内部出现裂痕，曾经与拉波尔塔共事的高层开始倒戈相向，有些人指责拉波尔塔官僚主义，有些人则暗示他不务实际。2006/2007赛季的四大皆空更是对拉波尔塔的危机起到了推波助

澜的作用。权力真是奇怪的东西，拉波尔塔就是最好的例子，即使是最执拗的理想主义者，也会被权力所改变。

“我活到现在一直就想成为瓜迪奥拉这样的人。”拉波尔塔在那天下午说道，坐在他身旁的是一代巴萨球迷的心中偶像，拉波尔塔不禁沉浸在了英雄的荣光之中。克鲁伊夫依旧不见踪影，他认可对瓜迪奥拉的任命，但是在拉波尔塔时代，他更喜欢在幕后行事，这次也不例外。

对于俱乐部而言，任命瓜迪奥拉的风险在于他教练履历的一片空白，但是对于瓜迪奥拉而言，他不怕失败。瓜迪奥拉初次亮相的发言如此流畅，一如他在多哈泳池和佩斯卡拉沙滩上所说的那般，当着满屋的媒体，他娓娓道来："作为教练我名不见经传，所以面对这样一次机会，我难以掩饰兴奋之情。来到这里，我会用尽方法去帮助球队。我熟悉这家俱乐部，我希望能帮助这些球员成长，也希望能改良我们的足球理念。实际上教导球员最好的办法就是让他们明白自己能赢，但愿每个人都能感受到我所感受的这种荣誉感。”

瓜迪奥拉想要重申自己的职责是教导，他梦想着有一天自己可以远离职业足球，那样便能安心教导那些“一直都想倾听和学习”的孩子们。新闻发布会过后没几天，瓜迪奥拉便将他人的思想精华与自己的足球理念糅合，在一群充满渴望的年轻人面前做了教练生涯的第一讲。

瓜迪奥拉告诉球员，自己可以容忍他们表现不佳，但是他要求每个人在每场比赛都付出100%的努力。他希望球队能表现得很职业，哪怕人们还没有把他们当做职业球员，他希望球队能全方位表现出竞争意识。“我们的目标是升级，要升级就得赢，要想赢就得卖命。”他对球员如是说道。他还指出进攻球员也必须把防守做到最后，防守球员要成为进攻发起的第一条阵线，球队的进攻推进始于后场。

不管发生什么，球队风格都不容商量："俱乐部的足球理念人尽皆知，我对此深信不疑，我希望能将这样的理念传授给每个人。我们必须雄心勃勃，以必胜的信念完成升级，我们只有这一条路。我们必须统治比赛，以确保不被他人主宰。”

作为一家拥有辉煌传统的俱乐部，瓜迪奥拉对巴萨极具价值。这不仅是因为他能够带队获胜，更因为他曾在拉玛西亚受训，他理解巴萨教授的理念，也能传递理念。是拉玛西亚塑造了瓜迪奥拉，也是拉玛西亚强韧了瓜迪奥拉，他在这里学会了扬长避短，最终走向了成功与辉煌。

当佩普着手适应新角色的时候，他身边配备着一支深受信任的助手团队，这些同事乃是他在拉玛西亚的旧相识，早年的相遇让他们成为志同道合的密友，其中包括了：他的助教比拉诺瓦，理疗师艾米利·瑞卡特以及体能教练奥雷利·阿尔迪米拉。教练组很快就发现B队球员的技术能力毋庸置疑，这点与拉玛西亚的选材理念息息相关，在20多年的历史中拉玛西亚一直看重技术天赋多于身体素质，他们对那些能够把球玩转的聪明孩子青眼有加。然而佩普认为，要让这支球队取得成功，他必须加大训练强度，对球员的技术能力进行更精细的打磨。

当然，重中之重还是学会赢球。在被瓜迪奥拉注入了强烈的好胜心之后，这样一支才华横溢的青年军即将迎来属于他们的分水岭。

这家俱乐部坚持理念为先，却无法在青年队层面兼顾战绩，巴萨B队之所以降到丙级，症结也正是在此。佩普上任之初先是解散了先前征战丙级联赛的巴萨C队，他从中挑选球员进入B队，另一项具有改革意味的举措是允许21岁以上的球员在B队效力，但是至多只能效力两个赛季。让这个年纪的球员和21岁以下球员共处B队打破了巴萨的传统，瓜迪奥拉希望凭借此举增强球队的实力，使得他们在联赛中更具竞争力。

在重组B队和C队的过程中，瓜迪奥拉需要将总共50名球员精简成23人的名单，有一项工作让人不悦，那就是与其中相当数量的球员完成解约。大卫·特鲁巴是这样描述的：“佩普希望为那些被遣散的球员找到下家，他不得不与他们的家长见面，他强忍悲伤，亲手终结了这些孩子的梦，他们都曾把足球视为一切，为此甚至将学业束之高阁，因为他们是肩负胜利使命的男孩。打造这样一支球队相当于一边砌墙一边敲砖，这项工作考验你的信念与勇气，却也是吃力不讨好的活儿。日复一日，你都要在那里思量是不是要遣散一个叫佩德罗的球员，让他去加瓦踢球，但是你又犹豫要不要留下他。”时间不等人，往往几堂训练课之后就得拿定主意，这其中充满风险，你很有可能犯错。但是又一次，佩普选择冒险，即便犯错，那也是他自己的选择。

很快，瓜迪奥拉就开始在球队内部树立新风，在不同教练手下打拼的经历让他提炼出了一系列训练方法、理论体系和工作方式，他将这些内容引入到了球队。“他特别在意细节。”特鲁巴回忆说，“从管理球员的饮食作息，到分析对手的比赛录像，再到指派助手完成细化的比赛报告……这是丙级联赛！一旦瓜迪奥拉觉得对某个对手的信息掌握不到位，他就会亲自前往观看他们的比赛。”

瓜迪奥拉对待球员和工作人员要求严格，他同样严于律己，不过他总会在提出每一项要求之前先做出解释：这样做的原因是什么。每天他总是最早到最迟走，无论上午还是下午都会泡在训练场上，球队运行的方方面面都在他的掌控之下，他要求教练团队每天提交工作报告，事无巨细都不可遗漏。

若有必要，他也会提醒身边人谁才是真正的老大，当然这种情况很少。

2007 年 12 月 6 日中午，巴萨 B 队做客马斯诺，他们带着 2－0 的优势进入下半场，然而他们最后竟然丢掉了领先优势，让对手抢回了 1 分。“赛后训话非常恐怖。”一位球员回忆道。记者路易斯·马丁在《国家报》上这样写道：通常情况下瓜迪奥拉会花时间独自分析比赛，待到第二天再与球员交流，但是这天下午有所不同。“他关上更衣室的门，指着我们说队里很多人都配不上这件球衣，穿上这身球衣便是代表了许多人与许多情感，但是我们的表现并不与之相称。大家都吓坏了。”那位球员说道。

“球队受到最严厉的一次批评是源于一次轻率之举。”马丁继续写道。2007 年 10 月，《每日体育报》曝光了瓜迪奥拉在更衣室的讲话，根据这份报纸的叙述，瓜迪奥拉要求这群孩子以选秀节目西班牙偶像的选手为榜样。“他告诉我们这档节目里的孩子得到了无与伦比的宝贵机会，然后他们竭尽全力去抓住这次不可错失的机会，我们也应该这么做。”一位球员详细解释了当时发生的一切，“他看到自己的话见诸报端之后简直怒不可遏，他说把更衣室的事抖漏给媒体就是出卖队友。”

还有一次，身为 B 队队长之一的马克·瓦里恩特因为训练早退 5 分钟而被瓜迪奥拉排除出球队名单，他不得不在看台上观看队友比赛。根据路易斯·马丁的说法，瓜迪奥拉对此的解释是：“不做力量训练就休想上场比赛。”

有时候 B 队球员会接到里杰卡尔德的征召参加一队训练，但是这样的升迁并不会让瓜迪奥拉对他们另眼相看。赛季第三场比赛，瓜迪奥拉便给马克·克罗萨斯来了一次下马威。下半场一开始他就将克罗萨斯换下，根据某位球员的说法：“中场休息克罗萨斯就被一顿好骂，因为他跑动不积极。下半场他一丢球就被换下去了。”也许瓜迪奥拉知道这样做对 B 队这些年轻队员的作用，其中一人说道：“我们看到他如何对待一位进过一队的队员，心想他会对我们做什么呢？”与此同时，一些年长的球员却对此深表理解，一人说道：“他总是拿我们开刀，但是他一直待大家很公平。”

佩普一边寻找解决球队顽疾的方法，一边激励年轻球员挖掘他们的潜力。当球员晋级升级附加赛的时候，他告诉球员们：“我们已经走到这一步了，接下来赢球升级的任务就拜托你们了。”但是他的某项激励措施代价不菲。“他向大家承诺，每次三连胜之后都会请全队吃午餐。他总共带我们出去过三次，可花了不少钱。”一位球员回忆道。

但是午饭钱不是瓜迪奥拉唯一的支出，他也因为累积三张红牌而被罚款。教练席上的瓜迪奥拉偶尔会撕下那张冷酷的面具，某些时候他会突然释放自己的情绪，他会用意大利语对裁判恶语相向，这样一来裁判无法判断巴萨教练席传来的话究竟是何意。

瓜迪奥拉的激励手段还包括了激将法。有一次阿苏林·盖伊在以色列国家队完成首秀之后回到球队，瓜迪奥拉突然想起了克鲁伊夫当年对自己用的那招，他把盖伊拉到身前，给他下了军令状："这个周末上场进个球给我看看。"结果盖伊策动了前两粒进球并且亲自打入第三粒。"他经常这么做，向我们下战书，如果你咬牙经受了挑战，你就能得到回报。"另外一位球员回忆道。

"不要想着自己在丙级联赛，想想你们是在巴萨 B 队，这儿不是谁都能来的。"某次瓜迪奥拉这样对球员说道，马丁在《国家报》上记录了这番话。球员在比赛日穿上球衣之时便可感受到为俱乐部出战的荣耀，佩普也顺势要求他的队员一直保持高水准，不管场内外皆是如此。他禁止球员和教练在训练场上使用手机。球员每次训练迟到都会被处以 120 欧元的罚款，晚上 12 点他们必须上床睡觉，一旦违反纪律会被处以 1500 欧元的处罚，第二次再犯罚款金额会直接上升至 3000 欧元，第三次被抓到你就会被扫地出门。比赛前的准备工作也有严格的要求，比赛日球队还必须进行战术演练。如果是客场比赛，球队会在拉玛西亚一同用餐；如果是主场比赛，球员们就可以在家吃饭。

有一次，B 队门将教练卡莱斯·布斯克茨被一位老队友问起在瓜迪奥拉手下当差是什么感觉。"佩普？"他回答道，"我简直诚惶诚恐！"直到现在布斯克茨才会承认自己经常躲在停车场悄悄吸上一根烟，因为佩普禁止任何人在更衣室周围吸烟。

瓜迪奥拉之所以如此渴望在低级别联赛检验自己的能力和理念，一大原因在于他想要证实一条个人理论：B 队可以和其他球队一样成为足球的大学；因为所有球队在本质上都是一样的。无论是巨星云集的豪门还是草根组成的业余球队，总有嫉妒队友的球员、老是迟到的球员、能力超凡的王牌球员、忠实可靠的老实球员、小心行事的球员、沉默不语的球员、溜须拍马的球员以及不服管教的球员……另一方面，每个对手也都是不一样的：有些对手攻击力强劲，有些对手畏首畏尾，有些对手会龟缩禁区，有些对手会伺机反击。在 B 队的执教给了瓜迪奥拉一次绝佳的机会，他得以尝试解决各种各样的问题，这些问题在他未来执教更高级别球队时也会遇到，在这里，他可以远离聚光灯和媒体的骚扰潜心修炼。

同时，谦逊的瓜迪奥拉也能够意识到自己在某些领域尤其是防守方面的不足。他的朋友利略观看了巴萨B队所有比赛，每次比赛结束瓜迪奥拉都会打电话给利略倾诉困惑，有些问题关乎球员如何利用空间，有些问题关乎无球状态下如何跑动。现在在利物浦供职的鲁道夫·博瑞尔是当时巴萨青年队的一名教练，瓜迪奥拉每周都会亲临他的防守训练课进行观摩学习。

事实证明瓜迪奥拉的激情能够感染他人，他为训练场带来了一股清新之风，同时他也为B队赢得了应有的尊重。后来，只要瓜迪奥拉亲自过问，大家就会认为那是非常重要的事。如果有一阵子B队被俱乐部忽视了，瓜迪奥拉就会亲自出马利用自己的影响力改善状况，他为球队扫除障碍，也为他们重塑骄傲，他想打造一支态度职业的新军，即使是巴萨一队，在那个时候也难称职业。

是的，巴萨一队在那个时候很不职业。

对巴萨俱乐部而言，B队就好像一间不起眼的旧式工坊，但是瓜迪奥拉相信这支球队一样可以成为俱乐部的表率。当B队准备征战新赛季之时，瓜迪奥拉已然为他们找回了傲骨。

但是巴萨B队输掉了瓜迪奥拉治下的第一场热身赛，他们在人工草场不敌班约莱斯。仅仅是这一场失利，便引发了媒体之间的第一次争执。“瓜迪奥拉徒有其表”——一位记者这样写道，外界在评论佩普时常用到这些字眼，值得一提的是，他曾在球员时代阅读《廊桥遗梦》，还给梦之队队友每人买了一本，这样的形象让媒体质疑他不能强有力地掌控球队树立权威，从而打造出一支胜利之师，哪怕是在西班牙丙级联赛的赛场上。

佩普在遭遇开局不利之后立马找到了克鲁伊夫，他告诉自己的导师：“我有个问题。”之后几年，每当佩普需要建议时，他都会说出这句话。他对克鲁伊夫诉说道：“我不知自己能否掌控队里的两名球员，他们不听我的话，这也影响了其他人接受我的指令。问题就是，这两人是更衣室的领袖，也是队里最出色的球员。如果放弃他们，我就会输球。”克鲁伊夫的回答直截了当：“放弃他们，也许会输个一两场比赛，但是没多久你就会开始赢球。然后就把这两个不听指挥的彻底踢出球队。”

佩普最终放弃了这两位球员，在更衣室内树立了威信，这也向其他球员传递了明确的信号。球队越踢越好，胜绩越来越多，尤其在佩普签下奇科之后更是如此，比拉诺瓦认为奇科正是巴萨需要的那类后卫，后来他加盟了英超的斯旺西队。那支 B 队阵中还有佩德罗，还有下半赛季从替补转为主力的布斯克茨，他最终成为了 B 队的最佳球员。那时候这两位球员还在西班牙丙级联赛打拼，2 年之后，在佩普的调教下，佩德罗和布斯克茨成为了世界冠军队成员，他们的名字家喻户晓。

球队技术总监贝吉里斯坦是 B 队常客，迷你球场的场边总有他观战的身影，他在这个赛季所观看的 B 队比赛比他之前 4 年的总和都要多。贝吉里斯坦对瓜迪奥拉充满信心，他意识到自己正在见证一段成长的历程，其中的一些手段亦可以运用在一队，比如球队阵形的变化。佩普有时候会使用 3 –4 –3 阵形，而非巴萨常用的 4 –3 –3 阵形，在梦之队之后 3 –4 –3 阵形就鲜有使用，范加尔执教球队时有过例外，但也只是个案。另外，佩普会使用伪中锋战术，有时候他甚至会派遣中场球员布斯克茨出任前锋，身后则有三名中场队员支援。身在教练席的佩普保持着说一不二的个性，比赛中他一直会在场边手舞足蹈，比划着修正球队的战术，他把每一场比赛都当做是最后的决战来看待，对于教练工作全神贯注满怀激情，有时候未免显得过于亢奋。在场外他要求全队共同用餐，细致入微地观察对手战术和球员特点，哪怕他们是籍籍无名的丙级联赛球队也毫不马虎，这一切都说明瓜迪奥拉是一位做足准备的领袖，无论任何级别的联赛，无论任何级别的球队，他都足以胜任主帅之位。

随着赛季的深入，贝吉里斯坦开始相信，若有必要，佩普在 B 队所做的一切都可以移植到一队。最终巴萨 B 队以头名完赛，自动进入升级附加赛。俱乐部内外的人们都开始注意到瓜迪奥拉的成绩，刹那间他有了大量的拥趸。利略就是其中之一：“相比佩普之后在一队的辉煌，他在B队的执教经历更值得称颂。你只需看看赛季开始之初这支球队在丙级联赛的表现，再看看赛季末他们的表现。球队作为一个整体在进步，球员作为个体也在进步。当初有人说他的经验欠缺，不足以接管B队，更不要说一队，直到现在想起这些人的话我还是会大笑。"

当然，在巴萨B队正在进步和表现职业态度的同时，巴萨一队仍在堕落。看起来巴萨不久之后就会找寻一名新主帅。

2007年夏天，球队访华航班上的前座

2007/2008赛季，人们见证了巴萨B队的变革，也见证了里杰卡尔德麾下的一队正一步步接近又一个令人压抑的无冠赛季。批评的声音如潮水般涌来，随着时间的推移，里杰卡尔德已经失去了更衣室的尊重。

与此同时，罗纳尔迪尼奥变得越来越孤僻，他不再听命于任何人。俱乐部用肠胃炎来掩饰他屡次缺席训练的真相，一直到赛季中段，他因身体不适出现在健身房的频率比他出现在训练场上的频率还要高。

根据路易斯·卡努特在《巴萨的秘密》一书中所述，巴西人经常通宵狂欢，第二天还穿着隔夜的衣服来到更衣室。他经常趴在训练基地的按摩桌上睡觉，更糟糕的是他和里杰卡尔德某位女儿的亲密关系变得众所周知。

德科则数次在彻夜不眠的情况下参加训练，原因是他要带生病的孩子去医院，把孩子的健康放在工作之上并非大错，但是和妻子的分居让他无法安心踢球，而球队中有类似麻烦的多达10人。拉法·马奎斯也是离异男子，他时常在训练后约见女友杰蒂·米切尔，有时候甚至会在对方家中过夜——如果米切尔不是身在马德里，这倒也没什么。蒂亚戈·莫塔起初一礼拜就在外面鬼混一晚上，后来变成了两晚上，俱乐部不得不派出搜寻小组去打探他的行踪。莫塔没有逃过处罚，某种意义上他成为了罗纳尔迪尼奥的替罪羊，后者的桑巴舞技可是闻名遐迩。

在主场0-1负于皇马之后，巴萨联赛未过半程就已落后对方7分。深秋之时俱乐部高层曾有人提议采取严厉手段，放弃目无纪律的罗纳尔

迪尼奥、德科和埃托奥，让以梅西为首的年轻一代进入一队补充活力，毕竟这些年轻球员对荣誉更为渴求，也更有雄心壮志。俱乐部同样怀疑里杰卡尔德是否是建立球队新秩序的合适人选。不过主席拉波尔塔在公开和私下场合都表达了对荷兰人的支持。

根据传言，一些一队球员和拉波尔塔的身边人会向瓜迪奥拉告知一队状况。其中一人甚至在 10 月的时候向佩普暗示，他成为一队主帅的可能正在增大："董事会尚未正式提及你的名字，不过你有可能会成为下赛季巴萨的主帅，此事听过就算。" 11 月初，一位高层在董事会上终于提及了佩普，他建议由 B 队主帅瓜迪奥拉取代一队主帅里杰卡尔德。不过贝吉里斯坦反对在这个时候把佩普拖进烂摊子：对于一位经验尚浅的主帅而言，他要处理的麻烦太多，这未免太早了一些。

不是所有人都赞同贝吉里斯坦的看法，克鲁伊夫就认为一队再无回头路，改变势在必行。在排除即将执教阿贾克斯的范巴斯滕之后，克鲁伊夫与贝吉里斯坦会面探讨佩普成为主帅的可能。这位前梦之队主帅亲临 B 队考察佩普的工作，他在迷你球场评估佩普和 B 队的表现，午餐时间还免不了交谈一番。之后，克鲁伊夫给拉波尔塔传递了信息："佩普准备好了，他能够透彻洞悉足球这项运动。" 主席对此不置可否，尽管一切迹象都表明里杰卡尔德无力回天，罗纳尔迪尼奥和他的队友难以再现往昔魔力，拉波尔塔依然心存一丝希望。

一队的傲慢和无序已经到了众人皆知的地步，渐渐地，部分高层和媒体开始坚信只有一人可以重建球队秩序。但是那人不是佩普·瓜迪奥拉，而是何塞·穆里尼奥。他们认为穆里尼奥的个性鲜明，能够在必要的时候做出决断，有些人甚至认为如果他的到来会改变俱乐部的足球理念，那不妨让这一切发生，他们的说法是"乱世须用重典"。不可忽视的一点在于，穆里尼奥自己也心心念念想要重返诺坎普。

2007 年 11 月 27 日，巴萨 2 -2 战平里昂，不那么令人信服地进入了欧冠淘汰赛，他们的混乱防守招致了一次定位球失球，然后又毫无必要地送给了对手一粒点球。焦躁不安的里杰卡尔德还在比赛中被罚出场，这是他巴萨执教生涯的头一遭。

也就是这一天，巴萨做出了一次重大决定：还有一年合同到期的里杰卡尔德该走人了。

拉波尔塔仍在犹豫，但是也做好了准备。副主席马克·英格拉和贝吉里斯坦着手制定B计划，前者是一位成功的商人，后者拥有市场开发的职业背景，他们想要用大公司招纳高管的方式来进行主帅招募：先是有序深入的分析和筛选，再是一次面试，最终才决定任命。对于西班牙足球而言，这样的做法堪称奇招。

《国家报》的路易斯·马丁描述道："巴萨整理了新帅的资料，还有一系列候选人必须符合的标准，其中包括了：他应该尊重里杰卡尔德传承下来的足球风格；帮助球队重塑激情和团结；监管俱乐部青训工作；着力改善备战和球员康复工作；维护更衣室纪律；对对手保持尊重；对西甲有深入的认知，等等等等。巴萨的下一任主帅需要对俱乐部的价值观、意义及历史有认同和理解。"

英格拉和贝吉里斯坦起初攥着一份长长的候选名单，名字被逐一划去，佩莱格里尼、温格和劳德鲁普也在最终候选名单出炉前被排除，最后名单上上只留下了三个人，他们是西班牙人主帅同时也是前巴萨球员的巴尔韦德、瓜迪奥拉和穆里尼奥。因为支持巴尔韦德的高层太少，他率先出局。接下来就是瓜迪奥拉与穆里尼奥之间的角逐了。

一个缺乏经验，但是带领B队上演了奇迹，又是一个非常"巴塞罗那"的男人；另外一个也许没有巴萨的基因，但是他几乎符合其他所有条件，还拥有数位巴萨高官的支持——其中包括了另外一位负责市场推广及掌管俱乐部财政的要员——费兰·索里亚诺，后者私下说过这样的话："穆里尼奥和巴萨结合，可能会让我们的品牌价值变得无限大。"

2008年1月，在英格拉和贝吉里斯坦的提议下，巴萨安排了一次与穆里尼奥的会面，二人前往葡萄牙与穆里尼奥及其经纪人门德斯面谈。门德斯和巴萨有很好的合作关系，因为巴萨的德科和马奎斯正是门德斯旗下球员。

这次会面在里斯本一家著名银行的分行进行，这是门德斯建议的地点，在此可以避开耳目。贝吉里斯坦的飞机误点，待他到达会面地点发现英格拉已经和穆里尼奥聊开了。穆里尼奥在巴萨高官面前掏出一个移动硬盘，其中包含了他的足球理念以及巴萨的发展规划。

这份资料解释了他如何计划以不同风格的中场配置改造巴萨的经典4－3－3，新的中场配置和他在切尔西的埃辛、马克莱莱和兰帕德三人组非常相似。所以他还准备了一份引援目标名单，以及将要清洗出诺坎普的球员名单。他甚至给出了自己在巴萨的助手人选：路易斯·恩里克、塞尔吉·巴尔胡安、阿尔伯特·费雷尔以及佩普·瓜迪奥拉。显而易见，穆里尼奥对于巴萨萎靡不振的症结了若指掌，这一点并不意外，因为他的助手维拉斯·博阿斯是诺坎普的常客，他一直在为穆里尼奥制作巴萨的详细报告。

巴萨和切尔西因为欧冠一系列的交锋从而产生了近乎病态的敌对关系，穆里尼奥告诉两位巴萨高官自己对此感到不安，他解释说在媒体面前的行为只是必要之时的为恶，这是他心理战的惯用伎俩，目的就是赢得比赛。穆里尼奥表示，对他而言，一场足球比赛始于赛前新闻发布会，终于赛后新闻发布会。

这是英格拉和贝吉里斯坦第一次与穆里尼奥面对面交谈，他们被葡萄牙人的个人魅力和清晰的足球思维所折服。穆里尼奥想要一份为期2年、年薪为900万欧元的合同，同时他的每位助手也需有100万欧元的年薪，尽管要价颇高，英格拉和贝吉里斯坦依然对此事抱有积极乐观的态度。

但是，还有一个顾虑，那就是他在媒体面前的行为。穆里尼奥此前承认自己会继续在场内外挑起争斗以期进行心理战，两位巴萨高官对此心存忧虑，备感纠结，他们很喜欢面对面坐着的那个穆里尼奥，但是他的另一面令人不安，私底下的穆里尼奥亲和迷人，但是在公众面前他乐于展现咄咄逼人的一面，每当他认为需要捍卫自己的球队时，他就会这么做。就好比他当年在欧冠错误地指控巴萨主帅里杰卡尔德造访主裁弗里斯克的裁判休息室，这一切依然鲜活。

另外，尽管与穆里尼奥的会面气氛愉悦，贝吉里斯坦仍然在瓜迪奥拉是否适合出任巴萨主帅这个问题上得出了自己的结论，他渐渐说服了包括英格拉在内的同僚：瓜迪奥拉的经验缺乏不应成为阻碍。还有一些人是不用说服的：克鲁伊夫压根不想穆里尼奥出现在巴萨，佩普的老朋友也是俱乐部董事穆尔特拉是佩普的支持者。

之后，里斯本密会的内容被穆里尼奥身边人抖了出去，于是巴萨顺势而为，找到了对穆里尼奥说“不”的绝佳理由。实际上他们并未直接拒绝他，英格拉承认：“我们最终决定将穆里尼奥踢出局的时候并未与他沟通。”在等待巴萨邀约无果之后，葡萄牙人在同年夏天入主国际米兰。

贝吉里斯坦在巴萨青训主管亚历山科的陪同下，向其他高层宣布了他的主帅第一人选是瓜迪奥拉。“我更多地向董事会解释为何我想要瓜迪奥拉出任主帅，而不是为何我不想要其他教练。”贝吉里斯坦回忆道。他告诉董事会自己意识到瓜迪奥拉的执教经验会带来的风险，但是作为一名曾经效力巴萨的球员也是巴萨的队长，瓜迪奥拉比其他任何人都更了解这家俱乐部和球员。他知道如何应付和媒体之间的例行公事；他能够处理内外纠纷；他深知加泰罗尼亚精神。如果这些还不够，那么他正在证明自己能够成为一名杰出的教练。

贝吉里斯坦自信董事会将渐渐支持他的决定，正如媒体所料，他还告知里杰卡尔德下一任教练不会是穆里尼奥，当里杰卡尔德知道谁会接替自己时，一定会大吃一惊。

2008 年 3 月，巴萨终于下定决心：里杰卡尔德必须下课，理想的人选就在眼皮子底下，那就是瓜迪奥拉。

现在，他们还需说服一个人：主席拉波尔塔。

自打 2008 年 1 月起，拉波尔塔就与贝吉里斯坦和克鲁伊夫去看过几场 B 队的比赛。佩普知道所有人都注视着自己，观察自己是否是一队主帅的最佳人选。实际上，佩普一度认为里杰卡尔德的球队可以扭转乾坤，在2月的欧冠淘汰赛中，巴萨做客格拉斯哥以3－2击败了凯尔特人，他们表现出了相当高的水准，一举终结了凯尔特人的欧战主场不败纪录。瓜迪奥拉甚至对巴萨高层中的密友表示他认为球队已经回到最佳状态，里杰卡尔德应该留任。

但是很快，德科和梅西的受伤让球队状态再次下滑。接下来难以想象的一幕发生了，对于每一位巴萨球员和球迷而言这都是噩梦般的场景，皇马提前夺冠之后的第一场比赛对手即是巴萨，在喧嚣狂热的伯纳乌，巴萨球员必须忍受巨大的屈辱，列队迎接冠军皇马入场，以此向冠军致敬。德科和埃托奥抛弃了队友，他们在此前一场与瓦伦西亚的比赛中各自吃到了一张荒唐的黄牌，使得自己的赛季黄牌总数达到5张，这样一来他们就自动停赛，不必出战皇马。

此时，球队内部的加泰罗尼亚球员和本土天才们已经受够了，他们想要有所改变，他们想要瓜迪奥拉前来执教，这是他们这一代人共同的偶像。几位球员数次找到拉波尔塔，向主席控诉球队更衣室的混乱情景。

他们日常的积极干预总算让更衣室不至于完全崩溃，普约尔、哈维、巴尔德斯、伊涅斯塔以及梅西这样的球员站了出来，努力维护最后的尊严与秩序。这是梅西职业生涯意义非凡的时刻，出道后他曾被视为罗纳尔迪尼奥的门徒，但是巴西人愈发出格，梅西不愿步他后尘，转而选择了哈维和普约尔这样更具责任感的球员作为自己的导师，这是正确的选择。

目睹一队的混乱，瓜迪奥拉爱莫能助。他很清楚现在的状况，一些老球员会向他汇报球队状况，内部动荡的一些证据也被捅给了媒体。某一日，在率领B队与一队进行内部教学赛的时候，他终于意识到，球队确实需要改变。瓜迪奥拉发现里杰卡尔德在场边抽着雪茄，这是荷兰教头的一大癖好，罗纳尔迪尼奥踢了10分钟就被换下了场，德科看上去疲惫不堪，而还在征战丙级联赛的B队小将们，竟然将一队冲得凌乱不堪。里杰卡尔德的一位助手走近瓜迪奥拉，请求他下令让B队球员们踢得松一些，瓜迪奥拉当时已经开始考虑是否接手一队，他只对对方说了一件事：如果是他，一队的状况会比当下好得多。

佩普刮起了一阵“瓜迪奥拉旋风”，但是他仍然需要让主席信服。

拉波尔塔无法释怀，他放不下与里杰卡尔德的情谊，放不下那些为他带来诸多欢愉的超级球星，放不下梦圆时分的曼妙记忆，放不下巴黎那场欧冠决赛，那是巴萨历史上的第二座欧冠奖杯。我们可以感同身受的还有他的恐惧，将一支数得上号的足坛豪门交到一个只有8个月丙级联赛执教经历的教练手里，哪怕所有高层都已点头，仍然有很多朋友和记者对他说：“不要那样做，霍安，那是自取灭亡。”巴塞罗那这样一座政治色彩浓郁的城市，2003年的主席大选也不免被提及，毕竟瓜迪奥拉当时支持的是拉波尔塔的对手。尽管如此，拉波尔塔最终展现宽容的一面，邀请佩普赴宴共商未来。

2008年2月，他们在巴塞罗那市中心宏伟大酒店的卓玛餐厅会面，这家米其林星级餐厅即将见证的是巴塞罗那俱乐部的又一历史性时刻。

在一同喝掉一瓶半好酒之后，拉波尔塔终于决定打破僵局。根据巴塞罗那权威记者约尔迪·庞斯的说法，二人对话如下：

“原则上，如果一切顺利，里杰卡尔德会继续执教球队，但是，如有变故，我们就会考虑让你接手。你将成为里杰卡尔德的继任者。”主席试探着抛出了想法。

“如果弗兰克不能继续带队……”佩普重复了重点。

“现在我们要求里杰卡尔德带队进入欧冠决赛，如果他下课，你就是巴塞罗那的主帅。”拉波尔塔进一步解释了自己的话。

“怕你没种。”瓜迪奥拉脱口而出，毫无掩饰。约尔迪·庞斯之后就用这句话作为瓜迪奥拉人物特写的标题。

回忆起这个场景，佩普认为也许是酒精起了作用。

“那你到底是接还是不接呢？”

面对拉波尔塔的询问，佩普露出了顽皮的笑容，我们经常在新闻发布会看到这样的笑容，在圣培多尔的广场，他也常常靠着这张笑脸逃脱麻烦。

“接。”佩普回答，“当然要接，我会接任主帅，因为你知道我能带队夺冠。”

到了第二天，酒精的作用开始消退，佩普转而开始自我怀疑起来。他向助手比拉诺瓦重复前一夜和主席之间的对话内容，吐露了心声：“如果他们开掉了弗兰克，希望我接手一队。你觉得我们准备好了吗？”比拉诺瓦的回答斩钉截铁：“你么？绝对没问题。”

正如对佩普所说的那样，拉波尔塔向里杰卡尔德下达了最后通牒，他若想在巴塞罗那继续执教，就需拿下欧冠冠军。那时候荷兰人已经意识到瓜迪奥拉是自己潜在的继任者，他相当无私地表示，为俱乐部的利益考虑，让佩普立马加入一队教练组大有益处，这样可以使得俱乐部顺利完成过渡，更好地为下赛季做准备。正是这样的品格，让里杰卡尔德深受众人爱戴，主席也不例外。但是佩普更想留在B队打完整个赛季。

尽管如此，英格拉和贝吉里斯坦仍然为赛季剩余时间做了一份计划，他们同时向里杰卡尔德和瓜迪奥拉调研，了解球员现状和球队伤情，最主要的问题还是如何恢复球队的工作状态，毕竟他们的首要目标还是让一队重塑职业态度。在两位教练的认可下，引援谈判如火如荼地进行着，巴萨的求购目标包括了：赛杜·凯塔、达尼·阿尔维斯、亚历山大·赫莱布、杰拉德·皮克和马丁·卡塞雷斯。

当然，一队本身并无起色。

罗纳尔迪尼奥彻底从首发阵容中消失，连替补席都不见人影。赛季结束前2个月，他在球队1－2负于比利亚雷亚尔的比赛中出战，这也是他最后一次身穿巴萨球衣比赛。罗纳尔迪尼奥的缺席通常被归咎于各种真真假假的伤病，实际上，那段时间他频繁地出现在了脱衣舞俱乐部，他在那里的时间比在诺坎普还要多。

他也缺席了4月底与曼联的欧冠半决赛。巴萨主场与曼联0－0战平，客场被斯科尔斯远射破门以0－1告负。在曼彻斯特的机场候机室，里杰卡尔德的下课看起来已不可避免。候机室的这一头，是忧心忡忡的拉波尔塔，他正与英格拉、贝吉里斯坦密切交谈，而在候机室的那一头，是孤零零的荷兰人。

5 天后，董事会做出正式决定，佩普·瓜迪奥拉将成为巴塞罗那的新主帅。瓜迪奥拉曾是拉玛西亚青训营培养的球员，在那里他接受了各级梯队的考验，最终他竟成为了球队的主帅，这是球队历史上的第一人，可谓意义非凡。2008 年 5 月 6 日星期二，拉波尔塔要求佩普的好朋友、俱乐部高层穆尔特拉陪同自己前往巴塞罗那的德克塞乌斯诊所，祝贺瓜迪奥拉的第三个孩子瓦伦蒂娜降临人世。也就是在那里，拉波尔塔告知佩普他将成为下任巴萨主帅。

相伴佩普已久的爱人克里斯蒂娜表现出了一丝忧虑。“不用担心。”佩普说道，“一切都会好起来的，等着瞧吧。”

一如过去，瓜迪奥拉将晋升一队主帅的消息埋藏于心，2 天后，拉波尔塔正式对外宣布这个决定，在那之前几个小时，佩普才将这件大事告诉了自己的父母。其实佩普的父亲瓦伦蒂早已和所有巴萨球迷一样听到了风声，佩普是这样对他说的：“等到尘埃落定的那一天，你会是第一个知道的。另外，你不用担心 B 队。”

2008 年 5 月 8 日，联赛尚未结束，里杰卡尔德仍在带队。在他的祝福下，拉波尔塔宣读了俱乐部的官方声明：何塞普·瓜迪奥拉是新任的一队主帅。值得一提的是，那也是巴萨在伯纳乌列队欢迎皇马的第二天。

“之所以选择佩普，是因为他卓越的足球认知。”拉波尔塔告诉媒体。“他非常了解这家俱乐部，钟爱攻势足球。事实上他也是梦之队的象征，他有足球思维，也有良好的教养，一直都很机敏，也一直都很好学，他总是在思考足球。这是巴塞罗那的印记，也是我们欣赏的特质。”

令人好奇的是，佩普并没有出席拉波尔塔的这场新闻发布会，合同细节尚未敲定，巴萨就对外宣布了这个决定。但是瓜迪奥拉和巴萨之间，钱永远不会成为障碍。俱乐部给了他一份为期两年的合同，佩普欣然接受。他的经纪人奥罗比茨试图争取再加一年，同时为 3 个主要冠军奖杯加设夺冠奖金，但是双方未能达成协议。“无论你谈得怎么样我都能接受。”佩普对经纪人说道，“如果我干得好，他们自然会给我加薪，如果我干得不好，那我就得卷铺盖回家，去打高尔夫。”瓜迪奥拉只想要一份公道的合同，最终合同总价略有上升，如果不算最终的奖金，他的薪水只能在西甲主帅中排在倒数第四。

6 月赛季结束之时球队还将举行一次正式的媒体发布会，这个时间是佩普要求的，他坚持要等到 B 队赛季结束时才以新身份亮相。他们在最后一场比赛中 3 –0 战胜了欧罗巴队，成为了丙级联赛第五区的冠军，但是他们要想升入乙级，仍然需要经历淘汰赛。巴萨击败了来自大加纳利群岛的卡斯蒂略队，又战胜了巴巴斯特罗队，以绝对优势获得了升级名额。

6 月 17 日，在诺坎普的巴黎宫。37 岁的佩普・瓜迪奥拉正式以巴塞罗那新帅的身份亮相。在前往发布会现场的路上，自信满满的佩普再次安慰忧心忡忡的拉波尔塔：“放松，你做了正确的选择，我们会赢得西甲冠军。”

主席自然有充分的理由担心，尽管瓜迪奥拉自己很有信心，俱乐部上下的权势人物也很看好他，但是这依然是一次巨大的赌博，身处困境的巴萨主席仍然没有摆脱危机。几个赛季前还叱咤欧陆的豪强就这样崩塌，球队需要彻底的重建，这也将决定一些大牌球员的命运，拉波尔塔的声誉跌落到了谷底。巴萨尚在混乱之中，一切都杂乱无序，哪怕是强大的巴塞罗那篮球队和手球队也在衰败，足球队以 18 分的劣势落后皇马打完了这个赛季，拉波尔塔不得不在夏天接受不信任投票，球迷已经受够了他的傲慢。实际上，39389 张投票中有 60% 是反对票，但是由于票数没有达到所需的三分之二，不信任案未能通过，拉波尔塔没有倒台，他还有机会。

“那个夏天，俱乐部以外没人对佩普和球队抱有信心。”杰拉德・皮克回忆道，他是瓜迪奥拉最初的几笔引援之一。对于这次颇具争议的任命，报纸上到处都是负面的评价，言语几乎是众口一词——“对他来说是不是太快了”“显然他经验不足”。但是又一次，巴塞罗那俱乐部和佩普・瓜迪奥拉展现了非常人的非常手段。

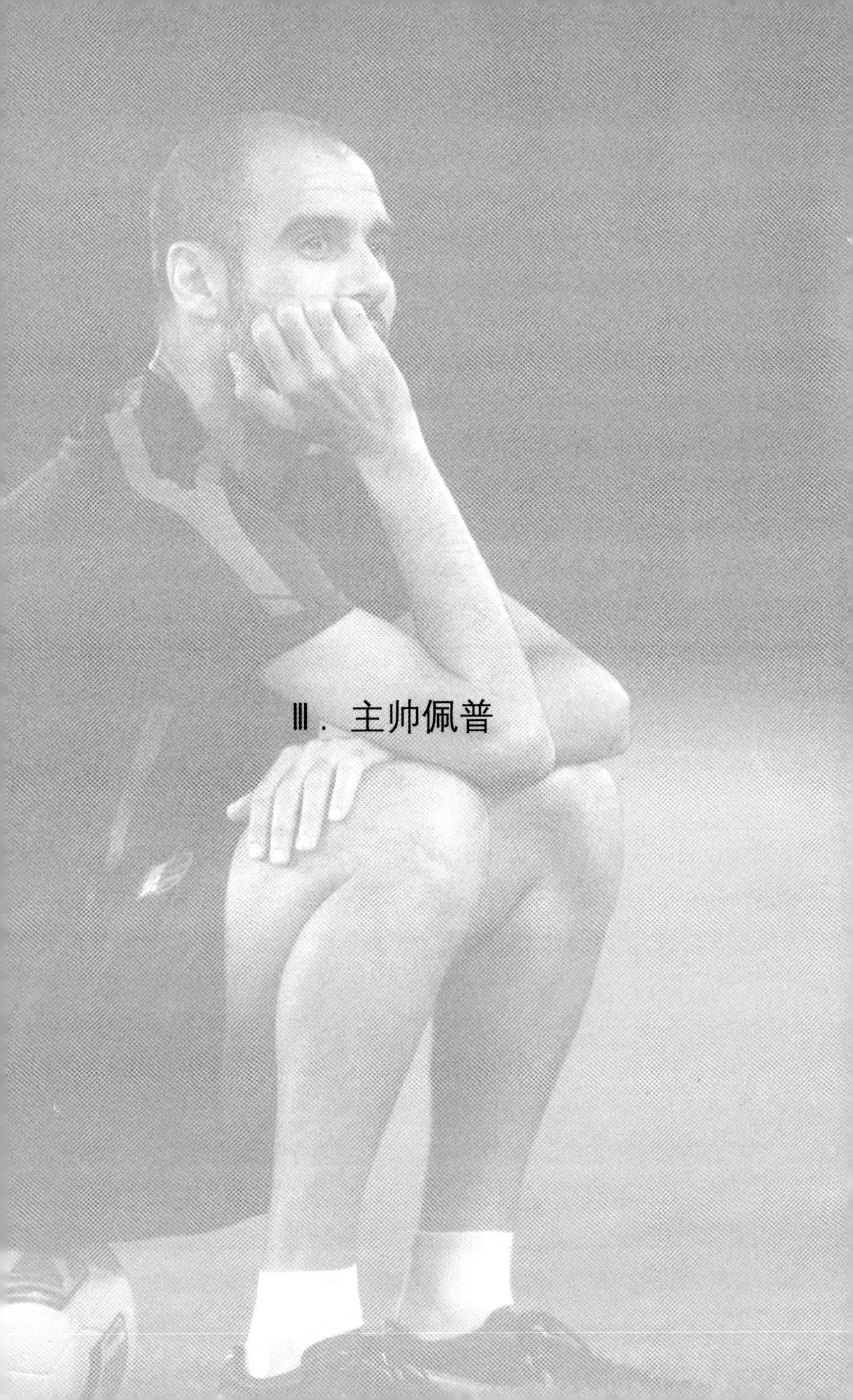

Ⅲ. 主帅佩普

1. 开局

凡事都讲究时运，对瓜迪奥拉的任命就是如此。加泰罗尼亚人那之前的几年里并不如意，新宪法争议不断，加泰罗尼亚人想要更多的自治权，西班牙其他地区则无心理会加泰渴望区别对待的诉求。里杰卡尔德治下的巴塞罗那则无可挽回地衰败堕落，更衣室混乱无序，球队内部不再团结。曾经的王牌罗纳尔迪尼奥已不再是这个星球上最耀眼的明星，主席拉波尔塔接受了不信任投票，侥幸逃脱下台厄运，加泰罗尼亚人的自尊掉到了数十年来的谷底。

就在这个时候，佩普·瓜迪奥拉被任命为了巴塞罗那一队主帅。

佩普并未得到所有巴萨球迷的支持。支持他的人认为他过去的地位会让未来的胜利更为甜蜜，哪怕输球也不会那么难以接受。最重要的是瓜迪奥拉的经历是独一无二的，他做过诺坎普的球童，从青年队晋升入一队，又成为了一队队长，然后又回到俱乐部执教。瓜迪奥拉对于巴塞罗那精神有百分百的理解，他深知拉玛西亚如何教育孩子。作为俱乐部的象征和克鲁伊夫的门徒，他代表了一种足球理念，那便是将足球变为教育的过程。从很多层面而言，瓜迪奥拉和巴萨都是天作之合。

在正式作为巴萨主帅亮相的那天，瓜迪奥拉直截了当地表示自己知道要怎么做，在父母双亲的注视下，瓜迪奥拉道出了他的计划。

然而许多旁观者依然心存疑虑，哪怕是他的支持者也是如此，瓜迪奥拉花了 12 个月的时间改造了 B 队，但是他有限的经验是否足以应对即将接手的重任呢？很多人怀疑拉波尔塔任命瓜迪奥拉是为了自保，他日若再遇危机，就可以把这位归巢浪子拉来做挡箭牌；还有很多人虽然对球员时代的瓜迪奥拉赞赏有加，却认为他太过脆弱敏感，质疑他作为一名主帅是否足够强韧。

佩普能够感受到这些质疑，其实他原本也没有奢望什么蜜月期，他不会向俱乐部恳求耐心，也没有索要宽容，很显然，他必须立马扬帆起航，来个漂亮的开门红。瓜迪奥拉和其他人一样清楚，身处豪门就要背负极高的期望，在巴萨，赢球是顺理成章的，输球就得教练担责。

“我觉得自己充满了力量。”佩普在新闻发布会上说道，“我准备好了，我要接受这个挑战，相信我，如果没有准备好，我不会出现在这里。这将是一段艰难的旅程，但是我会战斗下去。请大家放心，球队会重新振作。如果他们一开始没能找到节奏，我不会怪他们，可如果他们不努力，我不会原谅他们，绝对不。”

“我是球队的领导者，只要球员们追随我，我们就能获得成功，所以他们应当追随我。”

“我知道我们必须趁热打铁，如果有谁愿意从一开始就支持我们，我们十分欢迎，至于其他人，我们会在未来征服你们的。”

佩普昔日的拉玛西亚战友、B 队助手蒂托·比拉诺瓦将成为他在一队的助理教练：“赛季开始的时候他告诉我，我们应该按照自己的信念行事。他不是那种喜欢提建议的人，所以这不是一个建议。他说我们必须遵循自己的想法，不管输赢，都要坚持自我。”

“没有一个教练或者一个球员可以在赛季开始的时候承诺胜利。”瓜迪奥拉 10 年前写过这样的一段话，“球场上也没有什么魔力公式，如果有这种东西，足球就会变得很简单，因为你只要去方案库买下所有方案就行了，如果有这种东西，巴萨肯定会不惜一切代价去打造金身。很显然这是不可能的，为了达到终极目标，每家俱乐部都要找寻自己的道路，这需要一定的判断力。因此，你得知道你需要用什么方法，你需要何种类型的球员来帮助你完成目标。因为巴萨是超级豪门，所以这两项都有选择余地，他们既可以选择踢球的风格，也可以选择所需球员的类型。”

要想带领新的巴萨启程，有两件大事要做：一是继续保持球队风格，二是舍弃罗纳尔迪尼奥、德科和埃托奥。

一些看热闹的球迷也许觉得执教一支群星云集的球队就好像打游戏那么简单，你只需要把最大牌的球员放到场上就万事大吉了。但是对于一名37岁的主帅而言，第一次执教一队就是巴萨无疑要背负巨大的压力，这支球队的更衣室内人人都有超强的自尊和个性，诺坎普又是全世界媒体瞩目的焦点。现在，这位37岁的主帅打算和过去几年里巴萨最优秀的三位球员来个了断。

“我们正在考虑将他们排除出球队名单。”佩普在发布会上宣布，他的身侧是俱乐部主席拉波尔塔和总监贝吉里斯坦，“我观察了他们的表现，分析了存在的问题，这些问题是切实存在的，于是我才有了这样的念头，这样做符合球队利益。”

“如果他们最终留下，我会努力让他们以应有的水准出现在球队中。”

巴萨每每会在风头正劲之时进行自我摧残，对于此时的俱乐部而言，佩普恰似沙漠中的清泉，你能够从他的讲话中感受到他的决断力、沟通技巧和与生俱来的威严。瓜迪奥拉在新闻发布会上传递的信息是稳定、团结、忠诚与责任。最终，正是凭借巧妙的策略、得体的言语以及大胆的决断，佩普打消了大多数人的怀疑。

贝吉里斯坦赞同瓜迪奥拉的决定，里杰卡尔德也是如此。自从球队决定由佩普接任主帅之后，佩普就对一队的动态了若指掌。他知道球队在去年夏天给了罗纳尔迪尼奥最后的机会，但是巴西人没有珍惜。

既然决定要卖掉罗纳尔迪尼奥，佩普就得当面和巴西人谈谈。

瓜迪奥拉和罗纳尔迪尼奥的会谈直截了当，瓜迪奥拉告诉巴西人这个决定很艰难，他认为在那堆脂肪之下依然存在着一个非凡的球员，但是他也认为罗纳尔迪尼奥的复苏之地不在巴塞罗那，他应该去别的地方找回状态。罗纳尔迪尼奥并未提出反对，他接受了瓜迪奥拉的建议。数周之后，他以 2100 万欧元的身价转会 AC 米兰，要知道，一年前巴萨曾拒绝了其他球队 7000 万欧元的报价。与此同时，德科以 1000 万欧元加盟切尔西，他拒绝了自己在波尔图的恩师穆里尼奥，后者希望他加盟国际米兰。

主帅需要向球员们传递信息，佩普在这件事上具有与生俱来的自信。上个赛季巴萨以 18 分的劣势落后皇马完赛，这种时候球员总希望有人能出来指条明路，教他们如何纠正错误。巴萨的核心理念是打造美丽足球，他们的信条是努力付出高于个人才华，瓜迪奥拉清洗了忘却这些信条的球员。一些核心球员在休赛期向瓜迪奥拉发去简讯，对他的大胆举措表示支持，更衣室的领袖们已经向他敞开了大门。

伊涅斯塔就是其中之一，他迫不及待地想要与自己长久以来的偶像共事。“我 14 岁的时候参加了一个耐克的俱乐部锦标赛，我们赢得了最后的冠军，是佩普给我颁发了奖杯。他的哥哥把我的事告诉了他，于是他在给我颁奖的时候说道：‘希望能在一队看到你，不过得等我不在一队之后！’他是我的偶像，他代表了巴萨的价值观和情感，崇尚进攻足球，尊重队友和球迷。然后他居然要变成我的教练了！”

“我还记得头一天他在更衣室是怎么招呼我们的。他和我握了握手，那感觉很特别，毕竟他是我的奋斗目标。我很快就被他征服了，他的自信感染了我们，他坚信一切都会好起来的，他真是信心满满。”这种欣赏是互相的。佩普至今记得当年和哈维之间的对话，当时哈维已经晋升一队，他们一起看着伊涅斯塔在场上奔跑，不由感叹：“看看那个家伙，以后我们俩都会被他逼到退役。”

在佩普入主巴萨的第一个夏天，巴萨签下了阿尔维斯、卡塞雷斯、皮克、凯塔和赫莱布，球队注入了新鲜血液。

德科和罗纳尔迪尼奥走后，埃托奥的处境看起来进退两难。眼见两位对头离开了球队，埃托奥向新帅表达了忠心，他认为自己有机会成为球队的领袖。是的，埃托奥向来认为他没有得到应有的认可和赞誉，走出罗纳尔迪尼奥的阴影独占舞台是他的一大心愿。

埃托奥在法语帮之中颇有影响力，阿比达尔、亨利和亚亚·图雷都是能够帮他一展宏图的球员，如今梅西仍在成长，埃托奥终于有机会成为心心念念的球队王牌。他需要在更衣室收敛心性，那也是瓜迪奥拉起初想要抛弃他的理由，如今他有了一次黄金机会，季前准备期将决定他的未来。

如今看来颇为玩味的是梅西当时并未将自己看作是球队的核心，尽管他的天赋众人皆知，可是这位外号“小跳蚤”的21岁球员要接过罗纳尔迪尼奥留下的重责看起来还为时尚早。瓜迪奥拉在发布会上就说过：“我们不会让梅西独挑重担，我觉得这对他和对俱乐部都没好处。”在德科和罗纳尔迪尼奥离开之后，瓜迪奥拉想要将责任分派到本队青训培养出来的球员身上，普约尔、哈维和伊涅斯塔——这些人才是球队价值观最好的布道者。梅西曾险些被罗纳尔迪尼奥带入歧途，但是他最终没有偏离轨迹，他和那些前辈拥有同样的特质。

季前训练尚未开始，瓜迪奥拉就已经完成了队内权力的交接，他将职责分派给本土球员，这样的做法也传递了明确的意图——他在为未来铺路。在瓜迪奥拉治下，真正理解并热爱这家俱乐部的人开始拥有话语权，这一点至关重要，这也是巴塞罗那长久未见的情景。这也意味着瓜迪奥拉为本土球员和青训球员注入了一支强心剂，他们因此获取了信心。他和其中的很多人共事过，甚至做过队友，还有一些是他的好友，现在他们必须努力表现，用忠诚来回报瓜迪奥拉的信任。

克鲁伊夫是第一个站出来认可瓜迪奥拉新政的人：“瓜迪奥拉知道巴塞罗那的意义，他可以掌控一切，因为他自己就是这样一路过来的，他在很短的时间内做出了一系列决定，我觉得他有能力达到目标。”

当瓜迪奥拉还在范加尔手下当队长的时候，他曾经说过：“我们必须尊重教练定下的规矩，但是对一支球队而言，若有一个球员可以在场上扮演类似的角色参与打法的决策，那会非常棒。”范加尔可不允许球员在场上自作主张，瓜迪奥拉也无法在球队出现问题的时候及时纠错。可他始终相信球员需要承担更大的责任，相信球员的直觉可以解决很多问题。成为教练之后，佩普也一直信奉这条理念，在他的指令之外，球员可以进行自我判断。

佩普还将 B 队爱将佩德罗提拔到了一队。佩德罗作为边锋喜欢寻找场上空间，不管是比赛还是训练都倾尽全力。佩普需要这样的球员。佩普经常对人说，佩德罗的父母在特内里费拥有一家加油站，店里没有电视机，因此他们很少能看到儿子踢球。起初佩德罗准备在那个夏天租借离队，但是他脚踏实地的处事方式深得瓜迪奥拉垂青。

和佩德罗一起晋升一队的还有塞尔吉奥·布斯克茨，他同样在 B 队展现了才华，布斯克茨在比赛中总是全神贯注，对于中前卫位置也有深入的理解。他没有夸张的发型，没有荒唐的纹身，对佩普而言这同样是优点，在他看来，布斯克茨将来会接过普约尔和哈维的衣钵，终有一天人们会发现他有成为队长的特质。

在瓜迪奥拉执教巴萨的 4 年里，佩德罗和布斯克茨是最先从青年队进入一队的球员，此后还有陆陆续续 20 名球员追随他们的脚步，进入一队名单。从丙级联赛到欧冠联赛，他们只用了几个星期的时间，之后的一个赛季，他们又成为了世界杯冠军队成员。

阵容已经打造完毕，球队在实力与名气之间再度找到了平衡。但是将帅在薪酬上还存在着一些微妙的对比。

不算奖金的话，瓜迪奥拉最终只能净赚 100 万欧元，这比埃托奥要少了 900 万欧元，比梅西要少了 700 万欧元，佩普几乎没有计较合同就同意执教一队，当他签下这份合同的时候，他在西甲教练收入榜上位列倒数第四，但是他不在乎。

季前训练的第一天终于到来，哈维回忆道："假期如此煎熬，因为我迫不及待地想要归队。"

过去两年一无所获，球队需要变革，教练需要做出重大的决策，但是首先，佩普需要让球队与自己团结一心，他要与队中球员面对面谈谈。

球队集结的第一天，在苏格兰著名的圣安德鲁斯，瓜迪奥拉在下榻酒店的会议室里进行了队内面谈会。这是瓜迪奥拉向全队灌输理念的一天，也是新巴萨正式起航的一天。

在走向会议室的路上，佩普一遍遍告诉自己："自然一点，自然一点。"他觉得类似的感觉之前至少有过一次，那就是他接任 B 队的时候。人不同，目标不同，但是他要传递的信息依然相同，即便是紧张带来的胃部不适，感觉也一模一样。

球队坐满了整个房间，位置的排布就好像是课堂一般。队医、助教、媒体等等所有随队前往苏格兰的人都被邀请参加这次会议。接下来半个小时里，他所阐释的信息让全队着了迷，他提出了自己的理念、要求、期待以及他对责任感的看法，他为球队注入了新的团队精神。

瓜迪奥拉在屋里边说边走，不时和听众进行一对一的眼神交流，球员们静静地坐在那里聆听教诲。他展现着非凡的表达能力，手势精准，用词到位，语调生动，能明确无误地突出重点。

根据与会人员哈维、伊涅斯塔、皮克、蒂托、埃托奥、梅西、体能教练瑞卡特、巴萨媒体部门工作人员特雷斯和塞尔吉·诺盖拉斯对当天的回忆，我们终于能够将佩普的言语拼凑还原：

"先生们，早上好。

"你们可以想象，对我而言，在此执教巴萨是多么巨大的激励，这是无上的荣耀。最重要的是我热爱这家俱乐部，我绝不会做出伤害她或者与之对立的决定。我要做的一切都建立在我对巴塞罗那俱乐部的爱之上。如今，我们需要重建秩序，重拾纪律。

"过去一段时间，球队内部并非人人都恪尽职守。现在，是时候重新启航了，每个人都应该倾己所有。

"我曾经在这家俱乐部效力多年，我知道我们曾经犯过哪些错。我会誓死捍卫在座的诸位，当然我也会对大家严格要求，就像对我自己一样。

“我对你们的要求只有努力努力再努力。只要你百分百付出了，就算你传丢了一个球，或者漏顶了一个球，哪怕导致球队丢分，我都不会责怪你们，我可以饶恕你们犯下的任何错误。但是如果你不能把心托付给巴萨，我绝对不会原谅你。

“我不向你们索要结果，我只要求看到表现。我不能接受球员有所保留，大家必须全心投入。

“先生们，这里是巴萨，巴萨会怎样要求我们，我就会怎样要求你们。记住，必须付出所有。

“一个球员作为个体什么都不是，他需要队友和团队的支持，这个房间里的每个人都是如此，你们需要身边每个人的帮助。

“很多人都不了解我，所以接下来我们要花费几天时间来重组团队，或者说重组一个家庭。如果任何人有任何问题，你们都可以来找我，不光是竞技层面，还有工作的其他方面，家庭上的，氛围上的，等等。我们来到这里是为了互相帮助的，我们要确保球队内部和谐，不能让球员感到不安，产生不和。我们是一体的，我们不是一个个小团体，因为小团体会破坏任何球队的团结。

“这个房间里的球员都是好样的，如果我们没法使得球员赢得荣誉，那就是我们的错。

“眼下时局艰难，让我们团结在一起，绝不向媒体爆料，绝不要独自一人选择战斗，让我们团结起来。相信我，作为一名昔日巴萨球员，我对你们的处境感同身受，我知道你们所承受的，我也知道你们所感知的。

“球队风格一脉相承，我们要继续坚守理念。当球在我们脚下，我们就不能丢掉它，一旦丢球，就跑起来抢回球权，这是我们的原则。”

球队上下为之动容，但这仅仅是一个开始，远非最后一次感动。

离开会议室之后，哈维向全队讲话，他告知队友，所有的须知都已在瓜迪奥拉的讲话之中。球队呼吸到了清新的空气，秩序正在恢复，纪律正在建立，球队的风格也被重新拾起，从第一天起，目标就已确立。

今后还会有很多次队内讲话，但是瓜迪奥拉在圣安德鲁斯的演说为巴萨的新时代奠定了基调。

“有些话就是脱口而出的，你在思考之后有了一些想法，然后就要把它们说出来。你不能光研究别人的讲话，你自己要用心去讲，你只需要抛出两三个概念，然后认真诠释就是了。你没法忽悠球员，他们都是有备而来的，很聪明，也很敏锐，我自己就曾是球员，所以我知道要说些什么。从圣安德鲁斯的第一次讲话到最后一次，我都很用心。想什么就说什么，这样是最好的了。有些时候你觉得自己必须得说些什么，可实际上那又不是你的真实想法，那最好闭嘴咯。有些时候你想让球员看清对手的面目，有些时候你又不想那么做，也许那一天你刚好意识到，生活中有比足球更重要的事，你可以和他们谈谈足球之外的生活，讲讲人们如何奇迹般地走出逆境。这就是这份工作的美妙之处，每个对手，每个情境，都与先前所遇到的不同，你总能发现特别之处，对球员们说：‘伙计们，今天很重要……’不管是何种原因，总之很重要。那未必是战术上的原因。如果你在这个位置上坐个三四年，找到这样的理由会很简单，可如果三四年都是面对同一群球员，那这样的理由要奏效就难得多了。”

在圣安德鲁斯，佩普明白自己需要把一些基本的事实和准则告知某些球员，这也是他工作的一部分。他知道有些球员已经丧失了对足球的热爱和对荣誉的渴求，在重返赛场之前，他要为这些球员创造最好的条件。问道多年，瓜迪奥拉确实从足球界的智者那里学到了不少。

在建队过程中，瓜迪奥拉一方面信任本土英才，另一方面也会选择具有职业精神的球员。教练团队的组建同样遵循以上原则，瓜迪奥拉决定进一步完善自己的后勤部队，他精心挑选了助教、体能教练、个人训练师、队医、营养师、心理医生、球员助手、媒体新闻官乃至勤杂工。毕竟对瓜迪奥拉而言，掌控训练和比赛的方方面面需要消耗大量精力，无论是针对球员个体还是球队整体都是如此；而球员的康复工作必须落实到个人。

这些人的共同点在于，他们都是*culés*，都是巴萨球迷。这样上下一体的情景在现代俱乐部已不多见，哈维认为这对打造团队凝聚力至关重要，从第一天起，所有人都是力往一处使："我们都是*culés*，我们一起奋斗，共享荣耀。"

佩普的助手兼好友比拉诺瓦是一位优秀的战术分析师。他手里总是攥着笔记本，在B队的第一个赛季，他就以卓越的谋略让人惊喜，他也是球队升级的关键所在。他和瓜迪奥拉关系密切，因此当后者受邀成为巴萨一队主帅之时，比拉诺瓦自然而然地成为了他的助手。他们就好像是拉着同一辆马车的两匹骏马。"我有时候会对蒂托说说想法。"佩普说道，"如果他不作声，那我就得说服他。如果他还是不动声色，那可能就是我错了。"当比赛中镜头对准瓜迪奥拉的时候，蒂托总是在他身边，在板凳席上向佩普谏言，他们可以完美互补。正如蒂托所说："和佩普在一起很自在，有时他会让我做主角，他会听取我的想法，在球队内部我有话语权。"

球队在苏格兰备战新赛季的某个上午，佩普正在观看队内训练赛，他突然指着普约尔，向蒂托发问："你对他刚才的选择怎么看?"蒂托答道："我们首先应该了解他为什么那么做。"佩普叫停了比赛。"不对不对。"瓜迪奥拉接管了训练赛，"普伊，对方没出球，你不该甩脱自己盯防的球员。"普约尔并没有一味顺从，他答道："我这样做是因为另外一个前锋已经摆脱了防守球员。"然后普约尔又把蒂托拖进了讨论："蒂托，是这么回事吧?"佩普听完对方的理由，继续解释道："你说得没错，但是……"接下来便是一段颇有见解的长篇大论，他告诉普约尔，如果是自己在场会如何选择位置。这毕竟是瓜迪奥拉的第一次季前训练营，在圣安德鲁斯这样的对话还有很多次。

"我们都知道怎么踢球，但是很少有人知道教练想让我们踢哪种风格的足球。"达尼·阿尔维斯当时是这样说的。"一开始，他会在训练课上频繁叫停，纠正我们的错误，告诉我们他的想法是怎样的。"皮克回忆道，"我们对此心存感激，因为没多久我们就能互相协作，在场上展现出他想要的效果。”瓜迪奥拉在梅西身上特别费心，他花了大量时间来调教他的防守，但是他想向球队传递一条共同的信息：“我希望他们所有人都明白，成为一支团队，他们会更强大。”

瓜迪奥拉希望队内形成民主气氛，他许可队员做自我判断，鼓励他们提出建议，对于新想法他向来开明。尽管如此，他还是在初登帅位之际就设立了严明的军纪：他要求队内一律只许讲西班牙语和加泰罗尼亚语，为了增强球队凝聚力防止派别争斗，球队用餐的座位安排也有讲究。不过他的纪律和惩罚手段并不是为了对球员实施强压管理，而是为了促进团结，提升队员们的责任感。两年后，佩普认为球队已经具有相当高的自律性了，便废除了亲手设立的惩罚机制。

若要教人听话，有两种办法，一种是直截了当地发号施令，另一种则是以身作则使人效仿，佩普无疑是后者。在现代足球中，教练若不知道如何应对不同个性和诉求的球员，他将举步维艰。幸而瓜迪奥拉直觉敏锐，能够洞察球员心理，球员时代的丰富经历可以帮助他应对各种问题，在巴萨的更衣室内也有他能够信任的人，在必要的时候出手相助。

“我之前不了解他，也不知道他的工作方式。”阿比达尔回忆道，“第一个月很难熬，因为我是一个30岁的父亲，你和初出茅庐的新兵蛋子说话可不比老将之间的互相交流。但是他竟然就那么做了！他让我们在吃饭的时候交换座位，在队里我哪怕和亨利说话也得用西班牙语。我还跑去找主席拉波尔塔告状，说我忍不了，要走人。但是主席让我淡定一些，说这就是教练的做事方式，一切都会好起来的。我和教练现在想起这事还会笑呢。”

从圣安德鲁斯回到巴塞罗那之后，佩普进一步检视球员和球队的日常习惯，继续推行新政。新的训练课设置在瓜迪奥拉制定的框架下完成，可以在很大程度上将巴萨足球理念浓缩其中。瓜迪奥拉做出的改变让球员们意识到自己是俱乐部的雇员，而不是好莱坞的明星，成功需由努力得来，而非玩耍嬉戏。新设计的餐厅足以让全体球员在此用餐，这在意大利非常普遍，在巴塞罗那还是头一遭。

之前球队就在毗邻诺坎普的训练场上训练，那片场地因为位置显眼，具有很高的曝光度。球队在 2009 年 1 月迁往了若安・甘伯训练基地，媒体和公众的日常访问被严格限制。这一改革举措也被媒体称为“禁城行动”。

在罗萨里奥那次 11 小时的长谈之中，贝尔萨将自己对媒体的看法也尽数告知了佩普，他认为为电视媒体开便利之门的做法是错的。佩普尊崇了他的建议，在巴萨设立了一条新规，即他本人不接受任何一对一访谈，以示对媒体的公允。从成为一队主帅的第一天起，佩普就打定主意要与媒体沟通，但是仅限于新闻发布会。此后他不再接本地记者的电话，也避免和他们私下见面。

他也打破了西班牙足坛的一条陈规，不再要求球队比赛前一天共住酒店。瓜迪奥拉当时是这样解释的：“普通人可不会在工作前一天待在酒店不出去。我只是希望我们能和他们一样罢了，如果球员不好好休息，那么他们就会不好过，然后他们的表现会因此变差，最后甚至会丢掉饭碗。对待球员，我以工作表现来评价他们，而不是看他们的私生活。我又不是警察，我自己 10 点上床睡觉，没兴趣干查房的工作，所以我更情愿他们留在家里，而不是在酒店无所事事。我只是想遵循常理。”

佩普的想法源于他作为豪门顶级球员的丰富经验，如今身为主帅，他也能够让手下的大牌信服，哈维便是其中之一：“对我来说有两大奇事，一是换了新的训练场，二是赛前不住酒店。在如今的场地训练让我们清净了不少，大家也能更好地共处。他要求大家训练后一起用餐，这让球队受益良多，更重要的是球队日常饮食的变化，我一开始觉得有点痛苦，毕竟我没法拿主意，后来就习惯了，因为你会意识到这样对自己是有好处的。减少酒店集合那事儿也是一样的，一开始我很不习惯赛前几个小时还待在家里，感觉非常奇怪，你会想这样是不是太松弛了。我甚至觉得赛前没法百分百地思考比赛会让我受到惩罚，到时候表现会很糟糕。但是我很快又意识到，这条新规是有好处的。赛前想太多只会增加压力，使你变得更加紧张。于是我学会了分析什么才是真正重要的事。我们尽可能少地召开会议，这让我们全年比赛都能轻装上阵。”

“我没法保证球队一定夺冠，但是我可以保证球迷会为我们感到骄傲。”瓜迪奥拉在2008年6月17日的新闻发布会上说过这样一番话。2008年8月16日，在诺坎普球场万千球迷面前，瓜迪奥拉又说道：“我敢保证球队会齐心协力，我不知道我们能不能赢。但是我们一定会坚持。系好你的安全带，准备享受这段旅程。”

瓜迪奥拉作为巴萨一队主帅的头一场正式比赛就要来了。由于球队上赛季以联赛第三的成绩完赛，赛季首战将是欧冠正赛的资格赛。巴萨在主场4－0轻取波兰的克拉科夫，客场0－1小负，最终以4－1的总比分晋级。巴萨顺利进入欧冠正赛，佩普的时代就此开启。

“我来的时候没人知道我有多大能耐，我到球队的第一件事就是要大家信任我。”佩普回忆道，“我告诉他们一切都会好起来，我希望球迷能看见球队的努力，看见他们奋力奔跑，踢出漂亮足球，带着自豪感征战球场。人们总喜欢被取悦，而不是被欺骗。球迷可以接受球队表现不佳，但是你要选择不卖力气，球迷不会答应。我们发现了这样那样的问题，做出了一些改变，然后球队开始上路了。这家球队的理念还是一如从前：进攻，尽可能多地进球，尽可能好地表现。”

有时候教练无所不能，有时候教练啥也不能，没有达成目标的正确手段，教练便无法成就伟业。如果他足够聪明，他就会知道教练的工作就是为球员创造良好的氛围，激发他们的潜能，将一群好球员捏合成一支好球队的关键也正在于此。这是佩普打第一天起就能做到的，在这个问题上他不容他人置疑。

有一次瓜迪奥拉说到世上有两种教练，一种发现问题后信奉船到桥头必然直，另外一种则会主动解决问题。瓜迪奥拉就是那种解决问题的教练，这也是工作中他最钟爱的部分。

在竞技层面上，教练需要观察对手的行为，继而决定要使用的球员。寻找解决方案，做出决定改变比赛，亮出你的胜负手，这便是教练这个职业的意义所在。

对佩普而言，他往往是在诺坎普那间办公室理清自己的思路。佩普的办公室大小不过 4 平米，光线极佳，屋内有一堆书籍、一盏台灯，还有一块等离子屏幕，那是佩普自掏腰包买来的，专门用来分析本队和对手的录像。

如果刚巧碰上瓜迪奥拉聚精会神地分析录像，哪怕有人敲门他也不会察觉。也许有人会鼓起勇气尝试对话，但是这个人在他眼中恍若无物，他根本就不会听。即使他的目光不在屏幕上，他的心思仍在对手的比赛录像里。他会说："好吧，我们稍后再聊。"然后礼貌地把来客送走。看完录像之后，佩普便会推演几天后将要进行的比赛，寻找解决问题的灵感，一旦有了想法，他就会喊道："有了有了，到时候这么做就能赢球。"对于他而言，这是足球中最难以舍弃的部分。

瓜迪奥拉认为球员必须有正确的比赛态度，了解自己的作用，才能贯彻战术。他向球队灌输的核心想法是"有序"，他和球员不断地谈论站位、平衡、失衡、流动，当然还有最重要的——求胜欲望以及力求完美。

"在足球世界，只有一条法则：有球或者无球。巴萨倾向于控球，当然有的球队不想要球权，那也不是错。巴萨一旦失去球权，就必须想着夺回球权，因为我们需要球权。"

当上教练之后，瓜迪奥拉从不避讳自己的执教手段是受到克鲁伊夫的启发，这样的传承对俱乐部来说是宝贵的财富。因为一些理念一旦确立，从今往后球队的建设就有了基础。"我们就像是一群克鲁伊夫的门徒。"瓜迪奥拉在 10 年前这样写道，"克鲁伊夫想要我们这样踢，我们就这样踢，他要我们拉开两边，利用宽度，总之我会谨遵他的理念，那是一切的前提。也正是约翰，他设立了快速传递的标准；他要求球员在场上拉开，以便寻找空间；我介绍了许多，大家都知道巴萨是怎样踢球的了，但是我还不清楚如何在中场保持人数优势，以后这个问题一定会得到解答。就眼下而言，这些理念是克鲁伊夫留给我们最好的财富。踢出西班牙不曾有过的足球，这个想法让我很着迷。这是一种卓尔不群的象征，是完全不同的足球体验，也是截然不同的生活方式和文化洗礼。”

但是克鲁伊夫并非影响佩普足球哲学的唯一一人，路易斯·范加尔治下的那支阿贾克斯也是他为之倾倒的球队，他承认自己借鉴了阿贾克斯的一些方法。“我很好奇的是，阿贾克斯为何能始终如一地做到以下所有的一切：打法主动，球员愿意为团队牺牲个人，同时球员作为个体又能闪光，然后球队能取得胜利。所有球员，不管能力高低都无一例外地明晰自己的场上职责。他们诠释了什么是战术纪律，他们也有很强的战术执行力，能够在正确的时候将战术理念付诸实践。”

豪尔赫·巴尔达诺曾经说过，在足球层面，佩普是荷兰学校走出来的加泰学子。但是佩普并不是简单地做搬运工，记者拉蒙·贝萨说道：“他接受理念，改良理念，然后令人信服地传播理念。”

巴尔德斯是这样说的：“他在战术体系的理念上立场坚定。他的哲学很明了：首先我们应该控制球权，有球在脚下一切便在掌控之中，我们就能打击对手；其次，我们在移动的时候尽量不要丢掉球权，因为那样会很危险，我们可以因为对手表现出色而被抢走球权，但不能因为自身失误将球权拱手相让；第三点是如何在对手半场向他们施压。我们必须保持侵略性，非常强的侵略性。在里杰卡尔德手下球队已经是这样做的了，但是佩普希望更强调这一点，每个球员都有特定的区域来进行压迫，球员之间还需互相帮助，你不能开一点小差。瓜迪奥拉说这三点就是我们的优势，也是他在更衣室重复最多的话。一旦我们做到了这三点，一切都会运转良好。”

“我们进攻时的理念就是保持好站位，你得出现在你必须出现的位置。这之间当然有换位和流动，但是总得有人来填充位置。这样一来，我们丢球之后对手也难以发起反击，进攻的时候站位有序，丢掉球权时也方便回抢。”

佩普用截然不同的手段来处理防守，这也是巴萨强大和吸引人的地方：一旦丢掉球权，球队会努力在五秒之内把球权夺回。这条原理很简单，追溯起来范加尔是它的始作俑者：丢掉球权之后有五秒的时间来夺回球权，如果没有夺回，球队就要进入防御阶段，球员必须迅速回撤。

“进攻，就是最好的防守。”

瓜迪奥拉出任巴萨主帅的时候，足球世界正趋向保守，大多数教练都使用双后腰战术，排出6名防守球员。瓜迪奥拉发挥才智，采用了更激进的战术，他的体系中只保留了单后腰，同时配备双边锋，佩德罗和布斯克茨因符合他的位置设定而得到提拔，梅西也得到了解放。

根据马尔蒂·佩拉纳乌的记述，瓜迪奥拉在他执教的第一个赛季异常激进地推进了一些战术理念的实践。诸如从后防线就开始进行位置移动，让中卫成为进攻流动的一部分；他囤积大量边路以保证球队纵深的冲击；他要求队员提升无球跑动的节奏；他专注于研究以球员不断的跑动来创造空间；他最大程度上发展了局部区域人数优势的理念。他深知如何利用时间与空间，巴萨踢得如此写意，很多观察家都对此大加赞叹，实际上，这却是现代足球最难的部分。

“通过不断的传递找到无人防守的队友，从而推进到前场。”

巴萨球员高超的技术能力使得他们可以比其他球队进行更多的传递，哈维、伊涅斯塔和梅西都能够在最狭小的空间完成接球出球。之所以说瓜迪奥拉革新了足球的战术，是因为他将克鲁伊夫的理念转化成为了切实的手段：从发动进攻开始就保持局部人数优势，以此来掌握主动。如果对方在有球区域有两名球员，巴萨就有三名，如果对方有三名，巴萨就有四名。里卡德·托尔奎马达在他所著的《巴萨方程式》① 中写道：“人数优势无法保证你获得任何结果，因为最终一切还得依仗‘艺术家’的能力、精确性和注意力，他们占据空间，随后做出准确的决定，因为总有人处于无人盯防的状态，于是便有了稳妥的出球目标。从这个角度而言，足球就是球和空间的游戏。”

随着时间的推移，佩普的球队每次都会带着清晰的思路上场比赛，

---

① 即由里卡德·托尔奎马达（Ricard Torquemada）所著的 *Formula Barça*，出版于2011年。

他们对对手整体和个体的特点了若指掌，接下来的工作就是击败对手。在一丝不苟备战比赛的同时，激情也不可或缺，我们必须记得这就是足球，球员们要在电光火石之间进行思考和决断，球场上需要自由度，有些事情终究无法事先计划。

“球员们需要明白，他们不必惧怕尝试，也不必害怕丢球，因为足球就是这样的。梅西之所以撒开腿跑动就是因为他知道身后有 10 名队友的支持，他们会在必要时提供帮助。当后卫和前锋都感觉自己很重要的时候，我们就有了一支常胜球队。”

“他采取一切可用的手段，只为谋划如何更接近对方的球门。”马尔蒂·佩拉纳乌在为巴萨所著的《冠军之路》① 中写道。

“哈维、伊涅斯塔和梅西一开始遵循战术指示靠近进攻区域。哈维不会撤得太深，这样一来他就能和右路的梅西产生联系，埃托奥居中，伊涅斯塔经常居左。渐渐地，战术有了变化，瓜迪奥拉的一大核心理念就是推陈出新，他不认死理——这在他的人生中得到了很好的体现。哈维开始回撤，将盯防自己的球员带出防区，让对方远离中卫，如此一来，梅西在对方中场身后就有了更多的空间。”

“在防止丢球被打反击这个议题上，‘第三人’的概念非常实用，将球长距离输送到边路某位球员身前，便可规避风险。克鲁伊夫曾经对我说过：‘当你拥有球权的时候，第一件事就是看谁离你远，他的身前也许就有空间。一般来说我们会和距离较近的球员配合，可如果近距离无人可传，只能选择长传，那就长传吧，这样至少可以防止对方反击。’”

每当巴萨被对手反击破门，人们总是会批评说防线暴露了。这是巴萨式控球愿意承担的风险，也是他们想要规避的麻烦。后腰在任何情况下都应当保护防线，同时他也是承前启后的转换枢纽，当边后卫插上进攻时他还需和中卫一起坐镇防线，这种场景在巴萨屡屡上演。凯塔和布

① 即马尔蒂·佩拉纳乌（Martí Perarnau）所著的 *El camí delscampions*，出版于2011年。

斯克茨就扮演了这样的角色，后者简直是为此而生。在佩普和博斯克眼中，他甚至是后腰位置上的世界最佳。

“防守时最重要的就是正确的态度。我们来来回回把理念说了几千遍，但是要让一支球队齐心协力地防守，靠的还是正确的态度。如果你愿意，就应该为你的队友去奔跑，那样可以让他得到帮助。这不是让你的队友变得更好，而是让你自己变得更好。”

每当我们说起巴萨，这个名字始终与进攻划等号，对佩普这支巴萨最大的误解就是他们以牺牲防守来换取进攻。但是佩普的真实想法会让许多人吃惊，比如说，当巴萨无法打开僵局的时候，他最在意的是球队的防守，这是反直觉和反常理的思考方式。又比如，阿比达尔表示在加盟巴萨之前，身为后卫的他总被要求把注意力都放在抢断上，但是来到巴萨之后，他被要求提前一步思考问题，想想拿下皮球之后该怎么做。“现在，每次我拿到球，我都知道自己应该做什么，因为我学会了阅读比赛。”

最后再送上一条动人的战术见解：

“巴萨最美妙的特质之一，就在于他们带球是为了引诱和戏耍，而非过人。”

对巴萨而言，带球就是在考验对手，他们想把对手带到自己想要的位置，让他们丢失防守位置，从而创造空间。在一次和鲁尼的闲聊中，曼联前锋告诉我他发现哈维经常这样做：“他总是等着我们有人上前，一旦逼近就把球传走。”

维拉斯·博阿斯也对巴萨的理念感到痴迷。“足球场上的空间比人们想象的要多得多，即使你面对的是收缩防守的铁桶阵，你在对方半场依然可以用球权来引诱对手，让他往前去，或者往边上去，从而打开空间。但是很多球员不能理解，他们不具备阅读比赛的能力。对球员来说一切都太简单了：工资非常高，生活很美好，一天工作最多 5 小时，因此他们无法集中注意力，无法思考比赛。”

“巴萨的球员完全相反。”前切尔西主帅继续说道，“他们的球员一直在思考比赛，思考自己的移动。”

“瓜迪奥拉说过：中卫引诱对手向前，如果对方加速施压，那就把球传给另外一个中卫，然后这名中卫再把球往前传——不是传给背对进攻方向的中场，而是传给在两条线之间移动的球员，比如伊涅斯塔或者梅西，甚至直接传给前锋。然后他们开始进行短传，要么给内收进来的边锋，要么给中场，现在中场的眼前已经一片开阔。他们在控球方面具有超凡脱俗的能力，精确性难以置信。但是巴萨的4-3-3在英格兰行不通，因为丢球的风险太高了。”

能否在英格兰实践自己的理念也是瓜迪奥拉一直想要知道的。他问了至少两名英格兰球员，能否在自家防区像巴萨球员一样冒险传递。他想知道英超是否有球员具有那样的自信和比赛阅读能力。“这取决于球队的风格。”他们告诉佩普，“而且不是所有球迷都能接受这样的风格。”

作为教练和导师，瓜迪奥拉认为球员一旦理解了他指令背后的出发点，他们会更坚定地执行教练的要求。这同样意味着他们将更有判断力，也更有可能向教练提问：为什么要这么做，这一种责任心的体现，也是球队所需要的精神气质。

瓜迪奥拉的门生皮克是这样说的：“教练让我们真正理解了足球。他不只是下达指令，他还会解释为什么。一旦你知道了背后的出发点，你就能成为一名更优秀的球员。他要求我们做的每一件事都是有意义的。”瓜迪奥拉为巴萨带来了一种新的教学模式，他在细节上非常讲究。皮克继续说道：“在战术方面教练是个很自负的人，他笃信自己的理念，相信球队拥有出色的技巧。”体现在球场上，瓜迪奥拉治下的这支巴萨可以在一场比赛内变阵或者换位五六次，一旦球员理解了动机，他们也能更好地处理来自场边教练的呼喝，哪怕在比赛最激烈的时候也是如此。

另外，除了战术上的应变能力，瓜迪奥拉还为这支球队带来了韧劲，在与对手进入僵持乃至丢球的时候，瓜迪奥拉和他的队员都能对球队策略保持足够的信心。雷克萨奇有过这样一番特别的类比：“有些时候比赛中会有那么六七分钟时间，你会说‘计划不管用嘛’。但是这就好比你要准备一盘豆子，有些豆子很硬，有些豆子又刚好很软，它们堆在一起。当你开始晃动盘子的时候，豆子的好坏就会渐渐了然起来，你需要耐心。足球也是一样的。你看着比赛在进行，发现球员表现不如预期，这时候你就该说：‘放轻松，再等等，一切都会明朗起来。’”

对于瓜迪奥拉的作为，我们更多会称之为革新，而非革命。因为瓜迪奥拉在开拓创新的同时，非常小心翼翼地维护着传统。他知道球队已经有了很多成功的基础。他也知道球队需要循序渐进的调整，通过不断地微调来激发潜能，从而达到最佳状态。瓜迪奥拉逐步建立起制度，为球队提供多种方案，在此期间对克鲁伊夫奠定的运转模式做出修正和调整。佩普小心翼翼地维护着这种模式和其内涵（包括了压迫、站位、球队整合以及每场必胜的信念），同时又拓展可能，将球队的潜能激发至前所未有的程度。

事实上瓜迪奥拉一亮相，巴萨就有了新气象。维拉斯·博阿斯将瓜迪奥拉比作西班牙国宝级大厨费兰·阿德利亚，阿德利亚为人们创造美食新体验，瓜迪奥拉制作的则是足球盛宴，创新是他的食谱秘方。在一个四后卫盛行的年代，巴萨敢于设置三人防线；当几乎全世界都对身强力壮的中场趋之若骛之时，巴萨对小个球员委以重任。在别人看来球员的体型是巴萨的弱点，而巴萨为此提供了另一种思路：小个儿中场如果不擅抢夺球权，那就确保自己不要丢掉球权。

很多时候，逻辑会与直觉相悖。举个例子，在人们普遍的认知中，没有 1 米 90 的大个中锋意味着你的球队无法通过头球破门。巴萨颠覆了这条常识，他们的边路依旧在输送传中，攻击手则用跑位和实际判断来弥补身材上的劣势，获得进球。

最终接到传中的球员也未必是一名前锋，因为巴萨经常排出无锋阵形。巴萨的门将也承担了额外的职责，他的触球频率几乎等同于一名中卫，有时候触球次数甚至比对手的某名中场还要多。实际上你可以将巴尔德斯看作是可以用手拿球的中卫。

巴萨不断地打破常规，选择技术和意识兼备的球员来完成战术上的设想，他们将华丽和效率完美结合，但是他们最大的创新之处还在于对球场空间的利用方式，这让他们几乎难以被战胜，尤其在领先的时候，要想逆转巴萨更是不可能完成的任务。是的，在执教巴萨的最后一个赛季中，佩普被切尔西和皇马以不同的方式击败过，但是在他全面掌控球队的那几年里，巴萨拥有史上最可怕的关键战胜率，这并不是一种偶然。

伊涅斯塔告诉我们，瓜迪奥拉经常对他的场上位置进行讲解。“他会纠正我，帮助我获得进步。他告诉我要享受足球，热爱这份职业，维护这支球队。”哈维认为瓜迪奥拉“总是比其他人想在更前头”。马斯切拉诺表示自己一直很感激梅西“向佩普推荐我，让我看到足球有另外一种踢法”。如果球员都是这般睿智、谦逊而富有干劲，教练便不用操心训练，队内竞争也不是问题，对于他们的职业而言，这是一种全身心的投入。

这些人不管赢了多少次，都会报定同一个信念：“时局艰难，我却身处一家大球会，我不会违背俱乐部的信仰，不会抛弃球队的理念，不会践踏前辈的传统。”

2008/2009 赛季大幕拉启，巴萨前往客场挑战升班马努曼西亚。

开赛前 2 小时，巴萨在酒店举行了最后一次战术布置会，首发阵容并无惊喜，球队大牌悉数在列：巴尔德斯、阿尔维斯、普约尔、马奎斯、阿比达尔、亚亚·图雷、哈维、伊涅斯塔、梅西、亨利以及埃托奥。

球队的战术策略很明晰：鉴于努曼西亚会收缩防守，巴萨需要拉开阵形快速传递，同时保持耐心。

在前往小鸟球场（真的很小，只能容纳 9025 名球迷）的路上，球队大巴播放着酷玩乐队的 *Viva la Vida*[①]，这是佩普最喜欢的一首歌，也是接下来一个赛季巴萨的主旋律，甚至可以说是瓜迪奥拉时代的圣歌。这首歌就好像是集结号一般，歌声响起，球员便知道比赛即将开始。

热身完毕，球员们在通道内最后一次聚在一起，此时佩普已经消失在了他们的视野之中。他的准备工作已经完毕。

两队走上球场，新赛季西甲战役就此打响。

比赛开始后，教练席的瓜迪奥拉一直手舞足蹈，他看起来很愤怒，也很紧张。他不停地挥拳，摊手，传达指令，坐立不安。这就是佩普，无论作为球员还是教练，即便作为观众，他都会充满激情和能量，他还要将这种情绪传递给其他人。

他没有保证非要带队夺冠，但是他保证球队会把每场比赛都当作决赛来对待，他们会珍视每场比赛的每一分钟。如果一支球队不呼喊、不拥抱、不倾尽所有，他会无法忍受。在赛季第一场西甲比赛中，我们都可以看到这些元素。

比赛中，瓜迪奥拉甚至在向阿尔维斯交代完后拍了一下他的后颈，以至于阿尔维斯惶惑惊讶地回过头看了他一眼。这是一种情感上的联络，也是一种赞许的表示。“但是有一天他们会回过头来拍你的背。”埃斯蒂亚特笑着警告他。

从一开始，佩普就试图在球队内部建立起情感的联系，无需多言，那是一种只属于足球人的情感表达，即使只是轻轻地一拍。瓜迪奥拉还会拥抱球员，推一把球员，以此来激励他们，让他们保持警醒，也让他们感受到关怀。作为球员的经历让他知道该何时表达，如何表达。

与努曼西亚一战，巴萨太执着于中路渗透，他们的进攻总是在密集区域戛然而止，球队的阵形保持得过于狭窄。但是终究有一些好的迹象能够让人看到未来：巴萨几乎完全掌控了球权，场上的绝大多数机会也都是由他们创造。全场比赛巴萨有 20 次射正，而努曼西亚只有 3 次，

---

① Viva la Vida，西班牙语，意为“生命万岁”，是酷玩乐队（Coldplay）的知名歌曲。

其中 1 次被马里奥转化为了进球，巴萨在后点的防守失误导致他处于无人看防的状态，马里奥一蹴而就。

巴萨输了。

0 –1。

巴萨每年预算高达 3 亿 8000 万欧元，相较之下努曼西亚只有 1440 万欧元的预算，巴萨就这样被整个联赛最不起眼的球队击败了。这是那个周末最大的冷门，也是那个月最大的冷门，后来，也成了那个赛季最大的冷门。

终场哨响起，瓜迪奥拉将疑虑、失望和沮丧暂时搁在一边，迎上前去与对手主帅塞尔吉奥·克雷西奇握手，恭喜后者取得比赛胜利。

“在索里亚输掉了第一场比赛，赛后我们在更衣室的心情一点也不好。”伊涅斯塔回忆道，“但是佩普进来后帮助我们接受了这个结果。”

季前训练营让这些球员找回了饥饿感，他们知道自己将要经历怎样的过程，秉承怎样的理念，接受怎样的挑战。他们中的大多数人都具有很强的领悟能力，他们开始了解佩普想要的效果。他们原以为联赛首战可以轻取对手，不料却意外败北。赛后瓜迪奥拉努力劝服球员，告诉他们无需因为失利而做出任何改变。他们在比赛里犯了错，也受到了惩罚，但是他们应该明确接下来的路该怎么走。在 8 月的小鸟球场，瓜迪奥拉又一次在球员面前说出了那番重复了很多次的话。

“我们不能丢掉目标。”

目标不是赢得冠军，而是铸就某种风格，如果他们能坚持自己的理念，赢得冠军将是水到渠成的事。永远不要丢掉这个目标，这也是巴萨成功的关键因素之一。

赛后那几天，巴萨的训练课一点也不轻松，瓜迪奥拉狠批了手下这些球员。他认定球员们的跑位出了问题，未来他们必须在接球时跑得更聪明，也必须在压迫时更迅捷。但是瓜迪奥拉不会只找茬不纠错，与其说这是训练，倒不如是训导，球员们需要聆听学习。

在生活面对困境时保持冷静是非常重要的，在这一点上足球并无例外。佩普要求球员相信他们正走在一条正确的道路上。这番话并不假，但是后来他向俱乐部人士坦白自己出了点差错："季前准备非常棒，但是联赛开始后，我又让他们打回了老套路老战术，太多地执着于中路渗透。"

国际比赛日的来临意味着巴萨还需要等待 2 周才能迎来下一场联赛，这 15 天也是瓜迪奥拉在巴萨期间最难熬的一段时间。

瓜迪奥拉在诺坎普首秀的对手是桑坦德竞技，这又是一支保级弱旅。佩普针对首发阵容做出了两处重要改变，佩德罗和布斯克茨进入先发，亚亚·图雷坐上了替补席，亨利则因伤缺席。压力之下，佩普希望从青训球员中找寻解决方案，当时如此，之后也是如此。

最终巴萨 1－1 战平了来访的客队。

佩普的球队为挥霍机会付出了代价，竭力防守的桑坦德却把握住了唯一的一次机会，巴萨不得不让对手从自己的主场带走积分。这是令人异常沮丧的结果。

更衣室内，瓜迪奥拉不需要再指出问题，因为球队几乎没有问题。也正是对这场比赛所进行的反思，让瓜迪奥拉真正意识到自己作为一名主帅的职责。他对自己拥有的足球嗅觉心存感激，这是不管看多少书都无法习得的。是的，还有更多的反思工作，还有更多的说服工作，要让球队真正执行自己的理念也需要花费更大的功夫，但是与桑坦德一战，他已经看到球队在按照他的要求去比赛了。

这显然是一种进步，质疑基本来自外部，比如报刊专栏或者电台热线，一些激进的评论员甚至说要佩普的人头，相较之下，球队内部风平浪静。

与桑坦德一战伊涅斯塔并未进入首发阵容，在赛后某日的训练课前，他来到佩普的办公室，敲了敲门，并没有走进去，只是把脑袋探了进去，说道："不要担心，先生，你知道的，我们至死都会捍卫你。"

说完他就走了。

其他的重要成员也以不同的方式给出了反应，哈维觉得没必要说什么，只需要拿下之后的比赛。他觉得球队尽管两场比赛只拿了 1 分，但是踢得“好得不得了，跟天使没两样”，他不相信球队只能得到这样的结果。过去他也经历过一些踢得很差却侥幸得胜的比赛，如今却刚好相反。

媒体的种种表现他也习以为常。一场胜利之后头条可能是“巴萨创造奇迹”，球队到底表现如何没人关心，因为“人们只想要结果，他们从结果分析你踢得好或者坏。如果你输了，头条总是‘巴萨像场灾难’”。

在冷静的外表之下，瓜迪奥拉依然有些忐忑，亨利、哈维、巴尔德斯和布斯克茨都发现了这一点。他不认为球队可以毫无解释地输掉一场比赛，他要求自己必须给所有的现象找到原因。他以科学的视角去观看足球比赛，看重失败带来的教训："失败和犯错会让你成长，他们会让你保持警醒。不像赢球之后，你只会想‘太棒了，我们赢了’。即便有些地方一定有问题，你也会放松。胜利唯一的好处是有益睡眠。"

瓜迪奥拉意识到两年无冠给球队带来了压力，如果下一轮再负于希洪竞技，球队就会垫底，但是他也相信球队在训练中的努力很快就会得到回报。与此同时，他们的战绩虽遭质疑，媒体圈仍有一些颇具影响力的人物表示球队踢得不错，球员找回了对冠军的渴望。克鲁伊夫在《先锋报》的专栏中表示“这是这么多年来自己见过的最优秀的一支巴萨”。

尽管对球队抱有信心，瓜迪奥拉仍然需要有人帮助他坚定信念，以此确信一切都安然无误。他决定和克鲁伊夫谈谈。

瓜迪奥拉很早就开始迷恋克鲁伊夫，哪怕那时候他还没意识到自己想要成为一名教练。有很多教练都影响过佩普，但是很少有人像克鲁伊夫一样对他有着如此深远的影响。克鲁伊夫当年将他的理念带到了巴塞罗那，改变了整个俱乐部的结构。因此克鲁伊夫影响了瓜迪奥拉这一代人，他对巴塞罗那俱乐部的影响力远远超越了一名球员或者一名教练的范畴。瓜迪奥拉认为克鲁伊夫创造的最大奇迹是他改变了整个民族的心态，他还让整个加泰罗尼亚相信他的足球才是正确的踢法。

“足球是为人而踢的。”克鲁伊夫总是这么说。他还会说：“即便是因为我自己必须得看所有比赛，我也想要我的球队踢得漂亮些。我可不想昏昏欲睡。”

克鲁伊夫需要用傲慢来征服那些怀疑他的人，所以他和学生、高层以及媒体之间总是水火不容。不是所有人都能接受他的设想，在他早期执教经历中，球队内部也不乏反对的声音。年轻的佩普也不能理解克鲁伊夫的每一个决定，但是他想要去理解这些决定背后的思考过程，很快他就成为了克鲁伊夫的信徒。

对于克鲁伊夫而言，有三条原则是不容置疑的：首先，球场上的现象并非偶然，而是由你的意识产生的一系列结果。你可以踢得更好并非是因为你的传球，而是因为你的场上位置，甚至是你身体的姿态。

其次，你应当以一次简单的触碰来控制住皮球。如果你需要再多一个动作，你就不是顶级球员，只是还不错罢了。如果你需要第三次触球才能搞定，那你就踢得很糟糕。

最后，球员必须迅速将球送到边锋脚下，以便拉开场地宽度，创造更多的空间。这一点对于瓜迪奥拉当初踢的后腰位置格外重要。

克鲁伊夫不会针对每个位置发表看法，他只会给出概括性的指令，其中包含了他所认为的球场常识。比如说到传球线路，克鲁伊夫会警告球员不要站在角落里，因为这样一来传球可选择的角度会变得很狭窄。说到站位，克鲁伊夫认为球员应当确保自己出现在对应区域，尤其是球权丢失的时候。

但是克鲁伊夫没能把他的理念变成成形的工作方法。范加尔倒是做到了这一点。而瓜迪奥拉对自己有另一套说辞：“我就是从他人那里窃取理念，理念就是由一个人传递给下一个人，他们本来就是共享的。”

正因如此，对佩普而言，与克鲁伊夫的会面也是得到导师指点的机会：他会从克鲁伊夫那里听到一些新的想法，也可以从中获得安全感。瓜迪奥拉明白2003年支持巴塞特参选一事让他和克鲁伊夫之间有嫌隙，他需要和荷兰人重新建立联系的桥梁，作为一名刚刚上路的年轻教练，他要让克鲁伊夫感受到对方对自己的重要性，瓜迪奥拉还要在导师面前表现得毕恭毕敬，这也是二人重修旧好的最佳途径。

瓜迪奥拉总是用 *usted* 来称呼克鲁伊夫，在西班牙语中就是敬语“您”的意思，如今已经很少有人用这个词了。不管在克鲁伊夫的家里、佩普自己家，还是外出用餐，总之不管在何种场合，佩普这个学生总是对老师表现出最大程度的尊重和谦恭。随着谈话的深入，他们会愈发不拘礼节，突然间对话擦出火花，他们开始讨论足球。这种讨论往往充满激情却又思路清晰，兴起时二人都会手舞足蹈。佩普永远不会对克鲁伊夫表达异议，说出“你错了”这三个字。但是他们会讨论几个小时，只为让对方信服自己的理念。只要话题变成足球，他们就会滔滔不绝，所有的言语和行为都是发自内心的。在足球世界，他们讲着同一种语言，如果足球是一种宗教，那么他们膜拜的是同一座神龛。

在与桑坦德竞技战平之后，瓜迪奥拉拜访了克鲁伊夫，他想从导师那里得到关怀，以及答案。其实夏天的时候克鲁伊夫已经给了他一些建议，这些建议瓜迪奥拉都铭记在心：“你应该知道怎么避免麻烦，怎么和记者打交道，怎么应付流言蜚语，即便有些新闻和足球压根没关系。你在球员生涯积累了很高的声望，你要将这种声望为自己所用。你需要多多观察，需要好的助手，需要好的球员。你需要看清前方的道路，不要误入歧途。

“你得让每个球员都相信，你所做的事对他、对球队、对完成目标而言是最有好处的。你的任务是把足球的行为准则‘ABC’传递给每个球员，比如说你是一个中场球员，你需要知道什么能做，什么不能做，就是这样。一旦你了解了身为中场球员的行为准则，你就可以做出选择。要是不管用，那就再回到‘ABC’。所以设立准则就是你的主要任务，一个球员对足球的理解有多少，你就让他做多少事，要视他的能力来设定他的任务。场上的球员应该对自己将要做的事抱有信心，对一名球员来说，在自信满满地带球时丢球比在诚惶诚恐之后犯错要更好。

“球队上下，不管是教练还是球员都应该理念一致。如果你不想像某些教练一样完蛋，那就不要忘记身为教练的权威，你必须掌控你的球员。作为巴萨的主帅，相比纠正球场上的错误，更重要的是知道如何管理队中的球星。你在队中必须有威信，能够让球员服从你，信任你。有必要的时候你要利用自己在球员心目中的‘偶像形象’，更好地完成教练工作。”

克鲁伊夫提醒瓜迪奥拉，对球员的要求需要符合他们的能力范围——他们的技术能力、运动能力以及经济收入。克鲁伊夫从来不会对球员下达不可能完成的任务，但是他能够站在手下任何一名球星面前，当着全队的面说出如下这样的话：“你的表现配不上你的工资，你做得还很不够，应当贡献更多。”克鲁伊夫知道如何和球员——好吧，实际上是和大部分球员——打交道，他知道如何稳定首发球员的情绪，也知道如何照顾板凳球员的自尊。但是克鲁伊夫拥有可以杀人的眼神，有时候他的一个表情可以让球员不安数周。“毫无疑问，克鲁伊夫是让我受教最多的教练。”瓜迪奥拉说道，“但是他也是让我最受煎熬的教练，只要一个表情，他就能让你感受寒风彻骨。”

佩普告诉导师，有一件事是他可以做而自己无法效仿的。“约翰，你以前总是管一些球员叫‘白痴’。我做不到，您可以，但是我不能。我会很痛苦，所以我不能这么叫他们。”

佩普记得有一次克鲁伊夫辱骂了梦之队的两位重要球员贝吉里斯坦和巴克罗，一个小时后他又要两名球员携妻子与自己共进晚餐。佩普羡慕克鲁伊夫的这种能力，但是他也承认同样的事自己做不到。

之后二人的会面变得频繁起来，佩普有时候会去克鲁伊夫家登门拜访，有时候会相约去知名餐厅用餐。只要条件允许，瓜迪奥拉的朋友们每半年就会聚餐一次，克鲁伊夫、埃斯蒂亚特、大厨费兰·阿德利亚以及曾是记者的帕斯蒂都在其列。佩普离开巴塞罗那之后，阿德利亚就一直筹划重开举世闻名的伊尔布利餐厅，这样一来他们便可以在那里聚餐。

在遭遇两场不胜的尴尬之后，佩普再度和克鲁伊夫会面，对方给出的讯息简洁明了：“佩普，坚持下去，胜利自然会来。”事实上瓜迪奥拉自己也得出了完全相同的结论。

两场比赛之后仅积 1 分，巴萨排名倒数第三。

也就是那个礼拜，瓜迪奥拉和总监贝吉里斯坦见了面。瓜迪奥拉抓了抓脑袋，我们在比赛里经常看到这个动作，这是他困惑不解时下意识的表现，很显然佩普无法掩饰自己的忧虑。瓜迪奥拉半开玩笑地对对方说道：“如果我们不能击败希洪竞技，我就是巴萨历史上第一位带队垫底的教练啦。”

“球员还是没有出现在我们所要求的位置上，球队的整体站位取决于球在哪里，我们没有贯彻这条原则。我们还做得不够好。”佩普重复着这番话，贝吉里斯坦则表示同意。“进攻是最好的防守，我必须让球员们看到这一点。”

俱乐部内部还没有人声讨佩普，外界则有人用这两场比赛的结果大做文章，认为俱乐部将瓜迪奥拉从 B 队提拔到一队是一个错误，高层为了饰垢掩疵任命了一位传奇球员，却忽略了他作为教练的经验匮乏。此时的拉波尔塔已经屏住了呼吸，他重申佩普只是需要时间，球队之所以出现问题，是因为瓜迪奥拉还不习惯应对。

赛季第三场比赛，处于倒数第三的巴萨遭遇了升班马希洪竞技。希洪竞技上一次在大磨坊球场迎战巴萨是 1997 年的事了，当时瓜迪奥拉还是巴萨的队长。这次，巴萨在酒店就做完了赛前战术布置，尽管本场比赛至关重要，教练还是没有改变核心思想和战术要求，前往球场的路上全队一片寂静。球员们都知道，教练掌握了足球的真理，他会为胜利倾尽全力，他的排兵布阵和战术布置可以保证球队掌控球权，完成高位逼抢。

比赛开始前，瓜迪奥拉和希洪主帅普雷西亚多一起从通道中走向球场，后者已于 2012 年因心脏病不幸离世。普雷西亚多是一位经验丰富的老教练，他对于佩普的变阵已有耳闻，他深知这位年轻教练承受的压力，上前好言安慰了一番：“佩普，坚持你的原则。如果你想派上布斯克茨或者别的什么球员，那就去做吧。一定要勇敢地捍卫自己的想法。”

本场比赛，布斯克茨连续第二轮首发出战。

回忆起改变巴萨命运的这一战，皮克不禁笑了：“在大磨坊球场和希洪竞技的比赛对我来说是美好的回忆，那一天标志着新巴萨正式起航。”

比赛开球之后，除了梅西之外所有巴萨球员都触到了皮球，2 分钟内球队倒传了 30 脚，直到伊涅斯塔在角球区受到侵犯，传控游戏才戛然而止。巴萨开场就展现他们本场比赛的意图，他们就像拳击手一样击打着希洪竞技，球队连续拿到两次角球，连续两次在对方腹地夺回球权，紧接着哈维一脚射门击中球门范围。此时，比赛只过去了 4 分钟。

巴萨耐心而聪明地利用着球场的空间，哈维看到了许多传球的线路，皮球在地面高速运转，每一次触球都暗藏杀机。因为亨利的缺阵，伊涅斯塔首发出任左边锋，埃托奥是名义上的中锋，但是他经常出现在右路，这使得梅西能够在中路自由活动。这套战术在之后的整个赛季被反复运用。

面对此前两轮步履蹒跚的巴萨，希洪竞技原以为收缩阵形的打法可以挣得一丝机会，但是巴萨在打入第一球之后便一发而不可收拾。

半场休息时巴萨已经以 2 –0 领先了。佩普在更衣室内要求队员们保持警惕，他只给出了一条战术指令，非常简单，也非常关键：“我们要继续保持高位压迫。”球队贯彻了他的意图，下半场，希洪竞技发现巴萨的半场更加难以到达，那片场地成为了看得见摸不着的禁地。

最终巴萨以 6 –1 战胜了希洪竞技。

赛后，在前往新闻发布会的路上佩普与普雷西亚多再次相遇，普雷西亚多接受了失利的事实：“你们以压倒性的优势击败了我们。”佩普回答：“是的，我们终于向前迈进了一步。”

第二天，一位助手在训练场上把这场比赛的数据图表交给了佩普。佩普无法掩饰喜悦之情。除了梅开二度的梅西之外，几乎所有的前场球员都在各自区域完成了球权夺回的任务，巴萨的战术几乎令希洪竞技窒息。全场比赛巴萨有22次射门，其中9次击中球门范围，此外他们还有14次角球，而希洪竞技全场只有5次射门。还有一件事让瓜迪奥拉欢欣鼓舞，在球队的防守端，刚从B队提拔上来的布斯克茨几乎是场上表现最佳的球员。他总共完成了10次抢断，另外他的50次传球有48次准确找到了目标。

因为亨利缺席，本场出战的拉玛西亚学员多达7人，他们分别是巴尔德斯、普约尔、哈维、伊涅斯塔、布斯克茨、梅西和博扬，不过这和他们上一场和桑坦德竞技的比赛相比还要少了两人。值得一提的是哈维参与了所有的进球。

赛季第三战，巴萨已经成为了西甲联赛中射门次数最多而被射门次数最少的球队。

这场比赛带给球队的不仅仅是急需的3分，还证明了瓜迪奥拉是正确的，证明了球队已经有了可以坚持贯彻的战术原则，他们需要的只是时间，假以时日，瓜迪奥拉的足球哲学便可以带领球队走向成功。

伊涅斯塔在回忆这场比赛的时候说道："如果没能击败希洪竞技，我们会怎样呢?"事后证明，这场比赛是一种预示。

2. 伯纳乌的超级6 –2

“教练工作能让人神魂颠倒，所以对有些人来说简直欲罢不能。这种感觉很美好，你的头脑总是处于高速运转的状态，所以有一种持续不断的兴奋感。”——佩普·瓜迪奥拉于2008年

刚开始执教的佩普只看到了积极的一面，他很享受那段时光，不过他心中也有一个声音在告诉他，这种乐观不会长久。佩普充满激情而有条不紊地开展着工作，他努力重建球队，在这个过程中做出决策，分享经验，将过去数年的所学付诸实践。他的生活只有一个主题：尽最大努力成为最好的教练。他对于工作的痴狂和对细节的专注很快便为整个巴塞罗那所知了。

瓜迪奥拉已经证明了自己不是一个只在场边给球员下达指令的教练，他有很好的同理心，能够理解身边人的需求，也会牵挂俱乐部相关人士的福祉。

2008年5月，佩普还未被正式任命为一队主帅，他正专心致志地带领B队进行升级关键战。期间他抽出时间拜访了加比·米利托，阿根廷中卫原本是里杰卡尔德手下的主力，当时他正处于膝盖手术之后的恢复期。佩普本来就鲜有闲暇，他的女儿瓦伦蒂娜刚好也在那时出生，因此他的到访让米利托吃惊不小，他花了3个多小时安慰鼓励米利托。佩

普也谈到了自己对阿根廷足球的热爱，对梅诺蒂和贝尔萨的崇敬。米利托被佩普的魅力所征服，后来佩普告诉媒体："相比夺冠，我更希望看到加比重返球场。"这番话更让米利托感到吃惊。

在 2009 年的一场国王杯主场比赛赛后，来自第三级别联赛的莱昂内萨文化队的队员徘徊在巴萨的更衣室门口，犹豫着要不要和巴萨球员交换球衣。这一幕刚好被瓜迪奥拉撞见，他面带笑容，热情招呼了这群球员，打开了巴萨更衣室的门，告诉这些满怀追星期待的球员："请进吧，把这里当做自己的家。"莱昂内萨的球员简直不敢相信自己的耳朵。

当瓜迪奥拉成为主帅之后，他终于感受到了这个职位所带来的孤独，他努力在同行之间宣扬互爱互助。佩普从英格兰足球那里借鉴了一种传统礼节，他自己掏钱买酒，这样一来每场比赛之后他都可以与客队教练共饮。如果别家球队解雇了某位教练，他会发送简讯以表支持，有一次他甚至取消了事先预约的所有个人事务，只为和一位刚刚下课的教练共进晚餐，为对方送上鼓励。

他对于工作有着超乎寻常的热情。某场欧冠比赛之后，球队从米兰返还，抵达巴塞罗那时已经是凌晨 4 点。佩普到家之后始终无法入睡，于是他便前往训练基地观看接下来几场比赛对手的比赛录像。他在巴萨执教期间越来越依赖安眠药，最后一个赛季尤甚。

瓜迪奥拉挂帅之初曾下令将球队所有的罚款都捐献给一家慈善机构，而不是按照先前的传统拿罚款用作全队聚餐。罚款不能变成变向的奖励，因此他想到了一种更有意义的用途。他将款项捐赠给了圣若安基金会，该基金会致力于治疗瑞特综合征，这是一种非常严重的精神疾病。

之后佩普与萨巴戴尔银行签署了一份商业合同，合同中部分条款要求他接受银行指定的媒体专访，还要出席一些讲座授课，由于瓜迪奥拉本人一直以来都拒绝一对一的访谈，一些评论员便借这次机会给他贴上了贪婪的标签。然而瓜迪奥拉的名誉很快就得到了恢复，原来他已经将来自银行的全部商业收入都分发给了教练团队，以表对他们此先工作的认可。与此同时，该银行在加泰罗尼亚地区的客户增长了48%，在马德里地区则增长了65%。

奥迪在每赛季初都会赠予每名一队球员一辆奥迪汽车，主帅也享有同等的福利，但是佩普拒绝接受对方的馈赠，他认为如果教练团队其他人没有得到赠送，那么他也不会要。

同样是佩普执教的第一个赛季，守门员教练胡安·卡洛斯·乌恩泽的父亲在11月因病离世。巴萨在第二天还有比赛，瓜迪奥拉却不加犹豫地重新安排了备战计划，带着全队前往223里外的纳瓦拉参加葬礼。

球队在3月分别战平贝蒂斯、里昂和马洛卡，负于西班牙人和马德里竞技，三平两负的战绩不如人意，但是巴萨的这个赛季依然称得上顺利。外界虽有一些针对球队3月表现的批评，但是整体上人们还是对巴萨抱有乐观态度。人们隐隐觉得，在佩普·瓜迪奥拉的带领下，诺坎普即将见证奇迹。

巴萨在比赛中总是拥有很高的控球率，前场的反抢也极为高效，所以他们总能够获得压倒性的优势。哈维、伊涅斯塔、埃托奥和亨利的状态看起来和赛季初大相径庭，新球员的注入也为球队带来了活力。之后巴萨在春天战役中迎来了一波九连胜，完成了强势反弹，瓜迪奥拉如此描述自己的心情："感觉好极了，我很乐观。"之后球队又连平两场，分别在联赛以2–2战平瓦伦西亚，在欧冠半决赛0–0战平切尔西，这两场平局也让赛季末的冠军争夺战趋于白热化。

5月在伯纳乌的这场国家德比将是决定性的战役。在联赛还剩下五轮的情况下，巴萨以4分的优势暂时领跑，皇马已在身后虎视眈眈，对巴萨而言，赢下这场比赛就能巩固头名优势，到时候他们可以高昂着头颅回到巴塞罗那。

佩普把这场国家德比当作了一场杯赛决赛，他要求球队依旧贯彻此前的战术。"我们想要夺冠，是不是?"他在球队前往马德里前这样问道，"现在就是向前迈进一步的时候。我只要求你们抬头挺胸走进球场，这场比赛将评判我们的表现，我们的努力将得到回报。"

在这样一场关键的比赛中，瓜迪奥拉决定赋予梅西重任，让他出任伪中锋。在围绕梅西的建队过程中，瓜迪奥拉早已赢得了对方的信任，但是教练和球员的关系从来都不是这么简单的。

起初佩普很担心，他希望梅西能与自己齐心协力，他认为当时只有21岁的梅西还是一块未经打磨的钻石。佩普预见到巴萨将非常依赖梅西，所以他也格外害怕失去梅西。他必须和梅西在意见一致的前提下建立起一种特殊的关系。建队过程中他要将梅西非凡的天赋和饥饿感作为重要考虑因素，在这个过程中，他需要让这个害羞安静的阿根廷人信服，接受自己的领导。

在梅西眼中，瓜迪奥拉在巴萨的传奇地位和名宿身份并没有那么重的分量，他不过是又一个教练罢了。当初任命佩普之时也是里杰卡尔德时代进入倒计时的开始，梅西在那段时间陷入了深深的悲伤之中，对现实愈发失望起来。

在瓜迪奥拉执教初期，梅西也经历了一段不稳定时期。即便里杰卡尔德的执教走入了万劫不复的境地，但是我们仍要记得，是荷兰人给了梅西职业生涯首秀的机会，他也给予了梅西保护。佩普对于梅西而言是一名新帅，意味着新的开始，上任伊始他便驱逐了对梅西而言亦师亦友的罗纳尔迪尼奥，要知道罗纳尔迪尼奥还是梅西在卡斯特克德菲克斯①的邻居，两人的住处之间只隔了三栋房子。梅西能够理解这种改变背后的原因，目睹罗纳尔迪尼奥的自毁之后他也与普约尔和哈维更加亲近。可不管怎样，对于一名年轻人而言这是生活中的动荡，他需要和新来的掌门人建立起良性的联系。

佩普想要向梅西灌输团队高于一切的理念，这不仅与他球员时代中场指挥官的身份有关，更因为他认为要想将自己的战术思想付诸实践，团队理念是必不可少的。瓜迪奥拉能够看清梅西的动力，可他误以为那是一种自私的表现。“我试图让佩普明白那是一种野心，不是自私。莱

---

① 即Castekkdefeks，距离巴塞罗那20公里的海滨小镇，许多体育名人在此安家。

奥自我要求非常高，他想要出战每一场比赛，拿下每一个冠军，在他人看来这种野心的能量无异于海啸。”马努尔·埃斯蒂亚特透露，他本人在水球界的地位与梅西在足球界的地位无异，在巴萨他受瓜迪奥拉之邀出任协调员的角色。“这就好像有一个恶魔在你心中，你却不知道他的存在，你无法控制他。可这也是他成为世界最佳球员的原因所在，我试着把这一切解释清楚告诉佩普。”

另一方面，瓜迪奥拉认为教练每天都应当替球员做出重大抉择，这会在权力掌控上造成一种错觉。你明白最后上场比赛执行指令的是你的球员，所以主帅的理念和梅西的天赋和野心需要达到一种中和。

实际上，佩普从未忘记当年错过普拉蒂尼签名带来的教训。现在，他告诉自己，在梅西的身上，道理也是一样的。

瓜迪奥拉还记得他的童年英雄普拉蒂尼在全队出场热身的时候仍被允许留在更衣室。足球世界最大的谎言就是人人平等。之后，在佩普的少年时代，履历辉煌的排球教练胡里奥·贝拉斯科又告诉他，最好的球员既是教练最大的财富，也是他们最大的负担：“你必须知道如何才能调动出他的最佳状态，从工作职责上而言，我们是凌驾于他们之上的，但是我们必须依赖他们，从这个角度而言他们又是凌驾于我们之上的。”

瓜迪奥拉明白自己必须做什么，他要把关爱平等地给予每一名球员，但是在对待各人的方式上则不尽相同。

克鲁伊夫对于瓜迪奥拉只有一个疑问：“作为一个加泰罗尼亚人，他能做出决定吗?”荷兰人认为加泰罗尼亚是一个个性被动的民族，在他看来这是关键所在，以克鲁伊夫的经验，他认为世界上每支球队都有自己的梅西（意指明星球员，而非水准相当），但并非所有教练都懂得如何调动出他们的最佳状态。

在就任的新闻发布会上，瓜迪奥拉已经很好地回答了克鲁伊夫的这个问题，他宣布罗纳尔迪尼奥将为梅西让路。但是这番话还隐藏着其他的暗示，他这样做会在无形中将梅西变成球队王牌。为了给梅西的发展铺路，瓜迪奥拉虽然比预期多留了埃托奥一个赛季，但是他手脚麻利地驱逐了罗纳尔迪尼奥和德科，留下的巨星里，亨利被挪到了边路的位置，他本人想踢中锋，可球场上只有一个球，只有梅西才能拥有绝对球权。

瓜迪奥拉从未见过梅西这样的球员，他知道这样做会让梅西处于不可挑战的境地。自他执教巴萨起他便意识到，球队云集了一群天赋卓越的球员，他们可以组成一支出色的球队，但是梅西的存在可以让球队上升到另外一个层次。可是佩普已经将球队定义为了一个真正的整体，如何才能确立一位王牌呢？于是佩普要求众人相信自己，这样做并不是一时兴起的造星计划，而是基于深思熟虑之后做出的决定，因为梅西会成为真正特别的球员。

紧接着，瓜迪奥拉又用了另外一种方法来取悦梅西，梅西可以用技术来引领球队，但是他无需承担其他的领导职责。作为一名 21 岁的球员，那样的责任太沉重了。队长的职责将由几位本土球员共同承担，佩普不仅要提拔重用本队培养的年轻球员，他还要让他们有机会成为队长，成为巴塞罗那的楷模和象征。普约尔、哈维、巴尔德斯甚至伊涅斯塔担起了队长的重任，他们是巴萨这艘巨轮的船长，梅西则是助推巨轮扬帆的海风。

这与梅西在阿根廷国家队的状况截然相反，在那里，他不仅要以球技引领球队前进，还要担任场上队长，梅西是一个只想着踢球的球员，那样他不必代表球队和裁判争执，也不必成为任何人的楷模，更不需要发表激情四溢的讲话，队长袖标对他而言是一种负担。

在数度深思之后，瓜迪奥拉开始明白怎样才能让梅西真正闪光，他相信梅西可以理解自己的种种要求，即使不能，他也会循循善诱直到他理解。然而，佩普也知道，需要完完全全把梅西争取过来，他还需要做一些事。很快他就发现了方法。在那之前，他需要说服俱乐部，这样做是对的。

巴萨在苏格兰拉练期间，佩普和梅西有过两次公开的正面冲突。

第一次，梅西因为马奎斯的一个防守动作被激怒，两名球员在场上恶语相向，佩普冲上前去批评了他们。梅西本想避开主帅，可主帅却把他拉到一边谈话。阿根廷人只是盯着地面，表现得非常抗拒。

类似的情景在两天后重现，瓜迪奥拉要求梅西解释训练时的消极态度，他告诉梅西，如果他有什么问题，就应该当面告诉自己。实际上瓜迪奥拉很清楚发生了什么：俱乐部拒绝放行梅西代表阿根廷参加北京奥运会，因为奥运会足球比赛和巴萨欧冠资格赛首轮有日程上的冲突。这件事闹上了体育法庭，法庭裁定俱乐部有权不放行梅西参加奥运会，而国际足联的意见则与之相左。

俱乐部和阿根廷足协闹得不可开交，球员本人被夹在中间无所适从。他只知道自己想要代表阿根廷参加奥运会，可巴萨从中作梗。

这让佩普得到了他一直等待的机会。

球队在美国热身期间，瓜迪奥拉找到了拉波尔塔、贝吉里斯坦和埃斯蒂亚特，在套房内召开了一次小会。他解释说如果球队破例给梅西放行，球队将蒙受短期内的损失，却能够获得长期的收益，他可以借此机会调动出梅西的最佳状态。欧冠联赛事关重大，在场的众人几乎就要告诉佩普，他只是一个新手，这种事应该由俱乐部说了算。可佩普要求他们相信自己。

会后不一会儿，他便找梅西谈话。“莱奥，”他说道，“我让你去，是因为我曾经品尝过奥运会冠军的滋味，我希望你也能美梦成真。但是你欠我一个情。”

4 年间，二人的关系越来越密切，而这件事无疑是佩普为之砌上的第一块砖。合作还未开始之前二人尚有隔阂，佩普的示好让他们站到了一起。佩普又一次做出了抉择，如果要犯错，那也得是自己的决定造成的后果，而不是由别人来做这样的决定。

之后，佩普又向梅西做出了一个承诺：“听我说，莱奥，你要和我站在一起。跟着我，你每场比赛都可以进三四个球。”

梅西就这样去了 2008 年北京奥运会的赛场，他甚至还没有在瓜迪奥拉手下完成正式比赛的首秀。当他回到巴萨时带回了奥运会的金牌，但是他很清楚，没有新帅的调停，也就不会有这样的结果。

“只要莱奥露出笑容，一切都会变得简单。”佩普总是这样说。

和老对手决战的时刻到了，若能拿下这场比赛，巴萨就可以在联赛还剩 4 轮的情况下获得 7 分的领先优势，就此锁定冠军，巴萨将夺回西甲冠军，瓜迪奥拉在主帅处子赛季便可以有奖杯入怀。反之，如果输掉比赛，他们的领先优势将缩减为 1 分。所以，这是一场 6 分大战。

如今回首，那是一个堪称典范的赛季，可在当时，佩普和他的小伙子们算是迎来了他们共事之后最大的挑战，这也是一场压力空前的比赛。

挡在他们荣耀之路上的是皇家马德里，这支球队虽然打法有些单调，可是状态好得出奇。胡安德・拉莫斯率领的球队在下半赛季战绩彪炳，在联赛上半段输给巴萨之后（一度落后达 12 分）的 18 轮比赛里他们拿到了 52 分，仅仅因为战平马竞才丢掉了 2 分。皇马主帅这样说道：“我们不可能每场比赛都发挥最佳水准，所以当有机会获得领先的时候，我们会倾己所有。”

加泰罗尼亚媒体试图调节一下球迷的期望值，巴塞罗那的支持者向来悲观，大战当前，媒体也希望他们能安于一场平局。但是在足球层面，瓜迪奥拉不想降低标准，他改变了 *cule's* 的感受，他让这些球迷心怀自豪，抛弃悲观。瓜迪奥拉从未谈及平局，他来到伯纳乌只求一胜，他要用自己的方式击败皇马，将胜利带回巴塞罗那。佩普对球队这样说道：“我们不会预测结果，更不会听天由命。我们不能让今年的努力付之东流，当我们从伯纳乌归来的时候，希望我们已经如愿得到想要的一切。”

如果说皇马的状态昭示着伯纳乌一战将定夺联赛归属，那么巴萨已然决定接受挑战。他们的老对手可就在他们脖子后面喘着气呢，瓜迪奥拉这位新手教练和他的球队承受着巨大的压力，但是瓜迪奥拉并没有畏缩，相反他珍视这样的挑战：“我渴望压力，冠军会是我们的，我想要得到它！如果我们不幸输掉了比赛，那也没有问题。但这是决战，决战就要带着决绝的斗志去战。”

巴萨球员走过通道，走向台阶，再往外走就是伯纳乌的球场，看台人声鼎沸，皇马球迷毫不掩饰对巴萨的浓浓敌意。喧嚣之中，巴萨球员耳边回想着佩普最后的嘱咐：“我们来到这里就是为了胜利！在伯纳乌，获胜的方法只有一种，那就是鼓足勇气前进！”

赛季上半段，也就是2008/2009 赛季的第一场国家德比中，瓜迪奥拉率领巴萨以 2－0 击败了皇马。但是这场胜利并不像比分所显示的那般轻松，德伦特本有机会首开纪录，幸而埃托奥和梅西接连入球为巴萨守住 3 分。那是非常特别的一个夜晚，佩普作为主帅首次率队出战国家德比，他对于胜利的反应也非常有趣。佩普的表情说明了一切，他似乎又一次回到了球员时代，他再一次沉浸在了诺坎普欢愉的气氛之中。他无法掩饰眼神中的喜悦之情，当巴尔德斯给主帅送上熊抱的时候，这支球队和他们的主帅之间已经建立起了一种不同寻常的纽带。

可即便是那特别的一晚，也不过是双方 5 月伯纳乌一战的预演罢了。伯纳乌的这一夜，将超乎所有人的想象。

5 月的马德里下午已入初夏，空气中的热浪令人窒息。赛前马奎斯已经确定会因伤缺阵，3 天后球队又要开赴斯坦福桥，与切尔西进行欧冠半决赛第二回合的比赛，首回合巴萨只收获了一场令人失望的平局。外界也有人预测佩普会着眼于斯坦福桥一战，安排部分球员轮休，毕竟在马德里赢球虽然意义重大，却也不是非赢不可。

别开玩笑了！

佩普整个礼拜都在强调一件事：拿下联赛冠军，就在那一晚，就在对手的老巢。为了取胜，瓜迪奥拉遣出了球队最强阵容：巴尔德斯，阿比达尔，阿尔维斯，皮克，普约尔，哈维，图雷，埃托奥，亨利，梅西和伊涅斯塔。

赛前佩普花了 1 个半小时细致分析了皇马，他把梅西、哈维和伊涅斯塔拉到了一起：“你们三个今晚将对上拉斯·迪亚拉和加戈，如果处理得当，形成以三对二的局面，我们就能击败皇马。”届时梅西会出现在对方防线和后腰之间，出任伪中锋的角色，拉斯·迪亚拉和加戈必须有其他帮手才能应付这样的状况。

比赛开始不久巴萨便控制了局面。20分钟过后哈维得到了一次好机会，埃托奥也有一次。但是先进球的是皇马，伊瓜因在无人盯防的情况下破门得分。瓜迪奥拉面无惧色，巴萨则坚守比赛计划。瓜迪奥拉的存在使得他们对自己的足球充满信心，他们要做的只是遵循原则坚持执行。有一句话克鲁伊夫在赛季初就对佩普说过，佩普转述给了他的球员：要耐心。

巴萨球迷并没有等待太长时间，在伊瓜因进球后不久，亨利就扳平了比分。又过了不多久，哈维在任意球战术中施展魔法。在主罚前他向普约尔反复做出一个奇异的手势，接着他放下手，扭头查看了局势，似乎坚定了决心，之后他再次做出了奇异的手势。接下来普约尔后撤，离开了禁区，也躲开了皇马防守的注意。哈维开出任意球，普约尔在皮克的掩护下绕到中路头球破门，1－2！

在之后庆祝进球的时候，巴萨其他球员才知道哈维、普约尔和皮克一直在练习这个战术，他们直到比赛当天才亮出了绝招。一年后，他们在南非世界杯复制了这一幕，普约尔在西班牙对阵德国的半决赛中再度头球破门，攻入了该场比赛的唯一进球。

巴萨得势又得分，这让卡纳瓦罗和梅策尔德手足无措。如果他们都要上前帮助加戈和拉斯对付中路的巴萨三人组，那么他们身后的空当会暴露给从侧翼内收的埃托奥和亨利。如果只有一人上前，那么梅西将在禁区外获得一对一的空间与机会。比赛前，胡安德·拉莫斯还安排了一套克制梅西的计划，那就是让左后卫海因策参与协防。但是当晚阿根廷人疲于应付埃托奥，无暇抽身。

哈维、伊涅斯塔和梅西脑子转得快，球也倒得快，他们总是用球权引诱对手上前，然后再把球传走。这场比赛诠释了技术、战术与信心的完美结合。这也是从边路移到中路的梅西第一次展现伪中锋的巨大破坏力。这一战术变化将横扫西班牙和欧洲的各路对手，进而改变整个世界足坛。

瓜迪奥拉和梅西这两位机智玲珑的足坛巨星是成就这一战术的关键所在，他们对于场上位置的重要性有深刻的理解，也能够透析球员作为个体的需求。

有了佩普的帮助，再加之自身的直觉，梅西踢出了风琴一般的足球。当球在远端的时候，他会拉得更开，当球在近处的时候，他会积极靠拢，梅西一直都想要控制球权，为了让他在最佳状况下拿球，佩普教会了他如何观察对手的防守弱势区域，他要出现在防守人数较少的区域，出现在对方后腰的身后，同时要与对方中卫保持距离，在这样的情况下球自然会传到他脚下。在那些区域，他有更多的空间来加速启动，完成后续的一系列攻击流程。要做到这一切并不麻烦，他只需要在拿到球之后提速就能搞定。此外，他被允许在场上恢复体能，养精蓄锐。这听起来非常简单，可是梅西之所以能自如掌控跑位时机，是因为他能透彻地阅读比赛，他能在瞬间领悟要点，很多球员要花好些年才能做到这一点。

中场休息前，巴萨由梅西打入第三球，他们以3－1领先。

半场休息时瓜迪奥拉警告球员不要因为领先而懈怠，也不要因为3天后与切尔西的大战分神。皇马在此前几轮比赛在更大的劣势下有过神奇的逆转，更何况，他们是在伯纳乌作战。

半场开始后不久，皇马打入了第二球，将比分扳为2－3。

每到这种时候，一些球队就会陷入混乱，让主队趁虚而入一举攻破。但是瓜迪奥拉和他的巴萨不会允许这样的事发生。

亨利将比分扩大为4－2。

之后巴萨又打入了第五球。这是本场最神奇的一粒进球：哈维用漂亮的转身摆脱了防守球员，然后将球传给梅西，后者虚晃一枪让卡西利亚斯提前做出扑救姿态，之后一脚将球射入网窝，皇马门神无能为力，巴萨以5－2领先！

然后第六球又随之而来。

梅西将球传给了右翼的埃托奥，后者传中找到皮克，没错，当球队拥有3球领先优势的时候，中后卫引领了这次反击，巴萨以6-2领先。

正如佩普所料，中场争夺中的优势成为了比赛的胜负手。那成为了他执教以来最快乐的一天。球队在赛后前所未有地疯狂庆祝，激情拥抱，哈维回忆说球员们就像天线宝宝一样跳上跳下，大家如孩子般欢腾，肆意庆祝这场大胜。球员们在更衣室合影留念，只为让那一夜成为永久的记忆，这是国家德比历史上巴萨最辉煌的时刻。全世界都见证了巴萨的强大攻击力，那一刻起，世界各地的球迷、球员和评论家都开始注意到，在西班牙的某个角落，一些神奇的事正孕育而生。

在伯纳乌的新闻发布会现场，佩普比以往任何时刻都要激动，这历史性的时刻让他动容。“这是我人生中最快乐的一天，我知道，我们已经让一些人感受到了快乐。”

伊涅斯塔清楚地记得当时的庆祝场景：“和平时一样，最疯狂的还是皮克，他不停地跳不停地喊。他最喜欢的一种庆祝方式就是把自己的MP3播放器连到回程飞机的播音喇叭上，用最大音量来放歌。电子乐、斯卡、舞曲，反正他在那种时候就会挑闹腾的音乐。”不用多说，当天皮克在回程飞机上一定又当了一回即兴DJ。

星期天一早，人们就聚集在巴塞罗那的机场等待凯旋的英雄们，就好像他们带回的是一座重要的奖杯一般。

然而，瓜迪奥拉必须将球员迅速拉回现实。他知道，他得让每个人都冷静下来，然后让他们转过身面对另外一场决定赛季成就的重要比赛，那就是3天后在斯坦福桥与切尔西的欧冠半决赛第二回合较量。

3. 六冠王

在瓜迪奥拉执教巴萨的四年间，他从未做过公开的专访，只有一次例外，那就是为布雷西亚录制俱乐部官方 DVD 的时候，他接受了访谈，之后影像资料“神奇地”出现在了意大利电视台 RAI 的节目中。

为了写就这本书，我必须与瓜迪奥拉交谈，这也是我走进他个人世界的唯一一扇门，我要知道是什么激励他，是什么感召他，让他有了今日的成就，又是什么让他拥有了如此出色的直觉，可以做出正确的判断。最终，我还要探究是什么让他决定离开热爱的一切，或者说曾经的挚爱。

在我正式与他进行个人接触之前，我觉得自己就像一个顽皮的孩子，要翻过墙头一窥他人的内心与生活，但是我要走近的那个人，并非我们通常谈论和剖析的那个他。很显然，我们都知道，瓜迪奥拉有很多面，公开场合的瓜迪奥拉，激情四射的瓜迪奥拉，脆弱敏感的瓜迪奥拉，担当领袖的瓜迪奥拉，富有远见的瓜迪奥拉，身为楷模的瓜迪奥拉，等等等等。为了描画出最真实的瓜迪奥拉，我需要抽茧剥丝，透过他的公众形象，看看在西装革履包裹之下，在冷峻面容掩饰之下，究竟是怎样一个人。

我和佩普的会面通常是每次训练过后短短 20 分钟的预约。新闻官经常会在 18 分钟之后敲门而入，问道：“你们需要咖啡吗?”这句话等同于“时间到了”。如果佩普挥挥手说“不要担心，我们没问题”，那便是我小小的胜利了。

瓜迪奥拉的叙述是这本书的基础，实际上自打他接手巴萨一队，他在媒体面前已经做了足够多的谈话，要知道他经历了546场新闻发布会，他说的话足以构成一本瓜迪奥拉足球哲学百科全书。但是对他个人而言，他在媒体面前坐了272个小时，那是整整11天的时间。你能想象吗，他一个月要被问到800个问题，他的每一句话都会被媒体拿来剖析，每一个手势都会被媒体拿来端详，每一个声调都会被媒体拿来解读。

有人问他是否相信上帝，有人问他会不会写诗，有人问他的政治立场，有人问他对金融危机的看法，还有无数人问他是否会续约，其中一位记者告诉他“其实我不在乎你到底续还是不续”。赛前新闻发布会至少有半个小时长，发布会上的发言往往会成为当天的大新闻。但你若是一个深谙媒体政治，又对主角本身了如指掌的人，其中可以发掘的信息就不止如此了，你得不到球队的情报，可你能够了解佩普的心境，前提是你有敏锐的直觉。

所以别再想着揣测他的心思了。如果你还没准备好，那就拿一把椅子，坐在空空如也的新闻发布室前排，作为在场的唯一一名记者，请你想象一下佩普抓住一瓶水急匆匆地坐到桌子前的样子，他会紧张地摸摸麦克风，准备着让你走进他的世界。你想问的很多问题都会在接下来的段落中得到解答，或许也有可能会找不到。总之，读下去，试着找到答案。

新闻发布会开始了，佩普身子前倾靠近麦克风，开始说话：

“当我面对媒体和球员的时候，总是有一种令人无法忘却的感觉在里头，我想要触碰这些人，但是到最后，我总是在传递自己的感受。其中包含了羞涩、恐惧、伪装，这让我表现得有些含蓄。我从足球世界中得到过一些教训，有些事确实让我心存恐惧。你明知道一场比赛不可控制，还非要说出些话来，到了第二天，这些话就会让我感到烦恼。所以我一直是个怀疑论者。人们说我一直装作谦虚，一直夸赞球员，那并不是因为我对自己的价值没有认知，我肯定是做了一些对的事。我之所以有那样的表现，是因为那些话用在我自己身上我会受不了。即便我重复同样的工作，我明天也有可能立即输球。我情愿犯错，也不想给人一切尽在掌控的错觉。那样的话，第二天如果出了什么问题，他们又会说：‘你怎么没有料到呢，看来你也没啥了不起的。’

“我之所以能带队赢得胜利，是因为我的球队里有很多优秀的球员，我尽力让他们发挥出全部的能量，在这样的情况下 10 场比赛就能赢下八九场。但是胜负仅在一线之间，因为特里在点球点滑倒切尔西错失了欧冠，他竟然滑倒了！我以这件事为例给球员们来来回回说了几千遍了。

“有那么三四本书描述了我的领导方略。我看着这些书，心想我真的做了这些事吗？我怎么就不知道呢？他们得出的结论是我压根就没想过的。

“对比那些干了 20 年还两手空空的教练，为什么我会更像领导者呢？这不是假谦虚，我也不知道原因，我只知道如果我不在巴萨，我就不可能赢得那些奖杯。

“是球员给了我这样的威望，而不是其他的什么人。

“我会和球员们一起走进球场，我也和球员们一起走进更衣室。我还很年轻，有很多事是我可以去做的，我能像他们的队友一样去拥抱他们。但是现在这可不行了。

“我怎么提升自己的领导力？我为什么告诉球员这样那样的道理？这些事不是事先预谋好的，一直以来我和球员打交道都是出于直觉。输球的时候他们会觉得很糟糕，不管球员上没上场都一样。所以有时候我就会站起身去拥抱这个球员，然后对那个球员说两句话，这是完完全全的本能。每天我做出 20 个决定，其中 18 个是出于直觉。

“完全是这样吗？我当然不能光靠直觉过活，我必须运用我的知识，我不想被人贴上‘远见’的标签。如果真的是那样，我一定会把球员的位置排得千奇百怪。

“最终我们会根据自己的能力、感受和知识来行事。而人只能将他经历过的事传授给他人，世间没有通用于一切事物的理论。任何一种方法都有可能奏效，如果不奏效，说明你在把一些没用的方法强加于人。

“作为职业球员他们也会害怕失败，他们希望有人能点出要领，告诉他们要如此这般……这是我们教练必须要做的，我们要在决策的过程中传递信任与安全感。

“这种信任、安全感和真诚的建立是一位优秀教练的立足之本。教练必须要得到球员的信任，他必须无畏坦诚地面对球员，告诉对方自己的所想，没有一丝欺瞒。

“球员每天都在考验你，所以非常重要的一点是你要抱定信念，坚信自己采用的方法。他们知道运气是比赛中重要的因素，但是他们也想感受到教练对决策的信念和捍卫它的决心。那次主场 1 -2 负于西班牙人，我在中场犯了错。几个礼拜之后我和球员提了这件事，他们知道我们并不完美，但是我们很谦逊，也很真诚。

“我不知道我们如何才算是优秀教练，我们既没有创造发明，也没有做出改革。我们运用的战术理念早已得到了发展，我们也是从他人那里习得了这些知识。秘诀在于把握细节，多加观察。你必须长时间花费精力去了解每天发生了什么，甚至比每周末的比赛都要更费心思。我们关注球员的方方面面，他的心情，他的表情，有成百上千种不可揣摩的因素可能会影响球队，观察非常关键。

“输球的时候我就会质疑自己是否有能力成为教练，是否能保持领导力。赢球的话狂喜会持续 5 分钟，然后就烟消云散了。

“球迷想要知道球员是否和他们一样努力。我们对球员很严格，他们要是训练迟到就会遭受罚款，让球迷知道我们对球员的态度是一件好事。球迷想要在球员身上看到自己的投射。这是一种自我保护，在艰难的岁月里，人们必须看到球队并非因为懒惰而输球，他们已经做出了努力。

“我只知道，一位优秀的领导者应该无惧做出决定后所产生的一系列后果。他们之所以做出决定是因为直觉告诉他们这样做，不管发生什么都要坚持。

“在做出决定的时候你必须异常坚定，我不会忽略媒体的因素，可在承受重压的情况下绝不能草率行事。

“有几次我已经非常疲惫了，我必须释放负能量，但是我不知道该怎么做。如果真的做了，别人会觉得那不是真实的你，可如果你不做，你又是在骗自己。

“在一队执教，有那么几个礼拜你会放空自己。有些训练课我只在一旁观看，因为我没有足够的时间和精力去指导他们。蒂托、奥雷利或者布埃纳文图拉会代而为之。

“关键在于你要有一个团结的更衣室，球员们明白整体的力量大于个人。

“在我召唤你的时候无视我或者躲避我的目光，会比你在球场上犯 10 次错更让我烦扰，那样简直会让我崩溃，我的球员知道这一点。

“如果教练让替补连续出战的场次更多，他们的表现也会更好。

“我更像是球队经理，而不仅仅是教练。因为 3 天便有一战，那么纯粹的训练时间会很少，而球员们相处的时间依然很长，这并不是一件易事。幸运的是这支球队拥有一些人格高尚的球员。

“相比起我的看法，有时候媒体头条或者专栏对球员心情的影响更大。我必须知道媒体头条的内容，如果我有两位球星，有 3 家媒体的头条是关于其中某一位的，那我就得找另外一位谈谈心。

“很多事物构成了这支球队。今天我们原计划 5 点训练，结果 4 点 30 大多人都来了。因为我说过，他们也亲耳听到过，如果我们不这样做，任何对手都能击败我们，球员们了解这一点。我让他们相信，如果每个人都各尽其责，我们就难以被击败。他们也认可这一点。

“我必须在工作中保持这样的激情，如果哪天我感受不到激情，我就会离开。现在我让一名球员下场，我还会上前拥抱他。如果你不再拥有这样的冲动，那会很糟糕。如果我在训练中不再纠正球员，那就意味着我失去了激情。如果我不再兴奋，我就会离开。我的球员时代就是如此。

“在另外一支球队？也是完全一样的。我和球员之间的亲近感逐年递减，这也是一种自我保护。因为我会因为那种亲近的关系而承受痛苦，所以我选择渐行渐远。”

自打成为教练的第一天起，佩普便不胜其烦地将感受传递给球员：他要求球员们团结一心，全力投入。这也是他自身价值观的体现，他知道带领这样一个团队需要持之以恒的决心，既要谨慎处理微小的细节，也要应付巨星的骄傲自尊。他要让所有人感到信服，对方不仅要听从指令，更要对他的理念深信无疑。

沟通能力也许是佩普最大的天赋。

想象一下，你是一名球员，今天是主场比赛，早晨你在圣若安德斯皮基地训练，之后与队友一起共用午餐。和往常一样，佩普将所有人遣散回家，让你和家人在一起休养生息。你喜欢这样的安排，虽然训练更具强度和乐趣，可你不必眼巴巴地等待比赛开始。不过在比赛开始前两个小时，你必须回到诺坎普。

比赛开始前 1 个小时，你还未完全做好准备出场热身，佩普来了，他脱下外套，里面通常穿着一件白色的修身衬衫，他整了整领带，卷起袖子，开始进入状态。你们全部走进了更衣室边上的大房间，坐下来听他说话。他拍了拍手，喊道：“先生们！”那一刻房间里安静了下来，你会顿时警醒，他会告诉你，如何在那场特别的比赛里获得胜利，他会让你看到那条路，使之呈现在你面前。

热身完毕你回到更衣室，在那里你已见不到佩普，因为他躲进了自己的办公室。在执教的过程中，他逐渐开始保持与队员们的距离，他要将更衣室留给队员，他经常会站在更衣室外问他的助手：“他们还有多久出场？”如果得到的回答是 5 分钟，他就会在门口踱一会儿步，他会等到最后时刻才推门而入，为的是重申一下指令。他知道自己出现在球员的地盘上会产生怎样的影响。这是球员们的避难所，在这里球员可以畅所欲言，不必有受罚的顾忌。你可以谈论姑娘讨论汽车，如果你想的话还可以骂骂教练。问问哈维吧，他会向你解释这一切。

哈维："没错。他一开始就告诉我们'我不会进去'。这是一间没有老师的教室，一旦老师推门而入，现场就会陷入一片寂静，因为那意味着该开工了。"

马努尔·埃斯蒂亚特："更衣室是他前往办公室的必经之地，但是大多数时间他不会进入更衣室和球员们挤在一起，除非他想要在赛后说点什么，或者是激励他们，要么是提醒他们，还有就是想要拥抱队员。比赛前那里总是嘈杂拥挤，他一来，球员们与他一一拥抱，然后他就退了出来。作为一名曾经的球员，他总是说：'这是他们寻开心的地方，也许他们还在里面嘲笑我攻击我。'"

你会把自己的迷信带到更衣室，比如先卷起一条腿的袜子之类，你会讨论比赛，讨论球队，讨论皮克放的歌。巴尔德斯会安静地待在角落里，梅西也是如此，他在这样的环境下显得更不起眼了。热身完比赛还有 10 到 15 分钟开踢，佩普会现身做个简短发言，提醒两三条要点，不过也不是每次都这样。然后他就会再度消失。

哈维："他一出现就能让你正襟危坐，我们立马就变得警觉起来。他只需要说一句话，那就是'大家准备好了吗'。"

马斯切拉诺："他会告诉你比赛的要领，加起来不会超过 10 分钟。"

比拉诺瓦："如果是客场比赛，赛前训话会在酒店完成，如果是主场比赛，那就在录像放映室里。首先他会播放对手的录像，说明对手的长处和弱点，然后把双方的比赛策略都解释一通。"

伊涅斯塔："他的讲话让我想起了读书的时候，每个人都坐在各自的位子上，他在中间手舞足蹈地讲话，抑扬顿挫，充满激情，前提是有需要这么做。如果没那必要，他就不会那么做。"

巴尔德斯："我们之间的每次对话都能让我学到些什么。我这人很内向，是他教会了我沟通的重要性，不管是和队友，还是和外界。"

阿尔贝特·普吉（青训技术部长）：“是的，他身上有一种特质。那种特质介于内敛和自信之间，那种羞怯和灵性能够抓住你的心，瞧，我们就好像在谈论一个女人似的，不过他就是有这种特质。”

哈维：“他说的很多话都让我感到震惊，很多次都是如此。有时候他是这样想的，你是那样想的，最终你会跟着他的思路走。”

法布雷加斯：“他能够以非凡的视角洞悉足球。”

比拉诺瓦：“上场前，他发出的讯息往往是为了激励球员，他不太会喊叫，因为他不需要那么做。佩普的做法，是让球员相信他所说和所做的一切都是为了他们的利益考虑。他们一旦能明白这点，就能付诸行动，享受足球。”

一位匿名球员：“啊，是的，那些赛前讲话……我记得有一次在诺坎普，我们要在主场和瓦伦西亚进行国王杯半决赛第二回合的比赛，第一回合我们在客场和他们打了个 1－1 平。那次他完全是以情动人，他谈到了俱乐部，说出了这身球衣的意义……神奇的地方在于在那之后球队就赢了，看到佩普的工作状态，你上场的时候就会想：‘天哪，我在为巴萨踢球。’从来不会有人想：‘今天真无聊，又要踢比赛了。’”

埃斯蒂亚特：“有些秘密我永远都不会说出来，但是我可以告诉你一些印象最深的讲话。也许我说出来佩普会觉得不高兴呢。有一段时间我们找不到最佳状态，我们很疲惫，人们都说裁判帮我们，诸如此类，佩普召集了一次会议，他说道：‘先生们，当你们觉得累的时候，当你们觉得生活艰难的时候，想想，有个队友在病魔的折磨下踢了 13 场比赛。是的，我们是很疲惫，我们有借口，但是请先告诉自己，我们很健康。阿比达尔是我们的榜样。’”

还是那位匿名球员：“客场挑战切尔西之前他是怎么说来着：你们今天都带着手机，请在热身前给你们的家人和朋友发一条短信，向他们保证‘我们会晋级’，因为你做出了承诺，就一定会全力以赴。”

然后你就会吼道：“来吧，让我们上场去击败他们。”其他人则互相击掌，气氛热烈犹如熔岩翻滚，屋子里的空间都显得格外拥挤，所有人都试图挤出更衣室那道狭窄的门，所有人都在蹦蹦跳跳，为赛前最后的仪式画上休止符。

比赛并不总是照着计划在走，在赛后球员回到更衣室之后佩普往往不会立马开口。但是之后会有两到三分钟时间，你必须集中注意力听他说话。

皮克："第二个赛季，我们0－0战平了喀山鲁宾，半场休息的时候他说的话让我大吃一惊：'当我们害怕输球的时候，我们就没法获胜。'"

巴尔德斯："我记得有一场比赛我们踢得很糟糕，半场休息的时候他非常冷静地向我们讲解了走出困境的办法。他对中场球员的位置做了微调，他在黑板上向我们讲解了一遍，结束时说了句'搞定'，然后我们就因为这步棋赢了比赛。"

哈维："有了佩普，一切都可以估算，他总能够提前想到两三步，他会分析问题，把你没有考虑到的问题告诉你。"

巴尔德斯："当一个球员理解教练所说的，意识到他的决定能帮助球队进步的时候，他的说服力会大大增加，他和球员的关系也会更加紧密。"

埃斯蒂亚特："佩普告诉我：'马努尔，我们不能欺骗球员，一次也不行，因为他们会察觉到。一旦他们察觉到，我们就完了。'"

下半时回到球场，你通常会比对手跑得更多，你会做到佩普所要求的：不多也不少，就是付出一切。比赛结束，你又会回到更衣室。

哈维："有时候比赛结束之后他会拥抱你，也有几次他一言不发。有时候他会说些什么，有时候他不会。他凭感觉做事，他的感觉总是没错。如果他想责备你，他就会那么做，那一定不会有错。"

埃斯蒂亚特："有时候他只会在赛后说：'看，3天后我们还有一场比赛，回去好吃好喝好好休息，祝贺各位今天取胜。'他直截了当地要求球员对自己负责。"

伊涅斯塔："他知道如何控制情绪，在适当的时候说出适当的话，遇到挫折的时候他会担心球队，当我们赢球的时候他会加入进来拥抱庆祝。这就是家庭，我们就是一个大家庭。”

2009 年欧冠半决赛对阵切尔西，半场休息时，在斯坦福桥的更衣室里，佩普施展了他的魔法。

重创皇马使得巴萨几乎将赛季首个冠军揽入怀中（联赛剩下 4 轮的情况下领先 7 分），球队前往伦敦挑战切尔西，双方首回合战成了0 –0。球员们非常紧张，如果有人否认，那一定是说谎。虽然还不至于发颤，可比赛前的气氛确实是剑拔弩张。

马奎斯因伤缺阵，普约尔停赛，佩普不得不重新挑选中卫组合。比赛开始前数小时，在从酒店开赴斯坦福桥之前，他向球员宣布了首发名单。两名中卫分别是皮克和中场亚亚·图雷，前者在处子赛季进步显著，后者的新角色则让所有人吃了一惊，凯塔出任后腰，伊涅斯塔和梅西、埃托奥组成了攻击组合。

比赛开始前，斯坦福桥就已经异常喧嚣，球场的各个角落都传来了球迷的呐喊，宣示着他们对胜利的渴望，很多球员从未感受过这样的气氛。佩普·瓜迪奥拉也被震惊了，赛后他坦诚这样的气氛非常具有震慑力。

从赛前数堂训练课一直到临战前的战术准备，佩普一直在强调球队该如何遏制德罗巴：最基本的方法就是在他背身拿球的时候不要贴得太紧。他还告诉球员，要在同一区域进行多次传递，以此来吸引切尔西防线的注意力，待到下一次进攻的时候，可以突然换一侧攻击达到出其不意的效果。

但是比赛开始之后巴萨显然缺乏穿透力。他们掌控了球权，却没有制造任何威胁。巴尔德斯化解了切尔西的几次反击和定位球，但是埃辛打入了一记世界波，半场休息时，巴萨带着 0 –1 的比分回到了更衣室。

佩普要出手了。在前往更衣室狭长的通道里，他没有对任何人开口说话。一进门，待所有人坐定，他挥舞着手臂，在房间中央开始了激情四射的讲话，这让球员们目不转睛。他告诉大家必须坚信这一年的付出，不应感到任何胆怯。“相信自己，用你的心去相信我们可以得分，只要你有这样的信念，我们就可以得分。”

当然他也有战术上的布置，鉴于切尔西对巴萨后场的压迫不够，阿内尔卡或者马卢达都没有施加足够的压力，瓜迪奥拉要求巴萨两翼推进的速度要更快。

希丁克率领的切尔西与前几天遭遇的皇马大相径庭，他们以坚实稳固的防守和超乎想象的努力来迎击巴萨。这一晚也是当值主裁汤姆·赫宁·奥夫雷伯的成名之夜，是他的糟糕执法蚕食了切尔西的士气，他错误地罚下了阿比达尔，却也漏判了切尔西应得的点球机会，切尔西因此提出了 4 次抗议，最强烈的一次莫过于皮克那次明显的手球。

也许瓜迪奥拉不该那么早把皮克顶到前场去扮演前锋的角色，也许希丁克也不该用贝莱蒂换下看似受伤的德罗巴，这给切尔西的球员传递了错误的信号。两位主帅几乎同时犯了错，但是他们看来都认为比赛就要以这样的结局告终了。所以瓜迪奥拉拥抱了一下希丁克，很多人认为他在恭喜荷兰人即将获胜。

没错，这是一次拥抱，可瓜迪奥拉的脸上也挂着不同寻常的笑容。拥抱，是为了向对手在这场重头戏中的优异表现致以崇高敬意。

数秒钟后，伊涅斯塔便进球了。

这是巴萨全场比赛唯一一次射正球门，比赛已经进行到了第 93 分钟。

这是巴萨球迷评选的当季最佳时刻。这比那一年任何一次决赛进球都要棒，比在罗马击败曼联更令人难忘，比在伯纳乌打入 6 球更激动人心。所有球员都陷入了狂喜，他们随伊涅斯塔一起欢呼跳跃，只留下目瞪口呆的切尔西球迷。

“比赛形式越来越严峻。”伊涅斯塔回忆道，“我们很疲惫，这种疲惫不是身体上的，而是心理上的。当时阿尔维斯下到右路，传中进来，球掉到了埃托奥脚下，这时候我人生最重要的时刻开始了。梅西把球传给了我，最终我不是用脚背、脚尖或者是脚弓射门，我是用心和灵魂完成了那次射门。我想我脱衣庆祝的照片应该不多，我不太做那样的事。”

这粒进球源于兰帕德的一次丢球，之后20秒经过了7名巴萨球员的传递，在12次触球之后完成致命一击，改变了俱乐部的历史。原本危在旦夕的巴萨，创造了一次小小的奇迹。

若进球者不是伊涅斯塔，也许我们不会看到瓜迪奥拉在边线发足狂奔，他双拳紧握，满脸喜悦。西尔维尼奥把他拦了下来，让他赶紧换人消耗一些时间。几秒钟之前，他让自己重新做回球员，几秒钟之后，他回到现实世界，再度冷静下来，开始呼喝球员，进行战术布置。

“伊涅斯塔在斯坦福桥的进球告诉我，永远不要下定论。有些事看似不太会发生，未必就一定不可能……你必须抱定信念。”佩普回忆道，“若要说他的射门为何不可阻挡，那是因为这记射门寄托了所有巴萨球迷的期望。”

比赛结束了，他上前拥抱了所有人，球员、教练无一例外。在那一刻，他既是球员，也是教练。巴尔德斯走向他，搂住他，摇晃他，冲着他吼了几句，但是他已经记不得那是什么内容了。佩普的心都快要跳出来了，整支球队从未如此释放自我，哪怕在伯纳乌也没有过，所有人都陷入了疯狂。最大的拥抱来自伊涅斯塔，在赛后新闻发布会上佩普提及进球时说道：“见鬼了，从不进球的人打进了这样一粒进球。”

也就是在进球前几分钟，伊涅斯塔还趁着比赛中断时问了佩普：“教练，给我些建议，我不太进球，我该怎么做？”佩普笑了：“你问我？你真的问我？我职业生涯也就进了4个球！我怎么知道！”

胜负就在一线间，佩普总是喜欢对球员这样说。欧冠决赛，巴塞罗那将与曼联在罗马一决高下，他们又一次攀上了巅峰，并将成就辉煌。

记者拉蒙·贝萨回忆道，几天后瓜迪奥拉像往常一样送孩子上学。学校里很多孩子都穿着巴塞罗那的球衣，很多人透过教室的窗户向外张望，有些人还走出教室鼓掌欢迎佩普的到来。他的儿子马里乌斯问道：“爸爸，他们为什么要鼓掌呢？”佩普回答：“孩子，因为他们很快乐。”马里乌斯的同学中也有一些西班牙人的球迷，他们有些时候会拿德比的结果来奚落马里乌斯，这时候这些孩子全都不见了影。

巴萨给人们留下了很多东西，他们不再羞于表达自己的主张、表露自己的喜悦。很多人聚集到卡纳雷塔斯喷泉庆祝巴萨的胜利，在还未夺冠的情况下就在此聚集狂欢实属罕见。球迷为六球大胜皇马欢呼，为伊涅斯塔绝杀切尔西庆祝，更为巴萨的足球风格而喜悦。

这一切都是由瓜迪奥拉和他的小伙子们创造的，人们为他们感到骄傲。

2009 年，巴萨拿下了史无前例的六冠王，他们在这一年所有的赛事中都拿到了冠军：西甲联赛、国王杯、欧冠、西班牙超级杯、欧洲超级杯，以及世俱杯。这样的成功，让巴萨至少在战绩上成为了历史最佳球队，他们超越了 1967 年的凯尔特人、1972 年的阿贾克斯、1988 年的埃因霍温以及 1999 年的曼联。那 4 支球队都获得了联赛、杯赛和欧冠三冠王。佩普每周都会提醒佩德罗：你上个礼拜还在踢第三级联赛呢！而正是佩德罗在球队参加的所有赛事中都打入了进球，这也是一项创举。在 2008/2009 赛季，瓜迪奥拉的球队出战 89 场，只输了 8 场比赛，其中 4 场是无关痛痒的比赛，且没有一场净负 1 球以上。

这一年发生的一切说明事物发生前后必有关联。“重来一遍，也许结果就大不相同。”瓜迪奥拉经常这样提醒人们。但是有一件事是肯定的：以克鲁伊夫的理念为出发点，瓜迪奥拉教会了球队如何漂亮而又高效地赢得比赛。巴萨的辉煌也打破了足球圈一些陈旧的观念，那就是结果重于风格，就好像两者是矛盾的一样。

巴萨的风格也获得了体育评论员的赞扬，他们纷纷拿巴萨和历史上的传奇球队作比：比如 1941/1945 赛季穆诺斯、莫雷诺、佩德内拉、拉布鲁纳和罗斯塔乌组成的五星河床；比如 1949/1955 赛季由普斯卡什、博西克、柯奇士和齐伯尔组成的布达佩斯捍卫者队，这些人也是盛极一时的匈牙利国家队骨干；还有 1956/1960 赛季迪斯迪法诺率领的皇马，他们获得了欧冠五连霸，锋线上云集了科帕、里亚尔、迪斯迪法诺、普斯卡什和亨托这样的名将；另有 1955/1964 赛季贝利领衔的桑托斯，以及 1970 年世界杯冠军巴西队，这支球队号称有五大 10 号——雅尔金尼奥、格尔森、托斯陶、贝利和里维利诺；另外就是1988/1990赛季萨基执教的米兰，那支球队拥有巴斯滕、里杰卡尔德和古利特组成的荷兰三剑客，球队两次称王世界。

2009年夏天，在赢得欧冠之后，佩普决定对球队阵容做出调整。埃托奥是球队整个赛季表现最稳定的球员之一，即使出任右翼攻击手，他在对阵皇马和曼联的比赛里也都有所斩获。在罗马的欧冠决赛里他为巴萨首开纪录，但是瓜迪奥拉认为梅西还需要成长的空间，所以他必须舍弃喀麦隆国脚。

同年夏天，皇马斥资9500万欧元买下C罗，又以6700万欧元引进卡卡，巴萨则在与费利佩以及比利亚这样的球员进行转会谈判，结果不尽如人意。最终他们和国际米兰达成协议，用埃托奥交换伊布。在谈到了与埃托奥的关系时，佩普多次用到了“感觉”这个词。“这事关感觉，我不能改变人的个性，很多事都告诉我，这无关足球，关乎个性。所以今年我们要在更衣室做出改变，不只是针对埃托奥个人，还有别的一些事。”佩普公开承认也许他这样做是错的，但是又一次，他决定自己拿主意。

拿下联赛、杯赛和欧冠之后，巴萨在两回合西班牙超级杯的比赛中击败了毕尔巴鄂竞技，伊布也好，埃托奥也好，都没有出现在比赛中。要成就六冠王伟业，还有两项赛事在等待巴萨。在摩纳哥路易二世球场进行的欧洲超级杯中，巴萨遭遇了顿涅茨克矿工的顽强抵抗，90分钟战罢双方0-0互交白卷，两队进入加时赛。加时赛开始前佩普俯下身子，向队员们讲解比赛进程，布置加时赛的战术。

“后场不要冒险，保持传递，像平常一样控住球，用我们自己的方式向前推进。他们期待反击，所以他们不会改变战术。我们拿到球权之后要比平时做得更多。如果我们拿到球，就用你们知道的方式去进攻。30分钟时间足够让我们进球，不要担心！用你们知道的方式去比赛！保持耐心，不要失去理智，一旦失去理智他们就会终结我们。我们要传球传球再传球，不要担心，千万不要担心！战术会和往常一样奏效，但是我们必须比以往跑得更多，只有那样才能创造机会。我们必须拉开场地空间，找到两翼，然后中路就会有空档。先生们，怎么样？就像平时一样，上场吧！”他以鼓掌结束了这段讲话，通向胜利之路又一次铺就。

第115分钟，佩德罗在左翼拿球，找到了从后卫包夹中闪身而出的梅西，后者简单控球之后再次把球回给佩德罗，后者一蹴而就，巴萨夺得欧洲超级杯冠军！

世俱杯冠军是2009年巴萨要争夺的最后一个冠军，也是球队从未赢得过的冠军，他们在12月的决赛里遭遇了阿根廷拉普拉塔大学生队。

人们对于世界足坛的记忆总是一闪而过，对于这支已然是史上最佳球队的要求也越来越高，这让佩普感到愈发的忧虑，大战之前，他私下表示：“这真是难以忍受。”他在赛前纠结的言语也可以告诉我们当时的情景。

成功看似顺理成章，巴萨需要为这一年画上完美句号。“明天，过去的一年就将有个了结。”瓜迪奥拉说道，“未来并不光明。因为要超越此前的成就是不可能的，我们会被拿来做错误的比较，我们必须保持努力，这样才能让人们继续为我们感到骄傲。这场比赛并不是我们人生中最重要的比赛，家人在等待我们归去，夺冠与否没有差别。”

此前球队在1992年和2006年分别在世俱杯告负，他们两次都低估了比赛的难度，佩普的讲话无疑是在减压。但是比赛开始前的最后一次训话，佩普又用精心组织的语言发表了坚定的讲话，这一次，这场比赛的重要性又被他提升了：“如果我们今天输掉了比赛，我们仍然是世界最佳。但是一旦赢球，我们就是不朽的传奇。”

比赛在大学生队的掌控之下，阿根廷人顽强阻击了巴萨，还抓住了最佳机会打入一球。佩德罗在终场前头球接力破门得分，把比赛拖入加时赛，人们期待梅西有所表现，他不负众望，接阿尔维斯传中，用胸部将球撞入球网。

幸运女神在那一年始终眷顾佩普的球队，他们坚持不懈，永远不会停止奔跑，也永远不会寻找借口。正是如此，才有了伊涅斯塔在斯坦福桥的进球，也有了佩德罗在决赛的绝杀。

自瓜迪奥拉被任命为一队主帅之后已过去18个月，12月，在阿布扎比，巴萨随新帅赢得了第六座冠军，他们包揽了所参加赛事的所有冠军。

瓜迪奥拉站在球场中央，在全世界电视媒体的转播镜头下等待颁奖，那一刻，他突然开始流泪。

埃斯蒂亚特看到好友身体发颤，紧接着便开始哭泣。阿尔维斯是第一个靠近主帅的，他给了瓜迪奥拉一个拥抱。佩普稍稍冷静了几秒，往后退了几步，又陷入了独自一人的境地。他用手捂住脸，让眼泪肆意流淌，他没法控制自己。佩普依旧颤抖着，他像哭泣的孩子一样肩膀上下耸动。亨利上前拥抱了他，脸上挂着“不可思议”的笑容。佩普的朋友阿莫尔当时正在为西班牙的电视台担当解说嘉宾，他也被感动了：“佩普真是为足球而生的人！”他重复着这句话，几乎无法控制声调。之后伊布代替了亨利，他试图用玩笑来逗乐他的教练，当俱乐部官员走上前来的时候，佩普终于走出了情绪，颁奖典礼马上就要开始了。

看到弟弟如此这般，佩普的姐姐弗朗茜斯卡也禁不住哭了，几个星期后她重温了那段影像，说道：“真的太感人了，你无法不为之动容。”佩普的记者朋友拉蒙·贝萨理解佩普，他说：“很明显，佩普所做的一切都是在球场上进行的，没有欺骗，没有诡计，他还是个特别敏感的人。”他的另外一位朋友大卫·特鲁巴指出“胜利经常会让人精疲力竭”。

佩普经常把所有事都藏在心中，他把人生起伏的秘密、他人的亏欠和未尽的承诺尽数掩埋，有时候埃斯蒂亚特鼓励他把这些情绪都释放出来：“你想哭就哭，捶捶墙，发泄一下。”那一天埃斯蒂亚特希望佩普能有更多的时间去哭泣，隐忍至此，他应当被允许流泪。

这一年的最后一座冠军奖杯，最终打开了他情绪的闸门。西甲争夺的胶着、国家德比的死磕、伊涅斯塔在伦敦的绝杀、欧冠决战的形势骤变，这一刻，瓜迪奥拉既有征服一切的喜悦，也有一时之间的释然，毕竟他获得了在过去看来不可想象的成功。如今收获的这座奖杯在南美被视为至尊，在欧洲却被如此轻视。一系列的画面和情绪冲击着佩普的大脑，他终于爆发了，他刹那间从压力中得以逃脱，理智被情感所左右。很多人看到之后说道：“那才是佩普。”或许我们更应该说：“那也是佩普。”

没有人问他为何哭泣，佩普则将成功献给了前巴萨副主席穆尔特拉，他当初支持佩普出任巴萨 B 队主帅，而不是仅仅扮演一个青训协调人的角色。如今佩普谈及那场哭泣时说道：“有时候就是这样，你难以自已。如果我继续在这里干下去，同样的情景不会再发生。”佩普又恢复了强韧的一面。

在世俱杯决赛的赛后新闻发布会上，佩普说道：“对于现在还在这里的人，和去年在这里的人，我想说感谢你们在过去 18 个月的精彩表现。很多场次我们都表现得很出色，我们赢得了尊重，也赢得了信任，大家总是不遗余力。”

瓜迪奥拉在作为顶级联赛教练的第一个赛季就触摸到了天空。这是一段难忘的岁月。每天他都会在训练基地待上很久，因此陪伴爱侣克里斯的时间就显得很少，他把自己锁在办公室里，悉心研究决策，他身旁围绕着一群出色的人，他对自己和对他们都一样严格，这一切都是值得的。这眼泪既是为足球本身而流，也是为这一切而流。

瓜迪奥拉的巴塞罗那已经成为了一种担保，足球世界从未见证如此印记鲜明的球队，他们对自身的风格和个性充满信心，他们突破了极限，成就了伟大。球员们穿着 T 恤走出更衣室，T 恤上用加泰罗尼亚语印着一句话：瞄准一切，收获一切。

瓜迪奥拉已经取代拉波尔塔和克鲁伊夫成为了巴塞罗那地区的新领袖。“不只是一家俱乐部”——这句话不仅是俱乐部长久以来的口号，也很好地诠释了这支球队，巴塞罗那如今是“神圣不可侵犯的”。

为了找寻一些新的挑战，让球队达到一个更高的高度，佩普在 2 个月后续约，他将合同延长到了 2011 年。他想道：“再干一年，我就走人。”

之后，圣培多尔向他最著名的孩子送上了祝福，佩普被圣培多尔授予了“城市之光”的荣誉称号。作为回报，佩普需要走上讲台，在他孩提时踢球的那个广场发表讲话。他回到了他的村庄，为了他曾经留在这里的一切，为了多乐丝和瓦伦蒂为他付出的一切。

“我知道我的父母今天一定非常高兴，这也让我非常高兴。能出生在这个村庄，能为巴萨踢球，这所有的一切……”

他不得不停下话来，因为他的声音再一次颤抖，他又失语了。

4. 两次欧冠决战

两片训练场地，一片位于英格兰的西北部，一片位于巴塞罗那郊外，它们分别是两支球队的大本营。卡灵顿基地在马路的尽头，圣约翰德斯皮基地则在公路的路旁。

当你走进卡灵顿的办公地，一位面带微笑的接待员会请你稍等片刻，随后她会带你走进媒体室，整个房间大小等同于一个教室。你身处一片寂静之中，突然间球员的嘈杂声打破了寂静，旋即这种嘈杂又消失在门后，他们要前往属于他们的地方。然后门开了，进来了一位身形雄伟的 70 岁男子，这便是弗格森，他身穿训练服，脚步轻快，神情坚定，他有力地和你握了握手，目光炯炯，脸上的笑容是平日在镜头前不曾看到过的。

在巴萨训练基地更衣室的楼上，是瓜迪奥拉的办公室，他和球员身处不同的世界。当你推门而入，比拉诺瓦也许刚好在他的桌上涂写笔记。在他的身后 3 ~4 米远的地方有一道玻璃门，穿过门你可以找到佩普，那是他每天待得最久的地方。瓜迪奥拉的工作桌清洁有序，中间是笔记本，一边是文件，另一边是有关领导力的书籍，还有一本传记和一本历史书。瓜迪奥拉站起身，欢迎我来到他的办公室。随后他坐回椅子里，那把椅子顿时显得很小。事实上，整个屋子都感觉比实际要更小——因为佩普的存在可以让整个屋子都充满了他的气场。

实际上弗格森也是如此。

“佩佩，佩佩·瓜迪奥拉，干得真是棒极了！”

佩普向前倾了倾身子，在他回忆罗马一战之前，在他谈及角斗士、温布利、梅西和哈维之前，他先要赞美弗格森的一切，不管是他所持的立场还是他所获的成就，亦或是曼联在场内外的形象。

在罗马的那场比赛里老爵爷没有选择别的战术。在温布利，曼联也是我们所熟悉的那支曼联。作为一家俱乐部和一支球队，他们用自己的行事作风定义了他们的足球。

2009 年，罗马，巴萨 vs 曼联

赛前备战

弗格森爵士：“啊，罗马。对曼联而言那场比赛并不美好，我们真应该拿下那场比赛，实际上是我们自己垮了。”

佩普·瓜迪奥拉：“那场比赛已经过去很久了，我意识到我们当时拥有非常积极的正能量。不管我们的对手是谁，球队总是自信满满。我们赢得了联赛冠军、国王杯冠军，然后又在对阵切尔西的最后几秒完成绝杀，打进入了欧冠决赛。尽管队内有伤病，可球队士气极盛。”

弗格森爵士：“比赛当天早上我们有两三名队员感觉不太好，之前我们从没提过这事。有些球员身体状况有问题，但他们还想出战，我就那样做了。可这是错误的决定。”

佩普·瓜迪奥拉：“当我们准备上场的时候，信心和状态都是毫无问题的。这太重要了！备战过程充满不确定因素，但我们觉得自己可以击败任何对手。球队失去了阿尔维斯、阿比达尔，他们都遭遇了停赛。马奎斯因伤缺阵，他对我们来说很重要，我必须选择一名球员来顶替他的位置。伊涅斯塔此前已经缺席了一个半月。亨利也只是在进行小运动量的训练……他们都很渴望参加决赛。哇哦，这么多难题，现在你再冷静想想，那时候你要面对的是鲁尼、C 罗这样的对手，板凳席上还坐着特维斯！”

曼联赛前也有些许困扰，里奥·费迪南德因为小腿伤势已经错过了4场比赛。但是他还是随队前往罗马，并在比赛当天早晨参加了训练。他的肌肉并无明显症状，这是曼联的利好消息，里奥本人也希望能够出战。

瓜迪奥拉告诉伊涅斯塔和亨利自己会等到最后时刻再做决定，这要视二人的恢复情况而定。过去几个星期，佩普在脑海里推演了许多次决赛的场景，他一遍遍地看着此前几场重要比赛的回放，设想了所有的战术可能，推算哪块区域的空间会被打开，球队可以在哪些区域获得人数优势。瓜迪奥拉不愿轻易放弃伊涅斯塔和亨利，这也是可以理解的，毕竟两人在他的比赛计划中扮演了重要的角色。

他针对所有的可能都做了准备，制定了各种情况下的预案。决赛前两天，他找到哈维，告诉他："我非常清楚我们在罗马会赢在哪些环节，怎么赢得比赛，我能预见到，我看得很清楚。"巴萨中场用复杂的眼神看着主帅，其中既有热情，也有怀疑——不过这也许是他最后一次露出怀疑的眼神。"是吗?"哈维问道。"是的是的是的，我看到了，我们会进两三个球，到时候你就会看到这一切成为现实了。"哈维的困惑是大战之前每名球员都会经历的，瓜迪奥拉以不可置疑的语气打消了他的疑虑。

这是瓜迪奥拉作为主帅经历的第一场欧冠决赛，这也是世界足坛最重量级的俱乐部比赛，那时候距离他成为巴萨一队主帅，过去了不到一年时间。

瓜迪奥拉："从纸面上讲，曼联在各个方面都优于我们。我对他们存在各种各样的担心：担心他们的反击速度，担心他们的空中优势，担心他们的防守强度。有时候就是这样，对手比你更强，你还是得勇敢地冲出去，这一点曼联也很清楚。"

有一些细节瓜迪奥拉早已注意到，球队必须做出一些微调，但是他对球员们说还是要遵循整个赛季以来的原则。佩普面对的主要抉择还是如何弥补伤停球员的损失，普约尔将回到他早年专职的边后卫位置，亚亚·图雷会补到防线出任中卫，瓜迪奥拉原先希望凯塔能够出任左后卫，这是一场任何球员都会不惜一切都想要参与其中的比赛，然而当他在训练时告知凯塔这一想法时，后者却对他说："不要让我打左后卫。"

凯塔的理由并没有让主帅生气，因为他的动机是无私而非自私的，他是这样说的："教练，我愿意为你赴汤蹈火，但是我从来没有踢过那个位置，那会给我的队友制造麻烦。"凯塔知道这样一来首发阵容就没有了自己的名字，但是他决定将集体利益置于个人欲望之前。那天之后，佩普时常会说："我从没见过凯塔这样善良慷慨的人。"佩普知道一旦提出要求凯塔就会接下任务，他说："其实我还是可以说服凯塔的。"但是最后，他还是决定让此前出场寥寥的老将西尔维尼奥出任左后卫，这也将是他在巴萨的最后一场比赛。

"我不知道我们到底能不能击败曼联，但是我知道没有球队可以在控球和勇气上战胜我们。我们会用进攻压制对手，让他们产生恐惧感。"佩普在决赛前的新闻发布会上说道，他对于比赛形势的判断被翻译成了4种语言，传递给在场的记者，"我会告诉球员拿出最佳的精神状态，因为这是一场全球直播的比赛。哦，还有，我觉得到时候会下雨，如果不下雨，那么场地应该洒点水，我们应该保证比赛的观赏性，毕竟我们踢球就是为了让球迷得到享受。"

罗马一战，英国媒体将卫冕冠军曼联视为理所当然的热门，他们刚刚获得了第11座英超冠军。弗格森率领的球队信心满满，斗志昂扬，不管是他们的球迷还是评论员都认为红魔要比加泰罗尼亚球队强大太多。

在加泰罗尼亚，人们则不敢妄言，他们都认为曼联是一个令人敬畏的对手。

在这个不可思议的处子赛季，瓜迪奥拉即将触摸到他的第三座奖杯，这也可能将成就巴萨史无前例的三冠王，作为一名新人教练，没有比这更高的荣耀了。"如果我赢得了第三座奖杯，也就是冠军杯，我就回老家不干了。"佩普逗乐道，"我会结束自己的教练生涯。"有人问：

“真的这样弗格森爵士会怎么想?”

“我觉得他肯定会想，看吧，又有一个人在我之前退休了。”

决赛前夜，佩普在新闻发布会结束之后回到了酒店，他把教练团队拉到一起开了一个会，他将几天前合影的大幅照片拿了出来，上面写着：“感谢所有的一切，佩普。”大家纷纷鼓掌，瓜迪奥拉朗声喊道：“你们非常棒，和球员们一样棒！”

回房的路上，佩普终于有宝贵的几分钟时间来思考一下，他想确保一切都已计划妥当。决战当前，总是有很多信息需要挖掘，有很多因素需要考虑，这不仅仅是战术的问题，比如首发阵容的安排、场地的状况、后勤保障的问题，甚至是需要料理的个人事务。他在球员时代经历了很多次这样的情景，他知道在准备期时间宝贵，所以他在好几周之前就开始为决赛做准备了。

瓜迪奥拉在布雷西亚时期的主帅卡列托·马佐尼在赛前接到了一个电话，起初他还以为是恶作剧，电话那头说道：“卡列托，我是佩普，佩普·瓜迪奥拉。我希望你来看巴萨的比赛。”对佩普而言，邀请那些曾经共事的人来见证这场比赛非常重要，比如 72 岁的老教练马佐尼，又比如他在布雷西亚乃至罗马的前队友。

为俱乐部服务了 33 年的退休按摩师安赫尔·穆尔是佩普球员时代最喜爱的工作人员，当佩普得知他没有球票的时候，他以个人身份邀请穆尔前来观战。

欧冠决赛前夜，一切看起来都井然有序，佩普躺在床上，盯着天花板，不一会儿便起身关灯，进入了梦乡。

传统观念认为妻子或女友相伴会让球员分心，可佩普深知大战之前的压力巨大，紧张感会骤然提升，让大家神经放松很重要，因此巴萨球员在决赛之前得以和伴侣共处，他们最亲近的人将帮助他们应对忧虑，即便这样做会让他们分心，可至少他们可以在赛前睡个好觉。这种细节处的体贴和共鸣也是球员对他心存感激的原因所在。

佩普房间的灯终于熄灭，奥林匹克球场最后一次开幕式带妆彩排也接近了尾声。

决赛日，赛前的惊喜

伊涅斯塔：“决赛开始前几分钟的情景和别的比赛没有差别，我不想让人觉得我这个人很无聊，也不想贬低欧冠决赛的荣耀，但事情就是这样。这是好事，大家还是像往常一样互相交谈，各自的习惯也都没变。”

然而，赛前例行的准备工作却和往常大不相同。

2009 年 5 月 27 日，距离开赛还有 2 小时，球队抵达球场。按照惯例，瓜迪奥拉会有意避免进入更衣室，把大部分时间都留给球员自己，通常他只在还有 5～10 分钟的时候才会进去。但是那一天，他给球员们准备了惊喜。

瓜迪奥拉有很多调动情绪的小想法，他本人有需求，也有意愿和球员达到一种同步。他会用不同的方式去和球员们交流，用语言、用手势、用眼神、用拥抱，当球员对你张开怀抱时你要下达指令就会容易得多了，如果双方的关系是建立在信任之上的，你也可以更好地享受这份工作。

纵观整个赛季，每每他在赛前讲话总能打动球员，但是这次，他准备了一些不一样的东西，有了这样东西，他不需要多说一个字。

瓜迪奥拉：“多年以来，我已经明白了，战术很重要，但是真正伟大的教练是能够洞察人心的，这让他们比其他人更优秀。选择正确的人，赋予他们在更衣室内的权威和地位，这是教练要做的诸多选择之一。”

弗格森爵士：“以我的经验，人们总是会挑简单的路走。我知道有些人 50 岁就退休了，别问我为什么。所以这些人的进取心就和斯科尔斯、吉格斯以及哈维这样的人不一样，还有梅西。我看着梅西，就会告诉自己，他会跻身最伟大球员的行列，没有什么可以阻止他。当他到了三十四五岁的年纪，大多数后卫会说‘谢天谢地他终于要滚了’。你明白我的意思吧？因为在我看来他就是杰出的人类，哈维也是，我给予斯科尔斯和吉格斯同样的评价。换句话说，他们不存在有没有动力的问题，他们的自尊会驱动一切。正如你所见，吉格斯和斯科尔斯的训练态度和生活习惯对更衣室其他人而言是非常好的榜样，我觉得我手下有些球员就会仿效他们。如果巴萨更衣室的球员不仿效普约尔的言行，那才奇怪哩。仿效榜样也是一种自我激励。”

也许正如弗格森爵士所言，有了对胜利的渴望，为了报答主帅的知遇之恩，为了不让普约尔和哈维这样的老将失望，巴萨并不需要额外的激励，但是佩普觉得这样的场合需要一些不一样的元素来助力。他决赛前几个星期就找到了加泰罗尼亚电视三台的桑迪·帕德罗，他给对方发送了一条短信："你好桑迪，我们必须见一面，赢得欧冠需要你的帮助！"

几天后桑迪带着佩普想要的东西如约而至，佩普看着笔记本中播放的影片，眼眶湿润了。桑迪知道自己的作品已经达到了佩普想要的效果。随后佩普叫来了埃斯蒂亚特，他让好友务必看看这段影像，埃斯蒂亚特的反应同样激烈，他问道："你打算在何时何地放给他们看呢？"

佩普回答："就在赛前。"

他的朋友只得大喊一声："哇哦！"

在奥林匹克的赛前热身要比平时结束得稍早一点点，当体能教练招呼球员回更衣室的时候，大家都有些惊讶。

但是他们还是照做了，紧张、兴奋、忧虑，他们带着复杂的情绪走进通道，走向更衣室。

突然一名球员喊了一声，从背后拍了一下前方的队友，紧张顿时转变成了喧嚣，所有人都心跳加速，鞋钉有节奏地敲击着地板。

那一刻，球员们不想被打搅，他们只想专注于“仪式”，完成整个“流程”，做好最后时刻的准备。在巴塞罗那，巴尔德斯总是在热身结束后第一个回到更衣室，那一天，他发现门上锁了。他敲了敲门，却被告知不得入内，佩普的一位助手走出来挡住了他的路，告诉他必须要等等。巴尔德斯目瞪口呆，这时哈维也凑了过来。

哈维："出什么事了？"

巴尔德斯："他不让我们进去！"

哈维："为什么？！"

巴尔德斯：“他说让我等着。”

全队陆续回到更衣室门口，在走廊里等了好一会儿，他们这才被允许入内。

佩普在一片嘈杂声中提高了音量：“小伙子们，我想让你们看看这个，好好欣赏，这就是团队精神，是我们出现在罗马的原因。”

更衣室的灯暗了下去，房间里的一块大屏幕亮了起来，电影《角斗士》的主题曲响起。

瓜迪奥拉的朋友桑迪制作了一部长达 7 分钟的热血视频，片头是好莱坞大片《角斗士》的镜头，之后是巴萨全队的影像，这部电影的原声也成为了视频的背景音乐。你也可以在网上欣赏这部电影，每个球员都出现在了这个视频中，即便他只是球队的边缘人，两位替补门将、赫莱布和米利托都是如此，要加入阿根廷后卫的影像并不容易，因为他因伤错过了整个赛季。但是瓜迪奥拉本人没有出现在视频里，他告诉桑迪，无论如何不要将自己放进这部励志的视频，视频主角只有他的球员。

视频播放结束后屋内鸦雀无声，甚至没有人移动。一开始是惊愕，紧接着是心潮澎湃，球员们略带羞涩地互相对视，有些人甚至眼含热泪。米利托就哭了，他因伤错过了整个赛季，还将继续缺席决赛。紧接着，球员们不假思索地勾着相邻队友的肩膀，这是剑拔弩张的一刻，也是非常特别的一刻。

这件事令人难忘而动容，但是这样做正确吗?

“我不知道是不是因为视频带来的情绪，比赛前几分钟我们踢得太糟糕啦。”伊涅斯塔后来说道。瓜迪奥拉也承认，也许他让球员“感动过了头”。

比赛对决，主帅较量

弗格森爵士：“我们应该拿下比赛，当时是我们更出色。”

瓜迪奥拉：“曼联是一支很棒的球队！看看他们那天的板凳席：拉斐尔、库茨沙克、埃文斯、纳尼、斯科尔斯、贝尔巴托夫和特维斯。”

弗格森爵士：“我觉得亨利是个很棒的球员，埃托奥也是，但是他们不会让我们感到困扰，你明白我的意思吗？这和温布利那场决赛截然不同。”

瓜迪奥拉：“曼联肯定不会退守，这不是他们的基因，对吧？不管比赛走势如何，我们都做了准备。”

弗格森爵士：“埃托奥开场时在中路，梅西在右路，但是之后埃托奥到了右路，梅西收回到了中路，他在那个位置能很好地利用空间。但是决赛那天梅西并没有什么表现，相信我，他就是无所作为。”

瓜迪奥拉：“之前我们有过零星的几次让梅西出现在那个位置，对阵皇马就是如此，但是决赛前我们再也没用过这个战术，回头再看，想想当时那些战术……我们赢球也许还是因为我们拥有非常强大的动力。”

弗格森爵士：“回顾当初巴萨在巴黎对阵阿森纳的那场决赛，埃托奥拉到了左路，上下往返发挥得不错。他有过踢边路的经历，但是我们没料到在罗马他正儿八经地踢了一次边路。我们知道巴萨会在比赛里有些变化，梅西和埃托奥有几次换位，但是我们先前认为那还不至于让我们太担心。”

瓜迪奥拉：“曼联给我们施加了很大的压力，他们防守站位很靠前，有几次得分机会，如果他们真的先得分，之后就会用反击杀死你。所以如果是他们领先，我们的情况会非常艰难。尤其是 C 罗，平时他是边路球员，可一旦到了关键比赛就会出现在中路。如果你让他在中路得到空间，没有人可以阻止他，那是不可能完成的任务，因为他太特别了。”

弗格森爵士：“在我们掌控局面的时候却被对手反击得分，这成为了比赛的关键，面对巴萨，你绝不愿处于落后追分的状态。”

瓜迪奥拉：“不管你承认与否，决赛里先进球局面大不相同。”

弗格森爵士：“埃托奥打入第一球之后梅西就成了一个麻烦，巴萨囤积重兵控制中场，要从他那里抢到球会变得很难，但实际上他的威胁并不大。”

瓜迪奥拉：“我还记得罗马那场比赛快结束的时候自己在想，天哪，我们踢得真的真的真的太好了。不过几年后当我们备战温布利与曼联的决赛时，我们再次观看了罗马一战的录像，发现我们没有自己想象的踢得那么好，我们开场阶段能逃过失球非常幸运。”

弗格森爵士：“巴萨的中场就在那儿一直传传传，没有实质威胁。1991 年我们在欧洲优胜者杯决赛击败他们时也是一样的情景，萨利纳斯和劳德鲁普出任前锋，贝吉里斯坦居左，但是他们全部挤到了中场，现在还是一样的。那时候我们说就让他们在那里拿球好了，我们的中卫只要站住位置就行了，我们没有遇到一点麻烦。但是 20 年之后，球员的水准造成了不同的结果。”

瓜迪奥拉：“和我们对阵最终会变得很复杂，局势占优的时候我们会传球，迫使对手渐渐后撤。看起来好像是他们主动选择收缩，实际上是被我们压迫的。”

弗格森爵士：“看看第二个进球，你会想梅西才 1 米 70，他居然在对阵英格兰球队的时候完成了后点的头球破门。这种事不该发生啊。”

瓜迪奥拉：“下半场我们比上半场踢得更好。”

弗格森爵士：“下半场开始之后，也就是在梅西进球前巴萨还有一两次机会，那时候他们就可以终结我们。但是比赛最后 15 分钟，我们还是有 5 次机会。”

瓜迪奥拉：“在比赛还有 20 多分钟的时候哈维任意球击中立柱，亨利的射门被范德萨扑出，之后梅西就进球了。然后我们选择收缩防守，当我重温这场比赛的时候，我想这一切还是有运气成分的。”

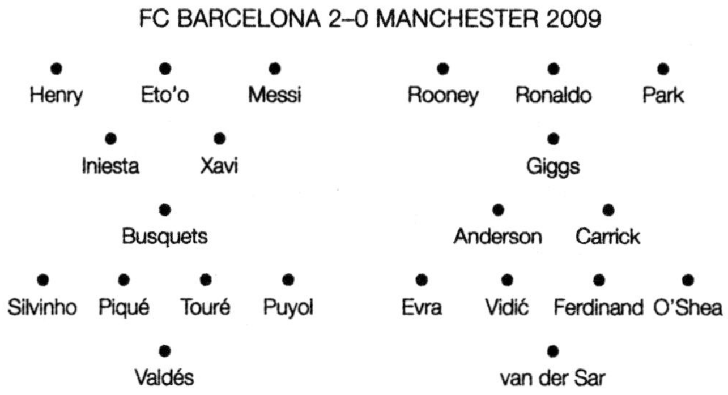

战术报告：2009 年欧冠决赛阵形图

上半场：

曼联在上一个赛季的欧冠半决赛中以非常保守的战术击败了巴萨。当时C罗突前，特维斯位居其后，鲁尼在右侧很深的位置，他们收缩防守伺机反击，埃弗拉在后腰的协助下盯防右翼的梅西，首回合双方在诺坎普战成0－0，来到老特拉福德比赛场面如出一辙，但是曼联凭借斯科尔斯的进球一举杀入决赛，曼联对自身的表现非常满意，他们认为当时的发挥无懈可击。

罗马一战，曼联的心态不同于一年前：毕竟他们已经是卫冕冠军了。信心和优越感体现在了球队的用兵策略上，弗格森要求球队完成高位压迫，这传递给球员的信息就是“我们是冠军，所以我们不能再收缩防守了”。

曼联的开局非常积极：C罗作为单前锋对决图雷和皮克，鲁尼居左试图利用巴萨右后卫普约尔身后的空间。曼联的策略很明晰：高位压迫，阻止巴萨从后场组织进攻，一旦得球就找C罗，随后攻击皮克的身后（曼联认为皮克的速度要慢于图雷）。这一策略给站位靠前的巴萨防线制造了不小的麻烦。

C罗还会回撤拿球冲击巴萨球门，因为中卫跟得不够紧，他总能找到空间。

埃弗拉从左翼发起进攻，梅西并没有像之后的埃托奥一样去跟防法国人，所以埃弗拉和鲁尼经常在与普约尔的较量中形成二对一的人数优势。

曼联的攻击手在巴萨的防线和中场之间总能得到传球，因为巴萨的压迫力度不够，他们也总能轻松转身攻击球门。开场阶段巴萨的表现畏首畏尾，甚至有些昏昏沉沉。

因为吉格斯对布斯克茨的跟防，巴萨难以从中后场组织进攻，这迫使他们更多地使用中长距离传球，这对巴萨的中场而言并不习惯。

亨利和埃托奥总是拿不到球，没法向曼联的防线发起冲击，梅西则执着于在得球后连过数人，因此三人之间并无联系。

随后一次关键的战术变招成为了比赛的转折点。

佩普将埃托奥拉到边路，梅西居中，巴萨的进球在比赛开始后第9分钟后到来。

埃托奥在第9分钟进球，巴萨1-0领先曼联，这也是巴萨在比赛中的第一次攻势。伊涅斯塔摆脱了安德森，将球传给右翼的埃托奥，后者内切晃过维迪奇，用脚尖捅射攻破了范德萨把守的球门，卡里克的追防也已无济于事。

上半场最后15分钟，梅西回撤中场参与组织，从而使得巴萨在这一区域拥有了人数优势，但是巴萨的边路并没有很好地利用梅西留下的前场空间。

巴萨掌控中场之后，曼联的士气逐渐低落下去，因为他们无法在前场站稳脚跟。很有趣的是当时的巴萨踢得并不流畅，或者说不如我们之后几年看到的那么流畅，也只有伊涅斯塔力图凭借个人能力撕开曼联的防线。巴萨踢得不像巴萨，他们缺乏攻击性，不像往常那样占有控球权，他们总是在丢球，边路的威胁也很小，他们的行动总是很容易被看穿。他们对曼联太过于敬畏，撇开比分不看，曼联给巴萨制造了很多麻烦。

中场休息：

弗格森爵士很不高兴，实际上比赛10分钟过后他就在教练席表达了不满。"高位压迫，你们必须高位压迫，但是你们停下了。"他在更衣室咆哮着，再度拿出了闻名的吹风机。曼联球员在上半场45分钟没有恪守他的战术布置。

下半场：

特维斯换下了安德森，吉格斯和卡里克组成了双后腰。

下半场和上半场很像，布斯克茨的存在感不强，巴萨还是缺乏攻击力度（至少还不足够）。他们在左路冲击了几次，但是没有制造什么威胁。

曼联继续执行此前的比赛计划，可他们发现场上空间很少。弗格森在第 65 分钟用贝尔巴托夫换下了朴智星，这让中场的力量进一步削弱。巴萨在这一区域的人数优势越来越明显，之后他们开始冷静地掌控比赛了。

巴萨的防线越撤越深，为了不让 C 罗找到空间，球队整体站位也随之调整。因此巴萨并没有遇到什么麻烦，C 罗也逐渐沉默下去。对于一场决赛而言，佩普的选择是合乎逻辑的，毕竟他们已经 1－0 领先了，可这也意味着他们在前场无法向对手施压，他们只是等待着曼联压上，然后用零星的攻势骚扰对手，巴萨的第二粒进球就是如此。

梅西在第 70 分钟打入一球，巴萨以 2－0 领先曼联，埃弗拉丢球，哈维拿球顺势插上，他向远点送出了一记完美的传中，无人盯防的梅西头球攻门，皮球越过范德萨飞入远角，这是一次精确的打击，也是一次糟糕的防守。

比赛第 67 分钟，斯科尔斯换下吉格斯，凯塔换下亨利。

曼联在上半场确实表现出色，而巴萨比他们之后几个赛季表现得更为实际和保守，他们不再冒险。那一晚，个人能力决定了结局，巴萨赢得了俱乐部 110 年历史上的第一个三冠王。

赛后新闻发布会

瓜迪奥拉："对于我们赢球的方式我感到很满意。我们使用了三前锋战术，冒了一些风险，有尝试才有收获。"

巴萨主帅还向几天前退役的米兰传奇马尔蒂尼致以了敬意，他将这场比赛的胜利献给了马尔蒂尼，后者在圣西罗的告别战遭到了球迷的嘘声和讥讽。佩普在球员时代就很敬重马尔蒂尼，他对于米兰队长受到的对待深恶痛绝，所以他要借这个机会表达对马尔蒂尼的赞赏。

晚些时候，佩普和埃斯蒂亚特走进昏暗的奥林匹克球场，细细品味这一时刻，两位好友停下脚步，细数球队和教练在那一晚收获的荣耀。埃斯蒂亚特在过去几年里一直陪伴佩普，有些话佩普只有对他才说得出口："球队刚刚第三次赢得了欧冠，我们的欧冠冠军数和曼联一样多了。我们越来越接近顶级球队的行列了，我们是欧洲冠军！感觉就好像我们亲手把自己的名字写进了历史。”

2011 年，温布利，巴萨 vs 曼联

赛前备战

温布利，是足球世界最传奇的一个名字。巴萨对阵曼联，也许这是当时足坛环境下所能看到的最佳决赛，两支球队实力强劲，风格却大相径庭，他们都想要通过青训来传承俱乐部精神和理念，两位主帅则互相敬重，彼此都将对方视为值得尊重的对手。

巴萨刚刚赢得了西甲三连冠，考虑到欧洲其他主要联赛没有球队完成卫冕，巴萨的这一成绩更为珍贵。之所以造成这样的状况，原因很简单，2010/2011 赛季是在南非世界杯之后开始的，效力于豪门的球星受到了极大的消耗。令人感到不可思议的是巴萨为世界杯冠军西班牙贡献了 8 位球员。

加泰罗尼亚人在半决赛两回合颇有争议的较量中淘汰了皇马，继 2006 年和 2009 年分别夺取欧冠之后，这是他们 6 个赛季来第三次打进欧冠决赛。在执教一队三个赛季之后，瓜迪奥拉在 12 项赛事中夺取了 9 座冠军奖杯，如果他能再赢得一次欧冠，他将率队超越克鲁伊夫的梦之队。而他们的对手曼联是 2008 年欧冠冠军，这也是他们 4 个赛季内第三次打入欧冠决赛，这个赛季他们也刚刚夺取了过去 19 年中的第 12 座英超冠军奖杯。

数据说明了一切，欧洲近年来表现最佳的两支球队将直接碰撞，两队曾三夺欧冠，交锋记录也是旗鼓相当的三胜四平三负，这一战将决定谁才是王中王。

1992 年，巴萨在旧温布利夺得了俱乐部历史上的第一座欧冠奖杯，瓜迪奥拉没有忘记这一点，任何时候他都可以以此作为素材鼓舞军心，不管是送球员出场热身的时候，还是他们在训练中喘息喝水的时候，又或者是赛前在更衣室战术板上书写一番的时候。这座英格兰足球圣殿对于佩普个人而言意义非凡，20 年前，他数着阶梯走上了温布利的领奖

台，生平第一次触碰“大耳朵杯”。

但是，对于佩普而言，作为教练举起欧冠奖杯的满足感远胜于球员时代。

2010 年夏天，也就是那个赛季开始之初，佩普已经知道要复制执教前两年六冠王这般的辉煌是不可能完成的任务。想要在欧冠决赛中再次战胜曼联，他需要补强球队实力，因此他签下了大卫·比利亚。早在 2009 年佩普就对引进比利亚抱有很大的热情，在联合会杯进行期间，他亲自致电球员，告诉对方自己有多么渴望他加盟巴萨，并且为他规划了在巴萨的角色。由于皇马和多家英超球队的介入，这桩转会并没有完成，但是佩普在当时的态度对于比利亚 2010 年加盟巴萨有着很重要的助推作用。普约尔告诉比利亚："佩普会打电话给你。”如果是瓜迪奥拉亲自致电，那他对你的兴趣就是无可置疑的，比利亚也会因此对佩普的坚持心存感激。

比利亚在巴萨的第一个赛季适应状况非常好，欧冠决赛前三周，他随队赢得了联赛冠军，之后瓜迪奥拉着眼于温布利的决战，让比利亚得到了休息。“你会以极佳状态进入欧冠决赛，相信我，大卫。”佩普在那几个礼拜反复对他说道。主帅知道参加决赛的 8 名球员还有荷兰中场阿费莱已经有很长时间没有休息了，不论是生理上还是心理上他们都会感觉疲惫。佩普精心备战，因为他对球员们做过如下承诺：

“小伙子们，你们承诺球迷要进入决赛，如果真的做到了，我就承诺你们，一定让你们夺冠。”

瓜迪奥拉又一次施展了他的魔法，他小心翼翼地挑选用词，这个赛季将再次让人称奇。但是他不确定如今这支疲惫之师将如何回应自己，比赛的分析和准备工作一如往常，但是从生理和心理而言，球员是否有足够的能量来达到他的要求呢？

即使佩普在备战时深思熟虑，他也无法预见比赛前的某些突发状况，这需要他有非常迅捷的反应。

之前的那个赛季，冰岛火山灰在欧洲大陆遮天蔽日，这让巴萨在欧冠半决赛前被迫改变行程，改乘大巴前往米兰与国际米兰一较高下，这也彻底打乱了他们的赛前准备。

似曾相识的一幕再度上演，冰岛的格里姆火山再度爆发，火山灰向英格兰飘散，欧冠决赛日前的航班可能再度取消。佩普和他的团队这次做出了迅速反应，他们决定将行程提前两天，原定周四抵达伦敦，现在改成了周二，这样一来，他们在英格兰将有4天时间安心备战。

这一次的迅速反应也许能让球队转运。球队下榻于奢华的格罗夫酒店，在赫特福德郡享受水疗，训练场地则是借用了阿森纳的科尔尼基地。与在巴塞罗那的时候不同，在相对隔绝的伦敦郊外，巴萨得到了足够的休息放松时间，他们也可以远离压力和媒体聚焦，把注意力放在比赛上。

当时阿比达尔正在进行肝脏摘除的术后恢复，2个月前他刚刚接受了手术。他能否出战是个疑问，即使是最为乐观的俱乐部官员也认为他最早也要到下赛季初才能回归。然而在术后7周之后，阿比达尔便在与皇马的欧冠半决赛次回合比赛中出战，他踢了最后2分钟比赛，受到了巴萨球迷起立鼓掌的礼遇，他的队友则在终场哨响后纷纷走向他表示祝贺，他们把阿比达尔抛向空中，就好像那一天是他的生日一般。

即便瓜迪奥拉声称“阿比达尔要完全恢复很困难”，可球员本人还是想在决赛中助球队一臂之力。佩普知道，球员的身体也许没有做好准备，但是他渴望出战的意愿是毋庸置疑的。另外一个问题是普约尔同样没有恢复，所以出身中场的马斯切拉诺必须代任中卫之职，他将出现在巴萨防守的中心区域。

弗格森的球队并没有伤病的隐忧，他在每个位置上都有选择的余地，曼联的备战时间也很充裕。两年来弗格森一直都说想要再度和巴萨在欧冠决赛碰一碰，因为他认为自己知道该如何去击败巴萨。弗格森得偿所愿，但是正如人们所说的：悠着点儿，不要随便许愿。

两年前罗马一战，弗格森在备战上犯了错，他在赛前准备期将球员们关在酒店，不让他们与外界接触，但是那次他们封闭的时间过长了。

为了避免同样的错误发生，曼联主帅决定让球员们从乏味的封闭训练中得到一些释放，周四夜晚，也就是温布利决战前48小时，曼联前往伦敦西区观看了表演，弗格森选择了美国音乐剧《泽西男孩》。不过球队并不买账，有些人打趣道："对于弗格森爵士这个年纪的人来说这一晚也许很美妙。"但是平心而论，这并不是他们所期待的首都享乐之夜，倒不如让他们自己去寻些乐子。比赛前一天，曼联的日程安排得很满，其中包括了在伦敦的晨间散步，以及在温布利的夜场适应训练。

和瓜迪奥拉一样，曼联主帅也想找到合适的战术，两周前，他就在卡灵顿基地开始了备战工作。在曼联的大本营，弗格森花了一周的时间让球员演练战术。决赛前一周，曼联在老特拉福德迎战布莱克浦，这也是该赛季英超最后一轮比赛，弗格森借此机会让球员们将战术付诸实践。那天下午，曼联举起了英超冠军奖杯，而布莱克浦的球员则在泪水和悲伤中接受了降级的事实。

弗格森将布莱克浦当作模拟巴萨的对手，他要求曼联球员向布莱克浦实施高位压迫，如果第一波压迫被破解，球队则要迅速回防，收缩中场，因为他认为曼联在这一区域处于绝对劣势，无法与巴萨抗衡。一旦巴萨在曼联腹地拿球，球员需要高度警惕巴萨快速的二过一配合。

弗格森还要求曼联的球员一有机会就向禁区起球，并且通过定位球来向巴萨防线施压。

其他的战术要求还包括了得球后攻防转换尽可能提速，要尽快把球送到前场。如果需要长传，那就发动长传，因为最重要的任务是当大部分巴萨球员还在曼联半场的时候，把球输送到巴萨的半场。一旦前锋埃尔南德斯能在短时间内拿到皮球，他就能够直面对方的防守球员。

从另一方面来说，当巴萨占据无可挑战的控球优势时，曼联球员需要谨遵战术指令，利用好每一次机会。

战术预演

比赛开始前，巴萨球员正在温布利的更衣室待命，这次不再有热血沸腾的史诗励志片，取而代之的是简短有益的战术视频剪辑。瓜迪奥拉的赛前布置紧凑到位，不需要别的东西再来帮忙了。主帅首先播放了曼联过去几场比赛的画面，着重展现了曼联的整体移动和某些特定片段，以此来告知球队如何在攻防中应对这个强敌，但是佩普把战术布置巧妙地变成了一段激情四溢的讲话，这段讲话提升了球队士气，让球员更加自信。比利亚在赛后表示佩普的演说没有影像留存真是遗憾，因为那会是年轻教练的极佳教材，他们可以通过佩普的讲话学会如何在队内训话。

鉴于互联网上没有影像流出，我们可以来通过当事球员对那一晚的回忆，以此来了解佩普在温布利决战前到底说了什么。

佩普走进更衣室时没穿外套，反而卷起了袖子，随后开始讲话，不时地在屏幕上指点一番。他看着球员们的眼睛，操着快速明了的西班牙语，发表着赛前讲话。过程中他来回踱步，手舞足蹈，有时为了强调一个观点，他会禁不住走近某位球员。

“我知道我们将要成为冠军，对此我毫不怀疑。小伙子们，我说过，如果你们能够将我带到决赛赛场，我就能保证你们获胜。如果我们做了该做的，我们就是更强的一方。”

“曼联也想要控制球权，他们想要成为比赛的主角。大家都知道，我们习惯于占有球权，所以我们必须占有球权。如果我们从他们那里夺得球权，就像他们对待其他球队一般对待他们，曼联就会疲于防守，踢得很不舒服。”

“现在，埃里克，看看这里：瓦伦西亚喜欢贴着边路奔袭，你必须压得更靠上，让瓦伦西亚拿球拿得不那么舒服。阿尔维斯，听着，朴智星不喜欢跑直线，喜欢跑斜线，所以记得我们在训练里特别交代过的事。如果曼联今天拿不到角球，那就再好不过了。还要记得我们这周一直在训练的定位球战术，我们为了不让曼联察觉，已经 3 场比赛没有使用这套战术了，这意味着我们可以来个出其不意。”

“你们可以在这里和这里发现空间，创造空间。就是这里，这个区域将决定比赛的胜负。千万留意曼联在这里、这里和这里的二过一配合。在中场，我们会取得 4 对 3 的人数优势，就在这个区域，你们将为我赢得比赛。因为我已经预见到了，我做出了分析和判断，我相信赢球的关键就在这里。”

20 年前，克鲁伊夫给巴萨下达了极为简单的指令“上场好好享受比赛”，与此不同，如今瓜迪奥拉传达的讯息更像是“是的，我们必须享受比赛，但是我们也必须忍耐和坚持”。

马斯切拉诺不能自已地成为了佩普的粉丝，他认为佩普讲话的时机和内容无可挑剔：“我听不止一个球员说过：‘又被他说中了。’在温布利的讲话是我印象最深刻的一次，当他开口的时候，感觉我们并不仅仅是在谈论将要参加的比赛，而是真的已经在比赛中了。他的双手在那里上下比划，人在房间前面左右踱步，如果你闭上眼睛听他说话，比赛的场面就会浮现在你脑海中。他所说的一切都成为了现实，一切如他所言。比赛中我会想：我已经看到过这个场景了，我已经听人描述过这些状况了，佩普已经全都告诉了我……”

之后瓜迪奥拉又给球队旺盛的斗志加了一把火，他用只言片语便让马斯切拉诺和其他球员几乎是饱含热泪走上了球场。

比赛开始前数分钟，也就是球员们热身完毕之后，佩普毫无征兆地决定利用球员的人性来鼓舞士气。当裁判准备带领球队走进球场的时候，佩普紧急召集球员，用无比坚定的语气告诉他们：

“听着，小伙子们，我们要为阿比达尔去赢得欧冠。他历经努力来到了决赛场地，和我们站在了一起，我们不能让他失望。”

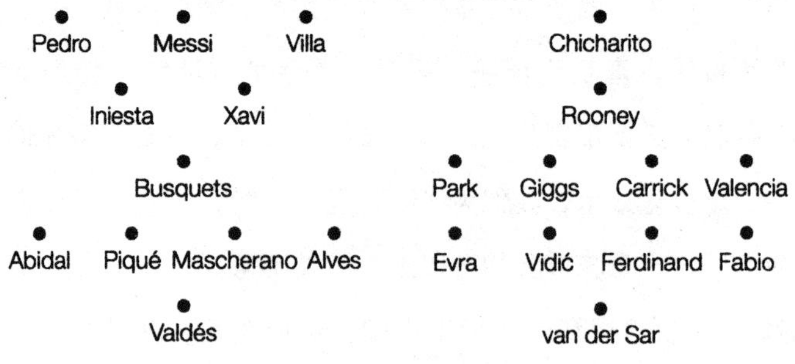

战术报告：2011 年欧冠决赛阵形图

上半场：

阿比达尔进入首发阵容。

佩普从一位身处英格兰的朋友那里得到消息，曼联演练了 4 –3 –3 阵形，但是最终他们还是会使用更为熟悉的 4 –2 –3 –1 阵形，比赛中可以变阵为 4 –4 –1 –1。“你确定吗?”佩普追问他的朋友，并且最终相信了这一说法。巴萨则依旧使用经典的 4 –3 –3 阵形。

友人提供的情报完全准确。

比赛最初 10 分钟，曼联在中场展开了高强度的人盯人防守，向巴萨施加了很大的压力。鲁尼紧贴布斯克茨，阻止巴萨通过他从中后场组织进攻。吉格斯则紧跟着哈维，巴萨踢得非常别扭，因为他们无法在场地的任何区域取得人数优势，比赛在曼联的掌控之中。

10 分钟后，本场第一次关键的站位变动发生了。

哈维稍稍后撤，在与布斯克茨通常所处的区域接球。这意味着巴萨有效地变阵为 4 –2 –3 –1，曼联不敢派遣球员在那么远的位置跟防哈维，他们真要那么做的时候，也已经为时已晚。哈维在空档拿球的次数越来越多，这让他能够在极小的压力下抬头观察，他从容地接球，从后场开始掌控节奏，但是这也意味着巴萨的优势区域比他们预料的要靠后一些。

这时，另外一个战术变化改变了一切。

梅西从对方防线和中场之间回撤，越来越多地在中场拿球，维迪奇或者费迪南德都不会跟防出去，因为那离他们的防区太远了。

这也就意味着在中场中路的较量变成了布斯克茨、哈维、伊涅斯塔、梅西对决鲁尼、卡里克和吉格斯。

从那一刻起，巴萨控制了比赛。他们在第 27 分钟率先取得进球，以1 –0领先。然后鲁尼在 5 分钟后还以颜色，这一度让巴萨有些晕眩。但是他们很快就恢复了镇静，重新掌控了比赛。

加泰罗尼亚人在前场展开了勇猛的压迫，有一个片段很好地展现了巴萨压迫的力度：曼联快速传递了 12 脚，却压根过不了半场，在巴萨的压迫下，曼联几乎在本方半场窒息。

中场休息：

曼联球员没有完全遵循赛前布置，他们在更衣室受到了教练的训斥。一些战术指令被他们遗忘了：比如尽可能地利用死球机会把球打到巴萨禁区。有一位球员受到了弗格森助手的点名批评，那就是鲁尼，他没有按照主帅的要求一直紧贴布斯克茨。弗格森却一反常态地反应冷淡，曼联教练团队部分成员也将此视为一种信号：弗格森极不情愿地接受了巴萨局面占优的现实。

下半场：

曼联的高位压迫缺乏层次，埃尔南德斯和鲁尼一直在追击，哪怕球传到巴尔德斯脚下，但是第二梯队（吉格斯和卡里克）却没有跟上一起压迫。所以巴萨可以轻松地从后场推进，布斯克茨经常处于被漏防的状态，从而能够发动进攻。

曼联没有解决方案，他们全场比赛甚至都没有一次角球。布斯克茨如往常一样发挥着作用，通过这条运输线，梅西在中路拿球，在无人盯防的情况下转身启动，打入一记远射，帮助巴萨 2 –1 取得领先。

梅西的表现很好地诠释了对手在与巴萨较量时的窘境。弗格森承认他们这场比赛从未控制住梅西，他全场有 97 次触球，其中 85% 是在低速状态下完成的，他的提速时机改变了比赛。

巴萨球员技术扎实，大家对于自身体系和每位队友的特点也有很透彻的了解，不管曼联使出什么花样，瓜迪奥拉都能够见招拆招。

前场五人在进攻中不断变换排列组合，边后卫也时常参与其中，球与人形成了一种永不停歇的轮转交接。

曼联的边路进攻球员也开始参与到中路的防守中来，这让中场显得无比阻塞，所以巴萨越来越多地开始利用边路来做文章，尤其是右翼的阿尔维斯。

斯科尔斯在第 67 分钟替下了卡里克。70 多分钟时纳尼换下了受伤的法比奥，之后比利亚打入了巴萨的第三球，比赛也彻底落入了巴萨的掌控。落后两球，曼联需要全力进攻，巴萨则略有放松，球门前出现了些许险情。佩普因此换下了一个边锋，换上了凯塔加强控制，直到比赛结束，都没有给曼联反扑的机会。

从本质上讲，相比 2009 年，2011 年的这支巴萨更像是我们将要牢记的巴萨。进攻端两翼的球员（佩德罗和比利亚）比两年前的亨利和埃托奥（实际上都是前锋）更好地融入到了进攻中。面对鲁尼的骚扰，布斯克茨拿球的次数相比两年前也要更多，加之哈维和梅西回撤，布斯克茨可以享有更多的自由度。

巴萨无疑更胜一筹。

比赛总结：举起奖杯的瞬间，以及主帅的观点

佩普在赛前将普约尔排除在主力阵容之外，这多少有些出乎意料。最后时刻比赛大局已定之时佩普将普约尔派遣上场，这样一来巴萨队长便可以在决赛中出战，并且在之后的颁奖典礼上举起奖杯。但是普约尔坚持要阿比达尔来举起奖杯，他对队友这样说道："这座奖杯是属于你的，去举起它吧！"法国左后卫当时还不知道自己的病情在未来还有反复，但是他在那一刻感受到了巴萨作为第二个家赋予了他新的生命。也许他从未意识到，他对抗病魔的决心与意志在欧冠决赛日给了队友多大的鼓舞。

那一晚，争强好胜的弗格森在亲近的助手面前也不得不承认，要想与当下的欧洲王者匹敌几无可能。巴萨首发阵容中 7 人出自本队青训，他们通过青训建设踢出了理想中的足球，在各个层面都达到了叹为观止的高度，对此弗格森唯有赞叹。费迪南德和鲁尼也与主帅持相同观点。

这支巴萨的好胜心同样不容质疑，在温布利一战前，佩普仅仅输掉过一场决赛，那是与皇马的西班牙国王杯决赛。事实上，在他执教巴萨的四年里，除了那场失利，他赢得了其余 11 场决赛的胜利。

瓜迪奥拉："温布利一战我们很幸运，因为之前一个赛季的半决赛，我们受到火山灰的影响，不得不坐大巴前去挑战国际米兰，这一次火山

灰再度引发危机，我们不得不早早赶赴伦敦。这给了我们四天属于自己的时间，非常清净，也异常宝贵。我们离开巴塞罗那，也离开了球迷、朋友和家人带来的压力。我们在阿森纳的基地很开心，也有充裕的时间来备战决赛。我们可以思考决赛里必须要做哪些事，各方各面都做了准备。我们考虑到了每一个细节，决赛你也看得出我们踢得非常好，我们是发挥更出色的一方。在罗马的第一次决赛要平衡得多，但是在温布利的第二次决赛，我们准备得更好。"

弗格森爵士："在温布利，在如何应对巴萨的问题上我们必须做出抉择，因为我们要考虑到比利亚和佩德罗渗透防守的方式，也要考虑到对方没有中锋的事实，这让战术很难定夺。"

瓜迪奥拉："我们的备战是至关重要的，战术分析家和足球评论员在赛后往往会忽略这些事，但这些事恰恰是在大赛中起决定性作用的。"

弗格森爵士："决赛我们败得很彻底，我们对阵的是一支更为成熟的巴萨，这支球队已经进化了，成为了一个完完全全的整体。皮克和梅西已经成长起来了，哈维和伊涅斯塔展现了应有的水准。"

瓜迪奥拉："我们得要记得，决赛通常咬得很紧，所以我们对阵曼联的表现更显突出。我们在别的比赛中也不乏发挥优异的场次，但是要在决赛做到这一点更为不易，你要考虑到有那么多非理性的因素，还有对手的实力。"

弗格森爵士："在温布利，两个边路的球员相比 2009 年的亨利和埃托奥在犀利程度上有了很大的提升。也许是因为亨利和埃托奥更多还是正经的前锋，而不是边路球员。我记得中场休息的时候我在那里想着该如何变换战术，想着如何限制梅西。但是下半场比赛开始后他们就取得了领先，我们不得不搏一把，瓦伦西亚打到了右后卫位置，纳尼上场打到右翼，但是 2011 年那场比赛，巴萨一直都控制着比赛。"

瓜迪奥拉："和曼联打第二场决赛的时候，我们的球队默契度更好。我们在一起已经有三年时间，我觉得我们在场上踢得更有自己的风格，也更好地洞察了曼联的优点和弱点。"

弗格森爵士：“对于温布利发生的一切我丝毫不感懊悔，因为对方更强。前两个进球是可以避免的，也许我们运气好一些还能赢得比赛，但是当另外一支球队明显比你更强的时候，你能做的并不多，你只能承受。”

瓜迪奥拉：“曼联球员说：‘今天巴萨对我们所做的过去从未发生过。’他们可以理解我们的足球，他们向我们表示祝贺，他们也意识到这样的表现在足球世界并不多见。和国内对手剑拔弩张的‘战争’在外国观众看来也许很难理解，但是我认为这是一种足球文化。英格兰的足球文化有所不同，他们的足球风格也更直接，我对于英格兰足球抱有敬意，不只是对他们的教练，也对那些我们无法拥有的球员。”

弗格森爵士：“人们问我赛后我和佩普是不是说了话，事实上我们没有。要在决赛后这么做很为难，一方在庆祝，一方在哀叹，试着抚平失利的创伤。然后你还要应付媒体，参加新闻发布会，所以在那个点，没有时间和空间让你和对方主帅喝一杯，因为胜负把你们区分开了。有些时候你必须接受这样的现实，闪到一边，承认有些人比你更出色。”

在拥抱、庆祝、舞蹈和烟火之后，温布利的更衣室内已经安静了下来，佩普把埃斯蒂亚特拉到一边，看着他的眼睛说道：“马努尔，我永远不会原谅自己，我失败了。”

马努尔非常震惊。他永远不会忘记这一幕，在获得如此非凡的成就之后，你应当顺理成章地体验这一刻的珍贵，享受冠军的荣耀，可瓜迪奥拉却感觉自己让所有人失望了。佩普向马努尔解释，他觉得自己原本可以干得更好。马努尔告诉他，是的，也许还能有所不同，但是他们至少赢了，这才是最重要的。但是佩普不这么认为，他追求完美，要求进步，即便他身边所有人都在感受欢愉，他也无法对自己感到完全满意。

5. 佩普和他的球员们

从球员到教练

身为一群职业球员的管理者，佩普·瓜迪奥拉必须协调存在于自身的两种天性：一方面他要保留身为球员时所拥有的直觉，仍旧要像球员一样去欢呼庆祝；另一方面，刚退役就当上主帅，他要尽可能地做出正确的决策，学会如何权衡利弊。这是他要面对的挑战，很多时候他会妒忌手下的球员，他们只需要管好自己的一亩三分地，专注自己的分内事就万事大吉了。他很早就意识到这份工作意味着什么，他要照看好这些自命不凡的“泡泡”，引导他们向同一个目标努力，从而使得整个团队受益。

在电台的退役声明并没有完全抹去他身为球员的特质，当巴萨找他做 B 队主帅的时候，距离他挂靴只过去了 7 个月而已。但是当瓜迪奥拉走进迷你球场见到巴萨的青年球员时，他明白自己要坚定地向过去告别，他并不是以退役球员的身份来到这里工作的，现在，他是一名新人教练。瓜迪奥拉划了一条分界线，他踏出了球员的世界，走进了教练的世界。

在 B 队圆满完成任务之后，瓜迪奥拉要去一队接受新的挑战，有一位球员见证了瓜迪奥拉从球员到教练的转变，那就是哈维。20 世纪 90

年代末期哈维是瓜迪奥拉的队友，他可以非常清楚地看到佩普如何进入新角色，他也非常清楚瓜迪奥拉球员时代阅读比赛的能力会成为他作为主帅的财富。哈维和佩普在里杰卡尔德执教期间有过很多沟通，当时球队正在衰败，有些人忘记了身为职业球员的责任，要和这样的人继续共处很难。哈维告诉佩普，他将成为一位伟大的主帅，实际上他也确实希望佩普能带着他的理念和价值观回到一队。

要想赢得球员们的心，佩普不能暴露学徒的本质，不过他有明确的想法，对自己的直觉充满信心，他相信球员时代的经历会在未来帮到自己，但是前方有一些未知的挑战，也有一些全新的旅程在等待着他。更衣室里的球员们一直在试探着他们的主帅，幸好瓜迪奥拉看起来胸有成竹，这一点非常关键。

放逐罗纳尔迪尼奥和德科的决定为佩普赢得了威望，但是要在球队打下烙印还得靠日复一日的工作。从这个角度而言，第一次队内会议和第一次球队讲话都至关重要，他早早地把哈维叫到办公室，佩普的语气如常，哈维的心态却产生了不可避免的变化，他的语气中已然更为谦恭，头也微微低下，佩普现在是他的主帅了。

此时哈维刚刚随西班牙获得欧洲冠军，关于他可能转会的流言见诸报端。这是他职业生涯的困难期，他几乎对足球失去了热情，不仅是因为过去两个赛季无甚收获，更因为他看到那些才华横溢的球员挥霍天赋，明争暗斗，这是非常危险的信号。

哈维需要听听佩普的计划，他无意离开巴萨，可如果他非得这么做，他愿意去英超试试身手，曼联正在觊觎这位西班牙中场。

他们的这次对话发生在首次集训当天。

哈维："佩普，我不想拐弯抹角，我想知道一件事，你会倚重我吗?"

佩普："我无法想象没有你球队会是什么样子。没有你，我的计划就无法实施。"

瓜迪奥拉的这番话再度点燃了哈维的激情。

但是要想恢复哈维的心气，还有工作要做。哪怕是偶尔的失利或者失常，都会让哈维产生负面情绪，他会把负面情绪带到第二天的训练场上。每当遇到这种情况，佩普就会在训练后找到做放松练习的哈维，两人并排而坐，聊些平常的事，比如天气啦，晚上的打算啦，这就好像是两个同事之间的谈话一般。瓜迪奥拉会突然切换到主帅频道，把话题引向下一场比赛，谈谈他对球员的要求，谈谈哪些地方做得到位，哪些地方还需提升。这样一来，失利带给哈维的伤痛就会得到治愈，心情自然阴转多云，瓜迪奥拉的目的就达到了。

按照我们在西班牙的说法，瓜迪奥拉来了之后，哈维心中的太阳再次升起，他头顶的天空又亮了。这位中场球员重新收获了信心和安全感，在接下来的 4 个赛季中，他将享受职业生涯中最愉悦的一段时光。瓜迪奥拉在这 4 年里一直强调没有球员自己将一事无成，是球员让他变得如此优秀。但是球员们则将他视作指明方向的领路人，他们对佩普满怀感激。

好了，在哈维之后，还有很多其他球员的心需要他争取到身边来，确切来说，是整支球队。

在圣安德鲁斯的第一次球队讲话之后，瓜迪奥拉开始实践他的规划蓝图。他强调最多的一件事是：努力工作，也就是跑得更多，练得更勤。他相信竞技水平反映了训练水平，每支球队都是如此。佩普，这位足球的浪漫主义者对巴萨提出了他的要求：不要停止奔跑。

佩普想要升级球队的战术体系，门将扮演类似清道夫的角色，他将发起球队的进攻，相较于用手，他需要更多地用脚去触球。可即便所有人都明白这种打法能让球队实力得到增强，其中存在的巨大风险还是不容忽视。

佩普非常坚定：“顺便说一下，这件事，没有商量的余地。”

门将巴尔德斯想要立马就和主帅交流交流。如果新的体系运转不畅，他会是首当其冲的罪人。不管是场上场下他都会被暴露在他人的枪口之下，他需要一个令他信服的说法：把防线提到中场的位置，从中卫开始发起进攻，真的是一个好主意吗？这难道不是毫不设防的战术吗？

球队真的有办法推进吗？巴尔德斯外冷内热，耿直的个性让他在队内颇有人气，在圣安德鲁斯首训过后数日，他鼓起勇气找到了佩普。

巴尔德斯："我能和你谈谈吗，教练？"

瓜迪奥拉："我的大门永远向你敞开。"

巴尔德斯："我有一个问题，你描绘的景象很美妙，但是中卫真的愿意接球吗……"

瓜迪奥拉："我会保证他们想要接球。"

谈话结束，到此为止。

在瓜迪奥拉到队之前，巴尔德斯头脑中的战术意识几乎为零。但是之后四年，他喜欢上了自己在球队战术体系中扮演的角色。

也就是在苏格兰的头几天，瓜迪奥拉邀队长普约尔来到自己在酒店的房间。主帅给普约尔播放了一段视频，其中是不同中后卫在禁区外拉开从门将那里接球的镜头，一旦在这个过程中犯错导致失球，对中卫而言无异是噩梦。普约尔以右边锋的身份开始职业生涯，因为技术能力有限改打边后卫。在范加尔执教巴萨期间他差点就被租借去了马拉加，但是博加德的受伤让他留在了球队。如今到了30岁，他的主帅又要他加修新的技能。

佩普对普约尔说道："如果做不到我的要求，球队就不再需要你了。"

也许佩普没有必要这样警告普约尔，可这也反映了他心中最重要的信条是什么。

普约尔接受了挑战，伊涅斯塔也是如此。

伊涅斯塔说道："当我知道佩普会是我的教练时，我兴奋极了。他是我的英雄，我知道我们会折腾出一些大动静来的。"

佩普昔日顶级球员的身份也为他的执教带来了显而易见的好处。老的拉玛西亚训练基地在诺坎普附近，球队如果在那里训练将招致记者和球迷的围观，镜头会记录下每一次小的争执，这里远非理想的训练场所。因此在新基地的建设筹划阶段，瓜迪奥拉建议基地迁移到数公里外的圣约翰德斯皮，并且敦促俱乐部尽快让一队转移。圣约翰德斯皮基地也就成为了巴萨的堡垒，球员们可以在那里训练、放松、用餐、休息和恢复，不用担心再受干扰。在巴萨球员身边，有一群致力于照看他们的专业人士，而其中的许多细节，也只有作为前职业球员的瓜迪奥拉才能考虑周全。

瓜迪奥拉另一个受到欢迎的举措，便是在主场比赛或者客场远征之前，容许球员待在家里，而不是按照惯例住在酒店，以这种不自然的方式脱离家庭生活。佩普认为球员没有必要每时每刻都想着足球，他们可以在比赛前夜和家人共进晚餐，哪怕忘了第二天的比赛也没有关系。瓜迪奥拉觉得，在比赛前数小时调动球员的积极性就已经足够了。

渐渐地，球队远离了媒体，球员个人访谈的数量也大大减少，在很长一段时间里甚至完全被禁止。瓜迪奥拉用尽方法让球队保持团结，他并非简单地隔离球队，而是让球员们感受到这个集体的融洽与强大。这是他过去不曾享有的保护，后来，他为了挽回冤判带来的名誉损失做了长久的斗争，这也给瓜迪奥拉留下了难以抚平的创伤。

他知道德科和罗纳尔迪尼奥在队时乱象丛生，不良风气在队内蔓延，因此他一上任就开始监控球员的健康饮食、作息安排和备战状态。球队大部分球员体型都相对瘦弱，因此他们需要全方位的细心照看。如果有必要的话，瓜迪奥拉还会改变自己的身份和角色，他可以从主帅变成朋友、兄长甚至母亲……

实际上，佩普对球员的情感注入让他有别于大多数教练。穆里尼奥或者弗格森会去结识球员的亲人或者伴侣，以期更多地了解自己的球员。葡萄牙人还会邀请最有声望的球员携家属共进晚餐，他会准备大量的酒水，期待着在用餐时“顺便”了解对方的孩子是否健康，对方的妻子是否满意新房。瓜迪奥拉则在私人关系与职业关系之间建立起了一条更模糊的界限。

佩普知道，不能像对待超级巨星一样对待十八九岁的年轻球员，只要他认为有必要，他就会把年轻球员叫到办公室聊聊。对于明星球员，瓜迪奥拉会在必要时邀他们共同进餐。在他的邀请名单上，亨利排名第一。

“亨利没有问题。”瓜迪奥拉在新闻发布会上一次次重申，但是他的执教处子赛季出师不利，亨利是遭受外界批评最多的球员。他的身价、工资和名气成为了他人攻击的理由，媒体对他缺乏认同。即使后来球队有了进步，亨利还是没能调整到最佳状态。造成他状态不佳的原因有二：一是他的背伤，二是他在场上的位置。佩普在夏天曾将埃托奥挂牌出售，当时他告诉埃托奥，球队不再需要他和罗纳尔迪尼奥、德科，与此同时佩普也向亨利承诺，他将回归中锋的位置，而不是继续出现在里杰卡尔德执教时所处的左路，在那个位置上他踢得很不舒服。然而埃托奥留队让计划生变，亨利不得不继续待在边路。法国人已经失去了生涯早年的速度和体力，这让他在左边路显得力不从心。

当亨利处于最低谷的时候，佩普邀他一同外出用餐，佩普告诉亨利，自己对他的实力拥有百分百的信心。亨利对于佩普表现的姿态十分感激。在之后与瓦伦西亚的比赛中，亨利的表现不可阻挡，他上演帽子戏法帮助球队 4 –0 大胜对手。他也与埃托奥、梅西一起组成了令人胆颤的三叉戟，最终帮助巴萨在这个赛季拿下了史诗般的三冠王。他们三人一共打入 100 球，梅西打入 38 球，埃托奥打入 36 球，亨利出战 51 场，打入 26 球。2009 年夏天，当亨利回首望去时，他毫不怀疑自己度过了一个了不起的赛季。

但是在 2009/2010 赛季他的个人表现令人失望，他仍旧无法如愿回到中锋位置，也无法恢复英超时代令后卫胆寒的巅峰状态。2010 年夏天，亨利接受了美国大联盟的合同邀约，离开了巴萨。

不来电的埃托奥

在圣安德鲁斯备战期间，佩普为他的球员倾注了情感、时间和努力。这样的付出大多是出于本能，是瓜迪奥拉自然而然的行为。他希望球员能用优异的工作表现来回报自己，但是他想要的回报还有另外一些东西，一些更重要的，也是我们都在找寻的东西：他希望球员也能反过来爱自己。如果他们不能回报以爱，他会因此感到痛苦。

佩普心中的那个小男孩从未完全离开，在拉玛西亚试训时他想要打动巴萨，进入青年队之后他想要博得队友的喜爱，想要被教练的垂青，想要得到克鲁伊夫的认可。年少时的瓜迪奥拉对于巴萨的哲学心存敬畏，他想要遵循俱乐部的理念，因为他对此坚信不疑。他的领导力中充满了细腻的情感，这也使得他在大多数球迷心中都能占得一席之地。

也许足球的精英世界迫使他一层一层地武装了自己，但是这种被爱的渴望还是没有退散。佩普心中的小男孩没有消失，一同存在的还有每个人心底深处都有的脆弱，然而这种对认同的追求，往往也是天才成就自我的基石

佩普心中的小男孩难以接受身边人的拒绝和否定，其中包括了他的球员。如果佩普和他的球员相遇，对方对他视而不见，一言不发，那会是让佩普最痛苦的事。这些事确实存在。

“最难忍受的场景莫过于此。我努力把拥有独立个性的个体糅合，构建起一支团队，这是一个大前提。我要求他们心往一处想，如果做不到，什么都别想赢。我们从事着一份自己喜欢的工作，对这份工作心存热爱，但是和其他所有人类一样，我们也都需要爱，需要产生情感共鸣。可是我如何让我不喜欢的球员相信我是爱他的呢？我如何让替补席上的球员相信我是爱他的呢？这就是麻烦所在，或者说，你真的认为所有的球员都爱我吗?”

如何与球员相处，如何与他们的内心对话，这对佩普而言是最难的工作。

佩普知道他的决策永远会对球员的情感产生影响。当球队赢球的时候掌控这种情感轻而易举，但是你不可能一直赢下去。当球队输掉比赛时，球员们总是想要找人顶罪。在足球世界中，最后被问责的大多是坐在教练席上的那个人。

当被问及放走埃托奥、博扬或者伊布是否后悔时，瓜迪奥拉放下了

戒备，他承认这些事很棘手。“每天我都有很多可以后悔的事。公正公平的定义很复杂，踢不上球的人会觉得受到了伤害，你需要球员之间建立起深厚的情感，这样队内才能免于争吵。反正我和球员距离越近，受到的伤害就越大，我需要和他们保持一些距离。”

在他宣布离开巴萨的那一天，他对球员们说得很清楚：“如果我继续执教，我们会互相伤害。”但是不考虑情感因素，他在埃托奥、博扬和伊布这三名前锋身上所做的决定都有利于球队，尤其有利于促进梅西的高速进化。

瓜迪奥拉对于“小跳蚤”的欣赏是与日俱增的，是他决定围绕梅西建队，帮助梅西发挥最大威力。这不仅仅是一个浪漫主义的想法，而是确实拥有足球层面的理论依据。瓜迪奥拉还记得执教一队后不久，在第四堂训练课上，梅西机敏地跑到他身边，轻声说道：“先生，要一直让塞尔吉奥和我在一队哦。”“小跳蚤”对于塞尔吉奥·布斯克茨的战术意识赞赏有加，他希望每次队内训练、每场比赛布斯克茨都能和自己同在。瓜迪奥拉内心非常欣喜，他意识到梅西在阅读比赛方面拥有和自己相同的视角，他对于阿根廷人的未来更有信心了。

瓜迪奥拉的球员总是给予主帅很高的评价，但是凡事并非十全十美。埃托奥、伊布和博扬离开巴萨时并不快乐。他们在俱乐部的位置相同，离开巴萨也都是为了给急速升空的梅西让路，“9 号中锋”的话题在瓜迪奥拉的执教中也变得格外敏感。以埃托奥为例，他在 2008/2009 赛季险些拿下西甲射手王，要知道，他在联赛和欧冠的作用都至关重要，在罗马的欧冠决赛，正是他打入了第一粒进球。赛季末，佩普却不想让他继续留队。到底哪里出了问题?

当初，在第一次新闻发布会上，佩普就公开将埃托奥挂牌出售，但是喀麦隆人季前表现非常出色，而且变得平静友善，谦虚得有些不自然，他赢得了更衣室的尊重。瓜迪奥拉也告诉三名队长（普约尔、哈维和巴尔德斯）：自己改变了主意，埃托奥将继续留在巴萨。

随着赛季的推进，埃托奥变回了那头敌人难以驯服的雄狮，他对冠军充满了渴望。在球场上，他能够以非常积极的方式激励队友，在诺坎普与马竞一战，他甚至用猛烈摇动主帅的方式庆祝进球。瓜迪奥拉很震惊，但是他说“萨穆埃尔就是这样的人”。

但是埃托奥这样的表现没能坚持始终。

有时候，埃托奥会在训练和比赛中起到鼓舞士气的作用，但是有时候，他的情绪会失控，他的本性也很冲动，他无法真心实意地接受梅西统领球队的事实。这让瓜迪奥拉再次决心将他出售以换取团队的平衡。2009年初训练中发生的一件事让佩普确认了自己的直觉。同一个赛季晚些时候的另一件事让佩普下定决心，出售埃托奥是不容商量的决定。

仅仅是一件小事，就能让我们一窥二人截然不同的价值观，佩普因为这件事突然间意识到两个人永远不可能合拍，喀麦隆人对这件事有自己的说法：“训练时瓜迪奥拉对我提出了一些要求，一般情况下前锋不太会被要求做这样的事。我兴趣索然，但也没有冒犯他，我一直以来都是作为前锋在思考，我向他解释说我认为他是错的，然后他就要求我离开训练场。最终，对的人是我。瓜迪奥拉从来没踢过前锋，而我一直以来都是前锋。我在前锋的位置上赢得了足球世界的尊敬。”

那天在发生这件事之后，佩普邀请埃托奥共进晚餐，埃托奥觉得他没必要和主帅多说什么，于是他拒绝了瓜迪奥拉的邀请。瓜迪奥拉心中的天平有了倾斜，如果你不与我同心，那你就不要留在我的球队。当你和佩普同心协力的时候，他会回报以同样的忠诚，反之，他会变成最冷酷最绝情的人。这次是埃托奥，以后还有其他人。

随着梅西在前锋的位置愈发如鱼得水，瓜迪奥拉便经常要求埃托奥出现在右路。在某场比赛中，瓜迪奥拉使用了这样的战术，并且在比赛中换下了埃托奥，赛后佩普打破了自己定下的清规，进入更衣室向喀麦隆前锋解释战术背后的动因。埃托奥甚至不愿意看着佩普，他对主帅视若罔闻，还用法语向坐在身边的阿比达尔说话。

在那之后，埃托奥在球队的未来无法挽回了。梅西的自由空间进一步提升，埃托奥在竞争中落败。也就是在那之后，埃托奥甚至开始独自庆祝进球。

联赛还剩三轮时，巴萨已经获得了西甲冠军，佩普决定让常规首发中的部分球员轮休，以备战欧冠决赛。但是这一符合集体利益的决定却与埃托奥的个人意愿相悖，他想要出战剩余的所有比赛，以争夺该年度的欧洲金靴奖。埃托奥向主帅施压，意在出战与马洛卡和奥萨苏纳的比赛。他还抱怨，伊涅斯塔受伤，哈维和梅西都不能上场，谁来为自己传球助攻呢？佩普对埃托奥的态度非常反感，当埃托奥喋喋不休地抱怨时，他始终一言不发。埃托奥的愤怒让他忘记了赛季真正的目标，在他心中，事情很简单，如果是梅西需要那些进球，瓜迪奥拉就会做出不同的决定。

与奥萨苏纳一战埃托奥首发出场，中场休息时他和古德约翰森发生了激烈争执，几乎上升到了肢体冲突，因为埃托奥认为冰岛人在一次进攻中没有把球传给处于极佳位置的自己。到最后，对于进球的执念再次成为了他拿到西甲射手王和欧洲金靴的阻碍，要知道在四年前，也是联赛最后一战，埃托奥功败垂成。

在罗马的欧冠决赛中，埃托奥起到了决定性的作用，他为巴萨攻入了打破僵局的一球，赛季末瓜迪奥拉组织全队午餐聚会，也在讲话中感谢了埃托奥对俱乐部的贡献，可即便如此，喀麦隆人还是在那个夏天作为引进伊布的筹码被交易到了国际米兰。

佩普也必须承认，自己作为教练，并没有与这类大牌前锋相处的经验。每个球员都有个人目标，都有个人梦想，教练不能忘记这一点。所以佩普努力在球队内部保持个人与团队在雄心上的平衡，亨利想要赢得欧冠，他加盟巴萨就是为了这个目标，当他赢得欧冠之后状态立即下滑，他也乐得顺其自然。可埃托奥的眼中不仅有欧冠，还有金靴，为了帮助球队，他已经做出了一些个人牺牲，但是，和世界上任何一名前锋一样，他需要自我满足。这时候就需要教练出来解决问题了。

佩普确信球队走在正确的道路上，成功是显而易见的，他还想要让球队继续进化。如果他在下赛季把梅西撤回边路，那么这位杰出的球员会失去动力，回到一个欠缺决定性和影响力的位置，这会让他感到不快。阿根廷人还有很大的提升空间，但是队中已容不下两颗蓬勃跳跃的野心。

赛季结束后，埃托奥前往巴黎度假，佩普知道之后也想要飞赴法国，和埃托奥当面谈谈，解释决策背后的理由。可佩普又认为自己已经为这段关系做出了真正的努力，只是从未得到回报。于是他没有搭乘飞向巴黎的飞机，这也是最让埃托奥受伤的地方。“瓜迪奥拉也好，拉波尔塔也好，很多人都让我感到失望。”他说道。

伊布和佩普，两个世界的人

巴萨与国际米兰交易完成之后，伊布替代了埃托奥在巴萨的角色。瑞典人在新球队的开局非常完美，头五场比赛他都有进球，他也让瓜迪奥拉有了战术上的选择余地，这一点非常重要。瓜迪奥拉在赛季初的新闻发布会上也曾说过：“从战术的角度而言，他非常出色，身体强壮，动作灵敏，可以迅速摆脱防守球员，在背身拿球时也很有一套。所以他的存在让我们有了不同的进攻组合。”

上半赛季，伊布的表现足以让人满意，可进入下半赛季，他的发挥大打折扣。他给人的感觉就好像他不知道自己在球队到底是干什么的，他甚至变成了球场上的障碍物，有时候更像是梅西身前的防守球员。

伊布和佩普共事不久之后就有了分歧，在这个过程中，伊布的暴脾气开始显露，种种迹象都在表明，这个赛季不会太平。在巴萨与马洛卡的比赛中（主队 4 –2 获胜），伊布遭遇对方侵犯，为巴萨博得了一粒点球，伊布本场比赛表现出色，但还未取得进球，结果梅西主罚命中。伊布愤怒的反应让人惊愕，他对着主帅吼道：“点球是我的！”之后，这样的事层出不穷。

在主场对阵皇马之前，伊布肌肉伤势未愈，赛前的超声波扫描也让人无法确信他是否痊愈。佩普不愿冒任何风险，伊布却迫切渴望完成国家德比首秀。他不停地重复道：“我的身体状态参赛没问题。”伊布的神经过于紧绷，以至于他跑到体能教练布埃纳文图拉那里，试图掐对方的脖子。原因只是他听到传闻，布埃纳文图拉告诉佩普，伊布的身体状态不宜出战，可先前当着自己的面，他是另外一番说辞。伊布吼道："不要坏我的事，不然我拧下你的脑袋。"最终他没有进入首发阵容，他替补出战，打入了致胜一球。

在接下来的比赛里，球队还是把球权交到梅西脚下，伊布对于自己的角色感到费解。这几乎是众人皆知的事情，伊布在他的自传《我是兹拉坦》① 中有相关的叙述，他当时的某些行为也印证了这一点。这位傲慢自我的瑞典球星不知谦逊为何物，可也不是非黑即白。圣诞前夕，伊布想要和佩普以及贝吉里斯坦谈谈自己在队内的角色。"如果得到其他人的支持，我和梅西都会变得更好，但是我感觉不到有任何人想要帮我提升。"他说道，"我需要哈维和伊涅斯塔把球传给我，但是他们眼里好像只看得到梅西……我可有梅西的两倍大啊！"

佩普觉得自己可以找两位中场聊聊，说明情况，不过这也意味着球队会驶离他预定的方向。不管怎样，瓜迪奥拉还是想让伊布与球队和谐相处。

贝吉里斯坦发现伊布变得愈发沮丧，更糟糕的是他在队友面前毫不掩饰这种情绪。贝吉里斯坦告诉了佩普，佩普当天就邀伊布共进午餐。用餐时佩普试图向伊布解释自己对他的期待，告诉他球队有多么需要他，他也需要球队的支持。佩普希望伊布不要放弃。

但是瑞典人还是感到困惑，对他来说和主帅共进午餐不足以解除疑虑。也就是在圣诞节前，佩普察觉到了变化，伊布突然变得谦逊和顺从起来，他以哈维和伊涅斯塔为参照，努力让自己变得像一个学生，对瓜迪奥拉毕恭毕敬。"这不是兹拉坦，他在伪装罢了，你等着瞧好了。"佩普身边的人如此警告道。

是的，这不是真实的伊布。正如他自传中所说的那样，他的圣诞假

---

① 即 *I Am Zlatan*，为伊布 2011 年撰写的自传。

期过得很忧郁，甚至想着要放弃足球，因为他和主帅之间缺乏理解，这让他不知所措。圣诞节过后，伊布的傲慢和不安开始进一步滋长。

新年并不快乐，伊布带着伤疤回到球队，俱乐部了解到是因为他乘坐了缺乏保护措施的雪橇摩托，所以才会导致受伤。伊布的严重违纪也为他招致了罚款。最终，一切都变得不成模样，2 月，当瓜迪奥拉把梅西从边路移回到中路的时候，伊布认为瓜迪奥拉把自己当成了上个赛季的埃托奥，但是，伊布不是埃托奥。

伊布怀疑是梅西对自己上半赛季的出色表现心生不满，向佩普出言抱怨。一旦伊布觉得你伤害他，针对他，他永远不会宽恕，也永远不会忘记。

事实上没有人关心伊布的烦恼，因为球队正在驶向另外一个方向，与此同时，借用伊布的话来说："巴萨买了一辆法拉利，却把它当成了菲亚特。"伊布开始在训练中频繁地挑起战术讨论，他也毫不掩饰自己不服教练管教的事实。

佩普开始失去耐心，两人的关系几乎到了破裂的临界点，有些时候佩普在球员面前也无法伪装这一点。将帅关系愈发紧张，伊布开始将佩普视为敌人。"他应该小心提防我，要是训练时我突然失控，也许会突然给他来一下。"当时他这样说过，后来在自传里也如实记录了下来："我觉得自己坐在更衣室里，就像个废物一样。瓜迪奥拉看着我，就好像我是个碍事的外人。妈的，他就是一堵墙，一堵石头砌的墙。我感受不到他有任何的人性，我无时无刻不盼望着能远离球队。"

事情已经到了无法挽回的地步。

冷战序幕正式拉开，将帅之间互不理睬，伊布动力全无。"瓜迪奥拉总会唠叨他的足球哲学之类的东西，我一只耳朵进一只耳朵出，我干吗要听他的？血与汗，汗与泪，一堆冠冕堂皇的废话。要是我走进一间屋子，他就会走出去，他看到每个人都会问好，唯独对我视若无睹。我为了适应球队已经做了许多事，巴萨的球员们都像小学生一样盲目地听从教练，我时常会问自己，为什么我也要这样？"

“他今天正眼看你了吗?”亨利经常会这样问伊布。“没有，但是我看到了他的背部。”伊布一般会这样回答。“啊，看来你们两个人的关系有改善……”

4 月初，伊布一度回春，但是他在做客伯纳乌的国家德比前再度受伤，在那场比赛中梅西成功演绎了伪中锋的角色，打入了首开纪录的一球，帮助球队最终以 2 –0 战胜了皇马。伊布的这次肌肉伤势让他在赛季最后阶段无法找到节奏，尽管如此，瓜迪奥拉还是在欧冠半决赛对阵国际米兰的比赛中派上了伊布，这个决定最终让球员、教练和球队都受到了伤害，在这件事上，佩普无法原谅自己。

伊布在那两场比赛的糟糕表现成为了压垮他的最后一根稻草。在首回合 1 –3 失利之后，佩普原本打算让伊布在次回合做替补，以此来腾出空间供梅西在前场自由驰骋，但是佩普最终没有遵循内心的本来意愿，伊布还是进入了首发阵容。在比赛中他游离于球队之外，在第 63 分钟被替换下场。巴萨的失利也让瓜迪奥拉下定决心，不再违背自己的意愿。这场比赛也宣告了伊布在巴萨的时间进入倒计时，佩德罗和博扬在锋线上的选择顺位都在他之前，他们也成为了帮助巴萨卫冕西甲冠军的重要成员。

值得一提的是，在欧冠首回合比赛之后，伊布在对阵比利亚雷亚尔的比赛中没有进入首发阵容，这让他完全失去了理智。在情歌球场的更衣室内，伊布近乎于发狂，他把一个三米高的储物柜推倒在地。“(瓜迪奥拉) 看着我，然后我彻底失控了。我想着：‘他在那里，我的敌人正在那里挠他的秃头呢。’我冲着他吼道：‘你这个没种的男人!’也许说得比这更难听。我又加了一句：‘在穆里尼奥面前你啥都不是，去死吧!’我完全疯了，我把一个装满训练服的箱子扔到了屋子的另一头，箱子砸到地面之后佩普一言不发，只是把东西捡起来放回箱子。我不是什么暴力分子，可我要是瓜迪奥拉，当时一定会感到害怕。”

欧冠出局之后，瓜迪奥拉做出决定，要在下一个赛季再度更换队中的 9 号球员。实际上佩普认定瑞典人在球队的存在阻碍了梅西作为伪中锋的发展。佩普也知道自己一度背叛了内心的意愿，不只是在对阵国际米兰的比赛中，整个赛季都是如此。为了让阿根廷人和瑞典人共存，他整个赛季都在对细节进行微调，以免陷入无法挽回的境地。因此球队甚至一度背离了过去一年的既定路线，而最终的结果让瓜迪奥拉确信，球队的建设还是应当以梅西为核心。

对瓜迪奥拉而言这是一段非常难熬的时光，他要卖掉的球员正是花费俱乐部巨资引进的球员，这是一个错误，却也是必须做出的决定。

佩普掌舵的第二个赛季进入了尾声，伊布和瓜迪奥拉是时候要开诚布公地谈谈了。在联赛最后一场比赛之前，佩普把伊布叫到了办公室。气氛很紧张，自打伊布在比利亚雷亚尔主场失控之后他们就没有再说过话，瓜迪奥拉略显焦躁地坐在椅子上，来回摇晃。

“我不知道自己能对你提什么要求。”佩普说道，“接下来会怎样，取决于你和米诺（米诺·莱奥拉，伊布的经纪人）。我是说，你是伊布，你不应该踢一场歇三场，是吧?”

瑞典人没有做出任何回答，他一动不动，但是他非常清楚瓜迪奥拉想要传递的信息，对方在请自己走人。佩普略显得有些紧张，他继续说道：“我不知道能对你提什么要求，你想说什么？你的选择是什么?”

“就这么多？谢谢。”

伊布没有多说一个字，就这样离开了瓜迪奥拉的办公室。

这是那个赛季，将帅二人之间最后一次接触。

在夏天的休赛期过后，两人又进行了一次对话。非常出人意料的是伊布经过一个夏天冷静了下来，他想要球队再给自己一次机会。他没有意识到在这件事上，已经是覆水难收了，而球队引进比利亚，正是为了顶替他的位置。直到那时，伊布还坚信自己是这家俱乐部的一分子，他想要从头再来。

季前训练的第一天，伊布还没有穿上球鞋就被佩普叫到了办公室。场面又一次变得尴尬起来，根据伊布的描述，当时的对话如下：

佩普：“感觉如何?”

伊布："非常好，嗯，有些忐忑。"

佩普："你一定为打替补做好了准备。"

伊布："我知道，我能理解。"

佩普："你也知道，我们签下了比利亚。"

伊布："好的，我会更加努力，我会疯狂工作，去赢得队内的一席之地。我会让你确信，自己有足够的实力。"

佩普："我知道，可我们该如何继续呢?"

伊布："我说了，努力工作。你可以让我踢任何位置，梅西身前，梅西身后，不管哪里，你说了算。"

佩普："但是，我们该如何继续呢?"

伊布："我会为梅西提供支援。"

佩普："但是，我们该如何继续呢?"

伊布认为这不是一个事关他实力强弱的问题："这变成了个人恩怨。他可以告诉我，他掌控不了我的性格，可是他遮遮掩掩，含糊其辞。所以我决定，我永远都不会再为瓜迪奥拉效力了。"

伊布无法理解在巴萨经历的一切。佩普低估了伊布的个性与自负，他签下伊布本身是个错误，如果有人惹到了伊布，他的反应会异常激烈，以至失控。如果有人惹恼了佩普，他会解除和此人之间的情感纽带，以完全职业的冰冷态度对待这名球员。这注定了两人的关系无法长远。

当佩普问出"我们该如何继续"的时候，他是在开门送客，而伊布显然希望双方的交流能更加直接。

眼看转会米兰一事到了最关键的时刻，伊布找到一位巴萨副主席，向对方发出了警告："如果你们让我走不成，等哪天我和教练一起出现在媒体面前的时候，我就会揍他，我真的会揍他，我会的!"那个夏天罗塞尔成为了巴萨主席，他处理的第一件事就是瑞典人的转会。伊布对主席说道："我对于当下的状况感到遗憾。""那么你想要去哪家俱乐部呢?"伊布回复道："去马德里。"罗塞尔说道："那是不可能的，除了那里，哪儿都行。”

伊布如此描述他签约米兰的场景：“在场的有罗塞尔、加利亚尼、米诺、我的律师、巴托缪和我，罗塞尔告诉我：‘我想让你知道，这是我人生中做过最糟糕的一笔买卖。’我回答他：‘这是糟糕决策引发的连锁反应。’”

伊布转会巴萨时花费了俱乐部 6600 万欧元（埃托奥抵价 2000 万，巴萨额外再分期支付 4600 万欧元），如今他先以租借身份转投米兰，之后又以 2400 万欧元永久转会米兰。在巴塞罗那，伊布赢得了 4 座奖杯，打入 21 粒进球，贡献 9 次助攻。

转会之后，伊布不需继续掩饰，而是一吐胸中恶气。“我在巴萨的问题是理念的问题。佩普认为是他创造了巴萨的足球。穆里尼奥能够鼓舞我，他是真正的赢家，瓜迪奥拉并不完美。我身处巴萨，为世界上最好的球队效力，但是我并不快乐。”此外，伊布认为瓜迪奥拉从未尝试在二人之间求同存异。“如果你和我出现问题，你应该解决这个问题。你是球队的领导者，你是主帅。你不能和球队其他 20 个人相处得好好的，却冷落那第 21 个人。”

瓜迪奥拉的权威受到了挑战，他的建队理念也受到了质疑。他和伊布之间的情感隔阂最终让他较为轻松地做出了放弃的决定，但是这始终付出了代价。瓜迪奥拉因为违背自己的直觉而感到沮丧，他也认为没有调动出球员的最佳状态，是伊布沮丧的原因。他只期望扶持梅西成为王牌的计划能够为球队带来源源不断的红利。

吃人的梅西

对梅西来说，足球就是一切，一切都事关足球。他最快乐的时光要数小时候，和其他 30 个孩子在临时搭建的球场上踢球的每分每秒，他在那里纵情盘带，把所有人甩在身后。梅西说道：“我不知道要是没有足球，我会变成什么样。我现在踢球的方式和小时候一样，上场之后就得寻找乐趣，就是如此。如果可以的话，我想每天都踢比赛。”

梅西身上有着不可思议的孩子气，他场上场下言行一致，总是远离媒体的关注，你看到的梅西往往就是真实的梅西。俱乐部创造了条件，让他和家人在一起，感觉自己就好像住在阿根廷罗萨里奥老家一样。和其他巴萨球员不同，他没有被要求说加泰罗尼亚语，也不需要在不必要的场合代表俱乐部出席场外活动。他不和记者交谈，甚至没有可以直接致电的经纪人，他不会用公关手段小心翼翼地装饰自己的生活，对于梅西而言，一切都关乎球场之上。

在东京举办的世俱杯上，巴萨与巴西俱乐部桑托斯遭遇。佩普向一位朋友解释了球星与职业球员之间的差别。他让朋友看看内马尔，巴西人为决赛准备了一个特别的新发型，手上则戴着昂贵的名表，球鞋还特地做了日文刺绣。“现在，再看看梅西。世界上最好的球员，也许也是历史最佳，一如往常。”

用佩普的话来说：“梅西不会争着上杂志上广告，不会想着吸引女孩的目光，他只想一心赢得比赛，拿下冠军，完成自我提升。他想与C罗、皇马以及穆里尼奥这样的对手抗衡，本质上他只想与自己较劲，证明自己是最好的，不管是晴天还是雨天，不管对手对他采用怎样的犯规。他对其他的事没兴趣，我们要做的，就是让这个男孩在最舒服的位置拿到皮球，然后我们只需要坐定看接下来会发生什么。”

这个阿根廷人永远都不可能向我们解释成功的秘诀，教练在向他阐述战术时从来不需要复述第二遍。他能够领悟瓜迪奥拉的要求，并且在场上付诸实行。当球队需要时，他会换边，他会回撤，他会自我隐蔽，然后突然间出现给予意外的一击。佩普对阿根廷主帅萨贝里亚如此说过：“你不需要向他交代太多，保护好他，听听他说的每句话。不要换下他，哪怕是奖励性质的换人也不需要。”和其他以成名球星身份加盟的外籍球员不同，梅西是在拉玛西亚成长起来的，深谙俱乐部的文化。拉蒙·贝萨描述道：“他可以和哈维、伊涅斯塔一起奏出和谐乐章，乐章往往以他的个人独奏作为结尾。球队整体需要他做什么，他就做什么。”他也只有在必要时才会使出炫目的技巧。

一旦局面变得复杂起来，他就会挺身而出解决麻烦。对梅西提要求的人也必须选择聪明的方式，所以佩普有时候会在赛前对全队说这样的话：“大家知道莱奥会在前场反抢，我们的每一次围抢他都会投入其中。”他婉转地向莱奥下达了指令。当时还在斯旺西做主帅的罗杰斯说过：“梅西的存在，使得其他球员很难自满，如果像梅西这样的球员也能在无球状态下去反抢，那么我队里的代尔肯定也会这么去做，这是非常直接的比照。”

梅西在进攻中拥有很大的自由度，但是他也很清楚自己在防守中的责任。如果他防守积极性有些许下降，中场球员就会提醒他，因为伟大的团队成就也包含了共同的责任承担。阿根廷人知道他可以在防守中有两次疏忽，但绝对不能有第三次。在对阵阿森纳的比赛中哈维和伊涅斯塔这两位护航者就提醒梅西不要在场上消失，务必回追防守，那场比赛伊布作为中锋梅开二度，他的光芒盖过了梅西。

从带队第一天起，瓜迪奥拉就一直思虑周详，从各个方面着手球队备战：身体状态的调整、医疗团队的建设以及饮食结构的调整。他发现梅西的饮食以阿根廷牛肉为主，这也是最有营养价值的部分，但是他从不吃鱼。佩普坚持为梅西订制一份特别的饮食列表，可乐、爆米花和梅西最喜欢的巧克力花生都被列为禁食。

瓜迪奥拉努力去理解梅西，迁就梅西，这不仅仅是因为梅西拥有的才华，还有他的为人，他的贡献。莱奥每堂训练课都倾尽全力，这一点他的队友有目共睹。那时的他从不会说：“我是梅西，你们得为我做这做那。”他能够意识到球队里没有单独的“我”。正因为如此，瓜迪奥拉会让梅西更早地休假，更晚地归队。逻辑很简单，相比其他人，他总是被要求做更多的事，踢更多的比赛，他也确实打进了更多的球，赢得了更多的比赛。

在寻找梅西理想搭档的过程中，瓜迪奥拉做出了一些重大决定，同时他也有一些足球上的困惑：他到底想把球队带往何方？巴萨在他手下获得了史无前例的成功，但是佩普每年都在修正自己的足球理念，他已看清埃托奥和伊布不是合适的人选，他需要在那之后找到一条的正确的路。

初来乍到之时佩普决定使用单箭头，他需要埃托奥这样快速犀利的高机动性前锋在对方防线身后寻找空档，随后他意识到矮个中场搭配埃托奥的战术体系会让球队在空中争夺中处于下风。随后伊布加盟，球队有了更多可能，又采用了另外一套体系：这是一个更加全面的前锋，他能够很好地接下长传，等待后续的攻击群压上。但是一年之后新的理念就宣告破产，瓜迪奥拉第一次决定把原本前锋应当占据的空间腾出来，不再使用 9 号前锋，梅西只要觉得时机恰当，便可以出现在那片区域。

这是过去曾经出现过的伪中锋战术，阿尔弗瑞多·雷拉诺在《阿斯报》一篇精彩的社论中写道："从辛德拉率领的奥地利梦之队到此前劳德鲁普率领的巴萨再到现在梅西领衔的巴萨都采用了伪中锋战术，不要忘了还有佩德雷拉的河床、希代古提的匈牙利、迪斯迪法诺的皇马、托斯陶的巴西以及克鲁伊夫的阿贾克斯。"

瓜迪奥拉在那几年做出一系列的改变引发了一些思考的困惑，但是球队的实力以及强调传控站位的风格还是足以让他们在思考的过程中收割冠军。伊布的离开和比利亚的加盟让球队建立了新的攻击方程式，梅西出任伪中锋，比利亚出任左边锋。效果可谓立竿见影，莱奥赢得了金球奖又赢得了金靴奖，他证明了自己是一位非凡的射手、独到的传球手以及一位关键时刻可以撕破防守的突破手，他在瓜迪奥拉麾下出战过 8 场决赛，打入 6 球。

瓜迪奥拉对梅西的位置做出了解释："梅西是独一无二的，我们希望他能够一直享受足球的乐趣，俱乐部为他配备了一些能够让他感到舒服的球员，因为在那样的情况下他无往而不利。如果他踢得不好，那就是因为环境出了问题。你必须努力让他保持那份生活中的淡定。俱乐部在引援上需要有足够的睿智，这样才能签下合适的球员去搭配梅西。"这也是巴萨此后为何向平托提供续约合同的原因，因为他是梅西在更衣室里最好的朋友。

当然，除了让梅西踢得舒服，还有很多事要做。如果以比赛关键时刻的表现作为衡量伟大球队的标尺的话，巴萨无疑是有史以来最可靠的球队之一。他们不仅风格鲜明，还具有异常强大的求胜欲望，他们的球员对于胜利简直贪得无厌。就如佩普所言，态度是一切的基础，所以要激励这些球员并不难。而在这些人中间，梅西是最具代表性的，他是足球世界的标志性人物，却也会因为输球而哭泣。

佩普执教的第二年，在 2010 年的国王杯 16 强战中，巴萨遭塞维利亚淘汰，对胜利的渴望使得梅西伤心落泪。这仅仅是重要程度排在第三的赛事，也是佩普带队之后失去的第一项赛事冠军头衔。梅西在比赛中表现出色，若不是帕洛普发挥神勇，他本可以上演帽子戏法。

比赛结束后，阿根廷人无法控制情绪，他坐在更衣室的地板上，封闭在自己的世界里，像个孩子一样哭了起来，当年他初到俱乐部时也是如此，注射治疗带来的痛苦和副作用让他感到孤独无助，他也是像这样偷偷躲在屋子里哭泣。

瓜迪奥拉很快就明白了，在阿根廷人的生命中，没有什么事比踢球更让他快乐（也许每天的午觉是紧随其后的第二件事），为什么要让他离开球场去休息呢？瓜迪奥拉不需要和梅西一同外出用餐，他们之间的关系建立在球场和训练场上。他们通过无声的手势、拥抱和短语来进行交流。有些时候仅仅一句“一切都还好吗”、一个竖拇指的动作或者互相的微笑就是沟通的全部。

但是世界最佳球员也总会在某些时刻感到莫名的沮丧。莱奥大多数时候都能展现上佳状态，但是也有一些时候他苦于进球无门，一旦莱奥不能百分百拿出状态，佩普总是会在赛后对他露出和善鼓励的表情，如果他的头还是低着，佩普就会想办法让他重新振作。

那些糟糕的比赛会让梅西变得郁郁寡欢，他会死死地盯着地面，一言不发，没有一丝笑容，一副爱搭不理的样子。在那副天使般无邪的外表之下，暗藏着一颗掠夺者的心，但是，在他的壮志和成就之下，却又有着一颗孩子般直率的心。孩子嘛，总是难以掩饰他们的情绪。

有一次，梅西嘴里含着咖啡勺来到训练场，在训练的大部时间他都这样含着勺子。他通常会在训练前喝一杯咖啡或者马黛茶[①]，他也总喜欢含着勺子来训练，在上场之前扔掉勺子。那天，他却含着勺子参与了热身时的抢圈练习，他在训练中的表现不禁让人想起了他前一晚被换下的事。但凡遇到轮休或者替换下场，他都会和教练冷战数日，不理不睬。

伊布初到巴萨前几个月的表现受到了外界的赞许，梅西则找到佩普，表示要么让自己出现在中路，要么就不踢了。佩普问他："那我该拿伊布怎么办?"梅西的态度斩钉截铁："我要踢这个位置，让其他人靠边站，要么就别让我上场。"

2010/2011 赛季末，巴萨在诺坎普与拉科鲁尼亚 0－0 互交白卷，此时的巴萨已经把冠军奖杯揽入怀中，比赛结束后，大家开始为联赛冠军大肆庆祝。梅西本场被安排进入替补名单，考虑到与曼联的欧冠决赛即将来临，最终瓜迪奥拉没有派遣梅西出场，赛后，他想要远离联赛冠军庆典，即便他在夺冠过程中居功至伟。他发现皇马的 C 罗在与比利亚雷亚尔的比赛中梅开二度，这使得自己失去了竞争联赛最佳射手的机会，他只想回家。球队队医胡安若·布拉乌不得不去找他，球队只得先拍了一张没有梅西的合影，直到他回到球场，合影才算完成。

在佩普执教的最后一个赛季，梅西在与皇家社会的比赛中替补上场，在 30 分钟内表现出了最糟糕的竞技水准。第二天他没有出现在训练场上，他为替补这件事耿耿于怀，到下一场比赛来临时都余怒未消。从 9 月初之后，梅西便没有再缺席一分钟比赛。如果你把足球从他身边夺走，那就等于夺走了他人生的动力。这样一来，他的生活就只剩下了睡觉和吃饭。

瓜迪奥拉是否在梅西身上创造了一个怪物呢？阿根廷人在瓜迪奥拉执教的最后一个赛季已经拥有了十足的话语权，有些时候他的言行甚至

---

① 即 *yerba maté*，是阿根廷特产。

出格。如果年轻球员不把球传给他，他会感到非常恼火，比如说昆卡，在与格拉纳达的比赛中梅西吼过昆卡："把头抬起来！"又比如说特略，在与米兰的比赛中梅西对特略喊道："传中！"当时他正在往前点移动，想要破门得分。即使是比利亚也不例外，如果他在可以传球给梅西的情况下选择射门，就会被后者指责。

和所有前锋一样，这位精干好强的阿根廷人想要维护自己的地位，并且为此而战。

"梅西学会了根据每场比赛的需要来做出选择。"阿根廷传奇教练梅诺蒂强调了这一点。梅诺蒂是对的，但是梅西的影响力已经延伸到了场外，俱乐部询问梅西和他的身边人，他们是否认为巴萨应当签下内马尔。梅西是通过阿尔维斯认识内马尔的，他们三个人还一起在网上打过游戏。俱乐部得到了他们想要的答复："去吧，去签下他。"

佩普是否会觉得自己给予了梅西太多的权力呢？当他离开俱乐部时曾经说过这个决定是为了"不再互相伤害"，很多人都认为这句话指向梅西。如果佩普留下，是否意味着他会重新考量球队的平衡性？一位球员打入 72 球，而其他球员则逃避责任，也许佩普会阻止这样的情况再度发生。

关于瓜迪奥拉在巴萨的执教也有一些争议，起初他努力打造团队足球，可最后却屈服于个人实力。这是所有主帅都会面临的问题，因为球员才是最终决定比赛的人，尤其这个人还是梅西。

在一位杰出的球员和团队之间找到平衡非常困难，佩普在执教的大部分时间都能掌控这种平衡。但是佩普是否有必要将梅西的特殊性如此清晰频繁地表述出来呢？那是否是最终导致球队失衡瓜迪奥拉离开的导火索呢？教练就像是天平。如果他向某一位球员屈服，即意味着天平的倾斜，这是足球世界不成文的铁律。

其他的"梅西受害者"

费尔南多·帕拉多是著名的"安第斯空难"的 16 名幸存者之一。

1972 年 10 月，一支乌拉圭橄榄球队搭乘飞机从蒙特维迪欧飞往智利的圣地亚哥，飞机在经过银装素裹的安第斯山脉时不幸坠落失事，幸存者直到 72 天之后才得到救援，这个富有戏剧性的故事此后也被搬上了好莱坞的大荧幕，被拍成了电影《天劫余生》①。没有食物，周围都是朋友的尸体，绝望的情绪弥漫在幸存者之间，之后，他们为了生存开始吞食尸体。帕拉多和他的朋友罗伯托花了 10 天时间踏过厚厚的积雪，只为翻越安第斯山脉寻求救援。在瓜迪奥拉执教的最后一年，费尔南多来到巴萨，在全队面前进行了一次鼓舞人心的演说。

“这让我们意识到，厄运降临时任何人都可能被摧毁，但是总有一些不愿屈服的人，为了自己的命运而抗争。”皮克发表了感言。帕拉多则在乌拉圭电视台上谈及了对巴萨球员的印象：“他们都是些聪明的年轻人，看起来就像是一支青年队。瓜迪奥拉告诉我，球队一旦出现不和谐的苗头，他就会掐灭它，就好比他对埃托奥和伊布所做的那样，这支球队里没有人觉得自己是球星，自然也没有人想出风头。”

在佩普执教的第一个赛季，巴萨曾在一场关键比赛中错过了一个必得的机会，主帅如今不愿回忆是哪场比赛哪名球员错过了这次机会。但是射门完成之后他立马回身看着替补席，有些球员原以为球会进，看到这一幕不禁跳了起来，还有一些球员则纹丝不动，连表情都没有变化。佩普总是透过类似的细节来了解球员的想法，这一幕深深地印在了他的脑海中。最后这件事并没有不了了之，接下来的一个夏天，那天在板凳席上纹丝不动面无表情的人全部离开了球队。

在瓜迪奥拉执教的第四个赛季之初，又一名前锋需要离开了。不过这次不是顶替伊布的比利亚，瓜迪奥拉对于比利亚一直褒奖有加，这次是博扬，温顺可爱又有些害羞的男孩，在里杰卡尔德执教期间，年仅 17 岁的博扬完成了处子秀，在那个赛季他赢得了所有人的心，他也一度被视为拉玛西亚最优质的学员之一。

---

① 即 *Alive: The Miracle of the Andes*，由弗兰克·马歇尔（Frank Marshall）于 1972 年导演的电影。

但是博扬在佩普手下鲜有机会发光发热，他最终被租借到了罗马。无法在自幼成长的球队获得成功显然让博扬很失望，但是瓜迪奥拉处理他去留的方式让他更为受伤。“我没有对佩普说再见，我只向那些善待我的人告别。”离开后不久他这样说道，“我和佩普的关系并不算好。”

这些话语让加泰罗尼亚的评论员感到困惑，巴塞罗那当地的体育报纸《每日体育报》如此写道：“当佩普展露现实的一面时，他和我们一样，是站在这片土地上的凡人，他让我们感到困惑不解。博扬的言论揭示了这位主帅的另一面，那是我们不想揭开的一面。林佑拉男孩所叙述的是一个冷静到近乎冷酷的主帅，在他高深莫测的完美外表之下，他能够完全掌控自己的情感。”

作为争议漩涡中的核心人物，佩普在巴萨球迷和媒体面前一向是不可触碰的神秘男子，如今昔日麾下球员站了出来，以肺腑之言对他的形象发起了挑战。“如果佩普打电话要我回来，我会对他说不。”博扬在离开前接受了一次电视采访，可谓情绪复杂。“对我而言，要信任他是很难的事，我不是说我们老死不相往来，但是如果他打电话要我回来，我会说不。我在他手下过得并不快乐，再度为他效力不是一个好主意。”

博扬离开“最主要是因为我没法出场”以及“我并不快乐”，同时还因为“佩普对待我的方式”。“不能出场是一回事，但是游离于团队之外又是另一回事，我觉得不管我做什么，他都看不见。”博扬的话语中透着酸楚和忧愁，还有一丝无力感。“我的父母、朋友和女友都让我‘和他谈谈’，但是我就是说不出口。也许是因为我想着‘不管你怎么做都无法改变什么’。”

你可以从博扬的眼中清楚地看到他的情绪，那是一种忧郁。他坦诚赛季末期“心理上并不舒坦”，身处一支成功的球队，他却“没有训练的欲望”。“我觉得队友和很多球迷都不爱我了。”这种情绪在温布利的欧冠决赛达到了顶点。“我发现自己没有位置可以踢，也有很长时间没有上场了。”欧冠决赛最后几分钟，他安慰自己还有希望出场。因为他看到：“我们3－1领先，曼联无能为力，还有一个替补名额。”结果佩普更愿意拿这个名额去奖励阿费莱。

在那之后他没有再和主帅说过话。“我不觉得还有什么可说的，我现在仍然这么认为，他也没有找过我。”直到加盟罗马前，博扬都没有和佩普交谈，“我向那些善待我的人告别，我没有和佩普说再见，不管是我还是他，都没说。整个夏天也没有电话打过来。这让人感到苦涩。我一直都说佩普是最优秀的教练，但是很可惜，作为球员我不在他的计划内，还得到了那样的对待。”

没有人生来就应该为巴萨踢球，哪怕是从青年队一路摸爬滚打上来的少年，所以也许瓜迪奥拉应该表达得更直接些。博扬在罗马同样举步维艰，他在那里没法有持续稳定的表现，这也意味着扼杀他巴萨生涯的，并非是主帅难以捉摸的个性，而是他自己的能力。

在巴萨，前锋面对的问题都显而易见：他们要生活在梅西的阴影之下。在球队前进的过程中，其他一些失势的球员产生过和博扬类似的感受，白俄罗斯球员赫莱布也发现自己游离于团队之外，他相信本来这样的情况可以得到更好的处理。“任何事关重大的会议都完全由俱乐部培养的球员发起并参与，瓜迪奥拉是一位非常年轻的教练，有些方面他还缺乏经验，在某些事上非常明显。”他说道，“举个例子，温格会尝试和每个人都建立亲密的联系，他对待每个球员都是如此。我是说如果教练可以看着你的眼睛和你交谈，这可以大大提升球员对教练的感知。你会听他说话，并且告诉自己‘OK，他是对的，我应当去做这件事，为了自己，我需要付出更多’。”

从另一个角度而言，佩普了解赫莱布的表现不佳，当他发现白俄罗斯人无法理解球队的需求时，他在赛季结束前就开始疏远对方。

不过和其他被疏离的球员一样，瓜迪奥拉也曾试图与赫莱布建立情感上的联系，但是他失败了。佩普曾经说过：“我会为了赫莱布说说英语。”他曾和赫莱布谈过无数次，因为他觉得赫莱布是那种需要你不时搭着他肩膀给予鼓励的球员。后来瓜迪奥拉觉得这简直是浪费时间，自己不如做些别的事，因为赫莱布不能理解巴萨意味着什么，即使是球员本人也承认了这一点。“现在我明白错都在我，我觉得自己像个小孩子一样，我的表现就是那样，有些时候我会在训练中少跑几步，有些时候我会故作姿态，教练让我这么做，我却蔑视指令我行我素，就像幼儿园小朋友一样，现在我觉得这是很荒唐的事。”

亚亚·图雷是另一位被抛弃的球员，他也就自己的离开对瓜迪奥拉进行了批判。“瓜迪奥拉，当我问他自己为什么不能上场时，他总是拿一些奇怪的事来搪塞我。所以我去了曼城，我和他差不多有一年没法好好说话。”图雷回忆道，“如果瓜迪奥拉和我谈谈，我愿意留在巴萨，我想要在巴萨终老，但是他对我没有表现出丝毫的信任。他没有在乎过我，于是我与曼城签下了合同。”

亚亚·图雷的经纪人在此间起到了推波助澜的作用，他指责瓜迪奥拉和俱乐部，他声称巴萨是一家疯人院，这使得双方的关系进一步恶化。根据经纪人的说法，亚亚应当出战每场比赛，但是布斯克茨晋升一队使得亚亚出场机会减少。逐渐地，佩普和亚亚之间变成了纯粹的职业关系，球员觉得自己被边缘化了，在瓜迪奥拉围绕本土球员打造的这支球队中，他不再是其中的一部分。

亚亚很快就发现，佩普与球员的情感纽带虽是他建队过程中的永久方针，却也是有保质期的，如果哪一天球员不再渴望出现在他的愿景之中，那么纽带也将随之消失。

皮克，长不大的少年

佩普意识到，在和亨利打交道的时候，有必要让对方感觉到自己依然是过去的那名巨星，当然前提是对方希望得到这样的礼遇。不过他与杰拉德·皮克的关系截然不同，佩普把他置于自己的羽翼之下，对他的关爱和呵护胜过其他任何一名球员。但是佩普与皮克的羁绊最终也产生了裂痕，这成为了佩普在巴萨最后一个赛季最棘手的问题之一。

最初想要引进皮克的并不是佩普，他的助手比拉诺瓦才是幕后的推手，比拉诺瓦曾经在拉玛西亚做过皮克的教练。21 岁的皮克从曼联回到诺坎普之后与佩普进行了一次谈话，在那次谈话中佩普毫不讳言这一点：“你能重回巴萨是因为比拉诺瓦的推荐。我只看过你几场比赛而已，我真的不了解你，但是蒂托对你很有信心。”

蒂托对皮克的信心在佩普执教的第二场比赛就显现了出来，马奎斯因伤缺阵，皮克首发入替，最终球队在诺坎普与桑坦德竞技 1－1 握手言和，这使得巴萨在前两场比赛只取得了 1 分。赛后第二天，佩普在训练中把皮克拉到一边，对他说：“想想他们的那个进球，这是一个二次机会，你应该顶上去造越位才是。请确保为下一场在里斯本的比赛做足准备。”皮克当时心想：“妈的，这家伙还真相信我。”从那时起，这种充分的信任使得二人建立起了特殊的关系。

实际上，皮克是作为第四中卫被引入球队的，马奎斯、普约尔和卡塞雷斯的顺位都在他之前，另外还有米利托要休战一个赛季。皮克对阵桑坦德竞技的表现得到了认可，之后他就迎来了与里斯本竞技的比赛，普约尔出任左后卫，初来乍到的皮克与马奎斯搭档出任中卫。“该死，他确实是很相信我！”皮克不停挠着脑袋。随之而来的信心一直伴随他进入 4 月，在主场与切尔西的欧冠半决赛中他与马奎斯联袂首发出任中卫，马奎斯在那场比赛中膝盖十字韧带撕裂，普约尔替补出场。从那时起，普约尔和皮克组成了未来数年巴萨的首选中卫组合，为球队保驾护航，获得了五十余场比赛的不败。

“我和佩普之间的关系，与我和队友之间的情谊不同，因为球员和教练不能有这样的关系，但是我和他还是很亲近。”皮克回忆道，“只有一次，我们在训练之余出去喝咖啡，聊了聊球队和我在球队中的角色。我们在训练场附近的一家酒店见面，聊了差不多一个小时，佩普对我说：‘好好干，你可以扮演更重要的角色。’他和别的球员也有过类似的沟通，他和亨利就有过一次。”

皮克透露的信息可以告诉我们与桑坦德一战之后，他与佩普的关系有了怎样的推进。瓜迪奥拉并不会在公众场合像褒奖皮克一样表扬其他球员，但是他也不会日复一日地像鞭策皮克一样激励其他队员，佩普费尽心思不让皮克挥霍他的天赋，有些时候你可以感觉得到他们的关系因此而变得紧张。佩普认为球员永远都有提升空间，而皮克即是他情感上的弱点。

在他执教的最后一个赛季，瓜迪奥拉觉得皮克心不在焉，这也是他感到沮丧的原因之一。而球员则不理解，自己为何会连续缺席6场比赛，这其中还包含了一场国家德比，也许部分是因为伤病原因，部分是因为技术原因。但是主帅认为这样做不仅是出于团队利益考虑，也是为了皮克个人考虑。年轻的中卫失去了一位巴萨主力必备的警觉，也失去了他或者球队应有的那份平静，他得到了太多的恩赐，如今的他显得心神不宁。

“当有些人不能全力付出的时候，我会认为也许是他们的个人生活出了问题。”瓜迪奥拉解释道，“所以，这种时候我就该介入了。有些人不能全身心为球队投入，并不是因为他们是奸恶狡诈的人。如果是那样的话，要么他自己走，要么我赶他走。我拿工资就是为了管理球员，治愈他们的身心。”也许有人会补充，除非他们值得你这样做。

佩普为了让皮克重回正轨可谓竭尽所能，他不断地告诫皮克，他正在做出错误的决定。但是直到佩普最后一个赛季末期，皮克才真正明白教练的话意味着什么。在波兰和乌克兰共同举办的欧洲杯上，皮克用实际表现证明自己已经吸取了教训。

还有其他一些球员，也是佩普心中情感的弱点。马斯切拉诺放弃了利物浦的主力位置，来到巴萨担任替补，为了能够进入首发阵容，他不得不学习如何去打中卫。“我从瓜迪奥拉那里学到的，是对职业的尊重和热爱。”阿根廷人说道，“你每天都会怀着愉悦的心情投入训练，对于正在进行的工作感到快乐，在我加盟巴萨的前6个月，他就让我感受到了这一切，我很少出场，但是我感觉我正在学习。我记得有一次他让我看了一场篮球决赛，他想让我看看两支球队在比赛中如何相持，当这种相持处于球队的层面时，个体的较量也会变得很特殊。对瓜迪奥拉而言，学习是没有止境的，哪怕他不是世界上最优秀的那名教练，他也是最优秀的教练之一。”

很显然，不断的成功让佩普的传奇色彩倍增，俱乐部的奖杯陈列室收获渐丰，他的光环也愈发耀眼。后来的事告诉我们，对于一些球员而言，这种光环产生的作用适得其反。

法布雷加斯，游子归巢

在外人看来，巴萨是足球世界的标杆。而在球队内部，球员们在优质体系下运转，他们拥有一位理解他们的主帅，这让球员受益良多。这位主帅对于足球运动有着深刻的理解，他明晰自己的责任，拥有非凡的魅力，怀揣鲜明的理念，他独具慧眼，同时也深不可测。对于巴萨球员而言，他不仅是教练，还是一名非常优秀和特别的教练，甚至是他们心中的唯一。法布雷加斯加盟巴萨就是为了与传奇共事，但是在这样神一般的传奇人物面前，球员对于自身失败的恐惧无疑是最折磨人的。

塞斯克·法布雷加斯对瓜迪奥拉的崇拜由来已久。当他还在青年队效力时，他从父亲那里得到了一份礼物：一件由他的偶像瓜迪奥拉签名的巴萨球衣。佩普几乎没有看过塞斯克的比赛，但是他的兄长佩雷·瓜迪奥拉告诉他，这个孩子天赋卓越。塞斯克的偶像如此写道：“有一天，你会披上巴萨的 4 号球衣。” 10 年后，预言成真。

但是，法布雷加斯迈出的第一步竟然是移居国外。作为一个恋家的孩子，塞斯克在伦敦的第一年过得很煎熬。那一年他才 16 岁，他意识到未来几年自己很难在巴萨一队出人头地，而阿森纳则许以重点培养的承诺，法布雷加斯选择转投枪手。温格一位名叫弗朗西斯·卡基高的助手建议温格直接提拔塞斯克进入一线队，温格接受了这个建议。

但是回家这件事总是充满了诱惑，在那年欧冠半决赛负于国际米兰之后，巴萨打来了第一通电话，佩普在展望他执教的第三个赛季时，把塞斯克也纳入了规划之中。不久之后，法布雷加斯随西班牙国家队获得了南非世界杯的冠军。实际上，巴萨先是试探了大卫·席尔瓦，无奈瓦伦西亚不愿意放人。不过法布雷加斯也不只是简单的备选方案。

佩普在得知法布雷加斯有意加盟巴萨之后立刻介入转会进程，与温格谈判的是技术总监贝吉里斯坦，可是真正推动转会的却是球员和瓜迪奥拉之间的对话。

佩普向他解释，为什么自己想要签下他，他认为法布雷加斯作为一名中场，可以为球队增加后上得分的能力，同时他也能够快速完成进攻转换，从而渐渐取代哈维的角色。但是，佩普也告诉法布雷加斯，转会迟早会发生，当下更重要的是专注于为阿森纳倾力付出。

这样的承诺正是法布雷加斯急需的，因为阿森纳并不愿意在 2010 年夏天就出售这位颇具价值的球员，法布雷加斯则已经告知温格自己想要离开，温格对此不置可否。

正是时任巴萨主席拉波尔塔要求法布雷加斯向温格摊牌，他寄望于温格在重压之下就此屈服。

世界杯期间，佩普和塞斯克依然保持着联系，巴萨主帅坚称只要阿森纳愿意摊牌，自己就会全力将他招揽入队。“在这个位置上，究竟是引进你还是提拔青年队的某个人，对我来说都能接受，但是我只想要你，阿森纳希望我们等到 8 月底再来个了结。”

贝吉里斯坦和温格断断续续地进行着谈判，他告诉对方，随西班牙国家队出征期间，在普约尔、皮克和哈维等人的耳濡目染之下，法布雷加斯正迫切希望回到巴萨。他狡黠地暗示巴萨几乎在强行引进法布雷加斯，阿森纳已经到了不得不放人的地步——这是谈判的惯用伎俩。“我打电话给你，只是因为球队让我打给你。我也知道你和球员本人谈过，你也告诉他说我们可以给你打电话谈谈这件事。”贝吉里斯坦提醒温格，正如巴萨在官网上所说的那样，只有阿森纳愿意，巴萨才会坐下来与他们谈判。此时的温格依然没有明确表态。

法布雷加斯本人认为这次机会一生难得，必须尽可能促成转会，此时，俱乐部政治成为了转会的拦路虎。巴萨高层剧变，罗塞尔取代任期已满的死对头拉波尔塔，成为了新的俱乐部主席，苏比萨雷塔也顶替贝吉里斯坦成为了新任总监。巴萨新掌门与温格的对话给予这桩转会致命打击。

“他不是我们的当务之急。”当温格询问巴萨签下法布雷加斯的意愿时，罗塞尔如此回答道。“不是当务之急。”这句话是否意味着新任主席要放弃这名球员呢？也许他会觉得引进法布雷加斯会被看作是前任的功绩，毕竟是拉波尔塔开启了转会谈判。

事后，在参与这桩转会的人看来，罗塞尔之所以兴趣平平，是因为他对于花费如此巨资买回曾经的青训球员并不感冒。或者说在那个时间点，他并没有那样的意愿。

随后温格没再接到来自巴塞罗那的电话，与此同时，他借机告诉法布雷加斯，巴塞罗那，或者说他们的新任主席不再对他抱有兴趣，在罗塞尔的眼里，他不是“当务之急”。

那个夏天，法布雷加斯的转会没有成功。

在转会失败的消息传出后，佩普是第一个给塞斯克打电话的人。“听着，不用担心。”他告诉沮丧的年轻人，“我知道你为此努力过，我们会确保明年你能转会成功。”

法布雷加斯随后召开新闻发布会确认留队，他这样描述着自己的感受：“不可思议，我对转会很有想法，但是最终没能成行。但是这个夏天，我所了解到最积极的信息是，足球世界依然有一些人，真的值得我去为之努力。”他说的就是瓜迪奥拉。

正如瓜迪奥拉承诺的一样，第二年巴萨再度表达了对法布雷加斯的兴趣，这让法布雷加斯对于转会完成充满了信心，他确信自己的偶像是言而有信的男人。

2011 年夏天，两队谈判再度开启，进展一度很慢。但是法布雷加斯如此坚定地想要转会巴萨，为此他不惜每年降薪 100 万来填补转会费。

也就是那时，瓜迪奥拉将要在巴萨执教最后一个赛季的流言传出，法布雷加斯不知如何开口询问瓜迪奥拉，但是他需要知道对方的计划。可即便连佩普本人也不知道未来会怎样，他的回答并没有很好地解除法布雷加斯的疑虑："即便不是我，也会有别人来照看你的。"

法布雷加斯非常明确地回复佩普："我要转会巴萨完全是因为你，巴萨是我的梦，但是让我想要圆梦的原因在于主帅是你。球员时代的你也是我的偶像，我一直都很崇拜你。"最终，在 2011 年 8 月中旬，转会完成。尽管罗塞尔对于花费巨资引进一名过去的巴萨球员持怀疑态度，巴萨依旧以 4000 万欧元买入了阿森纳队长。

回归巴萨让法布雷加斯如释重负，他仿佛经历了重生。无论在公众场合还是私下场合他都毫不掩饰这一点。"塞斯克是个非常害羞的人，他把什么事都藏在心里。当他遇到麻烦的时候，很难让他敞开心扉，在伦敦的最后几个月他过得很不好。我们之所以了解这一点，是因为他几乎不接电话，即便打电话过去的是我们。"说这番话的人是法布雷加斯的父亲，"很显然，儿子能回家我很高兴，但是说实话我也有些担心，因为生活中的经历告诉我，你必须做好受打击的准备，在足球世界尤其如此。"

在加盟巴萨之后，法布雷加斯和瓜迪奥拉能够面对面谈话。他想要告诉佩普自己在阿森纳最后几个月的感受，他没有那样做，但是他很想知道佩普有没有同样的经历。在伦敦的最后几个月，法布雷加斯已经失去了 16 岁来到阿森纳时的激情，他在训练中了无生气的表现也印证了这一点。8 年过去了，他觉得自己需要寻找新的挑战，以此来重新找回内心深处的激情和渴望，以此来平息当下的疑忧。

即便要从板凳坐起，回家也让法布雷加斯感到愉快。他告诉佩普，他知道一开始自己没法经常出场："看看你手下的那些球员吧！"但是他愿意为此而战。"我想要得到鞭策，你可以对我提出更多要求，我想要那种压力。"法布雷加斯补充道，他在阿森纳，已经感受不到任何动力。

佩普也对他敞开了心扉，这番话听起来很熟悉："当我离开巴萨的时候，我也曾有相同的感觉，我在训练场上没有任何激情，所以我需要离开。"

这是他们第一次面对面谈话，此后，在训练中、在赛前、在赛后、在机场，他们还有很多次单独的对话。一开始谈话内容并没有涉及许多战术内容，佩普只想让法布雷加斯重新找回对足球的爱，从他回到这里的第一天起，就找回进球与快乐。

事实上在佩普执教的最后一个赛季，法布雷加斯学到的东西比其他任何人都要多。法布雷加斯对他的崇敬之情佩普心知肚明，他希望法布雷加斯把他看作一名决策者。自从法布雷加斯加盟的那一刻起，瓜迪奥拉就想着向他灌输尽可能大的信息量，包括站位选择、后上进攻、无球跑动、组织串联等等。法布雷加斯无法在一时间消化这些信息，佩普期盼有朝一日他能有所领悟，即便那时自己已经不在队中，无法再给予他指导。

法布雷加斯离开巴萨转投枪手时已经 16 岁了，因此媒体和球迷都认为哪怕他出场时间不多，迅速适应也不成问题。然而，在英格兰的岁月让他有了很大的变化，他离开了一支赋予他完全自由度的球队，而在巴萨，球队更强调站位和战术纪律，法布雷加斯觉得很难适应。

尽管在他加盟的前几个月，他依旧拥有同样的自由度，但是他更多地被安置在了锋线，在那个位置他能够轻松取得进球。然而，当球队进入欧冠 16 强之后，佩普开始将他放在更靠后的位置，提出了更多的战术要求。法布雷加斯很难理解佩普提出的要求，他本人也承认了这一点："我难以理清思路，直到我明白了他们签下我是因为我的过去而不是当下。但是我不能扭曲自我。"

佩普希望塞斯克感受到他的关怀，球员希望他能对自己严格要求，佩普如其所愿，而在与瓦伦西亚的比赛后，他公开表达了对法布雷加斯的支持。那段时间法布雷加斯进球不多，瓜迪奥拉表示他正在适应新的角色，而且表现得很不错。那也许是法布雷加斯加盟之后表现最出色的比赛之一，他不仅贡献了一次助攻，防守和组织也可圈可点，只不过是错失了几次机会罢了。他迫使瓦伦西亚门将迭戈·阿尔维斯做出了数次精彩扑救，还有一次击中了横梁。在球队 4－1 领先之后佩普换下了法布雷加斯，球迷起立鼓掌为他欢呼。

塞斯克为此感到高兴，但是他又恼于无法破门。“天哪，球就是不进门！”他下场的时候看到佩普走过来想要拥抱自己，法布雷加斯失落的情绪顿时又涌上心头：“该死，进球怎么这么难，球就是不进门，我们花了好久才打进了第三个球。”他嘟哝着，沮丧之情溢于言表。

“确实该死……”佩普半开玩笑地回复道，他猛烈地推了球员一把，吼道：“但是你说球就是不进门是什么意思？把球踢进去！你可以做到的！”

佩普给了他急需的支持和激励，法布雷加斯又是那种会及时做出反馈的球员。在与米兰的比赛之后，佩普故伎重演，在那场比赛中法布雷加斯没有上场，在第二天的训练中，佩普对他说道：“下一场比赛你可以踢自己的位置。我想看到你的出色发挥，OK?”佩普所说的“自己的位置，即是指法布雷加斯在阿森纳的自由人位置。

瓜迪奥拉经常会在塞斯克出场时排出3－4－3阵形，虽然未经确认，但他还是遵循了约翰·克鲁伊夫的准则：有才华就要秀出来，尽可能派出你最好的球员。所以当佩普不得不排出4名中场缩减防线人手时，他就这么做了。塞斯克对于他的体系非常重要，因为他能够完成后插上得分，分担梅西的得分压力。与此同时，阿根廷人本身在进攻中的自由度让对方中卫和整体防守更难应付。

但是这个体系并不是一直奏效。

这个赛季要学的东西太多了，法布雷加斯接受了过量的信息，更何况他还需要在球队找到自己的位置，这让他感到非常沮丧。随着赛季的深入，他的表现愈发不如意。“在阿森纳我要承担很多责任，在巴萨我需要遵循更多战术原则。”塞斯克承认道，“有时候我会觉得迷失了自我。”

最后他不仅没法保证进球率，还在一些重要比赛中被排除在了首发名单之外，其中包括了4月与皇马的国家德比，但是这并没有让法布雷加斯对佩普的敬意有所下降。在俱乐部内部看来，佩普的离开也许会让塞斯克得到释放，他可以逐渐取代哈维的角色，成为球队的领袖和核心。

在法布雷加斯8月加盟巴萨之后，仅过了两个月瓜迪奥拉便告知主席和苏比萨雷塔想要离开球队，事后看来，这对于前阿森纳队长而言非常残酷。

2012年欧冠半决赛，巴萨遭切尔西淘汰，赛后在更衣室内塞斯克给了佩普一个长久的拥抱，他是非常感性的人，有些情感无法言说，但是他希望佩普能继续执教，希望他能明白这个拥抱的深意。

但是3天之后，佩普就在更衣室宣布了离开的决定，法布雷加斯再次感受到了一年前在阿森纳时的那种情绪。

国王杯与毕尔巴鄂竞技的决赛之后塞斯克再度拥抱瓜迪奥拉，这是他在巴萨执教的最后一场比赛。然而这个拥抱，无异于一次告别。

6. 佩普 · 瓜迪奥拉与何塞 · 穆里尼奥

1997 年 5 月 14 日，巴萨与巴黎圣日耳曼在鹿特丹的费耶诺德体育场角逐欧洲优胜者杯冠军。巴萨坐拥罗纳尔多、路易斯·菲戈、路易斯·恩里克和佩普·瓜迪奥拉，巴黎圣日耳曼则只有传奇球员拉易和他的巴西同胞，也是未来的米兰球星莱昂纳多坐镇，德约卡夫、吉诺拉和维阿的离开让球队实力受损，他们正在走下坡路。

比赛非常激烈，两队都有出色发挥，破门机会也很多，比赛唯一的进球发生在上半场最后几分钟，当时的世界最佳球员罗纳尔多用点球帮助巴萨取得了领先。

此后罗布森的球队守住胜果，主裁马库斯·默克吹响终场哨，巴萨球员尽情庆祝，他们的庆祝近乎于释放，因为这是近 10 年来巴萨首次由约翰·克鲁伊夫以外的教练率队夺冠，这并不简单。

庆祝的过程中佩普不仅想要拥抱队友，还想拥抱在场所有俱乐部相关人士。他与伊万·德拉佩纳跪在草坪上拥抱。当他们站起来的时候，佩普看到了一位俱乐部的工作人员，他向着这位员工招手，脸上露出了灿烂的笑容，张开手臂径直跑了过去。

那个人就是何塞·穆里尼奥。

佩普和何塞拥抱了。穆里尼奥这位未来将要成为皇马主帅的男人当时正在为巴萨工作，他是博比·罗布森的翻译兼助手。穆里尼奥紧紧地抱住佩普，将他三次抱起，然后他们开始欢跳，就像圣诞节早晨兴奋的孩子一般。

两位同事及好友为冠军欢呼雀跃着。

这是他们共事的第一个赛季，之后何塞还要在巴塞罗那待上3年，直到2000年他离开球队。4个赛季的共处让他们互相之间知根知底。

数年过后，二人带队酣战连连，这是四场激烈而又丑陋的国家德比，在此期间，佩普提及两人过往的友情："我只想提醒他，我们曾经一起共处4年，他了解我，我也了解他。这段时光一直在我心中。"

"我倾尽所有，毫无保留，这是我的原则。所以我需要重新填充自己。"佩普在宣布离任的发布会上如此说道。他在公开承认自己的缺陷和脆弱，将这一切暴露于世人面前。

瓜迪奥拉诉说了自己的精疲力竭和无能为力，然而几天过后，甚至可以说在数小时过后，他的心情就有了变化。与公众道别时的那种释然突然变成了忧伤。

不知道这是否是发布会产生的后续影响，毕竟对于瓜迪奥拉丰饶的巴萨执教生涯来说这并不是一个相匹配的结局。有人猜测瓜迪奥拉情绪波动的原因在于，几乎在俱乐部宣布他们的历史最佳教练离队的同时，他们也宣布了继任者，那就是蒂托·比拉诺瓦。瓜迪奥拉的忧伤难道是源于好友蒂托的留下吗？俱乐部的这个决定震惊了所有人。或者是因为他和继任者仍要尴尬地共处一室？又也许是自打他宣布离开后更衣室内产生的奇异氛围？包括球员和工作人员在内，所有人都觉得他们可以做更多努力来说服佩普留下。

不管是何种原因，佩普在情感上已经麻木，在将脆弱公之于众的过程中，他揭开了足球带给他的伤疤，充斥着残酷争斗的足球世界让他苍老了许多。有人说执教巴萨4年耗费的精力抵得上执教其他球队（比如曼联）25年，这样的说法也许是对的。佩普正在告诉我们：我不是超人，不是完人，我也有脆弱的一面。佩普·瓜迪奥拉，他是一位"反英雄”人物，他能够成就伟大铸就华丽，却也有自己的弱点和恐惧，他是球队的主帅、俱乐部的象征，也是球队哲学的布道者，如果不必如此一人分饰多角，他一定会更加愉快，他反感他人将自己树为楷模。所以他更像是蝙蝠侠。

超人可不会在球队赢得六冠王之后，在摄像机下当着全世界的面掉眼泪；超人也不会在赛后坦言“未来一片黯淡，进步几无可能”；他曾在比赛中询问蒂托“我们现在还能做些什么”。这是因为面对相同的挑战，佩普总能预知困难，他觉得自己并没有强到可以克服所有困难，尤其当你身处巅峰之时，盛极必衰是不变的定律。

佩普不断提升球队已然令人称奇，他一次次证明了自己可以击败概率，他谨遵自己的价值观和足球哲学，帮助球队完成转变，带领他们踢出史诗般的足球，他获得的成绩看似如超人一般不可思议，但是他也为此付出了代价：他只是看起来像是超人，实际上他和我们一样是凡人，也正是他所拥有的人的特质让他有了这样的成就。

这也是佩普的神奇之处，他是引人入胜的复杂个体，公众为之心醉神迷，一方面他很脆弱，即使是心理上也是如此，同时他又拥有强大的领导力和纯粹的个性，他的球队也恰似他的个性，他们踢球的风格带有鲜明的艺术气息；另一方面，他们身体条件欠佳，他们要比一般球员更加瘦弱矮小，这样反差巨大的两面也让蝙蝠侠佩普和他的球队充满了吸引力。

佩普受到尊敬不仅仅是因为他的带队风格和奖杯荣誉，还有他在成败之后的言行、对待荣誉以及自身错误的态度。有人刻薄地指出瓜迪奥拉的镇静和良好言行不过是表象，只有透过失败才能看到真正的佩普。媒体之所以热爱足球，是因为它是非黑即白的，胜与败，好与坏，泾渭分明。马德里媒体就认为佩普是邪恶的，他的公众形象掩盖了他截然不同的本质。2011 年 4 月和 5 月间，巴萨和皇马连战四场，两地媒体之间的战火也越烧越旺，他们都极力想要将对方树立为反面形象，这也造就了西班牙足球历史上最具火药味的时期之一。

在佩普执教巴萨的末期，负于皇马以及欧冠被切尔西淘汰这样的比赛成为了触发佩普负面情绪的导火索，也让外界得以一窥他鲜为人知的另一面。那段时期他对裁判的抱怨，实际上是在宣泄整个赛季累积起来的沮丧。

不过球队的拥趸并不会因为这些事而动摇，在他们眼里巴萨不仅仅是一家俱乐部，他们沉迷于球队的风格和气质，瓜迪奥拉则是他们的真命天子。他在被动的状态下成为了人们眼中的社会领袖，只有极少数人没有因为他的光环晕眩，这些是真正理解他的人，但是大多数人只能从报纸上了解瓜迪奥拉，他们对他的认识更多出于想象，那样的瓜迪奥拉，连佩普自己都不认同，他读着那些谈论他执教手段、领袖气质和超人胆魄的文字，不禁自问："他们谈论的那个人到底是谁？是我吗？有些书里写的那个人连我自己都不敢认。"

事实上，在很多方面瓜迪奥拉都与粉丝描绘的理想形象相悖。"包括伊布在内，有些人带有恶意地将他描绘成一个富有哲学气息的人，其实他很务实。"拉蒙·贝萨说道，"与其说他是一名领袖，他更多的还是一名主帅，相比竞技，他更热衷于教授。在拉波尔塔离开之后瓜迪奥拉似乎还要扮演其他的角色，那是因为当时的俱乐部在精神层面和权威形象上都有所缺失，瓜迪奥拉不想回避责任。"但是，为了让足球运动更引人注目，公众需要制造对抗，在这个场景中，英雄需要一名敌人来充实整个画面。最终，佩普看到了这个人，媒体和球迷也发现了这个完美的敌人，他与佩普有过交集，如今已是他的强劲对手，在媒体粗浅的分析看来，他拥有与瓜迪奥拉相对立的价值观，他为巴萨的死敌所雇佣，目标是终结巴萨的统治。穆里尼奥，让佩普看到了他完美的死敌。

在这场对决中，人物已经有了明确的设定，这是正义与邪恶的对决，一方是受人尊敬的瓜迪奥拉，另一方是好勇斗狠的穆里尼奥，他们作为对方的对立面而存在，这使得他们的角色得到了更绝对的定义。很显然，穆里尼奥想要寻求针尖对麦芒式的争斗，他渴望不断挑起争斗，因为他认为这样做能够让巴萨这支正在创造历史的球队产生动荡。佩普则不愿被拖入这样的纷争，只有一次，他决定站出来直面他的敌人。但是在巴萨的4年走到尽头之时，佩普向一位密友承认："穆里尼奥赢得了这场战争。"这是一场他不愿经历的争斗，即便是两队曾经奉献的美妙足球，也已经在佩普的记忆中被抹去了。

然而，如果你透过表象看到更深处，你会发现足球这个舞台最令人惊讶的地方在于，有很多事将佩普和穆里尼奥联系在了一起，也有很多事，让佩普和穆里尼奥这对"众望所归"的死敌相互对立。

1996年博比·罗布森与巴萨签约，当他来到巴塞罗那的时候，在机场恭迎他的，是33岁的穆里尼奥，他帮老帅装载好行李，驱车与罗布森一同前往诺坎普。穆里尼奥将要为罗布森担任翻译，帮助他在新东家安顿下来，他为这位老帅尽心尽力，就像先前他在里斯本竞技和波尔图同罗布森共事时一样。从罗布森来到球队之后，这位精通西班牙语和加泰罗尼亚语的翻译何塞就经常出现在各种会议场合，与巴萨主席路易斯·努涅斯或者副主席加斯帕特同处一室，他要帮助罗布森理解其他人的意思，也要把罗布森想要表达的信息翻译后传递给其他人。当时的穆里尼奥已不仅是一名"翻译"，后来许多人拿这个名头来戏谑他，实际上早在波尔图时期，穆里尼奥就经常在训练中协助罗布森。起初，这样一位毫无经验的年轻人在训练中发号施令让球员产生了抗拒，但是随后他们意识到何塞能够非常透彻地理解足球。

鉴于罗布森在巴塞罗那期间始终未能掌握西班牙语，他需要穆里尼奥融入他与妻子艾尔西的新生活，何塞的妻子玛蒂尔德也时常伸出援手，罗布森家的晚餐总是可见穆里尼奥夫妇的身影。渐渐地，罗布森在球队日常运营中赋予这位下属更大的影响力，甚至连球队钦派的助教亚历山科也要在训练中与穆里尼奥分享权力。根据某些会说英语的球员回忆，何塞在翻译罗布森的指令时会表达得更加激进，有时候甚至会过界。他的录像分析周全到位，总能很好地捕捉到对手的弱点和优势，他和罗纳尔多的良好关系也让他在队内颇得人心。罗布森总是刻意与球员保持一种职业上的距离，于是穆里尼奥便成为了球员失意时依赖的对象。不过，何塞也时常钻空子，频繁而放肆地越界。

穆里尼奥很快就发现瓜迪奥拉是天生的领袖，他决定接近瓜迪奥拉，将他拉拢过来。他成功了。二人经常在训练后用西班牙语或者加泰罗尼亚语聊上几个小时。“我们确实会聊聊，当我们都有困惑的时候，我们会互相交换想法，但是在我的记忆里，这样的交谈并不能定义我们的关系，毕竟他是罗布森先生的助手，我是个球员。”瓜迪奥拉现如今是这样说的。

罗布森曾经说过，当时的瓜迪奥拉是球队里的大佬，他从不惧怕说出自己关于战术的想法，球队该怎么做，不该怎么做，等等。事实上，随着时间的推移，巴萨球员意识到罗布森无法驾驭巴萨的风格，也无法适应西甲的土壤，所谓的四人组（瓜迪奥拉、恩里克、塞尔吉和阿贝拉多）站出来在球队内部营造出了自治的氛围。在这样的关键时刻，穆里尼奥必须和教练站在一起。

罗布森在那个赛季带队拿下了西班牙超级杯、国王杯和欧洲优胜者杯这三项赛事的冠军，但是联赛冠军不幸旁落。4 月，俱乐部在感知到教练权威缺失的情况下与范加尔达成协议，这位在阿贾克斯大放异彩的教练将要入主巴萨。穆里尼奥原已决定在赛季末返回葡萄牙，但是罗布森将他举荐给了范加尔，后者给予了何塞更大的权限，甚至在一些友谊赛中让其代为指挥，在中场休息时由他进行战术布置。与穆里尼奥共进晚餐的人从罗布森夫妇变为了路易斯·范加尔与特鲁丝·范加尔夫妇。

渐渐地，何塞开始自我膨胀，这也是注定的。他在豪门俱乐部的更衣室里待了这么些年，如今离开了罗布森，他不再像早先那样约束自己的言行。范加尔认为：“他是一位傲慢的年轻人，不怎么尊重权威，但是我喜欢他这一点。他并不顺从于我，如果他认为我是错的，就会提出反对意见。后来我就会听听他到底想说什么，再后来，相比其他助手，我会更多地采纳他的建议。”

很显然，穆里尼奥在巴塞罗那远不只是一名翻译，但是加泰罗尼亚媒体对他的身份就是如此认知的，当时的主席努涅斯提到穆里尼奥，也坚持使用“翻译”这个头衔。对于西班牙人而言，想要否定一位葡萄牙人的权威是很自然的事，两国之间存在着一种单方面的敌意，西班牙人并没有把这位近邻当回事。对于穆里尼奥而言，这样的失礼他不会遗忘，也不会宽恕。

当范加尔 2000 年下课时，何塞也没有得到俱乐部的续约合同。实际上他本就想离开，他觉得自己已经做好了准备，去成为某支球队的一把手。当穆里尼奥在葡萄牙找工作的时候，佩普度过了他在巴萨一队的第七个赛季。

接下来的事众所周知。何塞成为了冠军教头，他在波尔图和切尔西的成功让他有机会取代里杰卡尔德成为巴萨主帅，这也是他最大的梦想之一。

但是穆里尼奥与巴萨球迷的糟糕关系让加泰罗尼亚俱乐部心存疑虑，这也对他们的最终决定产生了影响。这件事还要从 2005 年说起，穆里尼奥以切尔西主帅的身份回到诺坎普，这也是他在离开巴萨之后首次回到这里。之后他率队与加泰罗尼亚人有过数次激烈交锋，而在这场遭遇战后，他指责里杰卡尔德在半场休息时进入了当值主裁安德斯·弗里斯克的休息室。穆里尼奥向欧足联投诉此事，一石激起千层浪，处于漩涡中心的弗里斯克还收到了球迷通过邮件发送的死亡威胁，最后不得不宣布退役。欧足联裁判委员会则在事后给穆里尼奥贴上了“足球公敌”的标签。

不过，在争议的表象下，穆里尼奥称得上是一位了不起的主帅，即便在诺坎普，也不乏赏识他的高层。2008 年春天，穆里尼奥与巴萨高层在里斯本会面，他迫切地想要打动对方。会面过后，他确信巴萨将选择自己，而非瓜迪奥拉。

然而巴萨高层在未给予明确答复的情况下拒绝了穆里尼奥，这让他感受到了背叛带来的灼伤。

从另一个角度而言，穆里尼奥本可以成为巴萨的财富，他曾经在这里工作，非常了解这家俱乐部，但是巴萨却没能很好地利用这笔财富，这不是巴萨第一次做出类似的决定，当然也不是最后一次。这可以说是加泰罗尼亚人或者说巴塞罗那人的劣性，那些离开俱乐部以及离开这片土地的人在他们看来就是背弃者，他们如此对待罗纳尔迪尼奥，也如此对待瓜迪奥拉。在加泰罗尼亚媒体和足球圈的描画下，何塞变成了一名“敌人”，考虑到他对巴萨了若指掌却又有着怀才不遇之恨，因此，他是与俱乐部芥蒂难容的敌人。

穆里尼奥在两年时间内带领国际米兰两夺联赛冠军，并且赢得了一次欧冠冠军，他还是遭到了巴萨的拒绝，随后他与皇马签约。巴萨与皇马不可兼得，穆里尼奥选择了后者。

佩普与何塞身为教练的第一次对决发生在2009年的欧冠小组赛，身为卫冕冠军的巴萨与穆里尼奥执教第二年的国际米兰遭遇，两队在意大利互交白卷，但是结果不能反映出加泰罗尼亚人在比赛风格、整体站位和控球上的成熟风范。在诺坎普进行的次回合比赛中，瓜迪奥拉没有派出伊布和梅西，他遣上了状态出色的佩德罗和亨利，后者出任中锋，表现出色，球队也以2－0完胜国际米兰。

“穆里尼奥，去剧院吧！”巴萨球迷如此唱道，在2006年巴萨与切尔西的一场欧冠比赛后，穆里尼奥指责梅西“演戏”，另外他还曾在诺坎普以滑跪的姿势大肆庆祝进球，巴萨球迷对此念念不忘。面对98000名巴萨球迷的讥讽，穆里尼奥面不改色。

总而言之，对于何塞而言，这并不是一次愉快的回归，但是他非常大度地接受了失利的现实，赛后他承认：“巴萨的表现非常耀眼。”两位主帅在首次交锋之后的言论说明了两队的差距，但是穆里尼奥一边奉承巴萨，一边观察，是什么让佩普的球队如此出色。

同一个赛季的欧冠半决赛，两队再度遭遇，这对于淘汰赛专家穆里尼奥而言是绝佳的复仇机会。他故伎重演，遵循“比赛始于赛前新闻发布会”的原则，开始制造敌对气氛，并且精心准备比赛，布置战术。

首回合，受到冰岛火山灰南飘的影响，欧洲航空线路瘫痪，欧足联未曾考虑推迟比赛，巴萨不得不驱车14小时，乘坐大巴抵达他们在米兰的酒店。相比赛季初的比赛，这次，国际米兰在战术上准备得比加泰罗尼亚人更为充分。在比赛的下半场，佩普的球队看起来完全不在状态，他们在先入一球的情况下被对手翻盘，米利托将比分锁定为 3－1（此球越位，仍被判作有效），最终国际米兰夺得首回合的胜利。

不出意料，穆里尼奥在赛后新闻发布会上延续了之前的策略："输球总是很难接受，尤其对那些不习惯输球的球队而言。"瓜迪奥拉了解穆里尼奥的那套把戏，避免与他陷入争斗："我非常尊重他，对于这样的言论，我不会花哪怕一秒去回应。"

佩普希望球队把注意力集中在第二回合，何塞知道，巴萨一旦情绪激荡，就难以拿出理想的状态。

穆里尼奥在次回合的新闻发布会上再度出招中伤佩普："我们在追逐一个梦想，巴萨却是在追求一种执念，这种执念叫作'伯纳乌'。"那个赛季的欧冠决赛将要在皇马主场伯纳乌举行，国际米兰也已经有 45 年未曾染指欧冠，但是这并不妨碍穆里尼奥说出这番别有意味的言论。他补充道："这些巴萨球员总是在地上打滚，我们都习惯了。"

佩普在诺坎普的后室听到穆里尼奥的话，不禁摇了摇头。轮到他面对媒体时，他努力尝试着用正常的音调来回应何塞的言论，他想要把球员的心态往更积极的方向去引导："我的心情非常愉悦，这种愉悦难以言表。再度闯进欧冠半决赛是一种荣耀。我很享受比赛，我希望我的球员也是如此。我告诉他们，要做好自己，我们不是在和国际米兰比赛，而是在和我们自己比赛。就让我们看看，在我们人生中最重要最有意义的比赛里，我们能不能坚持自我。国际米兰对我而言，并不存在。"

穆里尼奥嘲讽在先，佩普觉得也有必要重申一下俱乐部的宗旨："我们是一家需要以身作则的俱乐部，过去 20 个月里，球队有输有赢，但是我们始终保持谦卑。"

穆里尼奥已经为第二回合较量选定了自己的战场和规则，这在巴萨身上非常管用，从第一分钟开始，他们就表现得非常急躁，好像比赛行将结束一般。伊涅斯塔因伤缺席，队友怀念他的传球和视野。在蒂亚戈·莫塔与布斯克茨冲突染红之后，国际米兰开始了长达一小时的收缩防守，很大程度上这是他们最理想的场景，因为他们可以毫无愧疚地展开死守。

皮克在下半场打入了精彩一球，博扬的进球却因为手球在先被判无效，但是意大利人凭借异常出色的防守，最终坚持到底，挺进决赛。

终场哨响，穆里尼奥高举双臂，仰望天空，走进了球场，巴尔德斯和诺坎普的球场洒水系统暂时地打断了胜利带给他的愉悦。数分钟后他在新闻发布会上说道："这是我人生中最精彩的失利。"

球队出局之后佩普表现得很大度，他没有寻找借口，谈到穆里尼奥时也显得很恳切："指责他就是轻视国际米兰，这样做不公平。"

在欧冠出局两天之后，巴萨将客场挑战比利亚雷亚尔，赛季只剩下4场比赛，如无意外，联赛冠军不会旁落他人。佩普告诉他的朋友大卫·特鲁巴，球队伤得很深，自己需要做些什么，特鲁巴说道："瓜迪奥拉注意到他的球员受到了打击，他们如此渴望赢得这项赛事，出局让他们心碎。""我该对他们说什么呢?"走进情歌球场之前，瓜迪奥拉这样问着自己。佩普喜欢用简单明了的情感表达来激励球队，他曾经用视频——甚至是youtube的视频——来激励球队，他也用过一些励志的故事，甚至讲述他本人偶像的事迹，以此来提升球队士气。那一天，他笑着走近球员，他不会播放视频。"先生们，我不能对你们要求更多了，对于我而言，你们已经超越了任何主帅的要求。如果我们走出更衣室，输掉比赛，我们今天就拿不到联赛冠军，不过没有关系，完全没有关系，大家保持冷静。非常感谢你们，对我而言，你们都是冠军。"佩普的父亲瓦伦蒂亲眼见证了巴萨4-0战胜比利亚雷亚尔，连续第二年夺得西甲冠军。

那个赛季的最后一个新闻发布会上，瓜迪奥拉向马德里媒体发起了含蓄的反击，他向皇马将帅表达了敬意，因为他们的存在逼迫巴萨以99分的惊人分数夺冠。"不过，我只向他们致敬。"首都媒体的苛责让佩普无法释怀："有些时候，我们觉得自己被蔑视了，有些时候，我们甚至羞于庆祝夺冠。我们只是以力所能及的最佳方式去从事这项运动，可如今我们觉得并非所有人都认同我们的工作。所以我们必须像蚂蚁一样去工作，对所有的攻击都不闻不问。我们知道有些人嗓门很大，但是这些球员努力捍卫着自己的职业，我们需要尊重他们，这样才公道。无论如何，有些道理是不变的，哪怕穆里尼奥来到西甲。”

即使在何塞来到西甲之前，一部分马德里媒体就已经在寻找各种机会批评甚至攻击巴萨，而这支球队在世界其他地方饱受赞誉。根据马德里媒体的说法，裁判在偏帮巴萨；西班牙足协以各种方式为巴萨提供便利；一旦牵涉到巴萨，欧足联就睁一只眼闭一只眼；转播赛程也对巴萨有利；还有人甚至暗示对手的主帅故意放水给佩普的球队。

这部分媒体想要把巴萨和皇马的对立扩大到极致，在接下来的一个赛季，他们也成为了穆里尼奥的友军，这种激进催生的后果是两位主帅变得愈发脸谱化。当赛季拉开大幕，这场媒体眼中的善恶之争就会开演。

夏天过后，在 2010/2011 赛季的首个新闻发布会上，瓜迪奥拉对于皇马新帅的上任表示了欢迎：“穆里尼奥的到来对我的执教能力会有促进。他能到西班牙来工作是件大事，因为他是世界最佳之一。他会让大家都变得更出色。”佩普了解何塞的伎俩，他会在身边培养一群死心塌地的球员，然后批评权威，攻击裁判，制造出“与世界为敌”的心态，最终团结球队，使之形成一股强大的力量，赢得冠军。

佩普知道接下来会发生些什么，他的言论只是很好地安抚了他自己，争斗不可避免，在卷起袖管大战一场之前，他要来个深呼吸。

赛季正式开始前，穆里尼奥和瓜迪奥拉在尼昂的欧足联教练会议上还有过友好的交流，那是在欧冠半决赛巴萨被国米淘汰 5 个月之后，二人在会议上从未落单，但是穆里尼奥特地找到了瓜迪奥拉，这是后者的第一次与会，穆里尼奥对他表示了欢迎。身处葡萄牙人身侧，佩普难免感到一丝局促。

在友善的表象之下，穆里尼奥早已下定决心，为了击败巴萨，他要动摇他们的根基，打破他们原本内心的平静，正是这群非凡的球员组成了超凡的巴萨，他们捍卫着一种特殊的足球理念。在成为皇马主帅之前，穆里尼奥观看了一场巴萨的比赛，他惊讶于裁判对巴萨的谦恭，即使对手的球员和球迷也为巴萨的才华倾倒。穆里尼奥决心终结这一切，将巴萨拉下神座。为此，他需要将用尽词汇库中的弹药来攻击巴萨。

这不是穆里尼奥的新招数，在英格兰和意大利，他就用过类似的策略，他在不同的国家如法炮制。但是在西班牙，他需要将这种策略执行到极致，因为他此次的对手也许是他遇到过的最强的对手。

就这样，两个响当当的名字挤进了同一个巷子，只是这个巷子不足以容下他们二人——至少媒体喜欢这样描画。媒体和球迷喜欢以成见和偏见来诠释一切，尤其在140字①的世界里，原本复杂多元的事物变得黑白分明。

后来发生的事只是历史的重演。人们总是将巴萨和皇马看作截然不同的两家俱乐部，随着何塞的到来，两队之间剑拔弩张的敌对情绪不输以往任何时期，只不过穆里尼奥为这场愈演愈烈的双雄之争更增添了一份戏剧色彩。这本就是一对天生的对手，彼此的成见滋养着仇恨，对立情绪已牢牢植根于他们心底，不仅球迷和媒体如此，俱乐部也乐得将这种对立进行到底，因为这对于俱乐部的经营很有好处，在足球世界里，人们原本就需要创造出一种敌对感，以此来确立自身立场与归属。

在上个世纪，巴萨与皇马之争就好比是大卫与歌利亚的对决，巴萨处于弱势地位，皇马更习惯于表现强势。但是现在，巴萨已经成为了和皇马地位相当的巨人，他们旗鼓相当，酣战连连。

政治理念代表了对于世界法则的不同理解，巴萨和皇马的风格则诠释了对于美丽足球的不同理解。皇马的足球总是充满力量和速度，巴萨的足球则以荷兰足球为根基，相对于马德里的风格，他们更强调有效的传递和进攻。

---

① 推特的单条发布字数上限为140字。

“这种对抗很契合西班牙足球，因为西班牙是红色与蓝色交织的，西班牙是地方与集权制衡的，这是瓜迪奥拉与穆里尼奥的西班牙。人们乐于见到这样的对抗。穆里尼奥进一步诠释了皇马与巴萨的风格差异。有趣的地方在于，这是皇马历史上的一个拐点，因为皇马从未像现在一样将球队的希望完全寄托于一名教练。”西班牙《国家报》的记者拉蒙·贝萨这样说道。

尽管葡萄牙教练口口声声说自己更在意挑战自我：“我总是试着把目光投向不同的目标，所以我总是和自己较劲。”但是之后关于对手的言论却能让人一窥他的工作理念：“我们没有必要为了全心投入而刻意寻找敌人，但是找到敌人会有益处。尤其当你荣誉满载享受成功的时候，这种时候你会松懈。”

于是，两大豪门之间历史悠久的对抗到了此时，变成了个体的较量，这是他们两位主帅之间的决斗。媒体聚焦于瓜迪奥拉与穆里尼奥，球队变成了“瓜迪奥拉之队”与“穆里尼奥之队”，球员反而成了配角。在《公众报》的一篇文章中，市场专家赫苏斯·托里比奥告诉米盖尔·阿尔巴：“在这样的争斗中俱乐部开始失去了身份的特质，这就好像黑莓与苹果之间的科技战争，产品本身掩盖了 Rim 和苹果两大品牌的光芒。两位教练的主角身份更多地给他们本身产品而非俱乐部品牌带来了益处。”

而在旁观者看来，他们二人都在制造容易招致敌意的足球。

瓜迪奥拉身边多是从巴萨青训体系培养出来的球员，他们与主帅理念一致：注重合理传控、团队配合、场内外良好的言行，即使是一些后来加盟的新援也能很好地理解俱乐部的哲学。埃托奥和伊布这样不能走进他们世界的人，很快就被清洗了。

葡萄牙人带领着一支无条件忠于他个人的球队，他们愿意为胜利倾尽一切，为主帅赴汤蹈火。马德里传统的华丽风格变得愈发具有攻击性，有些时候甚至显得很暴力。皇马有实力羞辱对手，很显然，他们无比渴望胜利，享受凌虐对手的快感。

对于穆里尼奥而言，新闻发布会就像是舞台，在那里他会进入“角色”吸引瞩目。他会抛出阴谋论，声称皇马是裁判、国际足联、西班牙政府乃至联合国儿童基金会联手欺压的受害者，球队获得的胜利皆是理所应当的，而一旦遭遇失利和平局，那一定是有误判和暴力因素在里头。他为本队时常出现的粗暴行为辩护，而当对手出现类似行为时，穆里尼奥总是怨气连天。

不管穆里尼奥喜欢与否，在这个世风日下的社会，瓜迪奥拉都成为了良好品行的标杆。穆里尼奥更像是我们这个社会的产物，他是新时代思想的宣扬者，他不怯于向权威发起挑战，他总是抛出阴谋论，时时向人索要解释。他的球队赢球是因为做了正确的事，输球则是因为有些人或有些事妨碍了他们。

如果说佩普最突出的个性是他的谨慎，穆里尼奥则完全是个激进派，他喜欢提升球员的自我意识，然后驱赶他们去追逐胜利，连穆里尼奥也将自己定义为“调控自我意识的主帅”，瓜迪奥拉则通过甄选与激励来培育球员的信心，这是他的治队之本。

他们治队理念的不同反映了各自性格的不同。“穆里尼奥很喜欢他的外号——‘特别的一个’，他会捍卫这个名号，他觉得自己与众不同，他也要确保自己与众不同。人们对他既爱又恨，球员们也很清楚在穆里尼奥手下一系列言行将产生的后果，因为穆里尼奥创建了一套奖惩的体系。”运动心理学家阿尔穆德纳·洛佩兹说道。“也许穆里尼奥的方法使得他在一家俱乐部带队的持续性不如佩普，毕竟要应付源源不断的压力是很困难的，佩普更希望能激发球员的个人情感，让他们对这个集体产生归属感。”洛佩兹总结道。

公平地讲，站在二人所执教俱乐部的立场来看，他们都是正确的，穆里尼奥说瓜迪奥拉是“属于巴萨”的最佳教练，暗示自己曾在四个不同的国家获得冠军，瓜迪奥拉则遵循俱乐部的根基与足迹，试图培育球员的归属感。用阿尔穆德纳·洛佩兹的话来说：“穆里尼奥，是为皇马带回自信的魔法师。”

在审美上二人亦有差异，瓜迪奥拉在技术区往往穿着不属于这里的服装，他甚至赢得了象征最佳穿着奖的金领巾奖（穆里尼奥位列第三），无论场内外，他都喜欢穿托尼·米罗（加泰罗尼亚设计师）、普拉达、D二次方或者阿玛尼出品的服饰。葡萄牙主帅更喜欢经典的服饰。在大多数人看来，二位的穿着反映了他们的个性。这也是两位西班牙著名造型师蒙塞·古亚尔斯和伊丽莎白·奥利弗的观点："他（佩普）的穿着让人看到了不同文化元素，穆里尼奥更像是意大利人，穿着非常简朴，系领带的方式除外。"葡萄牙人喜欢样式休闲的宽松式系法，加泰罗尼亚人更喜欢精致细巧的现代系法。

他们的人生态度也大相径庭。穆里尼奥在任何时候都知道自己想要什么，佩普的人生却是有对有错，他还会犹豫踌躇，改变心意。有时候他会在夜晚打电话给朋友寻求帮助，到了第二天早晨又改变了主意，再打电话给他们让大家忘了前一夜的事。

穆里尼奥从一开始就清楚自己要什么。"我想要在这个国家赢得联赛冠军，然后去另一个国家，再过两年，再去别处。50岁的时候我会带领葡萄牙获得世界杯。"穆里尼奥的计划只在具体的时间进度上有偏差，如果他50岁的时候没有完成某件事，之后他还是会去做。

穆里尼奥享受掌控一切的快感，比如他会在去伦敦的时候由着性子买下一处房产，他喜欢所有人都围着他转。也许是身为球员的印记尚未消失，佩普并不希望把自己置于众人关注之下，无论是他的决定、未来、言论还是革新："我曾经是巴萨球员，一切用于提升自我意识的事对我来说都是多余的，就算是褒奖，也会让我感到不自在。"

即便都是聪明人，这两种聪明也很不一样，佩普为了更好地做出决策而吸收知识，何塞也是如此，但是他还有狡猾的一面。穆里尼奥会恶作剧一般地搅乱佩普的心神，哪怕二人的对抗已经达到足球界前所未有的激烈状态。有人想象着穆里尼奥是在早晨剃须时突发奇想，"啊！我想到了！"一定是有这样一个早晨，他苦苦思索，然后跑到新闻发布会上，对着佩普放出一箭："有些人比我聪明得多，他们向公众兜售的形象与我截然不同，但是本质上，他们和我都是一样的。”佩普很少搭理穆里尼奥，可这次，仅仅在一小时之内，瓜迪奥拉就在自家的新闻发布会上做出了回应：“某些方面我们是类似的，我们都想获得胜利，但是除此之外并无共同点。如果我和他一样，那一定是我做错了什么。我从没想过要和他处于同一个层面，事实胜于雄辩，那就是我们都想获得胜利，可选择的路截然不同。”

通往胜利的路也许不同，可是他们一路上驾驶的车辆和使用的燃料或有相似，在这件事上，穆里尼奥是对的。

在接手皇马之后，何塞与佩普的第一场比赛在诺坎普进行。此时穆里尼奥仅仅与新球队共处了5个月，他私下表示足球就是“充满惊喜的礼盒”，他不知道年轻的皇马在巴萨面前将展现怎样的风格，也不知道球员们在重压之下表现如何。他会说，只有当你打开了盒子，才知道里面是什么。

因为周日是加泰罗尼亚的选举日，国家德比罕见地延期了，比赛将在周一开踢。皇马当时状态不错，他们在积分榜上以1分的优势力压巴萨领跑西甲，在穆里尼奥的调教下，他们已经磨合成为了一个整体，球队失球很少，总是能用快速反击来击溃对手，这是典型的穆式球队。

就和二人上次在欧冠遭遇时一样，比赛是从赛前新闻发布会开始的，这是一场猫捉老鼠的游戏，先出招的人是穆里尼奥：“我希望球员们给裁判行行好，但愿赛后人们只会讨论足球。”言下之意显而易见。佩普堵上了耳朵，不予回应。

最终，巴萨凭借哈维、佩德罗、比利亚（梅开二度）和赫弗伦的进球以5-0大胜皇马。“我们的表现无可挑剔，其实还能进更多的球，我们把皇马催眠了，他们连球都碰不到。”哈维回忆道。

在巴萨的进球盛宴中，巴尔德斯是享有特权的现场观众：“我如痴如醉地盯着球看，后来我觉得不该这样。不过不管怎样，霸着球权的人是我的队友。”

佩普在备战时照例专注细节，这一点毫不意外。比赛初期，球队在中场进行高速倒传，以此来控制球权，伺机寻找空档，这种战术堪称这支巴萨的成名绝技。诺坎普球迷群情激昂，他们不仅重创了对手，还把对手逗得团团转。此刻的瓜迪奥拉对于球队的目标无比明晰，所有人，球迷也好，球员也好，主帅也好，都在往同一个方向前进。他们的宏伟蓝图，正在球场上铺陈开来。

这场比赛足以竞争巴萨队史最佳比赛，因为对手是由穆里尼奥率领的球队，这样的结果无疑更让人感到满足。佩普此前曾私下承认，在前一个赛季与国际米兰的比赛中，自己并没有按照本意来排兵布阵，伊布的出场也没有助推球队的发挥，球队打得更为直接，导致控制力下降。瓜迪奥拉对于这次失误的态度也再次说明了一件事，有时候他也许没有取胜之匙，可即便会输，他也想以自己的方式去承受失利。佩普仔细研究了失败的原因，并且决定在新赛季坚持控球打法，以哈维、伊涅斯塔和梅西作为球队的核心。国家德比的五球大胜让佩普看到了梦想中的巴萨。

但是瓜迪奥拉不希望结果成为一切："载入史册的不仅是结果，还有我们的风格。皇马在国内外赛场都有很强的竞争力，面对这样一支强大的球队，踢得如此出色并不简单，我们不由地感到自豪。让我们把这场胜利献给查尔斯·雷克萨奇和约翰·克鲁伊夫，是他们开启了这一切，还有其他曾经投身俱乐部建设的人们，过去的主席、主帅和所有人。这是一场影响全球的胜利，因为我们与众不同，没有谁像我们一样信任本土球员。"

何塞则希望将失利的影响减弱："要接受这个结果不难，这不是什么羞辱，只不过是我分差最大的一场败仗罢了。"

穆里尼奥当然是在刻意掩饰，事实上这场比赛对于他的职业生涯有着莫大的深远影响。他的错误在于他太莽撞了，他把太多的注意力放在了球队有球时该怎么做，而非无球时该怎么办。他相信球队在巴萨面前可以坚持自我，打出风格，最终的比分也许不能反映两队的真实差距，但是却说明了两位主帅在特定状况下策略选择的差别。这是穆里尼奥的失误，他发誓再也不会犯同样的错。

此后，穆里尼奥利用这次失利带来的影响，主张皇马这艘巨舰需要改变航道，他说服所有高层，他们需要跟着他的路线走。对穆里尼奥而言，0 –5 惨败说明皇马需要一次剧变，这家俱乐部原本由主席说了算，现在应该由一名冠军教头说了算，应该由他来负责引援、青训、设施建设和所有的一切。为了将巴萨拉下王座，葡萄牙人将要着手变革，这也是皇马历史上第一次出现一队主帅权力扩张的情况，穆里尼奥从教练变成了经理，进而成为俱乐部领航者。

佩普・瓜迪奥拉和何塞・穆里尼奥有着不同的领导艺术和对立的个人性格，但是他们也有相同之处：他们都爱足球，都渴望胜利，在领导球队方面都很成功；他的成功依仗于身边拥戴他们的球员，那些不适应他们理念的人则被无情抛弃；他们在追逐冠军的路上都有倚重的王牌。所以，他们还是有很多共同之处的。

佩普希望为俱乐部留下宝贵的遗产，他期盼自己描绘的蓝图可以经受住时间的考验，哪怕有朝一日离开巴萨，球队也能继续走在他铺设的道路上通往胜利。在皇马，手握大权的穆里尼奥也有同样的野心，他最主要的一大目标就是带领俱乐部走入新纪元，让皇马屹立于巅峰。

但是在西班牙，穆里尼奥要面临严峻的挑战，葡萄牙人的魅力源于他的声望和过往的辉煌，如今他要取悦的是一群严苛的球迷，他们对于皇马有很高的期望，既想要成绩，又想要场面，他从一开始就试图两者兼顾。

面对媒体时穆里尼奥会披上伪装，但是对于球员，他非常慷慨，球员会得到他的爱和尊重。实际上穆里尼奥要比他所表现的更细腻柔软，这与他的公众形象截然相反。他在球员面前很诚实：“如果哪里不对劲，我绝对不会跟他们说‘干得好’。”

佩普和何塞都能很快地捕获人心。

听听伊布是怎么评价穆里尼奥的：“何塞・穆里尼奥是位超级巨星，他很酷。他头一次遇到我妻子的时候对她轻声说道：‘海伦娜，你只有一个任务，把伊布喂饱，让他好好睡觉，保持愉快的心情！’他想什么就说什么，我喜欢他。”

再来听听马斯切拉诺是怎么评价瓜迪奥拉的：“在我的职业生涯中从未见过在一个更衣室里，球员们会如此充满信念地追随一位主帅，他说什么球员就做什么。我认为自己很难再遇到另外一位这样的主帅了。佩普有卓越的领导才能。”

“他有一点特质，无人会忽视。”帕特里克·巴克莱在他精彩的《穆里尼奥传记：解密赢家》① 中写道，“他看起来非常英俊。球员渴望得到他的认可，就好像学校里的女孩子们往往会努力学习，只为获得心仪老师认可的目光。不光外表英俊，穆里尼奥也总是表现得很友善，对于当代球员而言，他们很看重这一点。”同样的词句也可以用在佩普身上，哈维说过：“你就是想让他记住你。”

穆里尼奥总是在笔记本上记个不停，这是从老师范加尔那里学来的。但是这不是他从荷兰教练那里学来的唯一技能，范加尔也好，博比·罗布森也好，还有很多其他的教练，穆里尼奥对他们都颇有研究。

胡安马·利略则如此描述瓜迪奥拉：“瓜迪奥拉就是一块海绵，所有人都是他的学习对象，对他来说任何地方都是谈论足球的好地方，在任何地方他都可以与人交流想法，激情洋溢地交谈一番。”

穆里尼奥每天早上 7 点就会赶到皇马的巴尔德拜巴斯，确保当天一切都准备妥当。瓜迪奥拉时常在晚上九十点离开训练场，有时候甚至更晚。

他们在手段上也很新潮，两位主帅都会使用新技术新手段来帮助球员提升。同时他们也是很好的组织者，他们各自领导了一支出色的助手团队，在他们手下工作的人都能感受到身上背负的重责，也能感受到两位主帅对自己的尊重和礼遇。另外，他们也都是很好的倾听者。

他们了解自己身处的俱乐部和他的球迷，他们知道如何引导这些人

---

① 即由帕特里克·巴克莱（Patrick Barclay）所著的 *Mourinho: Anatomy of a Winner*，出版于 2005 年。

的情绪，他们可以唤起人们的激情，指引球员和球迷按照自己的意图行事。他们还非常善于抵挡针对自家球会的攻击，让球员免于干扰。“我让人们感到我的愤怒，是因为我真的很愤怒。可有些时候我也会假装愤怒，现如今，教练应该在情绪表达上有些技巧。”穆里尼奥说道。

和他的加泰罗尼亚对头一样，穆里尼奥与媒体约法三章，时间安排由他拍板，采访规矩他来制定，除此之外，他与媒体保持尽量少的接触。两位主帅都明白，他们生活在一个复杂的时间，这个世界几乎就是一个媒体的气泡，媒体向公众贩卖新闻，越是独家越是劲爆自然卖得越好。他们都能够很好地应付媒体，处理各方而来的信息，也都具有高超的领导艺术，他们能够预设准确的目标，帮助球员更了解自我，鼓励他们变得更自律，从而脱颖而出，屹立于强者之林。

当他们关上更衣室的门，准备前往发布会面对媒体的时候，便是他们露出另一面的时候。

2011 年欧冠四分之一决赛，巴萨淘汰了顿涅茨克矿工，放在平时，瓜迪奥拉会在第二天去健身房待上几个钟头，以此来缓解曾经困扰他的腰椎盘突出。这次，他取消了锻炼计划，着手准备未来 18 天的 4 场国家德比，先是一场联赛，再是国王杯决赛，最后是两回合欧冠半决赛。

首场比赛，他决定遣出赛季初 5 –0 重创皇马的那套阵容，当时的球员中仅有阿比达尔因为手术恢复将要缺席。大战当前，瓜迪奥拉提醒球员这场比赛不会是上次大胜的翻版，这次，穆里尼奥不会掉以轻心。

穆里尼奥特别擅长在比赛中给对手制造困难，赛前，他特地让球场的草长得比平时长一些，这样球的滚动就会比平时少，与此同时，他让佩佩出任后腰，以此来遏制梅西。这是穆里尼奥最保守的一次布阵，他的决定还招致皇马荣誉主席迪斯迪法诺的批评。此时皇马基本无望夺得联赛冠军，穆里尼奥的想法只是首战力争不败，全力应对接下来的 3 场比赛。

2011 年 4 月 16 日——西甲，于伯纳乌球场

两队 1 –1 握手言和，巴萨继续保持 8 分的领先优势，联赛冠军更

加稳妥。梅西本场比赛贡献有限，佩佩对于他的贴身紧盯触怒了阿根廷人，在一次死球状态下，他将球怒射向了场边的球迷。“他只是想踢场边的围栏，然后踢高了。”他的一位队友解释道。场上的火药味甚至蔓延到了赛后的球员通道，佩佩再次成为主角。

2011 年 4 月 20 日——国王杯，于梅斯塔利亚球场

4 天后，国王杯决赛如期而至，穆里尼奥延用了上一场的三位防守型中场，但是他要求球员压上，向巴萨施加更大的压力。拉莫斯出任中卫，佩佩在中场拼尽全力，赫迪拉战斗不息，这是一支气势汹汹的皇马。厄齐尔出任伪中锋，这也让巴萨出现了混乱。下半场比赛令人难熬，最终 C 罗在加时赛的进球决定了冠军归属。对于瓜迪奥拉而言，这是他在过去的 10 场决赛中第一次败北。场上的西班牙国脚之间也毫无情面可言，布斯克茨粗暴侵犯阿隆索；阿贝罗阿踩踏比利亚，又反过来指责后者诈伤，这也激怒了比利亚。

这是两家俱乐部争斗最激烈的时刻。

赛后，梅西走进更衣室，坐在地板上哭泣。瓜迪奥拉和往常一样远离更衣室，没有对球员们做什么特别的交代。

在前往瓦伦西亚机场的大巴上，球员们一言不发。仅仅 7 天后，巴萨与皇马会在欧冠半决赛首回合比赛中再度遭遇。佩普在回程航班上决定出招重振球队士气。他不确定该怎么做，但是他知道穆里尼奥会在下一次新闻发布会上利用巴萨的低落情绪大做文章。

赛后第二天，巴萨主帅向一位密友承认：“你不知道这事有多麻烦。”他所指的并非是身体上的负荷，而是指面对皇马和穆里尼奥时排山倒海的压力。西班牙首都时不时地发起挑衅和攻击，一开始是指责巴萨受到裁判、西班牙足协和欧足联眷顾，之后一家电台又突然跳出来，凭空捏造了巴萨服用禁药的新闻。可想而知，这样的事让佩普很受伤。

“这一切太难对付，也太过火了。”佩普私下这样说道。

种种麻烦制造的压力几乎要突破佩普的承受极限，不断的冲突摩擦

让他难以做出正确的决定，此刻的佩普身兼俱乐部领袖、球队主帅、理念传播者等多重身份，这是他无法承受之重。“我得离开这里，我受够了。”对于巴萨的禁药指控得到了澄清，但是佩普仍然不断地告诉自己，巴萨非久留之地。

每当佩普谈到穆里尼奥，就会有一座无形的墙突然在他周遭竖起。他的脖子变得僵硬，肩膀不由耸起，躲避着你的眼神。很显然，这样的对话让他并不舒服，这也从某个角度说明瓜迪奥拉更想让这些事随风而去。他觉得自己个人受到了冒犯，俱乐部和其理念受到了苛责，他的球员也受到了攻击。但是他不确定那是为什么，他不能理解为何对手不能把争斗都放在球场上解决。

也许很久以后，佩普再度回首，回忆那4场国家德比以及和穆里尼奥的恩怨，他会发现，正因为人们挑战了他作为个体和教练的极限，他才得以进一步提升自我。那个赛季的每一个冠军都会在这短短的18天内决定归属，期间他们要与死敌酣战数场。不到3周的时间，近乎窒息的压力，佩普必须找到方法，让自己和球员们渐渐走出上一场比赛的影响，专注下一场比赛的挑战。

他的备战还是按部就班，无论是日常安排还是训练内容，但是他希望把每一场国家德比都当作不同的战役。他要求球队赢下联赛，在国王杯决赛之后又放了一天假，球队败北之后需要重振士气，欧冠决赛他要采取新的策略。

在办公室里他无时无刻不在思考如何备战。埃斯蒂亚特对他说：“走吧，我们今天别在这里吃饭，去别处吃吧，我们不能成天都待在这里。”但是他们外出用餐往往需要花上一个半小时，一般40分钟过后，埃斯蒂亚特就会发现佩普开始心不在焉起来，他的眼睛虽然看着自己，可并不在意他在说什么。于是马努尔便会妥协，和佩普一起返回训练场。

欧冠半决赛第一回合的前夜，穆里尼奥在不经意间拱手送给了佩普找回心理优势的机会。那天下午，在皇马的巴尔德拜巴斯基地，穆里尼奥像风一般冲进媒体发布会现场。他的表情透露了他的心情，这是一个不久前刚刚指挥球队击败宿敌的男人，他先胜了瓜迪奥拉一局，笑容在他的脸上绽放。接下来，他即将率领皇马迎来 8 年里的首次欧冠半决赛。

穆里尼奥通常以“他们”来称呼对手，这回他第一次在新闻发布会上直呼加泰罗尼亚对手为“巴萨”，另一个第一次，是他第一次指名道姓地谈及瓜迪奥拉，他称呼对方为“佩普”。

随后，他开火了。他被问及对半决赛裁判人选的看法，德国裁判沃尔夫冈·斯塔克被任命为当值主裁，而在这个决定公布之前，瓜迪奥拉曾说过如果葡萄牙主裁佩德罗·普罗恩卡成为当值主裁，穆里尼奥会“超级高兴”。穆里尼奥在回应时表现出了睚眦必报的一面："抛开裁判人选不说，也不谈对方施压导致普罗恩卡无法执法，最重要的是我们发现了一个新的群体。到目前为止有两种教练，有很小一部分教练，从来不谈论裁判，还有很大一部分教练，就是我所在的群体，会在裁判犯错的时候批评他们，人们喜欢我，因为我不会压抑他们的情绪，与此同时裁判如果干得好，我也很乐意给予好评。”

然后他把矛头对准了瓜迪奥拉。

“现在，瓜迪奥拉前些天的言论，让我们走进了一个新时代，第三种人出现了，不过现在这个群体只有他一个人，他会批评裁判正确的判罚。”

穆里尼奥所说的是 4 月 20 日的国王杯决赛，佩德罗的一粒进球被判作越位无效，慢镜头显示这是一次正确的判罚。

“在他的第一个赛季，他是斯坦福冤案（欧冠半决赛）的受益者，去年，他和 10 人作战的国际米兰打了一场。现在，裁判判罚正确，他还不高兴了。我不是让裁判帮助我的球队。如果裁判表现好，大家都高兴，除了瓜迪奥拉，他希望裁判犯错。”

欧冠赛场的国家德比就此开始。

同一天下午，巴萨在伯纳乌完成了适应训练，此时的瓜迪奥拉尚未知晓穆里尼奥的言论，也还没有和媒体打过照面，一位巴萨高官突然冲进了平日里不可侵犯的球队更衣室，这让很多人都吃了一惊。

这位高官劝瓜迪奥拉保持冷静，不要卷入与穆里尼奥的口舌之争，保持平常的状态。带上马斯切拉诺去发布会是个不错的提议，他一直都四平八稳，处事冷静。实际上马斯切拉诺也确实将陪同瓜迪奥拉前往新闻发布会。

但是瓜迪奥拉决定回击，他受够了。

在媒体面前，佩普一直都是巴萨主帅和俱乐部代言人的身份，他从未做过自己，他无数次选择了隐忍，但是这一次，他忍无可忍。他想遵循内心的意愿做出回击，表达自己的感受。

“呃，佩普，我们谈足球就好。”在瓜迪奥拉踏入伯纳乌的媒体室前数分钟，那位巴萨高官再度提醒他。“好的好的。”瓜迪奥拉作答，他并不诚实。

全球数十位记者正在等待他落座，坐下之前他有过一丝犹豫。他环顾四周，寻求着支持。

他从来不会率性而为。

这么做真的会有好处吗？马努尔·埃斯蒂亚特就坐在佩普身边，他说道：“佩普，想想你的球员，还有你自己，还有外面那么多巴萨球迷。”

就是受够了，心意已决！

他坐了下来，决定正面应战。

“穆里尼奥先生提到了我的名字，他叫我佩普，那我叫他何塞好了。”佩普似笑非笑地扫视了一圈，在他面前有数排记者，房间后面则是一群摄影记者。“我不知道何塞先生会通过哪台摄影机看到新闻发布会。”

他的肢体语言并不自然，他动了动肩膀，在椅子上挪了一下身子。

“明天晚上 8 点 45 分，我们要在外面的球场上踢一场比赛。在球场外，他一直在赢，今年在赢，这个赛季在赢，未来也会赢，在球场外，他可以被授予一座属于他个人的冠军杯。很好，就让他好好享受这种感觉，我会给他颁一座奖杯，他可以把这座奖杯带回家，好好享受。”

瓜迪奥拉的讲话只有 2 分 27 秒，他压抑着怒火，妙语连珠。

“到时候我们会踢一场足球比赛。我有时候会赢，有时候会输，我们就是有赢有输。但是他总是赢，就像他简历里写的一样。我们对于球队‘微不足道’的胜利很满足，看起来全世界都很赞赏我们这些‘微不足道’的胜利，我们为此感到非常自豪。”

过去几个月他一直在告诉球员：“你们觉得我不想回击吗？但是我们不能，我们不该这么做，因为我们是巴萨。”但是凡事都有底线。

“我们也可以列出一份我们遭遇不公的清单。他提到了斯坦福桥，我们也可以列出 25 万件对我们不公的事件，但是我们俱乐部没有专门记录此类事件的秘书，也没有以前做过裁判的工作人员或者某位经理来管这类事。我们只想在明天晚上 8 点 45 分到球场上见分晓。我们要尽力踢出最好的足球，争取获得胜利。”

“在新闻发布会上，他绝对是老大，他是他妈的新闻发布会老大。”

“他比任何人都了解这个世界的法则，在这个领域，我不想花一秒钟和他在这个领域较劲。”

瓜迪奥拉还想要翻出一些陈年旧事。如今这位质疑巴萨冠军合法性的何塞·穆里尼奥，也是多年前在鹿特丹抱着他欢跳庆祝的穆里尼奥。他们都为巴萨效力，是一个更衣室里的同事，甚至称得上是朋友。何塞，发生了什么？佩普想要发问。

“我只想提醒他，我们曾经一起共处，我们在一起共处了 4 年。他了解我，我也很了解他。现在我受够了，弗洛伦蒂诺的那些记者朋友有很多关于国王杯的高论，如果穆里尼奥想要和这些人同伍，如果他更在意这些人写的东西，而不是我们的友情，好吧，也许算不上友情。如果他更在意这些人写的东西，而不是我们曾经共事的情谊，那是他的权利。”

瓜迪奥拉用适当的语调表达着情绪，场面仍在可控的状况下，他释放怒气，舒缓情绪。佩普独白过半，在场所有人都为之侧目，此时的瓜迪奥拉还不忘玩一把幽默。

“他可以继续读爱因斯坦的语录（此前穆里尼奥说过他喜欢在讲话中引用爱因斯坦的语录来激励球员）。让他做他想做的一切，让他好好读读那些给弗洛伦蒂诺跪舔的记者写出来的东西，读完后他可以做出任何结论。”

“我不想为自己的话辩护。在国王杯决赛后我已经恭喜了皇马，这是巴萨的态度。我带领了一支优秀的球队，我为此感到自豪，我恭喜皇马，是因为他们对阵我们的表现配得上胜利。”

佩普觉得该说的话都说完了，任务完成了。这个时候他的坐姿非常自然，他直视着摄影机，试图与暗中注视着发布会的穆里尼奥对视。

“我不知道何塞会通过哪台摄影机观看新闻发布会，我不知道，但是……”

“就这样吧！”

瓜迪奥拉拾起了决斗的长枪。

尽管周遭弥漫着紧张的空气，巴萨的备战依然在平稳有序地进行，球队仍然在试图走出国王杯失利的阴影。而在穆里尼奥和瓜迪奥拉各自发布会的间歇，加泰罗尼亚当地电台的热线电话则是应接不暇，搭机前往马德里的球员家属也群情激愤怒，他们已经知晓了穆里尼奥的出言不逊。在这样的情况下，佩普怎么可能再充耳不闻？

球员们结束训练，佩普也做出了决定，他不能再装聋作哑了。

瓜迪奥拉认为马德里在这件事上占得了先机，自己必须夺回优势。如果巴萨不做回应，球队士气和战绩极有可能急转直下，这是整个赛季最微妙的时刻，一切都仿佛行走于刀锋之上。佩普充满了力量，已经为恶战做足了准备。

马努尔·埃斯蒂亚特结合当时的背景回忆了此事：“你决定在那个时候爆发真的明智吗？这样做明智吗？你的球队刚刚输掉了国王杯，他们在欧洲赛场也可以对我们造成威胁，而且我们没有伊涅斯塔。如果我们输球，那么佩普的选择就会变成一个错误。但是佩普展现了自己强势的一面。那个时候无疑是引爆冲突的最差时机，可是佩普却说出了‘他是他妈的新闻发布会老大’。”

换句话说，如果巴萨输掉下一场国家德比，那么外界就会将赛前发生的一切分析为“失控”，将瓜迪奥拉的发言看作是歇斯底里的宣泄。可如果球队取胜，这件事又会被当作佩普的神机妙算。不管你怎么看待这件事，瓜迪奥拉都成功地注入了球队急需的情绪催化剂。

哈维：“佩普不止一次和我们说过，他在忍耐。他不能让事态失控，所以他不想回应那些攻击和挑衅。但是那一天，皇马主帅矛头直指佩普，指名道姓地攻击了他。”

普约尔：“他们一直在那儿说，越说越来劲，没几句能当真，可总有一天你会爆发。”

哈维：“当我得知佩普做了什么的时候我真的惊呆了，不过我喜欢，我太喜欢了。”

普约尔：“他们在用捏造的事实攻击我们，这种事一直都让我们很受伤，佩普来了个干脆利落的大反扑。”

哈维：“内心的愤怒必须以某种方式释放出来。训练结束之后我们就知道了佩普说了什么，我的短信收件箱都要挤爆了。在酒店里，我们看了新闻，那里面真的有佩普！”

比利亚：“当时我们刚刚训练完，大家都换好衣服回房间，所以我们没有看直播。但是我们下楼去餐厅的时候都知道发生了什么。教练从发布会回来前，球队内部议论纷纷。”

皮克：“我收到了一条短信，写着‘佩普去了发布会，来了个了结’。我想‘发生了啥呀’。我的父母当时也在马德里，我问他们怎么回事，他们说：‘哇哦，那可太精彩了！某些人终于对穆里尼奥以牙还牙了。’这对于全队而言是极大的士气提升。”

哈维：“我们走进酒店的餐厅，打开电视看佩普的新闻发布会重播，因为我们的父母都在催我们：‘天哪，你真应该听听佩普刚才说的话。’”

皮克：“佩普走进餐厅，我们为他起立鼓掌。佩普的反应就好像是‘发生了什么来着’，一副若无其事的样子。”他的朋友当时也在场，特鲁巴就是其中一位。

大卫·特鲁巴：“是的，他获得了大家的鼓掌致意。我觉得这不仅表现了一种支持，也是球员们向佩普传达的一种信息，卷入与穆里尼奥的争斗并不意味着失败。”

皮克：“他一定感觉很糟糕，因为他不喜欢这样。但是这是必要的。穆里尼奥可是指名道姓地攻击了他，对于他的反击，我们只能说‘干得漂亮’。他在深思熟虑之后，来了漂亮的一击。”

比利亚：“佩普所做的事确实帮到了球队，但是我觉得他这么做不是想要激励我们，他想要把一些情绪抽离出去，让自己好受一些。在这个过程中，他捍卫了为他工作的球员、工作人员和其他所有人。”

哈维：“嗯，有些时候你需要回击，在那个场合恰到好处，佩普就好像打开了汽水盖子，释放出了此前累积的所有不安情绪，这确实令人感到振奋。”

皮克：“有些时候我就喜欢以牙还牙，我又不是石头做的。但是佩普让我们看到，他更喜欢对人保持尊重和谦逊，他教导我们胜负只用球场的表现来决定，你不需要在新闻发布会争个高下。我们必须尊重对手，可如果他们一直攻击你，你总得反击。对方都已经找上门了，再不有所反应就显得很傻了。”

拉波尔塔离开之后，外界想要攻击佩普变得更容易了，罗塞尔总是谨小慎微，但是佩普不能表明这一点。这一次，是他做教练之后头一回想通过新闻发布会占得比赛的先机，他想要一扫当时笼罩俱乐部的阴霾，他想向人们证明，自己并不惧怕面对刚刚在国王杯战胜自己的对头，他的发言就好像在告诉人们：“穆里尼奥就留给我来对付吧。”这样一来，球员们可以好好对付他们的场上对手，俱乐部官员们可以应付对方的官员，本地的记者也可以与对方的媒体放手一战，瓜迪奥拉知道自己在做什么。

加泰罗尼亚传统的处世哲学是“听天由命”，面对逆境，他们会充满悲观情绪，从而放弃希望。瓜迪奥拉想要告诉他的球队和球迷：“*Si′*, *podemos*!”① 他改变了人们的心态。

在酒店用餐完毕之后，巴尔德斯在全队面前播放了一段视频，着实给了大家一个惊喜。这是国王杯失利之后数小时，巴尔德斯在训练基地自制的一段视频。

两场国家德比当前，球队原以为这会是一段热血视频，但是他们看到的却是巴萨球员和工作人员的一连串恶搞镜头，从巴尔德斯本人到马斯切拉诺再到埃斯蒂亚特无一遗漏，视频中的埃斯蒂亚特身处泳池之中，戴着一顶紧绷的水球帽，与他平日的形象大相径庭。巴尔德斯是个全方位的喜剧演员，与其说他是个有趣的人，更应当夸赞他是位搞笑高手。

让佩普最感意外的地方在于，这段堪称杰作的恶搞视频出自于球队第三队长之手，在球队遗憾败北之后，他在训练基地花了几个小时，只为将它作为礼物送给队友。值得一提的是，在 2011 年世俱杯决赛前，巴尔德斯故技重施。

球员们在笑出眼泪之后回到各自房间进入梦乡，第二天，他们将迎来这一年最重要的一场比赛。

穆里尼奥的攻击反而帮了巴萨的忙，他们斗志昂扬，已经在心理上做好了应对恶战的准备。何塞把佩普拖进了一个他不熟悉的领域，却让加泰罗尼亚主帅和他的球队调动出了最佳状态。佩普整个赛季都在消极应对穆里尼奥的攻击，但是他最终还是爆发了，他展现了身为平凡人的一面，而非很多人想象中的形象。用巴尔德斯的话说，瓜迪奥拉证明了自己是球队和俱乐部所需要的那个领袖。

---

① 西班牙语，意为：是的，我们可以做到！

2011年4月27日——欧冠半决赛第一回合，于伯纳乌球场，皇马0-2巴萨

穆里尼奥对于上周国王杯的排兵布阵很满意，本场欧冠半决赛，他只求结果，哪怕是一场互交白卷的平局，对于穆里尼奥而言也是可以接受的。比赛进行到第60分钟，当两队在比赛中0-0僵持不下的时候，场上出现了计划外的状况，佩佩因为对阿尔维斯犯规吃到红牌下场，愤怒的穆里尼奥也被罚上了看台。之后皇马竟然没有做出调整挽救场面。梅西成功转化优势，在比赛尾声阶段打入两球。也就是在这场败局之后，穆里尼奥再度发作，连声质问："为什么？为什么？"这也是穆里尼奥颇为有名的一段发言。

他指责巴萨得到了裁判的偏袒："为什么？在这样一场势均力敌的比赛中，在这样僵持不下的局面下，裁判为什么要这样做？"争议性的言论进一步升级，穆里尼奥声称如果以瓜迪奥拉的方式夺得欧冠，会让自己感到"羞耻"。他还抱怨道："如果我告诉裁判和欧足联我对于刚刚发生的事情有什么样的看法，我的教练生涯马上就会结束。"更让人诧异的是，在一通炮轰之后，穆里尼奥主动认栽，他表示球队无法在第二回合翻盘。"马德里已经与欧冠决赛无缘了，我们会满怀自豪和敬意地走出球场，我们对足球世界依然抱有敬意，尽管这个世界有时候让我有些恶心。即便恶心，这还是我们的世界。"

争斗还在继续，穆里尼奥的言论引发巴萨向欧足联的控诉，皇马则向欧足联报告阿尔维斯和佩德罗诈伤，他们还声称布斯克茨在比赛中管马塞洛叫"猴子"。

随后欧足联做出了处罚决定，穆里尼奥将在未来的5场欧洲俱乐部赛事中作壁上观，但是第五场将会缓期3年执行，最终经皇马上诉，处罚场次被减少到了3场。佩佩被禁赛一场，此外，在比赛结束时吃到红牌的巴萨门将平托被禁赛3场。

赛后的新闻发布会上，瓜迪奥拉又恢复了往日神态，变成了我们熟悉的那个沉着冷静的瓜迪奥拉。不过他并不同意对手的看法，他并不认为第二回合是例行公事，他在新闻发布会上提醒媒体不要提前炒作决赛，他坚称所有人都应当对巴萨的对手——皇马保持尊重："这是一支赢得过 9 次欧冠的球队，我们绝不能有一丝一毫的轻视。我们会养精蓄锐，小心翼翼地对付他们。"

那一周晚些时候，佩普再次向媒体发声："现在的头等大事当然是我们要为欧冠决赛而战，但是还有一件大事，那就是阿比达尔回来了。他与癌症顽强抗争，如今痊愈归队，这消息真是令人高兴。他下一场比赛会坐上替补席。"

2011 年 5 月 3 日——欧冠半决赛第二回合，于诺坎普球场，巴萨 1－1 皇马

第一回合因肌肉拉伤缺阵的伊涅斯塔在第二回合归队。

穆里尼奥因为禁赛没有出现在现场，他在巴塞罗那的一家酒店观看了比赛，皇马阵中拉莫斯和佩佩停赛缺阵，卡卡意外进入首发 11 人名单。但是卡卡的出场并没有像预期的那样增加球队在进攻中的威胁，不过这次皇马只遣出了两名后腰，放出 4 名攻击手，穆里尼奥还是想让球队放手一搏。比赛也仍有争议相伴，第 47 分钟时皇马原以为自己赢得了转机，但是伊瓜因的进球因为 C 罗犯规在先而被判无效。此后，佩德罗反而帮助巴萨取得了领先。皇马用阿德巴约换下伊瓜因，然后撤下卡卡，意图取得比分上的突破。总比分 0－3 落后的皇马终于在第 64 分钟由迪马利亚助攻马塞洛破门。

巴萨以总比分 3－1 获胜，挺进将于温布利举行的 2010/2011 赛季欧冠决赛。

比赛结束 45 分钟之后，佩普·瓜迪奥拉走进了诺坎普的媒体室，他照常向本队和对方球员表达了敬意，也抒发了此刻的情感："这是我经历过最美妙的夜晚之一。"

“我也想赞扬皇马今晚的勇气，因为他们想要和我们拼到底。”

“我们认为自己淘汰了一支顶级强队，对方还是一家财力上更为雄厚的球会，他们想要签下一名球员时可以直接掏出违约金，他们有 7 名前锋，其中任何一人都可以引起其他任何球队的垂涎，他们就是这样一家超级豪门。”

巴萨度过了足以让人精疲力竭的 20 天，他们赢得了球队历史上的第七次欧冠半决赛，有机会第四次赢得欧冠冠军。

佩普也觉得心力交瘁，这 3 周时间“艰苦程度超乎寻常，周遭气氛紧张，压力令人窒息，身处其中倍感疲劳”。

对于哈维而言，国家德比带来的伤痕至今没有痊愈，记忆中关于国家德比的情感记忆也没有因为时间的推移而稀释：“是的，非常艰难，那四场国家德比太艰难了。有些时候你会在前行的路上受到批评，你需要有非常强大的心理承受能力，对我来说也是一样的。总有一些天，你会想‘我再也受不了了，这过的什么日子’。但是佩普身边有蒂托、马努尔还有其他一些结交多年的好友，他一定感受到了这些人的呵护，他们与他并肩同行，一起经历了许多事，也正因为有了这些人，才能让佩普觉得一切都还在掌控之中。”

穆里尼奥并不打算放弃战斗，他很沮丧，但是没有就此脱逃，在他看来，来到马德里就是为了战斗，而现在只不过是刚打完头几个回合罢了。毕竟在国际米兰的时候，他和巴萨打到第三场才研究出应敌之策。2011 年夏天，皇马主帅为球队补足燃料，引入了新的战术体系，新赛季，他们的防线将更加前提，他的球员会更加逼近对方的腹地。那个夏天，他把目光放在了新赛季首战——即西班牙超级杯上，这是联赛冠军与杯赛冠军的较量。换一句话说，皇马新赛季的首个对手将是巴萨。与此同时，佩普给予球员充分的恢复时间，以期以最佳状态迎接必将艰苦的新赛季。

2011 年 8 月 14 日及 17 日——2011/2012 赛季西班牙超级杯，巴萨 5 –4 皇马（总比分）

首回合双方在伯纳乌战成 2 –2 平。3 天过后，巴萨凭借梅西在终场前的进球，以 3 –2 击败皇马，要知道假期过后梅西几乎没有与球队合练过。但是这场比赛会因为其病态的场上气氛而被人牢记，马塞洛在严重侵犯法布雷加斯之后吃到红牌被罚下场，此后哈维和卡西利亚斯这对好友在场上公开争执了起来，最糟糕的是，当球员和裁判在场边吵闹的时候，穆里尼奥把手指插向了蒂托·比拉诺瓦的眼睛。这些不体面的场景也让哈维和皮克这样的球员公开批评了身处马德里的国家队队友们，他们认为对方已经成为了穆里尼奥黑魔法下的傀儡。

一位要求匿名的巴萨球员叙述了当时的心情："很多时候我们都知道他在胡闹，他这么做就是为了激怒别人。但是他之后面对媒体为这根手指狡辩的说辞真是让人难以置信。把手指插进对方教练眼睛是我在足球比赛里见过的最不光彩的事。然后你瞧瞧人们对这件事忘得有多快。如果你还有印象，这件事后来被说成了我们没事找事，有媒体说'他插别人眼睛是因为别人挑衅了他'。在这类事情上你永远赢不了他。"

几个月过后，两队再度遭遇，这次是在国王杯四分之一决赛上，国王杯并非最重要的赛事，但是皇马在诺坎普的表现显示了两队在抗衡中有了些许势力变化。

2012 年 1 月 18 日及 26 日——国王杯四分之一决赛，巴萨4 –3皇马（总比分）

首回合，巴萨在伯纳乌以 2 –1 战胜皇马，在诺坎普的次回合比赛依然充满悬念，两队球员都有出色表现，争议依然常伴左右。巴萨率先取得两球领先，看起来颇为轻松，但是皇马奋力反扑，将比分扳成了 2 –2平，这给了巴萨球员、球迷和媒体不小的触动。皇马在陷入绝境的状况下反而找到了自我，让巴萨陷入了焦虑，成功打击了他们的信心。马德里球员最终明白内心的自卑拖了他们的后腿，极度保守的策略并不能帮助球队前进。队内的西班牙球员向穆里尼奥进言，穆里尼奥也接受了建议，对战术做出了修正。C 罗这样的进攻球员非常欢迎这样的改变。这场比赛也可以让我们一窥未来的趋势。

西班牙国王杯四分之一决赛次回合，巴萨以 2 –0 领先皇马进入中场休息。在主队更衣室内，瓜迪奥拉正在严厉斥责他的球员。

他对于球队的表现并不满意，他抱怨球队缺乏强度，传递过程中失误过多，反抢时向对方施加的压力也远远不够。除了那两个进球，从场面来看巴萨没有落后已属幸运，他们在玩火。

佩普喜欢在球队领先的时候表达自己的厌恶，即便巴萨看似胜券在握，佩普仍然要指出球队的错误。

在下半场皇马打入两球，在这场比赛过后，穆里尼奥和他的球员们觉得形势重得扭转。没错，比赛中大举进攻的是客队，在意细节的是客队，更渴望胜利的，还是客队。

2012 年 4 月 21 日——西甲，诺坎普，巴萨 1 –2 皇马

穆里尼奥用了 11 场国家德比才达到自己最初设定的目标：把瓜迪奥拉和他的巴萨拉下王座。皇马的风格带有非常浓厚的穆里尼奥印记，但是这一次他们充满自信，攻守转换的执行迅如疾风，在进攻端尽情释放才华，只为击沉巴萨。比赛结果使得皇马在联赛还剩 4 轮的情况下以 7 分优势领跑积分榜，冠军几乎到手。对于佩普和他的球队而言这是一次沉重的打击，数天之后，他们在欧冠半决赛遭切尔西淘汰，佩普宣布离开巴萨。

瓜迪奥拉在国家德比之前曾表示本场比赛的目标显而易见，巴萨输球或者打平都会将皇马送上冠军宝座。考虑到此前一度落后对方 11 分，瓜迪奥拉对于能在主场一决生死的状况很满意。

可到了比赛中，巴萨徒有控球率，却无法真正推进。比利亚不在阵

中，佩德罗那个赛季又因伤始终找不到最佳状态，巴萨的进攻不够犀利。类似的问题也出现在了他们与切尔西的欧冠半决赛上，这样加剧了佩普的自我怀疑，别的球队逐渐找到了遏制巴萨的办法，他怀疑自己是否能够找到新的解决方案来应对。

这场失利不仅仅让佩普和巴萨丢掉了一个冠军，心理上的影响才是更深远的。

在他执教巴萨的最后一个赛季，佩普依旧对球队的风格怀有信心，他认为球队能够保持前三个赛季的超高水准，巅峰期的巴萨以伪中锋突前，全场进行高压迫性的防守，有条不紊地组织进攻，当球权丢失时他们马上会由攻转守，无球状态下他们可以用高机动性化无序为有序，有球状态下他们能够从后场从容推进，是无可置疑的明星。因为对手的消极战术或者本队伤病，佩普也开始尝试排出三后卫防线，即使是一些重要比赛，他也会采取这样的策略，其中包括了在圣西罗 3 –2 战胜米兰或者在伯纳乌 3 –1 战胜皇马的比赛。

尽管佩普竭尽全力，巴萨盔甲上的裂纹依然在扩大，球队的精神力开始衰退，对手则不断进行自我提升和进化，只为发现并利用巴萨的弱点。瓜迪奥拉和他的球队因此受挫。

赛季初期，他的老朋友，也是毕尔巴鄂新帅贝尔萨率领球队在主场圣马梅斯 2 –2 战平巴萨，巴萨仅仅依靠梅西最后时刻的进球才得以取得 1 分。这场比赛给了其他球队不少对付巴萨的要领，毕尔巴鄂竞技踢得非常强硬，他们强调高强度的身体对抗，三条线严丝合缝，不让巴萨的关键球员在各条阵线之间接球。这让西甲内外的对手大受启发：赫塔菲、西班牙人、比利亚雷亚尔、奥萨苏纳、莱万特、AC 米兰以及切尔西都仿效贝尔萨的战术，采取了类似的策略。

但是这些球队并非巴萨唯一的敌人，有些时候他们自己才是糟糕表现的根源，他们失去了竞争意识，丢弃了球队成功之本，低级错误越来越多。这些原因导致球队客场战平皇家社会、西班牙人、比利亚雷亚尔，负于奥萨苏纳。相对而言，这些错误在那个赛季的皇马身上并不存在。

瓜迪奥拉看到了球队的问题，这与状态好坏无关，关乎对细节的专注。巴萨忘记了他们必须在比赛的每一分钟都保持巴萨本色，很多时候他们的运转效率达不到要求，球队常常因为注意力不集中而丢球，攻防转化也非常迟缓，有时候他们又在开场阶段踢得太过放松，进入状态过慢。这样的比赛态度导致了各种错误的发生，这让巴萨在积分榜上付出了代价，冠军也随之旁落。当场上环境（例如球场和天气）对巴萨不利时，他们也无法做出有效调整。人们不禁要问，对于一支球队而言，风格稳定究竟是好是坏呢？顺势而变难道不是球场上的优点吗？

然后，梅西也是个麻烦。

巴萨过于依赖阿根廷天才，尤其是进攻得分方面。除了梅西以外，他们在进攻上缺乏应变之策，这成为了阻碍球队前行的绊脚石。12 月时比利亚受伤长期休战，佩德罗则因为不断受到肌肉伤病的侵袭而找不到状态，法布雷加斯在进攻线上也收获寥寥，这迫使哈维不得不插入禁区攻城拔寨，那个赛季他打入了 15 球，这也是他个人职业生涯进球最多的赛季。球队阵中没有其他合格的锋线球员，俱乐部梯队在该位置上也没有像样的储备。

佩普意识到了，这支球队在强强对话中不再像过去那般值得信任，只可惜不久前他们还处在强盛时期。

他从来没有向人保证夺冠，但是人们习惯了看着他率队夺冠。只要职责能够履行到位，为球队倾尽全力，瓜迪奥拉就会觉得很平静也很满足。“我不觉得亚军是败者，曼联在罗马或者温布利并不是败者。”欧冠半决赛对阵切尔西的比赛前，他在伦敦这样说道，那是一场决定巴萨这个赛季最终成败的比赛。他想要人们重新评估成功的含义，如果在赛季还剩一个月时，巴萨、皇马或者曼联这样的俱乐部仍在争冠之列，那么他们就算基本完成任务。剩下的就要寄望于一些虚无缥缈的运气，比如击中门柱啦，点球罚失啦或者折射破门啦，在斯坦福桥，瓜迪奥拉是这样对媒体说的：“没有人可以否定我们，我们已经做了我们该做的事。”

佩普知道，成功的累加也会带来一种合乎逻辑的结果，那就是你赢得越多，对胜利的渴望就越少。在运动竞技的最高舞台上，片刻的松懈就能让你吃到苦头。在3年史无前例的辉煌过后，球队开始放松警惕，这让他们付出了代价。在这场旷日持久的消耗战中，瓜迪奥拉终究没能唤醒球队，这是注定失败的努力，也许这比其他事情更让瓜迪奥拉痛苦，甚至比与穆里尼奥的冲突更让他揪心。另外一方面，何塞只需要和佩普对抗，皇马主帅不需要花费一星半点时间去处理同样的问题，因为皇马没有这样的心理问题。球员们已经看够了巴萨捧杯的画面，他们越来越渴望自己能拿到冠军。

最终，钟摆摇向了另外一边。

“他们是生活在同一时代的两个毕加索。”阿里戈·萨基这样描述穆里尼奥与瓜迪奥拉。这位意大利传奇主帅在80年代将足球带入了一个新的纪元，他认为佩普离开巴萨对于足球而言是悲伤的一天。“对于那些喜爱美丽足球的人来说，瓜迪奥拉离开巴萨太可惜了。他推动了足球运动的发展，而且还在保持胜利。他在4年里拿到了14个冠军，这一点可喜可贺。我觉得未来20年人们仍会记得这支巴萨，因为他们在很大程度上改变了这项运动。”萨基对于何塞的评价同样颇高：“他是个不寻常的家伙，和瓜迪奥拉大不相同。穆里尼奥的球队踢得非常出色，如果要研究他，就要从整体上去分析。”

佩普离开后何塞的言论，似乎也在暗示着他更希望佩普留下，他也许再也不可能找到如此强劲的对手了。“如果今天我告诉大家，说我累了，想要退休，我的职业生涯会就此画上一个完美的句号。因为我在最重要的联赛赢得了我应该赢得的一切。”也许，说何塞想要佩普留下，只是我们的一厢情愿。

佩普想要创造一个足球的乌托邦，在那里，卡洛·马佐尼会坐下来陪他喝喝咖啡，巴蒂斯图塔会回忆职业生涯的每个进球，马塞洛·贝尔萨会让佩普的朋友大卫·特鲁巴扮演防守球员，就好像那次佩普造访阿根廷时，贝尔萨在自家客厅所做的一样。佩普想要成就完美，在鲜有人企及的高度创造一个梦幻般的足球世界，但是穆里尼奥把他从那里拽回了地面。

“做好准备，佩佩。”当瓜迪奥拉在尼翁遇到弗格森时后者这样告诫他，当然，老爵爷叫错了他的名字。“穆里尼奥正在路上，他可是冲着你来的。”佩普当时还不以为意：“不会那么糟糕吧。”弗格森回答：“没有他，现在的我过得舒服多了。”曼联主帅是对的，用马努尔·埃斯蒂亚特的话来说，和何塞那支皇马的对抗是这样的：“让人精疲力竭，因为葡萄牙人的暗黑艺术会激怒你，消耗你，有些时候也会引发不公，这就是他保护球队的策略。”

那样的“艺术”也腐蚀了佩普对于国家德比的记忆：“过去几年巴萨和皇马的比赛并没有给我带来特别快乐的回忆。我并不享受那些比赛，那些比赛终究是留下了一些糟糕的记忆，无论胜负皆是如此。”

在佩普理想中的世界里，足球层面的决策才是决定一切的因素。

“互相之间踢的次数越多，就越像篮球比赛中的季后赛。你每做一件事对方都会立马做出回应，然后你也要随之应变。我记得第一次和穆里尼奥对阵，国际米兰踢的是 4－4－2 阵形；小组赛第二回合较量时，他们在诺坎普摆出了菱形中场；半决赛第一回合，我们在米兰祭出了 4－2－3－1，球队的传递并不奏效，对方则踢得简单直接；当穆里尼奥带领皇马来到诺坎普时，他们想要表现得更为主动，随后输掉了比赛；在欧冠穆里尼奥再次让球队切换到比较直接的战术模式，他们又输了；他们试过收缩防守，也试过防线前提。在诺坎普的国王杯比赛，他们几乎败北，可最终逼平了我们。我们互相揣摩，见招拆招，不但赛前要精心备战，还要在比赛进行中频繁变招。我们都会猜测对方会使用怎样的阵形，如何才能出其不意，这才是让一切变得有趣的地方，这才是让比赛充满意义的地方。有了这些，两队之间的较量才会显得美妙。实际上这也是我唯一的坚持。”

“其余的部分？我不是很在乎。穆里尼奥出现之后发生了很多事，太多事……”

佩普从个人感情的角度出发看待此事，何塞则将其视为工作的一部分。

“我们的关系曾经很好，现在很好，未来也很好。”穆里尼奥在皇马的第一个赛季曾经这样说过，“哪怕佩普和我在足球上有什么分歧，那也是皇马主帅和巴萨主帅之间的分歧，何塞·穆里尼奥和佩普·瓜迪奥拉这两个人永远不会出现问题。一码归一码，这完全是两码事。我尊重他，我相信他也尊重我，我们之间不会有私人恩怨，不会产生对立。如今，我没法祝他好运，因为我们在为同一个目标竞争，除此之外，我们一切安好。”

佩普可从来不会这么看。

7. 告别之前最后的决战

2012 年 4 月 18 日，斯坦福桥，欧冠半决赛第一回合，切尔西 1 –0 巴萨

在伦敦，巴萨不出意外地排出了最强阵容，突前的三人分别是桑切斯、法布雷加斯和梅西。从比赛开始之后，他们就接连创造得分机会：桑切斯射门击中横梁，然后客队又迫使阿什利·科尔门线救险，之后阿德里亚诺的射门又击中了立柱。一次，两次，三次，四次，切尔西的蓝色铁壁一次次阻挡着巴萨的进攻。佩普、梅西和巴萨全队都发现，英格兰俱乐部找到了让他们受挫的方法，恰如两年前的国际米兰。

梅西在本场比赛位居中路，球队一直坚持通过他来找寻答案。

但是这位小个天才在比赛里丢球了，他丢球的位置就在中线附近，离本方球门太近。兰帕德传球找到拉米雷斯，巴萨球员奋力回追，却犯下了致命错误。马斯切拉诺和普约尔这两名中卫把注意力放在了右翼的德罗巴身上，他们中的一人应当照顾哈维身后的空当，留意盯防拉米雷斯，后者传中找到德罗巴，巴萨的防线有明显疏漏，切尔西在上半场伤停补时阶段攻入一球。

如果光看结果不看过程，也许很多人都会得出结论，认为切尔西防

守做得不错，实际上巴萨全场有24次射门，而德罗巴的进球源于切尔西全场比赛唯一一次射正。

梅西在比赛中倾尽全力，但是缺乏一些灵感，巴萨对他的依赖显然成为了一种顽疾。不过佩普是这样鼓励球员的：如果他们能在斯坦福桥创造24次破门机会，那么回到诺坎普，也一样可以做到。

在新闻发布会上，主帅决定为刚刚惜败的球队减减压，球队急切地想要夺回胜利，瓜迪奥拉察觉到了他们背负的重压。在当时看来，主帅的反应略显怪异，现在看起来那更像是一种警示，他的言论让人难以理解，他没有激励球队再攀高峰，与联赛对手皇马以及欧冠对手切尔西一决雌雄，反而像是搁下了武器。

“在体育的世界里，只有胜者才能在大家的记忆中永存。但是我觉得我们已经赢了。我不知道下周六对阵皇马或者下周二对阵切尔西时会发生什么。但是我觉得我们已经赢得了这个赛季。球队在这一水准上保持了4年，伴随着我们走到今天的，是伤病。我觉得我们已经赢了，接下来会如何并不重要。”

2012年4月23日，诺坎普，欧冠半决赛第二回合，巴萨2-2切尔西

足球是一种概率游戏。切尔西选择死守，这让他们晋级决赛的前景显得更为艰巨，可如果他们能够聪明地处理每一次进攻机会，他们晋级的可能又会增加。说到概率，原则上而言双方是不对等的，巴萨会占有更多球权，在切尔西的腹地盘踞更长的时间。

但是类似的场景曾经上演。面对穆里尼奥，面对2010年的国际米兰，面对第一回合坐镇主场的切尔西，巴萨都曾遭遇类似的情况。

这场比赛，实际上就是历史重演。

佩普让球队的边路拉开宽度，两位伪中锋梅西和塞斯克在前场自由游弋，球队不断地传递，直到空当出现。巴萨很有耐心，一旦出现可利用的空间，他们就会像比拉鱼一般一拥而上。

上半场，巴萨连下两城，放在过去任何一个赛季，这都是足够安全的优势，更何况切尔西队长约翰·特里还被红牌罚了下去，因为他在无球状态下用膝盖顶了桑切斯。不过站在巴萨面前的是一支令人敬畏的强悍之师，这群球员满怀骄傲，这是他们称雄欧洲的最后机会，为了这个目标，他们会碾压阻挡在面前的一切障碍。不久之后卡希尔受伤了，一切都朝着不利于切尔西的方向发展。德罗巴几乎成为了边路的第二名边后卫，他仍然坚如磐石，切赫在门前也宛如一道巨幕，可是他们无法阻挡巴萨不断创造机会。

佩普的球队 2 次击中立柱，总共有 23 次射门，其中 6 次击中门框范围，梅西罚丢了一粒点球。这样的局面但凡放在过去任何一个赛季……

在上半场补时阶段，切尔西破门了。巴萨的首回合败北源于一次防守中的漫不经心，这次的失球有所雷同。拉米雷斯吊射破门，把比分扳成了 1－2。巴萨需要再入一球，但是加泰罗尼亚人看起来灵感枯竭，球队也逐渐丧失信心。控球时常出现失误，无论是纵向渗透还是两翼突破都乏善可陈。

巴萨再也没能进球，下半场补时阶段，反而是托雷斯送出致命一击，让巴塞罗那的迷梦彻底破碎。

切尔西化腐朽为神奇。

瓜迪奥拉和他的球队则无路可走。

在过去 4 年里，佩普率领的巴萨不断进化升级，他们为接踵而来的冠军欢呼庆祝，足坛地位也水涨船高，可与此同时，球员的自我也在膨胀。换句话说，要驱使这些球员为团队付出变得越来越难，这也是很自然的趋势。哈维和普约尔成为了球队元老，他们身经百战，还是世界冠军，都是足坛名头响亮的人物，这样的角色变换各人适应程度总有不同；杰拉德·皮克变成了多栖明星，他找了一位巨星级女友，这未必有多糟糕，可他再也不是从曼联转会巴萨时的那位皮克了；马斯切拉诺正式改打中后卫，有些重要比赛他还不得不作壁上观，马斯切拉诺毕竟不是年轻球员，作为一位成名球星，要接受这样的现实也并不那么容易。随着球队的成长，佩普在球队管理上愈发棘手。他刚刚接手球队时梅西是青葱蓬勃的超新星，如今他已是双料足球先生，是公认的当世最佳球员，此一时彼一时，如今发号施令与当年已大有不同。

到了赛季末期，球队阵容的选择也变得非常敏感，每一次决定都像是一次棋盘落子，每一步都必须万分谨慎，有些时候要考虑的变数太多，更显千头万绪。对于球员而言，对阵桑坦德竞技或者莱万特时做替补是可以接受的，对阵皇马时做替补又是另一回事了，国家德比可是每个赛季的晴雨表。不管瓜迪奥拉对球员说多少遍，人人都有机会，人人平等，出战与否关乎战术选择和身体状态，可一旦落选国家德比，球员都会把这件事当作负面信息。每个人都会惦记着这场比赛，最终的阵容选择会影响到球队的内部平衡。在罗马，在温布利，球队首发仅与伤病或停赛相关，首发名单逃不出那十二三名球员，但是在佩普的最后一个赛季，面对全队个个响当当的名字，要选出首发 11 人是艰难的决定，期间总要经历长久的犹豫。

有些时候首发阵容看起来是出于政治平衡，有时候看起来合乎逻辑，有些时候看起来又像是克鲁伊夫的路子。佩普想要从球员那里得到反馈，但是他却因此创造出了一种悬疑的氛围，使用并未参透球队战术的球员也让球队军心不稳，在佩普的率领下，这支球队曾经凭借脚踏实地的干劲领先于人，如今他们正在失去这一美德。他在过去几年尚可以理顺一切，可球队当下的不安定因素已愈发难以掌控，佩普让每个人心中都存有怀疑，球员心中的不安和焦虑开始滋长，佩普又何尝不是。

我们不要忘了一件事，自从佩普率队前往圣德鲁斯备战的那一天起，他最大的恐惧就是有一天自己会失去这支球队，无法与他们维系情感纽带。

对细节关注的缺失，在伤停补时的失球，这些都是佩普精力耗尽的征兆。当他感到一切都开始变得无序的时候，他开始在关键时刻兵行险招。在这种情况下他往往都会走错棋，是的，他们在对阵皇马时依旧忠于自身风格，没错，他们在对阵切尔西时运气欠佳，但是英格兰俱乐部在最后时刻逼平巴萨说明球队确实丧失了一些特质。

在欧冠半决赛第二回合，佩普决定在左路启用昆卡这样的年轻球员，他把经验较为丰富的佩德罗、阿德里亚诺和凯塔放在了板凳上。他在对阵皇马时做过类似的决策，他在那场比赛中派出特略作为首发，与此同时皮克、桑切斯和法布雷加斯都坐在板凳上。在俱乐部的办公室内，球队的分析报告显示了一堆问题。佩普的那些决定让人想起了约翰·克鲁伊夫执教末期的一些情景，身处危机之下，克鲁伊夫的逻辑曾极度扭曲，他竭力想要抓住救命稻草。还有人说在昆卡和特略这样的拉玛西亚男孩面前，佩普有一种“本能的父爱”，这也让他的判断力受到了影响。两位经验匮乏的小将怎么可能取代历经大战的成名球星？在排兵布阵时，特略怎么可能是优于法布雷加斯的选择呢？

面对自己崇敬爱戴的主帅，那些被留在板凳上的大牌球星也无法对他提出质疑，毕竟他曾经做出了那么多英明决定，他们只能怀疑自我："如果我不能上场，一定是哪里出了问题。”渐渐地，怀疑变成了恐惧。当生活不如意时，你必须有所担当，恐惧是此时最糟糕的伙伴。当常规11人阵容出现动荡的时候，很多球员的信心也随之动摇，这在过去也屡见不鲜。佩德罗从默默无闻的小将成为球队希望之星，又变成了被遗忘的人。此前屡屡建功的法布雷加斯也从救星变成了铁板凳。

没错，他们是能力超凡的球员，为一支实力卓越的球队效力。可他们也是普通人。

短短数周内，瓜迪奥拉不知不觉地忘了一件事，足球终归是要靠球员去踢的。

瓜迪奥拉深知球队的体系和风格必须达到浑然天成的境界，球员要把战术信条当成另一种本能，在他执教的4年间，大多数时候他们都做到了这一点。大家都知道在场上做些什么，如何利用自己的才华来帮助球队。但是他执教末期在人员的更迭和阵形的变换上着实制造了混乱。或许球员们无法一探究竟，可当他们感知到不对劲的时候，他们就会指望梅西站出来。

在对阵切尔西与皇马的比赛中，只要梅西一拿球，对方中卫和后腰就会呈夹击之势，这也确实是遏制他的方法。他可以击败这些对手，可不是每次都能成功。巴萨的进攻因此减缓了速度，套路也变得死板生硬，对于对手来说，要应付这样的球队显然容易得多。在那些比赛里，梅西为何不甩脱中路四人的包围圈，移动到边路给对手一个措手不及呢？要知道，巴萨的边路本就没有足够的兵力投入，在重大赛事中，昆卡和特略更难有与对方边后卫一对一的机会，即便有，他们在对抗中也是胜少负多。佩普豪赌年轻球员的实验失败了。

四天之内，巴萨在诺坎普分别在皇马和切尔西面前受挫，这让人们确信，巴萨原本看似完美实则脆弱的平衡被无情地打破了。

“主席，明天早上请到我家来一趟。”在欧冠被切尔西淘汰当夜，佩普对罗塞尔说道。第二天早晨，俱乐部的历史就此被改写。

两天后，在向球员宣布了离任的决定之后，瓜迪奥拉凝视着圣约翰德斯皮基地正在进行的训练，随后他跳上汽车，行驶 10 分钟来到了诺坎普。

在随后的新闻发布会上，来自本地和海外的记者挤满了整个房间，佩普向全世界宣布了他即将离任的决定。普约尔、皮克、塞斯克、哈维、布斯克茨、巴尔德斯和其他一些球员就坐在听众席的前排，梅西没有在场，他不想让摄像机捕捉到自己的情绪，这场新闻发布会可是由天空体育现场直播的。在英国，一些民意调查显示巴萨在该国的球迷数量可以排到第五，关于瓜迪奥拉未来的消息也引起了巨大的媒体反响，天空体育事先独家报道了佩普将要向大家告别的新闻。

巴塞罗那俱乐部对于这场新闻发布会颇费了一番心思，尤其在头面人物的座次安排上他们动了些脑筋，主帅的右侧是主席，左侧则是总监苏比萨雷塔。俱乐部希望用这样的方式告诉人们，在佩普做出决定之后大家沉着冷静，应对得当，而很多时候俱乐部高层都没法很好地处理这样的变动。佩普的离开让巴塞罗那很受伤，但是两位头面人物需要站出来告诉人们，瓜迪奥拉走了，生活还要继续。

巴塞罗那的主席用沉重的语调宣布瓜迪奥拉不会再担任球队主帅，他拥抱了主帅。佩普脸上闪过一丝惊讶，这次拥抱看起来有些逢场作戏。

然后，瓜迪奥拉请求人们理解他的决定，如同先前向球员们所说的一般，他也向媒体解释了决定背后的原因。

“对于我引发的不安，我深表歉意，我也希望能在短时间内有一个最好的解决方案。4 年时间已经是很长的一段时间了，我不想被一份身不由己的合同束缚。10 月、11 月的时候我就告诉主席，觉得自己在这里的执教恐怕要结束了，我先前之所以没有把决定公之于众，是因为那样会让情况变得很复杂。我离开的原因很简单，4 年的时间足以耗尽一个人的精力，我已经精疲力竭了。我必须找回激情，所以我不会继续担任巴塞罗那的主帅。下一位教练可以带给大家我没法给的东西。”

他已经倾尽所有，需要重新补充能量。或者换句话说，他还是能给俱乐部很多东西，但未必都是俱乐部需要的。

“我要感谢大家对我的包容，我知道我自己对大家来说是个麻烦，每三天你们都要忍受我一次。”他对媒体说道，如今他要暂别教练席了，但是他也表明“迟早”会再度拾起教鞭。与此同时，他试图阻止一切流言蔓延。谈到梅西的缺席时，瓜迪奥拉唯一的解释是“梅西与我们同在”。这一说法也获得了罗塞尔的支持。

在更衣室的时候，球员们一度决定派队长——也就是普约尔、哈维、伊涅斯塔和巴尔德斯做代表出席新闻发布会，但是为了表达对佩普的敬意，其他人也来到了现场，唯独缺了“小跳蚤”。罗塞尔是这样说的：“在精神上，梅西与我们同在。”

实际上，莱奥因为佩普的离开伤心流泪，当然这发生在私下。数小时后，阿根廷人在 Facebook 上解释了自己缺席的原因：“我全心全意地感谢佩普在职业层面和个人层面为我所做的一切。因为当场必然的伤感气氛，我决定不出席新闻发布会。媒体想要捕捉球员悲伤的神情，因此我想要远离他们，我不想在公众面前展现出悲伤的一面。”当 13 岁来到巴塞罗那的时候，梅西就会学会了躲起来一个人哭泣，他尤其不想让自己的父亲伤心。

之后发生的一切出乎所有人意料。罗塞尔一脸严肃地宣布蒂托·比拉诺瓦将成为佩普的继任者。两天前，正是在瓜迪奥拉的家里，俱乐部高层向比拉诺瓦提议接任主帅，在新闻发布会开始前一小时，他才决定同意接受任命。

佩普心存疑问，但是他没有表露出来。“任命蒂托做主帅不是我的决定，那是苏比萨雷塔的决定。我也是刚刚才知道这件事的。”在场的人们可能并没有揣测其中可能隐含怎样的矛盾，但是事后这些话还是会被媒体利用，他们会说没了瓜迪奥拉，巴塞罗那的日子肯定要难过一些。

俱乐部不想给媒体任何遐想空间，他们想公开解释将球队托付给比拉诺瓦的原因。苏比萨雷塔想要证明球队确有应急预案，罗塞尔也同意了这一点。让瓜迪奥拉的助手继任也能给俱乐部足够的时间来判断球队是否需要改变风格，或者说延续原先的风格是否正确。“如果在佩普离开三四天后宣布蒂托接手，这只会对蒂托产生负作用。人们会质疑俱乐部是不是找不到更好的教练，是不是没有规划。”一位俱乐部人士承认了任命蒂托背后的动机。

但是这件事也有另外一个角度的解读。自 10 月开始，佩普就开始认真考虑是否就此结束在巴萨的执教，当时他认为蒂托会随自己一同离开。“要么都留下，要么都走。”佩普想道。11 月时苏比萨雷塔在瓜迪奥拉面前提出让比拉诺瓦接手，瓜迪奥拉才意识到还有第三种情况。不过所有人都觉得蒂托会拒绝俱乐部的邀请。实际上，在新闻发布会当天俱乐部再次向蒂托提出聘用建议的时候，蒂托只考虑了一个小时就决定接受任命。尽管两人此前都谈论过此事，可佩普还是吃了一惊，瓜迪奥拉也认同接受任命是蒂托的权利，自己不会出面干涉。

苏比萨雷塔向媒体解释了选择蒂托的原因：“最重要的是我们的理

念，因为那是我们有别于其他球队的地方。我们要系好安全带，因为我相信，球队会进入一个伟大的时代。”就这样，巴萨的两任教练完成了无缝对接，所有的事情看起来都在俱乐部的计划之内。

在诺坎普的告别，是俱乐部、球迷和佩普表达情绪的完美时刻。

刚好这一天是加泰罗尼亚德比，巴萨在主场迎来了西班牙人，两支球队都无欲无求。开场哨响，佩普·瓜迪奥拉的告别派对便开始了。赛前，俱乐部在球场外竖起了一座巨大的纪念墙，球迷们纷纷留言表达此刻的心情，为瓜迪奥拉送上祝福。球场内，一条覆盖一整片看台的横幅向步入球场的瓜迪奥拉表达了欢迎，上面除了主帅的照片，还写着一行字：‘*T'estimem Pep*’。①

最后一次主场作战，瓜迪奥拉没有丝毫松懈。“好好干，佩德罗，我们在一起共事了 5 年，现在你还是我的球员呢！”他一边喊一边推着这位他当初在 B 队发掘的年轻人。四年前，当球队想要将佩德罗租借到波图恩斯时，正是瓜迪奥拉出面干涉，在他的教导下，佩德罗成为了巴塞罗那最重要的球员之一。

即便是裁判，看上去也想加入这场派对，他在场上吹罚尺度宽松，有几次判罚对巴塞罗那有利。比赛最终以巴萨 4 –0 大胜告终，梅西打入了全部 4 粒进球，也创造了一项新纪录，这个赛季他在联赛打入 50 粒进球，打破了杜杜·乔治斯库 1976/1977 赛季在布加勒斯特迪纳摩创下的欧洲纪录。是夜，在诺坎普首开纪录之后，梅西径直指向佩普，将进球献给恩师。主帅也用手指指向梅西作为回应。那粒进球是一记漂亮的任意球，要知道，周中梅西和佩普刚好探讨过任意球的技巧。

打入第四球之后，梅西在队友的簇拥下来到场边拥抱瓜迪奥拉，这个帮助他获得如今成就的男人。这个场面伤感而富有戏剧性，同时又显得如此真挚。巴塞罗那堪称足球世界最大的肥皂剧舞台，此时此刻，这里的两位男主角正在屏幕上热情相拥，他们在世人面前展示深厚的情

---

① 加泰罗尼亚语，意为“爱你，佩普”。

谊，毫不掩饰对对方的感激之情。佩普附到梅西耳旁，轻声说道："感谢所有的一切。"

比赛结束后，佩普走到场地上发表讲话。他拿过麦克风，略显无措地在场地上踱步，在他身边不远处列队的，是他的球员们。在中圈附近站定之后，佩普和其他人一起观看了现场大屏幕播放的视频，视频的背景音乐是酷玩乐队的歌曲。然后，球场内又响起了他最爱的歌曲，由加泰罗尼亚作曲家路易兹·雅克所做的《愿我们会有好运》，旋律响起之后成千上万的球迷开始齐声跟唱：

"*Si emdiusadéu, vullque el diasigui net iclar, que cap ocelltrenquil' harmonia del seu cant. Quetinguis sort iquetrobis el quet' hamancatambmi ...*"

"如果你要向我告别，我希望这一天清澈明亮，没有鸟儿会打破和谐的歌声。我希望你能拥有好运，找到我无法给你的东西……"

佩普凝视着看台，所有人都在等他开口，88044 名球迷几乎让诺坎普座无虚席，他们满怀期待地看着佩普。其中一些人互相牵着手，男人们满怀感性强忍着泪水，姑娘们拍照留影记录此刻。所有人都站起了起来，除了佩普的父亲瓦伦蒂，他双腿剧烈地颤抖着，不得不坐了回去。

巴塞罗那最挚爱的儿子又要离家了，对于有些人而言，他是兄长，对于有些人而言，他是父亲，对于有些人而言，他甚至是救世主。他是榜样，是领袖，是楷模，是谦谦君子，是理想的丈夫，是女性梦寐以求的伴侣，是你想要在周六晚上共饮一杯的朋友，他就是这样一位好人，洁身自好，宠辱不惊，满怀激情，审时度势。此时感到失落的不仅是一家俱乐部和他们的球迷，还有整个民族。

想象一下吧。

想象一下，人们将这么多角色加于一人之身，他会背负怎样的重担，承受怎样的压力。所以你能理解他为何要离开了吗？

"佩普是个天赋异禀的人，无论在私人生活中还是专业范畴，他都能满足最急迫的需求，领悟最重要的因素，并遵从最根本的精神。"在 2011 年 11 月加泰罗尼亚议会宫瓜迪奥拉的奖章颁发仪式上，他的好友埃瓦里斯特·穆尔特拉的演说中如是说道。他能够取得胜利收获冠军，这是最急迫的需求；他了解崇高精神是体育运动的根基，这是最重要的因素；他忠于自己代表的俱乐部，深知她的创建者和追随者所宣扬的精神，这是根本。

在当时的一次访谈中，在皇马做过球员、主帅和总监的豪尔赫·巴尔达诺恰到好处地点评了瓜迪奥拉其人的影响。“他相信在足球世界可以成就伟大，他诚实，勇敢，可以驱散足球世界的所有黑暗。然而他的表率作用不仅限于足球世界，他是一位无可置疑的领袖。”

足球也好，体育也好，在西班牙对于广大民众而言意义重大。媒体往往会忽略生活中的其他事物，这使得人们把体育当作了唯一的重心。人们倾向于将重责赋予个体之上，这也是西班牙社会文化愚昧的一面。也许我们应当问问，这真的是民众索要的吗？方方面面都乐于以此来取悦民众，他们是否要为此负责呢？也许事实并没有那么绝对，也许，没有人可以免责。佩普一直都能敏锐地感知到自己言行对他人的影响，他也深知自己所代表的俱乐部有多么重要，他也因此非常注意自己的言行，社会民众普遍对他心存感激。

加泰罗尼亚议会授予他金质奖章，是因为他作为一名精英运动员做出的贡献，以及他作为主帅获得的成功。他向外界展现了加泰罗尼亚的海纳百川和礼仪教养，他以杰出的方式传播着体育道德、团队协作、勤力躬耕及自我超越，这些宝贵的价值观不仅源于他的个人言论，也被见证于他的个人成长。

这样的褒奖过分吗？也许有人会提出这样的质疑，但是在那样一个历史时刻，加泰罗尼亚刚刚经历了萧条时期，政治上的诉求又饱受打击，整个社会都处于失望的气氛之中，瓜迪奥拉的出现正是加泰罗尼亚急需的。

但是，就像他在议会宫所讲的那样，在一干政坛高层、社会精英、军事要员和金融英才的面前，他毫不讳言“不想成为任何人任何事的榜样”，可是有谁听到了这句话呢？

瓜迪奥拉的偶像化起初是由部分可靠的媒体发起的，还包含了一些民众的自发行为，他们尚且尊重客观事实，但是渐渐地，这场运动变得浑浊不堪，已然失去了最初的意味。

外界用佩普获得的成就来塑造他的形象，通过一些宗教化的方式粗暴地刻画出了一个不属于瓜迪奥拉的形象，那只是劣质的赝品，并不是瓜迪奥拉本人，佩普拒绝登上这座由阿谀奉承搭建出来的神台。

一边是谦逊的巴萨，他们坚持恪守赖以为生的原则：努力、尊重、团结；一边是狂热的球队粉丝，还有炮制“偶像瓜迪奥拉”的吹鼓手；你如何才能把这两者联系在一起呢？这样的狂热甚至超出了加泰罗尼亚的范畴，根据2012年《阿斯报》的一项调查显示，巴萨在西班牙境内的球迷数量首次超过皇马。

佩普的成功之道是否真的如很多人所说的那样，是可以被概括的？在社会不景气的大环境下，佩普确实是很好的榜样，但是他的“成功之道”和“成功哲学”被夸大了。如果佩普留在巴萨，并且输掉越来越多的比赛，丢掉越来越多的冠军，这种虔诚的狂热是否还会存在？没错，佩普改变了加泰罗尼亚人的一些普遍心态，但是他怎能改变上百年历史形成的文化积淀和思维模式？

有些时候，佩普麾下这支巴萨的形象还能满足一些国际大众的口味，他们赞扬巴萨的成功，也赞美巴萨的理念，其中难免会有一些夸饰。瓜迪奥拉总是羞于扮演榜样的角色，加泰罗尼亚人则将他视为圣人和领袖。面对那些夸赞自己的文章，佩普经常付之一笑，这些人就好像在进行一场拍马屁比赛。佩普也时常思考，胜时的美德也许就是败时的污点，此时的赞扬也许会变成彼时的批判，褒奖之词不过是磨刀之石。

在巴塞罗那德比结束之后，苏比萨雷塔站在诺坎普的VIP区域，他的两眼泛红，显然情绪激动，内心深处还有一些忧惧。球队的领袖将要离开，俱乐部还要继续追逐辉煌，蒂托将追随佩普豪迈而沉重的脚步，沿着他原来的足迹前行。

佩普还在球场上，球员们就在几步开外听他说话。佩普检查了一下话筒，话筒出了些问题，这让他很紧张，盼望着这一刻赶紧结束，对他而言，这是公众心目中那个佩普的葬礼。葬礼结束，佩普又会变成原来的自己，但是在那之前，他还要给球迷一个交代。

“我们要快点，球员们还要去冲凉。”他开始了。他接下来的话语中还隐含了对贝尔萨的致敬，他借用了后者在告别智利国家队时的说辞：“生活，赐予了我这份礼物。在这五年里，我们得以享受这些家伙创造的奇迹。”

“你们无法想象，我会带着怎样的爱回家，你们也无法想象，过去五年，我感受到了怎样的快乐。我和你们所有人一样幸运，但愿看着他们踢球，也能让你们感到享受。”

“知道吗，我会想念你们所有人，我是在场唯一的输家。”他最后一次引用了贝尔萨在告别智利国家队时的话。

随后他又重提初任巴萨主帅时的比喻：“我的安全带系得太紧啦，我想解开安全带。但是你们其他人不必如此，因为旅程还会继续。我把你们交到了最好的人手里，你们要和他们站在一起。我最衷心地祝你们好运。我们很快会再见的，因为你们永远不会失去我。”

几天后，佩普的母亲多乐丝在接受电台采访时告诉球迷，要记得佩普最后几句话，将这些话珍藏在心中，因为他不是随口一说。

佩普最后的话暗示着他终有一天会回到此地：这位曾经的诺坎普球童、拉玛西亚学员、巴萨队长、成就梅西成为世界最佳乃至历史最佳的男人，一定还会回来。唯一不能确定的只是他会以何种身份回归。他将远离巴塞罗那，去海外漂泊一段日子，若要在巴塞罗那重续前缘，理想的情况是以总监甚至主席的身份回归。

佩普发言结束之后，球员们纷纷鼓掌向他走去，他们将他抛向空中，就像在罗马和温布利所做的那样。他们手牵着手，围成一个巨大的萨达纳圈①，在中圈又蹦又跳。这是这支巴萨留下的另一幅经典画面：

① 即 sardana，一种加泰罗尼亚传统舞蹈。

伴随着酷玩乐队的 *Viva la Vida*，球队开始绕着中圈旋转。这不禁让人想起了佩普执教第一年时的激情愉悦，他们迈出了宏伟征程的第一步，随着每一场胜利，批评者的质疑渐渐消散，取而代之的是胜利的歌声。

在仪式结束后，佩普需要找寻自我，让自己得到解脱。

华灯渐暗，人群消散，佩普带着妻儿、兄弟、姐妹、表亲和朋友们来到球场上拍照留念。

瓜迪奥拉知道，足球之外的世界很大，他也乐于去探索新世界，无论是文学、电影、戏剧还是音乐。这些领域与足球大相径庭，可有些更贴近生活。

那一晚，佩普的脸上挂着似是而非的微笑，这是一个时代的结束，也是一个新时代的开始。自从去年 10 月以来，他就想要休息。是时候找回自我，去实现其他的梦想了，是时候告别那看不到尽头的四年，告别激情燃烧的岁月，去享受生活了。

在他们拍摄的一张照片中，佩普、克里斯蒂娜和他的孩子们背对着教练席，马里乌斯和瓦伦蒂娜在球场上尽情奔跑，反倒是 9 岁的玛丽亚在画面中最引人注目。她知道这一切意味着什么，悲伤的神情表露无遗。这和 11 年前的告别迥然不同，那时，他为巴塞罗那踢完了最后一场球，赛后在队友路易斯・恩里克和塞尔吉・巴尔胡安的陪伴下离开了球场。那一夜，没有人围观，没有赛后的仪式、歌颂和讲话，没有情绪激动的老父，也没有兴奋留影的孩子。最后陪着他在黑暗空旷的球场中漫步的，只有克里斯蒂娜和他的经纪人。

作为一名球员，瓜迪奥拉在合同到期后离队招致了猛烈的抨击。一些球迷无法宽恕他，他们指责他贪财。队长也好，旗帜也罢，为球队效力到 30 岁，这些事都被一笔勾销了。佩普一直都敬爱这家俱乐部，他自少年时代就为之效力，在没有正当理由的情况下遭到如此冷酷的对待，对于佩普这样的人来说并不容易接受，他对于外界的批评非常敏感，他也牢记着在正确的时间离开至关重要：他当主帅之后也毫不例外。

在诺坎普往来的英雄或者主帅，总是难在这个舞台体面地告别，瓜迪奥拉在这里最后的告别，是此地最触动人心也是最真挚诚恳的一幕。瓜迪奥拉以克鲁伊夫和里杰卡尔德未曾有的方式离开了巴萨，他们虽在竞技层面经历了衰败，可离去之时还不乏球迷支持；带队两次问鼎联赛的路易斯·范加尔二度执教球队时，还引发了猛烈的批判。

“什么才是传承？对我来说，我希望我对这些教练的记忆能够永远留存。”佩普在数天后说道。在比利亚马林，他率队出战最后一场联赛，看台上的一条横幅表达了爱戴他的球迷的心声：“佩普，你的足球为我们指明了道路。”

瓜迪奥拉捍卫了球队的理念，他让人们以特别的方式支持球队，感受成为巴萨的一部分。这会是一名巴萨球迷新的生存之道吗？又亦或是昙花一现？毕竟在加泰罗尼亚文化中人们热衷于扮演被压迫者的角色。最后一个赛季，在前途不明之时佩普就曾说过：“这一切不会永远继续下去。我们迟早会停下胜利的脚步，到时候我们就能知道，我们是不是真的对自己选择的道路和风格有信心。我不会以手探火，我能看到，如果俱乐部坚定信念，她就会一直前进。”

虽然俱乐部某些地方依然旧习难改，但是在诺坎普，球迷的表现证明了这支球队已经改变了历史，他们带来的不仅是冠军。国家德比失利之后球迷传达的信息就很好地说明了这一点，他们没有认输，也没有怀疑，成千上万的加泰罗尼亚人高歌呐喊，只为让佩普和球队知道，他们与球队同在。哪怕败北，球迷也会给予球队应得的认可和坚守。

也许球迷变了，但大环境还是不太健康。佩普的离去足以让巴塞罗那俱乐部故态重萌，球队在竞技层面经历了剧变，在某些方面却并非如此。因为瓜迪奥拉的出现，俱乐部无人胆敢破坏和谐，瓜迪奥拉本人在队内也努力维护安定，对于前主席拉波尔塔、努涅兹乃至加斯帕特，他总是赞许有加；他对于罗塞尔始终难以建立起高度的信任，却也相安无事，相处融洽。

“我要让位了，希望我的名字不会被提及。我想要平静地离开这里。”瓜迪奥拉告诉俱乐部。但是在赛季最后一场比赛前，若安·拉波尔塔再度露面，他说道：“我们热衷于建设，而现在的高层热衷于破坏，他们的破坏对象也包括佩普。他们本可以做出更大的努力来留下他。”媒体也就这个话题采访了约翰·克鲁伊夫和查尔斯·雷克萨奇。外界考验着罗塞尔的神经，却也绊住了瓜迪奥拉的脚步。各种各样的流言开始传开，巴尔德斯和梅西有冲突，然后凯塔出手阻止啦；阿根廷人开始变得愤怒啦；佩普和蒂托·比拉诺瓦产生嫌隙啦；还有佩普和安东尼·苏比萨雷塔之间也有矛盾啦……

佩普的离开是否恰逢其时？如果他再留一年，是否还会出现同样的局面？路易斯·阿拉贡内斯是足球圈少有的怀疑佩普离队动机的人。“我不能理解他。”前西班牙主帅告诉《阿斯报》，“他说他累了，我不信，这点我同意穆里尼奥的看法。他在俱乐部待了 4 年，才刚上路呢，里面一定有别的原因。不要糊弄我，他在这 4 年中所做的确实是一笔宝贵的财富，但是我不理解他为什么要走。人们很快就会忘了他在这里做了什么。”

哈维曾经强烈建议佩普和阿拉贡内斯见一面，他认为他们是足球圈最有智慧的两个人。如果他们真的能见面，阿拉贡内斯一定会毫不留情，让瓜迪奥拉见识一下什么叫忠言逆耳。

不过从另一个角度看，佩普离开的决定真的对俱乐部有好处吗？有的人也许会说，佩普在球员和同僚最需要他的时候离开了，只因为他的死敌压过了他一头，在人们看来电影的结局往往不该是死敌获胜，除非这部电影想要拍续集。不过佩普留下的宝贵财富，以及他移交给蒂托·比拉诺瓦的权力，使得我们能够欣赏到续集。但是他真的留给了继任者一个理想的环境吗？还是说他留下的是一个必败的残局？他的继任者每赢得一场比赛，人们都会归功于佩普，而每输掉一场比赛，又会算到继任者自己头上。

不管答案是什么，在加泰罗尼亚，至少没有人想要质疑他的动机或者时机。穆里尼奥总是唠叨瓜迪奥拉受到了媒体的保护，他也非常嫉妒这一点，媒体沉浸于他开创的胜利时代，他们以虔诚的目光注视着佩普，这种虔诚往往还带有一些盲目。

有一件事是肯定的。没有了佩普，没有了精神领袖，巴萨将要迎来新的局面，瓜迪奥拉的挚友蒂托将接受艰巨的任务。没有了富有魅力的瓜迪奥拉，瓜迪奥拉主义是否还有存在的必要？蒂托又能否像过去四年的佩普一样做好巴萨的舵手呢？

这是另外一个故事。

“今天，你们所有人都让我很失望。”

这个赛季的最后一场比赛，巴萨远赴塞维利亚与皇家贝蒂斯过招，球队在比赛中表现差强人意，只是在最后时刻勉强逼平对手，赛后瓜迪奥拉说出了上面这句话。这场比赛是球队这一年一系列糟糕表现的缩影，尤其在下半场，球员既缺乏奔跑，也没有压迫，球队看起来无精打采。

15 天后，他们就要迎来西班牙国王杯决赛，这样的表现和态度可不能接受。

球员刚进更衣室，主帅就要他们把门关上。“安静下来！今天你们让我很失望。”他严厉批评了球队，不过这也是他治内最严厉的一次批评了。他不想把问题归咎于某几个人，可他也不想对场上的问题视若无睹。

但是佩普也感到了自责，自己的告别引发了球队内部不和的传闻，一些球员的未来也因此被疑云笼罩。

起初，没人作声。他们都默默地听着教练训话，一个个都盯着地板，就像挨了骂的孩子。佩普在提醒他们，赛季还未结束！

随后，阿尔维斯要求教练让他发言。

巴西人在这个赛季的表现心不在焉，这场比赛他还吃到了红牌，当时巴萨还以 1－0 领先，他的下场导致球队在下半场大部分时间都以少打多。之后贝蒂斯就连入两球反超了比分。

“请原谅我，我很抱歉，那张红牌很愚蠢。”他对队友们说道。

在接下来的两周内，再也没人提及那场比赛里球队的表现和那张红牌，瓜迪奥拉点到为止，球队则积极备战接下来在马德里的国王杯决赛，他们的对手将是毕尔巴鄂竞技。

如果巴萨拿到国王杯，那将是一个赛季内他们获得的第四个冠军，此前他们已经收获了西班牙超级杯、欧洲超级杯和世俱杯。

佩普作为巴萨主帅赢得的第一座奖杯是 2009 年的国王杯，当时的对手就是毕尔巴鄂竞技。到了 2012 年，他在率队出战 247 场之后完成了一次轮回，他又要在国王杯决赛对阵毕尔巴鄂竞技。

这是他作为巴萨主帅的最后一战，他要拿出过往的激情和韧劲，那是人们曾经习以为常的气质，只不过在过去一段时间里，这样的气质消失了。

比赛前半段，佩普很少在场边发号施令，球队显得充满斗志，一旦得球便锋芒毕露，面对马塞洛·贝尔萨的球队，他们寸步不让，在前 30 分钟踢得非常好。

这一夜，巴萨再度找回了赖以成名的球场法则，瓜迪奥拉也恢复了往昔神采，他浑身上下充满了能量，眼神宣示着坚定，他再一次展现了非凡的感染力。

比赛进行到第 3 分钟，佩德罗在禁区内抢点破门，为巴萨首开纪录，瓜迪奥拉简单地庆祝了一番，随后他回到教练席，直到 5 分钟后他才再度起身，小将蒙托亚在右路传中未果，瓜迪奥拉拍了拍这位小将。

比赛进行到大约 20 分钟，梅西得球。瓜迪奥拉在场边对着某人大喊："看人！看人！"梅西将球交给伊涅斯塔，后者送出直塞，梅西一蹴而就。

瓜迪奥拉高举双臂，从教练席上一跃而起，随后他拍了拍手，回身与蒂托·比拉诺瓦来了个结结实实的拥抱。

第三球也随之而来，哈维倚住后卫，将球交给禁区边上的佩德罗，后者用一记左脚低射将球送入左下死角。佩普再度陷入狂喜，这次，他与体能教练奥雷利·阿尔蒂米拉率先拥抱，紧接着蒂托加入了他们，其他教练组成员也纷纷围拢过来，很显然，他们希望用这样的方式传递一种信息。此时的佩普情绪高涨，他问蒂托：“他们在干吗？他们在干吗呀?”

两位好友当时正在被不和的传闻困扰，这样的拥抱是杀死流言的最佳方式，也是恰如其分的庆祝。因为球员们找回了赖以成名的球场法则，球队在球场上踢得严丝合缝。伊涅斯塔坐镇中场，桑切斯和佩德罗回归首发，相较于特略和昆卡，他们能够给对手的防守施加更大的压力，也可以为梅西提供更多支援，本场比赛，特略在替补席上坐满 90 分钟，昆卡则没有进入比赛大名单。

在比赛最后时刻，佩普下达了最后一次战术指令。在那之后，他再也不会向球队发号施令了。这次指令看起来是象征性的，在毕尔巴鄂竞技的一次角球过后，他要求门将平托——巴萨征战国王杯的主力门将——将球大脚开出。也许平托没有听到主帅的呼喊，因为他显然没有遵从指令，他把球放在地上，传给了右侧的中卫，然后中卫又将球传给了另外一位队友，一脚接一脚，他们用传球游戏庆祝胜利，直到裁判吹响终场哨声。结束了，巴萨 3 –0 大胜，这是一场比赛的结束，也是一个时代的结束。

在瓜迪奥拉时代，球队参加了 19 项赛事，赢得了 14 个冠军（鉴于佩普喜欢把 B 队升级那次也算作在内，我们也可以说是 15 个冠军，毕竟这个在他看来是最重要的）。这在巴萨是前无古人的成绩。

瓜迪奥拉走出教练席，和贝尔萨握了握手。随后他又返回教练席，和教练组成员及队员一一拥抱。他也安慰了毕尔巴鄂竞技的球员，然后让他的队员们走入聚光灯。

而他本人，没有随队前往领奖台捧起奖杯。听听他对那一晚的回忆吧：

“卡莱斯这场受伤没有上场，他决定让哈维去举起奖杯，就像他在温布利时让阿比达尔举杯一样。”

“还是你来吧。”哈维说道。

“不，你来。”普约尔坚持道。

“不，你来。”

整个西班牙都在等待，最终还是哈维接过奖杯，他高高举起，然后把它交到了普约尔手中。

“卡莱斯是位了不起的队长，他总是以身作则。他帮了我很多忙，尤其是新人刚到队的时候，他可以帮你省不少事，因为他会替你去做许多说明。更衣室里最重要的就是有好人在。”

拿到奖杯之后，巴萨球员们绕场展示奖杯，佩普向在场的球迷致敬之后进入通道，走回更衣室。

“我觉得我已经庆祝得差不多了，这是属于他们的派对。我想要回到更衣室里，和蒂托还有马努尔说说话。”

几分钟过后，他又回到了球场，这次他脱掉了外套，和大家一起跳起了萨达纳冠军之舞。

“帕科（球队的体能教练）的屁股不太灵活，总是会破坏我们的圆圈，这舞以前可不是这么跳的！我们以前跳得好多了，我们会拥抱，会勾搭着肩，会旋转。现在我们就是手牵着手，我们丢失了自己的舞技，但是这种方式也很可爱。然后在圆圈中间，是一面加泰罗尼亚区旗和一面巴斯克区旗。”

在跳完萨达纳之后，佩普带着灿烂的笑容离开了球场，这是一个愉快的工作日。

“我一直都觉得奖杯很漂亮，我喜欢奖杯，有些奖杯比其他一些更漂亮，但是我都喜欢，我喜欢触碰奖杯，抚摸奖杯。”

在更衣室内，梅西跨过球鞋、瓶子、毛巾和冰袋，来到佩普面前，二人再度拥抱。

“球员们想要送我一份礼物，但是我告诉他们，我只想要奖杯。在那一瞬间，更衣室的气氛显得很神圣，我心中怀有深深的感激之情，不只是对梅西，而是对所有人。莱奥很开心，我们大家也都很开心。拥抱梅西的时候，我看到桑切斯在用手机发信息。球员们经常这样，他们想要和亲近的人分享那些时刻，分享心中的快乐。”

他与球队上下轻松畅谈，哪怕是走进了新闻发布会，人们也可以感受到他的释然。

“我很高兴。能够以一场胜利结束这一切，总是能让你更加平静。比赛前，我觉得无论结果如何，我对球队的看法都不会改变，当然，对于接下来两个月也好，对于未来也好，赢球是更好的结果，因为这意味着球队将要参加下赛季的西班牙超级杯……”

好了，是时候回到酒店再庆祝了，到了那里，还可以和亲友们喝上几杯。在走上大巴之前，球迷们把他拦了下来，要他说几句，他们还想要触碰他。这时候普约尔穿着牛仔裤和T恤衫冲过来，将他救出重围。

“球员穿便装的时候都是危险分子。”

当佩普回到家的时候，他不用再考虑备战的事了，这是这么长时间以来的头一遭。

瓜迪奥拉离开的那个礼拜，加布里埃尔·马尔科蒂在《华尔街日报》上写道："无论他的下一个目的地是何处，要佩普在另外一个国家复制巴萨是不公平也不现实的。瓜迪奥拉在加泰罗尼亚掀起了完美的风暴，但是他不是完美的唯一原因。"

佩普比其他人更清楚这一点，他觉得是时候远离足球一段时间了。他决定休息一年，起初他游历了以色列、克罗地亚、新加坡、印度尼西亚，最后他在纽约落脚，和他的家庭在那里栖息数月。他知道从巴塞罗那看世界是什么感觉，在离开之后，他需要了解世界如何看巴塞罗那。没错，他想道，这家俱乐部不止是一家俱乐部，没错，他所坚守的理念帮助俱乐部成为了大赢家，但是这样的方式是否具有传播性呢?

在执教巴萨的最后几个月里，他开始表达对德甲的欣赏。这源于劳尔对他的影响，劳尔在沙尔克04取得了成功，他把关于德甲的一切都告诉了瓜迪奥拉，大开大合的战术风格，强队之间的割据争霸，球场爆满的火爆气氛，每当赫塔菲、萨拉戈萨或者马洛卡这样的球队造访，诺坎普就会空出大量座位，球场显得了无生机，但是在德国，这样的情况永远不会出现。

当瓜迪奥拉以球员的身份离开巴萨时，很多人都觉得他会在英格兰或者意大利终老，可后来他还去了卡塔尔和墨西哥，没有人可以预测到他的下一个目的地。在与拜仁达成协议前，他说过这样的话："我会让激情指引我，去到那些能够让我挥洒激情的地方。对我来说，没有激情，便无法执教。也许我应该去一个我无法夺冠的地方，那会帮助我成长。我总是自我怀疑，我并不会因为夺得过冠军就觉得自己比他人优越。"

但是瓜迪奥拉也承认过，自己喜欢诱惑的感觉，不过那与钱无关。那么巴伐利亚豪门是如何捕获瓜迪奥拉"芳心"的呢？在真正牵手之前，出现过很多可能。

在执教巴萨的最后一个赛季中段，佩普曾前往布雷西亚短期旅行，拜访那里的朋友，他也造访了俱乐部的里加蒙蒂体育场，那是他曾经征战过的地方。球场的外墙上悬挂着一面旗帜，上面用意大利语写着：佩普，过去的荣耀，未来的梦想。布雷西亚身处意乙，佩普表示并不介意未来某一天来到这里执教，当初在遭到尤文图斯和其他球队拒绝时，布雷西亚接纳了他，他想要回报这份信任。在当年的禁药诉讼案中这家小球会上下无人质疑他的诚信，他也想要回报他们的支持。

意大利是瓜迪奥拉的最爱之一。他和好友马努尔·埃斯蒂亚特在佩斯卡拉度过了一个个悠长夏日，他曾数次踏入这个国度。在执教巴萨的最后一个赛季，瓜迪奥拉在锡耶纳的托斯卡纳度过了冬歇期。他还像其他游客一样漫步在布雷西亚中世纪建造的广场上，和布雷西亚俱乐部主席基诺·科里奥尼共进晚餐，他还见了爱德华多·皮奥瓦尼教练，这是他 2001 年离开此地时的密友之一。

根据意大利媒体的报道，在瓜迪奥拉休假期间，AC 米兰荣誉主席希尔维奥·贝卢斯科尼想要为佩普提供一份一年的合同，他的年薪将高达 1500 万欧元，还被赋予了自由买卖球员的权力。但是瓜迪奥拉没有考虑接手这家传奇豪门。

英超对于瓜迪奥拉有特殊的吸引力，那是他未曾实现的梦，在英足总150周年纪念视频中他承认过这一点，所以这是无可否认的事实：“在这个联赛里踢球很特别，球迷、媒体和球员风格都能带给你特别的感觉。我没能实现在这里踢球的梦想，但是我希望有朝一日能有机会在英超执教，那些在这里效力过的教练和球员经历过的一切，我都想感受一下。”在他球员生涯的晚期，他曾经被经纪人推荐给英超各大俱乐部，其中也包括了阿森纳。但是阿森纳主帅温格还是更偏爱年轻球员，其他一些俱乐部也因为各种原因没有签下瓜迪奥拉，因此他没能在英超踢上球。

在佩普宣布离开巴萨的同时，各方流言便扑面而来。其中有一条流言反复出现，传言称英足总会为瓜迪奥拉送上一份合同，邀请他出任英格兰主帅。事实上英足总没有联系瓜迪奥拉，而是一位中间人想要促成此事，他告诉英足总佩普有意执教，又告诉佩普英足总将他作为考虑的人选。然后这位中间人就受到了考验，他被要求组织一次双方会面，但是这次会面没有发生。

在佩普执教巴萨的后3年里，切尔西一直在努力说服他入主斯坦福桥，阿布拉莫维奇为诺坎普的美丽足球深深倾倒。他们为他提供的年薪一直在涨，从1000万欧元到1300万欧元，根据某些消息源透露，这个数字甚至到达过1500万欧元。但是阿布拉莫维奇很快就知道，要想把瓜迪奥拉带到西伦敦，还需要给他别的东西：一个成熟的俱乐部架构，以及一套符合瓜迪奥拉理念的阵容。

2010年6月贝吉里斯坦离开巴萨之后，俄罗斯老板和他见过三次面。阿布想要贝吉里斯坦完善俱乐部的架构，为瓜迪奥拉的加盟搭建平台。贝吉里斯坦理解自己的角色，但是他感到阿布并不是真的想要完善架构，而是想要再找一位顾问。阿布没有为贝吉里斯坦提供任何有实权的职位，俄罗斯人依然想要维持自己对球队的影响力，这样一来，双方便无法达成共识。

罗曼没有退缩，他还在变着法子吸引佩普加盟。最大胆的提议出现在2011年夏天，也就是巴萨再度战胜曼联夺得欧冠之后。尽管瓜迪奥拉心中的疑虑已经开始滋长，不过他仍然决定在巴萨再留一年，并且拒绝与其他任何俱乐部接触。

阿布也已经决定让安切洛蒂走人，他先要和瓜迪奥拉当面谈谈。接替意大利人的候选名单里还有维拉斯·博阿斯、穆里尼奥和希丁克的名字，但是佩普是头号目标。切尔西的技术总监迈克尔·埃梅纳罗和比拉诺瓦曾经是莱里达的队友，两人关系不错，那个夏天他找到了佩普和他的助手。他邀请佩普6月底前往阿布在摩纳哥的游艇，在完全保密的情况下与阿布会面。

佩普对于这次会面不置可否，两个星期过后，切尔西老板接到了自己最不想要的答复：巴萨主帅拒绝了邀请。佩普感觉若是去了切尔西，很有可能会陷入乱局，何必冒此风险呢？接下来一个礼拜，维拉斯·博阿斯成为了阿布游艇上的客人。

还需补充的是，想要促成他与切尔西接触的那位中间人还给双方出了一个主意，他认为阿布可以在2011/2012赛季任命一位临时主帅，赛季中段，瓜迪奥拉一旦决定离开巴萨，他就能告诉俄罗斯老板，让阿布着手准备起来。幸好这条建议最终没有成真，因为瓜迪奥拉直到2012年4月末才正式宣布离队，那时候觊觎他的也不只是一两家俱乐部了。

阿布还是锲而不舍，他得知了佩普在慎重考虑是否离开巴萨。3月，他解雇了维拉斯·博阿斯，他认为这是和加泰罗尼亚人牵手的好机会。阿布的算盘打得很清楚：赛季剩余的3个月时间贝尼特斯将成为救火教练，夏天的时候瓜迪奥拉入主接手球队。

但是前利物浦主帅想要一份长期合同，双方的会面并没有促成任何协议，后来罗伯托·迪马特奥成了临时主帅，阿布对他并不信任。不过在带队赢得欧冠之后，迪马特奥获得了一份为期两年的续约合同。

外面的世界一直在变化，可当时的瓜迪奥拉不想和切尔西或者其他球队有任何接触，他想要维护一个平静的个人世界，他也让阿布接受到了这样的信息。他告诉俱乐部、球员和全世界，他想要离开球队，休养生息。有人向佩普提议，在纽约的时候可以开始接触其他俱乐部，为执教下一支球队做准备，也许他可以着手挑选新援，也许可以谋划着提出一些结构上的调整建议，为自己今后的执教铺路。但是瓜迪奥拉心中还没有特别心仪的俱乐部，刚刚告别挚爱的巴塞罗那，他只想暂时远离足球。所有认识他的人都知道，这样的赋闲不会持续很久。

和其他许多教练不同，瓜迪奥拉自有一套衡量成功的标准。他球员时代的经历让他变得更加强韧，2000 年离开巴萨时的苦涩和在意大利的冤屈都是助他成长的经历。他认为心情愉悦最为重要，与此同时，他也不会忽视金钱的作用，毕竟钱能带给你许多自由空间，你能决定自己想要什么以及何时得到。他不仅仅以奖杯来评估个人的执教生涯，他有自己的一套标准。

2012 年秋天，瓜迪奥拉正在纽约的中央公园散步，此时的他期盼着能够执教一家新的俱乐部，这家俱乐部要让他感受到友情、感动、尊重和忠诚，需要在重要赛事中有很强的竞争力，俱乐部必须有完善的架构和深厚的底蕴，能够在遵循足球发展规律的情况下有序地运转。他要的这一切，拜仁都能给，他们已经追逐他两年了。

球员的经历让瓜迪奥拉学会了很好地隐匿私生活，大多数球员都是如此。如果你更多想要了解他们生活中的样子，了解他们到底在做什么，这很容易伤害到他们。“公众的视角是冰冷的，其实我和所有人一样，喜欢喝酒，喜欢读书，喜欢家庭生活。”佩普获得的成功，或者说是极致的成功，让公众把他、他的形象和他的私生活当成了公共财产。有些时候他甚至会想象着失败的情景，想象着失败能带给他多少益处。

“失败让你学到的东西是成功的 10 倍多。成功只不过能给你 10 分钟平静，再沉浸其中就会让你变得很傻。即便是胜利，你也要从中了解哪些地方出了问题。我有很多恐惧和不安，我不喜欢别人来编排我的生活，我只想要在自己的小世界里快快乐乐。”

“其实道理很简单。”某位对瓜迪奥拉有深远影响的人说道，“瓜迪奥拉和他自己较劲的方式，就是巴萨和巴萨斗争的方式。这家俱乐部永远不会对自己感到满意，不是吗?” 迄今为止，巴萨在历史上仅有几次短暂的稳定时期，其余时间，这家俱乐部的历史就是一种循环：成功，危机，再度成功。斗争是为了获得短暂的稳定，佩普也是如此。他想要让自己保持 2008 年刚刚当上球队主帅时的本色，但是他在找寻答案的过程中发现了越来越多的问题，于是他成为了自身追求执着和完美的牺牲品，鉴于他不愿受人救助，这也让他更受折磨。

教练，是世界上最难熬最孤独的职业，在胜利时万众簇拥，在失败时孤寂落寞。瓜迪奥拉对于失败和成功抱有相同的敬畏，他也与二者保持着相同的距离。

可不管他如何期盼，在他执教巴萨的篇章里，人们总会将荣耀书写在最显眼的地方。约瑟夫·M. 弗纳耶拉斯用美妙的字句描述了佩普为俱乐部留下的财富：“佩普付诸实践的足球，源于他童年时代的浪漫，源于他在圣培多尔广场的射门，同时也建立在冷静细致的分析之上。他的足球如手术刀般犀利精确，刀锋上透着的光芒即是他从幼至今的激情。” 还有大卫·特鲁巴也写道：“瓜迪奥拉总是追求完美的比赛，他一直在寻找埃尔多拉多，只有他这样场上场下都无可挑剔的人，才会追寻这样的天堂。”

我们可以非常轻松地将佩普的影响力简化成数字，即便从这个角度来看，他的成就依然卓越：177 场胜利，46 场平局，20 场失利。有 22 名来自青训梯队的年轻人在他手下完成了在一队的首秀。他是第六位以球员和教练身份均获得欧冠的人，也是所有第二次获得欧冠的教练中最年轻的一位。

毫无疑问，他是巴塞罗那俱乐部历史上的最佳教练。

人们曾经批评巴萨的风格过于天真，战术不合常理，攻守不平衡使得球队效率低下，但是瓜迪奥拉带队之后，球队在场面和成绩上双双获得了成功。

瓜迪奥拉也对西班牙国家队产生了影响，阿拉贡内斯执教时已经决定将球队的场上领导权交付中场，博斯克上任之后，则进一步致力于将巴萨的理念移植到国家队，作为球队的战术方针，在此基础上进行微调。西班牙国家队两夺欧洲杯并问鼎世界杯，巴萨球员输出的理念功不可没。瓜迪奥拉已经证明了这种风格的实效性，同时国家队也可以吸纳来自皇马的强大个体（以卡西利亚斯和拉莫斯为代表），糅合战术适应性出色的球员搭配组合（比如阿贝罗阿、哈维·阿隆索、托雷斯、大卫·席尔瓦和胡安·马塔），并且让一些风格鲜明的球员（比如赫苏斯·纳瓦斯和费尔南多·略伦特）作为奇兵出现。

在 2012 年欧洲杯前，博斯克也向离开巴萨的瓜迪奥拉道了别："我要向这位同行致敬。没有人可以复制他过去 4 年的成就。西班牙能有如此品格的教练让我感到高兴和自豪。他的经历是独一无二的，我对他充满赞赏之情。"

在 2012 年波兰及乌克兰共同举办的欧洲杯上，博斯克采用了在巴萨大获成功的战术，其中包括了伪中锋战术，这也是那届大赛少有的战术亮点。西班牙虽然受到了一些批评，但是球队依旧很高效，此前他们面临的问题和巴萨相似，对手防线收缩，挤压空间，阻止他们在腹地快速传递。是时候进行自我改造了，在西班牙采用无锋战术之后，对手的中卫往往显得无所适从。这一战术最显赫的战功莫过于决赛对阵意大利，西班牙以压倒性优势获胜，4 -0 的比分也平息了很多质疑。

有人提出过这样一个难题：如果博斯克离任，瓜迪奥拉会否追随他的脚步成为继任者？在瓜迪奥拉还是球员的时候，曾被问及如果可能，在西班牙国家队和加泰罗尼亚联队之间他会做出怎样的选择。"当下我为西班牙效力，是因为我没有可能为加泰罗尼亚效力，加入西班牙国家队也让我很快乐，我会尽可能地表现出职业精神。能够参加世界杯和欧洲杯也让我欣喜万分，我希望参加的次数可以更多。但是我生在加泰罗尼亚，如果我有机会为加泰罗尼亚联队效力，答案显而易见。"所以执教西班牙对他而言和执教阿根廷或者卡塔尔并无差别，仅有的差别在于西班牙国家队会有一些加泰罗尼亚球员或者效力于巴萨的西班牙球员。

瓜迪奥拉被投票评为国际足联 2011 年年度最佳教练。"不要被表象骗了，他可从没有想到这一切会来得如此之快。”他的朋友埃斯蒂亚特打趣道。当佩普接过奖杯之时，他想要与另外两位候选人弗格森及穆里尼奥分享此刻。“能成为你的同行是一种荣幸。”他对弗格森说道。也就是那一天，有人问弗格森爵士佩普能否接替他在曼联的工作。“为什么？如果我是他，我就留在巴萨了。”

这座奖杯是对他成绩的认可，但也留给了人们这样一个问题，他在他的俱乐部到底做了什么：是革命？还是革新？瓜迪奥拉并没有推倒重来，他整合了理念，进行了一些看得见或看不见的改变。哪怕在球队中兴之时他依旧坚持变革，这是非常具有勇气的行为。“他让球队更加坚韧，更具品格，也更有效率。这是一群了不起的球员，他很好地发挥了他们的才华。”贝尼特斯说道。

瓜迪奥拉还以非凡的胆魄和想象力解决了一些难题。他有的时候会排出无锋阵形，有的时候仅仅派出两个后卫，他取消了赛前一天在酒店过夜的惯例，让球队搬迁到新场地进行封闭训练，他要求球队当天出发前往客场，他对球员的饮食进行了分析，对用餐时间和地点做出了重新安排，等等等等。

正如巴尔达诺所言，从来没有一个人能像瓜迪奥拉一样对巴塞罗那产生如此大的影响。佩普比梅西更重要，比主席更重要。一直以来，加泰罗尼亚俱乐部就有缺乏持续性的问题存在，他们的难题是如何将不合常理的胜利方式转化为有持续性的方法。不仅仅是保障成绩的持续性，毕竟俱乐部控制的资源可以决定球队的成绩，更需要保障持续性的，是俱乐部的整体运营。

在瓜迪奥拉的治理下，俱乐部变得越来越强大。他把理念化为了方法和计划，他始终抱定核心理念，却也保持了灵活的思维，在诺坎普的走道里，在圣约翰德斯皮的训练场上，他无数次说道：“如果我们心存疑虑，我们就进攻，拿到球，进攻！”他比任何人都清楚，对于现代足球自己并非通晓一切，所以他需要一个强大的专业团队来帮助他解析难题。这是他留下的另一笔财富：多元化的视角。

在佩普的调教下，他的球员从足球中感受到了愉悦。当每一种兴趣变成工作之后，它就会丧失最初的纯净和乐趣，但是这种快乐的元素又是每一份职业都需要有的。但是佩普的球员就像孩子一般享受着足球，佩普提醒他们，但凡想着“我训练几个小时了事”的球员会比那些享受足球的球员更早衰落。“在工作中保持初心让他们变得很特别。”佩普说道。正因为是他，球员们再一次坠入足球的爱河，找回了那种参与游戏的精神。

有一次，英格兰中场杰克·威尔希尔透露卡佩罗曾经为球队准备了一段特别的录像，前英格兰主帅说道：“我们特别研究了巴萨压迫的方式。”类似的视频也在英冠球队、英甲球队乃至英乙球队的更衣室内频繁播放，其他国家的一级、二级、三级联赛俱乐部也是如此。

这就是佩普留给我们的宝贵财富。他还留下了一些不易察觉的财富。

在欧冠第一回合做客斯坦福桥的新闻发布会前，一位翻译询问瓜迪奥拉，新闻发布会结束后能否聊上一分钟。发布会所有问题答毕，佩普遗忘了这件事，疾步离开新闻发布会现场。这位住在伦敦的西班牙翻译追了上来：“能不能给我一分钟时间？”“啊，没问题，抱歉我都忘了。”

“佩普，我是一名在切尔西的教练……”瓜迪奥拉真诚地看着对方的眼睛，听他说了一分钟，也许是两三分钟。随后佩普对他说：“我现在明白了，为什么那些战术术语你可以翻得那么好。”那一分钟会在年轻的教练员心中留下长久的印记。

那一分钟，那一句话，对年轻人而言价值千金。

就像那晚马斯切拉诺所说的，瓜迪奥拉在用感情工作。他想要让球员们感受触碰足球的愉悦，这是不可言说的快感。在加泰罗尼亚，瓜迪奥拉被看作是重新拯救足球运动的人，这项运动变得如此苍白无神，瓜迪奥拉为她注入了新的生命力。

在诺坎普办公室的最后一天，瓜迪奥拉整理过去四年堆积于此的个人物品。一些神奇的时刻浮现在他面前，他曾经多少次在这里研究录像，多少次在这里推敲新闻发布会的用词。

他收起了笔记本电脑、CD、玛丽亚、马里乌斯、瓦伦蒂娜和克里斯蒂娜的照片，这些东西都被装进了硬纸箱。桌上的木制台灯、沙发边的纸质台灯以及小毛毯要不要一起带走呢？

他把最后一样东西放进了箱子，随之闪过一个念头："我们让这么多人感受到了快乐。"

他脑海中还浮现出了记忆的画面：在诺坎普的告别之夜，所有的观众都起身离开时，他的儿子马里乌斯在技术区模仿着他的手势，佩普在教练席看着他，他时而伸出手臂，时而用手捂住小脸，他喊着不知所云的战术指令，发动着幻想中某次进攻，最后他以类似的激情庆祝着进球。如果你的儿子想要效仿足球圈的某个人——他一定会这么做——佩普·瓜迪奥拉会是一个不错的对象。

"在您麾下效力是我真正的荣幸，这一点千真万确。"——安德雷斯·伊涅斯塔。

8. 启程，前往慕尼黑

瓜迪奥拉认为继续留在巴萨执教并不现实，于是他向全世界宣布自己需要休息。3 个月后，他与一位好友一同吃饭，他们本来从不在那家餐厅谈论足球的事。只是佩普萌生了一个念头，当他落座时这个念头开始膨胀。随后他说出的话让朋友不敢相信自己的耳朵，恐怕连他自己也不能吧？那是最典型的瓜迪奥拉时刻。“你觉得，要是我接受了之前收到的某份合同，重新开始执教，那会如何?”他问道。

“可你不是说你累了吗？你不是说你亏欠家人，想要远离一切吗?”

他确实累了，他也确实远离了一切。11 月底，他漫步在宽广的纽约中央公园，再一次问自己：“我在这里做什么?”答案显而易见。这一年里，他可以好好和身边人亲近，他可以有机会了解美国职业足球大联盟，他可以好好提高几门外语的水平，也可以在保持一定距离的情况下关注巴萨，总之，他有机会做他想做的事了。他也会想想接下来一步该怎么走，挑选一支球队，准备好进入一个新的国度，体验新的氛围，感受新的文化。

在这里，他也可以隐姓埋名，在外面不受打搅地安心用餐，就好像 2012 年 9 月他和弗格森爵士所做的那样。当时苏格兰人并没有提及自己马上就要退休，但是他告诉佩普，不能被切尔西这样的球队诱惑，因为这家俱乐部既没有底蕴也没有远见。

弗格森爵士不知道的是在这次私人聚餐之前，瓜迪奥拉已经收到了好些邀请，并且他正在认真考虑其中的一份合同。拜仁正在为瓜迪奥拉入主铺路，而且最终意向达成的速度超过了巴伐利亚豪门的想象。

一切要从拜仁在欧冠决赛中负于切尔西说起，这场失利发生在他们的主场，对手还是一支被俱乐部高层认为老迈保守、打法丑陋的球队。因此这样的结果给拜仁带来了很大的羞辱和创伤，他们无法接受这场失利。他们怎么会输掉这场决赛的呢？是因为运气不好、战术不对还是有些球员表现不佳？还有一些人将矛头指向了球队经理克里斯蒂安·内林格。内林格意识到自己若想重塑权威需要有所作为，他提出了一个大胆的设想，为什么不联系瓜迪奥拉呢？也许可以试着说服他放弃休假的念头呢。

这个念头并非凭空而生，两年前，加泰罗尼亚教练就和拜仁高层见过面，他也曾说过“未来某天我愿意为你们工作”，这让拜仁高层吃惊不小。

内林格提出这一设想时正值 5 月，那时距离巴萨主帅宣布离任仅仅过去几周，内林格与佩普的哥哥佩雷·瓜迪奥拉见面商讨佩普的未来，不过他们得到的答复和其他追求者无异。“我们最好过 6 个月再谈，佩普现在只想休息，这段时间他要我们留点清净给他，别拿着合同来打扰他。”

随后马拉加主帅佩莱格里尼成为了拜仁的第二选择，智利人曾经在皇马和比利亚雷亚尔执教，在阿根廷时曾率领圣洛伦佐和河床获得冠军，在一些人看来佩莱格里尼是更现实的考虑。瓜迪奥拉对于佩莱格里尼治下的比利亚雷亚尔也有战术借鉴，2006 年比利亚雷亚尔一路杀进欧冠半决赛，球队边锋的移动和根据防线站位制定的防守策略给瓜迪奥拉留下了很深的印象。在欧洲足坛，佩莱格里尼和佩普都被视为杰出的教练，他们拥有非凡的战术思想和优秀的管理手段。智利人在此后成为了曼城的主帅。

内林格大胆的设想并没有帮他保住工作，不过他的继任者马蒂亚斯·萨默尔知晓事情的前因后果，决定继续推进这个计划。

那年夏天，拜仁向佩普叙说了为他量身订做的未来规划，提出了一份明确的合同，瓜迪奥拉从规划中看到了拜仁的远见，他在位于拉瓦内雷斯的家中招待了拜仁三巨头——乌里·赫内斯、卡尔·海因茨·鲁梅尼格以及弗朗茨·贝肯鲍尔。除了妻子、兄长和经纪人之外佩普没有将这次会面的消息告知任何人，所以那些意图接触他的俱乐部和国家队对此都一无所知。但是从那一刻起，瓜迪奥拉就已经做了决定，用一句常常用来描述西班牙足球的话来说，拜仁恰到好处地把球送到了他身前，只等他一蹴而就。

拜仁是一家拥有辉煌历史的俱乐部，成为其中的一分子无疑是具有吸引力的。那年秋天，佩普和鲁梅尼格再度会面，在那次会面中，瓜迪奥拉明确表露了对德国豪门的向往，拜仁的招揽成功了。

那天下午，双方初步达成意向。

劳尔曾经数次在佩普面前赞美德甲：这里的球场总是爆满，场内气氛也非常热烈，联赛形象积极健康。对于热爱足球的人来说，德甲就是一方宝地。拜仁则拥有辉煌的历史：他们获得过 21 次联赛冠军、15 次杯赛冠军、4 次欧冠冠军，曾经的欧洲三大杯他们都有染指。除了这些足以载入足球史册的数字之外，拜仁还有一点和巴塞罗那颇为相似：两家俱乐部都是会员制，都具有鲜明的个性，俱乐部上下架构明晰，都寄望以本队青训人才为基础打造球队阵容。

这是一支对胜利习以为常的球队，不管在何种情况下，他们都会战斗到底。2012/2013 赛季开始前他们被视为夺取德甲冠军的大热门，结果他们提前一个半月就锁定了冠军。在此之前，拜仁分别在 2010 年和 2012 年由范加尔和海因克斯带队杀入欧冠决赛，尽管两次决赛都折戟沉沙，但是这已经显示了他们的实力。在伯纳乌，范加尔率领的拜仁败倒在了穆里尼奥的国际米兰面前，迭戈·米利托的出色发挥让拜仁俯首称臣，两年后在安联球场，他们又在迪马特奥和德罗巴的切尔西面前功亏一篑。从竞技层面而言，这样的一支拜仁并不需要剧变，这也使得俱乐部帅位成为了颇具吸引力的一个选择。

坐拥 19 万会员的拜仁是世界上最受欢迎的俱乐部之一，即便他们不能像巴黎圣日耳曼、曼城或者切尔西这样疯狂烧钱，他们的财政实力依旧可以保证球队稳定发展。拜仁的财政状况非常健康，考虑到俱乐部先前已经为安联球场的建设投资了 4 亿欧元，这一点更为难得，球队在财政上不用发愁，也就不会为了眼前的成功去寻求资金注入，破坏俱乐部的长期建设。佩普对于拜仁的建设理念非常赞赏，鲁梅尼格在向佩普讲解时也提到了这一点，拜仁在以 4000 万欧元引进哈维·马丁内斯之后依然可以保持财务稳定，对于有长期发展规划的俱乐部而言，这至关重要。

拉蒙·贝萨是这样说的："瓜迪奥拉对于在英格兰发生的一切感到忧虑，英格兰俱乐部落入了石油大亨、俄国寡头和美国富豪的手中，略具讽刺意味的是他本人曾经在卡塔尔待过一段时间。因为这些富豪的介入，人们觉得球队可以借助轻易得来的资金完成建设，这对整个足球运动有明显的损害。"

拜仁的号召力是显而易见的，对于佩普而言这是一次保险的选择，他能够从入主球队之初就为荣誉而战。他也将有机会认识一个新的联赛，熟悉一门新的语言，走进一家新的俱乐部，了解一个新的组织。总之，瓜迪奥拉将要接触的一系列事物都有助于他未来达成另一个梦想：在办公室而非教练席掌控巴塞罗那。另外，选择拜仁也不会使得佩普身上足球人的标签受到损毁。

拜仁从一开始就告知瓜迪奥拉，他的角色将是管理一队，不多不少。这非常适合他，尤其考虑到他先前那份工作的职责远远超过了训练球队和指挥比赛。他再也不用像在巴萨时那样扮演球队灵魂的角色，他只需做好教练的工作就好了。有趣的是，他在巴萨的继任者比拉诺瓦倒是这种角色的完美诠释，他是一位执教豪门的教练，仅此而已。佩普预料到他选择拜仁将要引起怎样的轰动，但是在慕尼黑，他可以完全从主帅的立场来做出判断，这是他所向往的。要想赚钱有很多条路，但是，包括财大气粗的英超球队在内，没有球队可以为他提供拜仁这样的环境。

不过还有一些问题是他必须面对的。德国球迷对拜仁爱憎分明，要么是他们的拥趸，要么是他们的仇视者。很多球迷的座右铭是："只要不是拜仁，爱谁谁。"瓜迪奥拉比大多数人都更了解这种状态，他知道对俱乐部的敌意也会牵连自己，但是他并不认为这种对立的程度和自己在西班牙所经历的相当。

还有一个潜在的问题是如何与拜仁的高层共事。拜仁的每一位高层都有鲜明的观点，而且他们毫不掩饰，反而乐于向公众表达自己的观点。德国足球专家拉斐尔·霍尼施泰因曾经无比贴切地将拜仁描述为"绿茵好莱坞"："都是大牌，自命不凡。"乌里·赫内斯是球队主席，同时也扮演着一位强悍的父亲的角色，此前他以经理的身份在俱乐部任职 30 年，对于教练的苛刻是出了名的；鲁梅尼格扮演比较温和的角色，他是俱乐部的执行主席，往往是拜仁在国际上的代言人；荣誉主席贝肯鲍尔每周都在《图片报》撰写专栏，他对拜仁忠心耿耿，但是性情难以捉摸，他在足坛具有良好声誉，是俱乐部不可或缺的头面人物；还有现在的总经理马蒂亚斯·萨默尔，他的一切所为都能展现他的勃勃雄心和强硬手腕。

用霍尼施泰因的话来说，这些人的言行"构成了拜仁每天 24 小时的动态新闻"。一些足球分析人士认为他们不仅会对外宣示球队的高调姿态，还会对球队的竞技水平指手画脚，佩普要有涵养地面对这一切并不简单。有了这样的高层，教练的日子会很不好过，雷哈格尔、马加特和范加尔都因为与俱乐部不和离任，但是从另一个角度来说，俱乐部的这些发言人也能够保护教练，这是佩普在巴塞罗那不曾得到的。

拜仁满足了瓜迪奥拉的所有条件，拜仁对他求贤若渴，他对拜仁则心生向往。对于佩普来说，这样一群人和一家俱乐部对他的渴望在他心中分量很重。6 月 24 日，瓜迪奥拉在上任的新闻发布会上用出色的德语说了这样一番话："我来到这里是因为球员，是因为俱乐部的底蕴，但是最重要的是你们在召唤我。我准备好了，这是一次新的挑战，我刚好想要一次新的挑战。”

于是，瓜迪奥拉从球队发言人、俱乐部标志、父亲、兄长、主帅及梦中情人变成了一位简简单单的一队教练。他刚刚走下神坛不久，德国人会不会狂热地将他再次送上宝座呢?

回到 2012 年下半年，佩普想要尽早决定自己的未来，因为他想在 2012 年圣诞节假期之后重新启程，到时候他可以拿出瓜迪奥拉式的专注投入新工作，恰如他带领巴萨 B 队升级或者带领巴萨 4 年两夺欧冠时一般。

除了拜仁之外，还有两家俱乐部在那个赛季的中段向他发出了正式邀请，他们分别是切尔西和 AC 米兰。

瓜迪奥拉知道自己接起电话只需片刻就能成为切尔西的主帅。但是每次切尔西来电，佩普的答复都是一样的:“过几个月再打给我。”在切尔西面前，瓜迪奥拉好像从来就没有哪一天是适合用来谈谈的，而切尔西又急于在瓜迪奥拉选择别家之前打动他。在 2012/2013 赛季欧冠小组赛负于尤文图斯之后，切尔西基本出线无望，他们解雇了迪马特奥。在任命贝尼特斯之前，阿布再度致电瓜迪奥拉，但是后者再次告知，切尔西不是他希望执教的俱乐部。

切尔西的决策者们忧心忡忡，他们担心解雇迪马特奥和维拉斯・博阿斯的行为会影响佩普对俱乐部的看法，毕竟这些决定反映出俱乐部缺乏远见和耐心。他们的担忧是对的，瓜迪奥拉认为切尔西是一家不够冷静也不够坚实的俱乐部，他并不喜欢在这样的俱乐部工作。所以切尔西最终为贝尼特斯提供了一份为期一年半的合同，但是贝尼特斯只愿执教到赛季末。

那么曼城呢? 曼城新任总监贝吉里斯坦深知要俘获瓜迪奥拉的心，时机至关重要。在 2012/2013 赛季进行时他们曾经有过一些对话，但是曼城从未向瓜迪奥拉提供合同。二人的对话内容无非是这样。“你知道的，只要你想来，随时都有可能。”佩普的回答则是“我知道，你不需要特别告诉我”。不管是佩普、贝吉里斯坦还是曼城首席执行官索里亚诺（也是曾经的巴萨高官）都没有真正将此事放入议事日程。

此外，佩普若要入主曼城，还有一大障碍。刚刚率队获得44年来首个联赛冠军的罗伯特·曼奇尼深得人心，阿布扎比财团的大佬并不想让瓜迪奥拉扰乱心神，他们想在赛季末评判曼奇尼，而不是在之前。所以瓜迪奥拉执教曼城的最佳时机永远都没有出现过，贝吉里斯坦和瓜迪奥拉之间的亲近关系曾经引发了许多传言，最终都成为了浮云。当所有人都认为瓜迪奥拉会在曼城或者切尔西之间做出选择时，他的脑海中已满是拜仁。

如果选择曼城，还有可能与巴萨交恶，这是佩普一直以来都极力避免的。他不想在转会市场与老东家争锋相对，也不想加入反罗塞尔联盟，索里亚诺可是罗塞尔公开的对头。有些了解瓜迪奥拉的人相信他并非有意抗拒英超，更多的还是因为德甲让他看到了许多吸引他的优点。用利略的话来说：“他加盟拜仁不是因为考虑到了其他俱乐部的负面因素。以我对他的了解，我敢说他这么做是因为他更喜欢拜仁，而不是因为他讨厌别的俱乐部。”

不过选择拜仁不会让他与英格兰球迷疏远，英格兰球迷始终会张开怀抱欢迎他，在这本书精装版巡回发售期间，我了解到了英格兰球迷对瓜迪奥拉的态度。他也非常清楚这一点，他知道自己在英格兰的受欢迎程度，如果他未来选择一家英超俱乐部，他的标准还是不会改变。那必须是一家能够追逐胜利的俱乐部，需要有深厚的历史底蕴，并且能够契合他的战术理念。

此时的弗格森并没有做出赛季末退休的决定，或者说他隐瞒了这一点，在纽约的时候，他告诉瓜迪奥拉，只要健康状况和精神状态允许，他就会一直执教下去。至于阿森纳，佩普了解到的信息也是如此：温格会一直执教下去。但是，在慕尼黑待上3年之后形势也许会改变。温格和瓜迪奥拉有过数次对话，后者向温格请教了关于英超的问题，并且告诉温格，自己未来想要在英格兰执教。不过到目前为止，那还是一个梦想。

毫无疑问，他终有一日会来到大不列颠。伦敦将是他偏爱的目的地，但是这并非板上钉钉。英足总150周年时曾经做过一个系列访谈，佩普在纽约接受了采访，他说道：“我总是被英格兰足球深深吸引，因为她的环境、氛围和球迷。我没能实现在英格兰踢球的梦想，但是我希望有朝一日自己能有机会在这里执教。那些在这里效力过的教练和球员经历过的一切，我都想感受一下。”

意大利俱乐部囊中羞涩，在财力上他们无法与英格兰或者德国俱乐部相匹敌。AC米兰倒是提供了一份合同，但是要让这家俱乐部重振往日雄风，一个主教练是远远不够的。加盟意大利的时机还没到，佩普的经纪人奥罗比茨承认罗马和米兰这样的俱乐部找过他，还有一些国家也请求佩普考虑他们国家队的帅位，其中不乏一些足球大国。巴西媒体甚至发起了一项运动，旨在说服足协邀请佩普；在阿根廷，有流言声称如果萨贝拉执教战绩不佳，瓜迪奥拉就会成为主帅候选。但是在佩普看来，国家队就是应该由本国人执教，只有本国人才真正了解该国国情、媒体和球迷。而且对于这个阶段的瓜迪奥拉而言，执教国家队未免有些乏味，国家队教练需要做很多工作，但是花在球场上的时间又少得可怜。瓜迪奥拉想要的是每天不间断地投入工作，不断地做出判断和选择，和球员之间频繁地展开对话，每天早上都能真切地看到球队发生的一切。国家队教练属于另外一个阶段，另外一个年纪。

拜仁在正确的时刻出现，给了佩普他想要的一切。67岁老帅海因克斯的合同刚好在2013年6月到期，根据拜仁的说法，海因克斯告知俱乐部自己不想继续执教，事后海因克斯对此表达了异议。其实拜仁早在2012年5月就接触了佩普，想要他来接替德国老帅执教下个赛季的拜仁。

2012年12月，拜仁接到了来自纽约的消息，是时候做决定了，鲁梅尼格秋天留下的那份拟写的协议，终于签上了瓜迪奥拉的大名。他思考了足够长的时间，他想要重新开始工作。

好了，一切尘埃落定，时机恰到好处。

“我们圣诞节之后见?”拜仁高层问道。

“不。”瓜迪奥拉回复，“我们圣诞节前见。”12 月 20 日，赫内斯亲赴纽约与瓜迪奥拉见面，此时，距离瓜迪奥拉在金球奖颁奖盛典上露面，仅仅过去了两个礼拜。

造访苏黎世之前，瓜迪奥拉已经在纽约待了 5 个月了。这 5 个月，他远离了喧嚣的人群，好好地享受了生活。有些人坚信时间是天赐的礼物，瓜迪奥拉就是其中之一，这份礼物的得来不是理所当然的，毕竟工作、娱乐、社交活动这些大大小小的琐事充斥着我们的生活。

他在纽约租了一套公寓，离中央公园非常近，他时常会在那里走动。他会前往百老汇的剧院感受艺术，也会去闻名遐迩的餐厅享用美食，还会去参观一些博物馆和展览。他想在纽约大都会得到什么呢?他又得到了什么呢?他的解释是这样的:“从社会文化的角度而言，美国不是一个足球的国度。有很多其他的运动植根于此。这里的 1.4 亿人民有他们各自关心的事，他们走他们的路，我们走我们的路。我们在这里适应了这种生活方式，也很享受这种生活方式带给我们的一切。”

他出现在了 MLB① 和 NBA② 的现场，还观看了美国网球公开赛。他坐地铁游览城市，还时常踩着自行车四处转。巴塞罗那俱乐部曾经的财务主管哈维尔·萨拉·I. 马丁是哥伦比亚大学的经济学教授，瓜迪奥拉也像其他学生一样上课听讲记笔记，他还在大学的食堂里用餐，数家社交网站都有他现身校园的照片。还有人看到他和一名学生共用一台电脑，观看多特蒙德和皇马的比赛。

他还在纽约学习德语，这样的话他就可以在慕尼黑的首场新闻发布会上用德语发言。他还上了英语课，如果时间允许，他还会去参加高尔夫课程。也许他在纽约最美好的回忆就是和何塞·马利亚·奥拉萨巴尔一起度过的那一天，那是莱德杯的决赛日，欧洲队最终守住了奖杯。

---

① 即美国职业棒球大联盟，为北美四大联盟之一。

② 即美国职业篮球大联盟，为北美四大联盟之一。

“他显得很高兴。”奥拉萨巴尔回忆道，“他告诉我，他人生中从来没有这样的经历。我对他说：‘该死的你开什么玩笑呢?’他表示如此近距离观看在 18 洞的进程让他明白了什么是真正的压力。”决赛日一波三折，瓜迪奥拉跟了两场比赛，第二场还是和篮球巨星迈克尔·乔丹一起看的。

身为欧洲队队长的奥拉萨巴尔请佩普帮个忙，于是佩普借给了他两部励志电影光盘。一部是《角斗士》，瓜迪奥拉在罗马的欧冠决赛前用过其中的素材，还有一部是阿尔·帕西诺主演的《再战星期日》。奥拉萨巴尔还收集了所有参赛队员过往在莱德杯比赛的画面，以及刚刚去世的塞维耶罗·巴耶斯德罗斯（伟大的西班牙高尔夫球手）职业生涯的辉煌时刻。此外，他还添加了西班牙勇夺世界杯、博尔特奔跑以及一些橄榄球比赛达阵的画面。比赛开始前，奥拉萨巴尔在全队面前播放了剪辑完成的视频，产生的效果与 2009 年欧冠决赛前无异。我听说有许多人当场落泪，但是我相信现在没人会承认这件事。

佩普和比拉诺瓦在纽约也见过面，巴萨新帅到这里接受第二次癌症诊断，当时他的腮腺出现了第二个肿瘤，后来进行了手术摘除。在某次接受 FIFA. com 的采访时佩普被问及他朋友兼同事的健康，佩普说道：“我们一起经历了许多，每个人都很爱他。我们知道他很坚强，从医学的角度讲他接受的治疗也是最好的，俱乐部也会给予他保护，最重要的是他的家人会与他同在。我相信他做好了与病魔抗争的准备，继续前行。”

但是这些话都是面对公众的场面话。巴萨在瓜迪奥拉宣布离任数分钟后就宣布了继任者，瓜迪奥拉对于俱乐部这样的处理方式并不满意。原本离任是属于他的时刻，却因为这个插曲变成了俱乐部的时刻。站在俱乐部的角度，这是一个好的决定，但是考虑到这是俱乐部历史最佳主帅的告别时刻，高层的决定又显得非常糟糕。瓜迪奥拉原本期望好友与他一同离队，因此那段时间，他和蒂托的友情受到了些许损害。所以当他们在纽约重逢时，他们见面的时间并不长，隔阂是显而易见的，只不过大家没有挑明罢了。要重新修复两人的关系需要一些时间。

瓜迪奥拉还会花时间观看巴萨的比赛。后瓜迪奥拉时代的巴萨有着强烈的矛盾性：他们在联赛强势开局，最终获得了联赛冠军，但是他们的失球数超过了过去5个赛季中的任意一个赛季；在欧冠八分之一决赛做客米兰的比赛中巴萨表现糟糕，完败于AC米兰；与巴黎圣日耳曼的比赛同样表现欠佳（首回合双方在巴黎战成2-2，次回合1-1），第二回合还未伤愈的梅西替补出战拯救球队，他在进攻中吸引3名巴黎圣日耳曼队员防守，及时将球交给了比利亚，比利亚将球磕给佩德罗，后者在中路破门得分；在半决赛，巴萨以总比分0-7惨败于拜仁；球队主帅比拉诺瓦还因为手术、放疗和化疗缺席了两个月，阿比达尔也因为肝移植康复休息了一年。

苏比萨雷塔在接受《国家报》采访时讲述了后瓜迪奥拉时代的一些细节：

“对俱乐部如此重要的人离开了，他来的时候带来了一些东西，走的时候也留下了一些东西，可球队需要重新定位。并不是说球员需要承担更大的责任，球员一直都很有责任感。但是在一些决策和分析中，球员的因素会占更大的比重，人们不再唯主帅是瞻。”

“我们或者其他很多人将佩普看作许多事情的答案：有些是足球层面的，有些是经济、社会乃至政治层面的。这些事其实没有答案，可佩普就被放置于这样一个社会之中。你可以给佩普下各种定义，他身边有许多事物围绕着他，这需要一个宽广的生命维度，而特别的地方是，我们还可以在他的对面找到一位全然不同的人物——穆里尼奥。现如今关于我们的讨论更多是足球层面的：我们踢得好或者不好；我们从边路走还是从中路渗透。现在的新闻发布会已经没人问球队教练足球以外的问题了，这让俱乐部轻松了不少。”

是的，俱乐部不用再绷着神经过日子了。

在佩普执教巴萨的最后一个赛季，一些他曾经在更衣室目睹的恶习死灰复燃，他感知到了某些现象，也试图去纠正错误，可是他觉得心有余而力不足。球员承认他们失去了原有的专注，他们想要拿出好的表现，实际却很难做到。比如皮克就诚实地表示瓜迪奥拉执教的最后一个赛季，是自己职业生涯最难熬的一年："部分原因在于伤病，还有一部分原因是个人的。归根结底我们都是普通人。实际上那个赛季的开端非常糟糕，我受了伤，花了很长时间去赶上球队的节奏。问题在于一旦你不能上场，情况会变得越来越糟。你想要发挥，却不能发挥，你不知道该如何取悦主帅，这件事就变得很棘手。主帅比任何人都要了解你。你信心的多少由你内心的感受决定，如果你失去了某种感觉，你就失去了信心，教练能看出来。然后你就别想上场了。"

瓜迪奥拉走后，法布雷加斯也解释自己为何不能保持最佳状态："一开始很困难是因为我好像要和球队脱节了，我失去了专注力。在巴萨，大家各司其职，每个人都有自己负责的区域，我也不例外，但是我在英格兰的时候已经失去了这方面的战术意识，我习惯了四处游走，最后我越来越抓狂。至于打替补，我好些年前就习惯打主力了，打替补几乎让我想死。随着时间的推移，我开始成长，学会了如何去适应新环境。我需要证明自己能够在世界最佳球队立足，和最强的对手抗衡。我非常努力，瓜迪奥拉的理念对我来说不是问题，因为我能够理解，但是我没有足够的时间去消化。我的错误是做了一些无用功。"

"我记得克鲁伊夫曾经说过：'我们从 A 级开始上路，然后到 B 级，然后到 C 级……'"苏比萨雷塔说道，"在佩普的率领下我们到达了 Z 级，蒂托接手后也许我们要退回到 T 级。"巴萨总监解释了任命蒂托的原因："我们决定在发布会那天揭开答案，我们应当继续执行这种足球理念，它还没有走到尽头，我们也要给冠军球员更多的机会，保留原有的风格，毕竟这种风格是俱乐部的标志，也是世界对我们的特殊定义。我们也有完美的人选去继续发展这种理念：蒂托。我没法评价最终的结果，但是在复杂的情势下，理念得以留存，我们也做出了一些不错的决定，我觉得执教球队的人是可靠的。不要忘了我们的理念从何而来，那是佩普留下的财富，他继承并发展了这种足球哲学。带领球队前行的是个性截然不同的另一个人，但是球队一旦上场，我们就能看出他们身上的特质没有改变。”

正如佩普预知的一样，想让巴萨保持巅峰变得愈发困难。在不抛弃瓜迪奥拉打下的基础的情况下，比拉诺瓦找到了一个简单的处理方法。比赛中球队既可以在需要控球的时候寻找哈维，也可以在需要干脆直接的时候寻找塞斯克，这是两种不同的战术侧重。为了让球队走出上赛季末的心理阴影，比拉诺瓦想要球队更具变化，这一点让法布雷加斯受益。其他时候哈维会以他的节奏让人们看到更熟悉的巴萨。这种结合使得巴萨完成了新风格的转变，球队在半程过后的战绩是 18 胜 1 平，梅西进球如探囊取物，最终他们破纪录获得联赛冠军。

但是防线漏洞给球队敲响了警钟，瓜迪奥拉时代对细节的专注不再，比拉诺瓦因病缺席的两个月时间也对球队产生了很大的影响，巴萨在国王杯遭到了皇马的羞辱（总比分 4 –2，皇马在诺坎普 3 –1 击败了巴萨），在欧冠赛场他们也遭到了 AC 米兰和巴黎圣日耳曼的强力阻击，当然真正的羞辱应当是与拜仁的比赛。7 –0 的总比分并无不公，也并非偶然。这样的结果揭示了一个苦涩的事实，那就是球队备战并不充分。球队的阵容也有些失衡，中后卫位置启用过的 7 名球员中只有 3 人原本就打这个位置。球队早先寄望宋的加盟能补强中后场实力，但是最后他既没能提升中场实力，也没能提升后防实力；法布雷加斯成为了球队主力，但是每逢重要比赛他就会被排除在首发之外；在比赛关键时刻的换人总是姗姗来迟，在欧冠半决赛首回合 0 –4 负于拜仁的比赛中比利亚直到第 84 分钟才替补出场；球队在赛季末期已经处于超负荷运转，球队一心想要利用圣诞节时获取联赛优势，抓住皇马表现不佳的机会，一举锁定联赛冠军，当然这也与蒂托的缺席有关。整体而言，瓜迪奥拉在队时不愿做出的决定，蒂托也均不予考虑。对阵巴黎圣日耳曼时巴萨非常拙劣地处理了梅西的肌肉伤势，第二回合比赛他不得不踢吗？没错，第二回合他的出场至关重要，但是这对他的恢复有害无益。他在对阵毕尔巴鄂竞技的比赛中破门得分，但是这场比赛刚好在对阵拜仁的两场比赛之间，由于身体状态不佳，他缺席了次回合的比赛。

巴塞罗那，这个佩普制造的甜美冰激凌开始在阳光下融化。蒂托无法阻止这种趋势，瓜迪奥拉则隔岸观火，当蒂托在纽约治疗时他也未向俱乐部伸出援手。尽管他关心巴萨，但这不是他的职责所在，俱乐部决定让助教鲁拉（以及球员）来接管球队。佩普虽远离他所熟悉的这个世界，但是他并非完全与之隔绝。9 月 11 日是加泰罗尼亚的民族日，佩普从美国的新家发了一段支持加泰罗尼亚游行的视频，画面中他举着一张支持独立的绿色选票，他说道："来自纽约，这里还有一票。"这段视频在巴塞罗那广场的大屏幕上播放，那里悬挂着的巨幅海报宣告瓜迪奥拉"涉足"政坛世界，上面写着："瓜迪奥拉，加泰罗尼亚过渡政府第一任总统。"

佩普偶尔会离开纽约出行。他会以受邀演说者的身份出现在不同的活动中，其中包括了在墨西哥城的一次慈善活动，那次慈善活动由墨西哥电信基金会发起，他的创始人是墨西哥电信大亨卡洛斯·斯里姆；他还回过几趟巴塞罗那，其中一次是为了回家和家人一起过圣诞节；此外他还去苏黎世参加了金球奖颁奖盛典。

虽然 2012 年瓜迪奥拉休息了差不多 6 个月，战绩上也没有大包大揽，他还是被提名为当年的最佳教练。事实上他只想去现场见证梅西的加冕以及对文森特·德尔·博斯克的表彰，后者将成为 2012 年的世界最佳教练。瓜迪奥拉宣称："我来到这里就是为了给文森特喝彩。"

在凯悦酒店的休息室，得到提名的球员和教练济济一堂，瓜迪奥拉在那里遇到了西班牙主帅和他曾经的队员，其中包括了梅西、伊涅斯塔、皮克、普约尔和阿尔维斯。在仪式上 C 罗曾经与他擦肩而过，葡萄牙人试图向他打招呼，但是瓜迪奥拉的第一反应是冷眼相对。在他执教巴萨的最后几个月里，穆里尼奥的皇马让他倍感不快，当他眼角扫到 C 罗的时候，他看到的是曾经那种伤害的化身，在佩普心中，这绝不是什么感人的欢聚重逢，于是他无视了 C 罗。

但是他问候了皇马主席弗洛伦蒂诺、穆里尼奥和 C 罗的经纪人门德斯以及现如今已是巴萨球员的内马尔。

“我远离了所有的一切，而且还将继续保持这样的状态，这样对于那些正在履行职责的人而言是一种尊重。”在接受国际足联官网采访时瓜迪奥拉这样说道，当被问及成为拜仁主帅的可能时，他选择捍卫拜仁时任主帅海因克斯：“海因克斯正在执教拜仁，现在我谈论任何有主帅执教的球队，都是对人的不敬。我还没有做出决定，我渴望明年复出执教，我也会复出执教，但是我还没有做出决定。”

实际上，瓜迪奥拉已经在向全世界宣布了自己的回归。他与博斯克以及三位金球奖候选人 C 罗、伊涅斯塔、梅西共同出席了金球奖揭晓前的新闻发布会，他说道：“我不知道下一站是哪里，但是我会再次拾起教鞭。我才 41 岁，还很年轻，很想重新投入工作。”

此时此刻，他已经休息了足够长的时间，踏上了回归之路。

当然，就在他说出这番话的两周之前，他已经在纽约与拜仁主席赫内斯签下了一纸合同，这份合同将使他成为接下来一个赛季的拜仁主帅。

佩普不能继续等下去了，他想念足球，他想再一次回到他最擅长的领域，去赢得比赛。他享受不被侵扰的生活，但是他的生命中不能没有足球。

谈到与瓜迪奥拉会面的美国之行，赫内斯是这样说的：“我想在纽约一处常去的地方和他会面，但是他却派来一辆黑色豪车，到第五大道的四季酒店把我接走。然后他的哥哥佩雷和我一起抵达了他位于曼哈顿的公寓，我们还是从地下车库上去的。”赫内斯带着的这份合同上已经有了鲁梅尼格的签名，合同则是在两人秋天会面之后拟写的。

“他告诉我，自打 8 月起，他看了拜仁的所有比赛，他对拜仁很了解。他问了我一些与训练及媒体关系相关的问题。他很开放，也很好相处。不到一分钟我就认定他是我们主帅之位的完美人选。”赫内斯的话不禁让人想起贝吉里斯坦也发表过类似的言论，当时佩普想要以 B 队教练的身份重返巴萨，贝吉里斯坦则扮演了面试官的角色。

赫内斯与瓜迪奥拉的交谈持续了 3 个小时，正当他们稍作停歇的时候，瓜迪奥拉突然激动地向赫内斯发问："那么我这就签了？"

赫内斯睁大眼睛看着佩普，然后又背过身去看着窗外的中央公园，他说道："这个主意棒极了！"

然后佩普签下大名，赫内斯随后，一份为期 3 年的合同就这样敲定，并且对外保密了数周。应瓜迪奥拉的要求，拜仁高层没有放出这个消息，这样做也是为了稳定球队军心，佩普的哥哥佩雷和他小圈子内的亲近人士也都守口如瓶，即便是佩普的一些好友质询，他们也绝不承认有任何协议达成。

但是形势所迫，拜仁比预期更早地宣布了这一消息。赫内斯说道："那会儿我在约好的地方等佩普，领班突然跑来说有人要和我打个招呼。一看是弗格森，他问我来纽约做什么，我告诉他我有些生意上的事，这也不算谎话，因为我和我儿子一起去了趟芝加哥，去帮家族谈香肠厂生意的合作。"

"弗格森解释说他在纽约有一套公寓，他时不时会来这里小住。我不能想象他要是看到我和瓜迪奥拉会面会是什么情景。"

弗格森想要再和瓜迪奥拉安排一次聚餐，上一次还是在 9 月的时候，但是这第二次聚餐一直没能实现。佩普告诉弗格森爵士，他要回巴塞罗那度假，而且那段时间有些忙碌。他只是不想过多地解释，或许是不想编制太多善意的谎言。

几天后，瓜迪奥拉回到巴塞罗那和家人共度圣诞。他还和好友大卫・特鲁巴一起吃了饭。但大体上他更愿意与亲友私下共处，而非在公共场合抛头露面。

两周后，在金球奖颁奖典礼上，佩普对所有人都说了一个善意的谎言。

回到纽约之后，他再一次把自己封闭在了小小的世界里，他时常在办公室研究他的新东家，在那里，一切都运转良好。冬歇期到来时拜仁在德甲一骑绝尘，他们在积分榜上领先第二的勒沃库森 9 分。海因克斯会不会重新考虑退休的决定呢？如果他想在拜仁再干一年该怎么办呢？

赫内斯发现自己陷入了两难境地。赫内斯和海因克斯的友谊在球员时代就已结成，当时赫内斯为拜仁效力，海因克斯则是门兴格拉德巴赫的球员，在赫内斯担任拜仁总经理期间，海因克斯就让他做出过最艰难的一次决定。这还要追溯到 1990 年，在海因克斯带队获得德甲冠军之后，俱乐部卖掉了队内的许多优秀球员，球队的战绩严重下滑。舆论对海因克斯充满了敌意，这也迫使俱乐部做出了解雇海因克斯的决定，这一决定至今让赫内斯感到羞愧，当时他是球队的商务总经理。

在圣诞节期间，拜仁透露了海因克斯想要退休或者说赛季末离开拜仁的消息。不管事实如何，赫内斯至少看起来更希望将瓜迪奥拉入主的消息保密。否则他该如何向他的朋友解释？赫内斯该如何告诉海因克斯，俱乐部已经做出决定，他在这里没有未来？这件事必须对所有人保密，这当然也包括了球队现任主帅，当拜仁在春天再度联赛称雄的时候，才是公布消息的合适时机。赫内斯本来是这样打算的。

但是瓜迪奥拉还在收到报价，其他俱乐部认为佩普还在思考自己的未来，他们依然对加泰罗尼亚人抱有希望。最后米兰主席贝卢斯科尼和高官甘蒂尼发现了秘密，他们没有理由再坚持追逐瓜迪奥拉了，瓜迪奥拉将成为拜仁下任主帅。纽约中央公园的秘密即将公之于众。

2013 年 1 月 14 日，周一，米兰俱乐部将消息透露给了意大利天空体育，在新闻发布之后德国俱乐部立即予以否认。瓜迪奥拉的家人出于对海因克斯的保护，也众口一词地否认有任何协议存在，同时他们还要求与他们亲近的人士在社交网络上统一口径发布消息。随着流言扩散，拜仁高层急于阻止事态扩大，以免此事影响到球队这个赛季的稳定。赫内斯决定和他的朋友海因克斯会面，就意大利电视台曝光事件的真实状况向他做出解释。

周三，也就是德甲冬歇期结束前两天，拜仁向全世界宣布，瓜迪奥拉将接替海因克斯。

这一消息在体坛引起了巨大的轰动。德国的《图片报》称之为拜仁

“有史以来最重大的主帅任命决定”，《慕尼黑日报》则向世人宣告：“德国俱乐部登上巅峰，这次主帅更迭是向世界足坛发出的明确信号”。

即将来到德国的瓜迪奥拉被德国媒体冠以“胜利专家”和“足球智者”的名号。《图片报》还给他取了个新名字，佩普（Pep）是加泰罗尼亚语中的何塞普（Josep）的变词，相对应的在德语中他的名字为约瑟夫（Josef），塞普（Sepp）是约瑟夫的变词，也是德国媒体为佩普取的新名字。

《图片报》大肆谈论瓜迪奥拉这位“奇迹主帅”，他们高呼瓜迪奥拉入主拜仁是给英超的响亮耳光。这份欧洲发行量最大的报纸如此写道：“用西班牙人的话来说，这个男人有种。”

这个消息在国际媒体上一石激起千层浪，这让身为拜仁主席的赫内斯非常震惊，此时他才意识到，他让俱乐部宣布消息的时机或许有误。“事后来看，如果我在圣诞节就宣布这个消息，随之产生的媒体效应至少能够控制在圣诞假期内，而非在赛季即将开打的时候。”

很显然，尽管入主拜仁的消息被泄露，尽管在德国民众对于拜仁的态度两极分化，但是成为拜仁主帅并没有对当时的佩普产生什么负面效应。他反而立刻成为了拜仁的头号招牌，他的到来也被视为德甲过去5年兴盛发展的象征。《法兰克福汇报》针对此事的标题是：“完美的行动！”鲁梅尼格也说出了许多人的心声：“瓜迪奥拉带来了魅力，不止为拜仁，还为整个德甲。”

“太棒了！恭喜拜仁这次漂亮的行动。我们应当毫无妒心地认可他们的作为。”多特蒙德总经理瓦茨克说道，这样的声明在别的联赛不可想象。多特蒙德主帅克洛普的发言听起来则像是对拜仁新帅的警告：“我想成为瓜迪奥拉在德甲的穆里尼奥，如果他不喜欢，那是他的问题。”

海因克斯的圣诞节假期是在西班牙度过的，他也是在官方宣布前几小时才被告知这一消息，随后他召开了假期结束后的第一场新闻发布会。海因克斯打趣道：“这种事你得适应才行啊！”他也解释了外界盛传的退休决定，在 2012 年夏天，他确实告诉赫内斯他有赛季末退休的打算，但是他也说了，如果有需要，可以再干一年。“我告诉他，如果你找不到合适的人，就让我再干一年。”与此同时，海因克斯也保留了赛季末继续教练生涯的可能。“我会不会完全退休？我在拜仁当然是退休了，但是我没说我要完全退出足坛。”不过事实上，海因克斯确实在 2013 年夏天退出了足坛，堪称激流勇退。

这就是足球。旧王已死，新王当立！海因克斯知道足球世界的法则，他以优雅的姿态欢迎新王登基。他认为佩普和拜仁的理念及雄心完美契合。“离开巴塞罗那，来到拜仁，你会发现这是欧洲最好的俱乐部。”他这样告诉佩普，此时他正在拜仁的帅位上辛勤耕耘，以期将一支出色的球队交到继任者手中。

在拜仁宣布瓜迪奥拉出任球队新帅两天之后。德甲联赛重燃战火，球场再度被球迷挤满，这既是德甲球票价格实惠的体现，亦是德国足球文化的展示，球场需要真正投入其中的球迷，而不是享受舒适服务的看客。

足球世界的格局已经改变了。

2 月初，瓜迪奥拉致电克鲁伊夫，解释自己去拜仁的原因。荷兰大师“为他的决定感到高兴和自豪”，他赞扬瓜迪奥拉更多地考虑竞技层面的因素，而没有被诸多更具经济诱惑的合同所吸引。最终，瓜迪奥拉选择在贝肯鲍尔的地盘上诠释克鲁伊夫的理念和风格。贝肯鲍尔与克鲁伊夫在 70 年代既是伟大的对手，也是亲近的朋友，自 2009 年欧冠八强战客场遭巴萨重创之后，贝肯鲍尔也成为了巴萨的推崇者。拉蒙・贝萨在《国家报》这样描述那场比赛之后的情景：“德国教练在体育城花了 15 天时间研究巴塞罗那的基层足球。所以双方互相之间的兴趣已有一定历史。”

问题在于，瓜迪奥拉在巴萨赢得了如此多的荣誉，来到拜仁会不会因为万众期待背负巨大的压力？“我不会刻意排除这种压力，事实上，一路走到现在，相比在一个地方从头开始，然后需要征服所有人，我更喜欢另外一种情形。”在被国际足联官网问及对新东家的选择时瓜迪奥拉这样说道。在赢得世界的赞誉之后，瓜迪奥拉更想在一个高起点重新开始征程，在巴萨四年的辉煌战绩让他得以拥有选择的余地，由于海因克斯率队获得了联赛、杯赛及欧冠三冠王，瓜迪奥拉也会背负巨大的压力。“当我在巴萨担任主帅之初，80% 的人不看好我。生活中总有被人看扁的时候，这是你无法控制的。但是我们做了所能做的一切，现在我拥有了将伴随一生的记忆。不管别人怎么说，这些记忆都是我曾经经历的，没人可以夺走。”

但是你如何将巴萨的风格移植到另外一支球队身上呢？瓜迪奥拉说道：“巴萨的足球体系非常简单，即如何踢好球，一切都围绕着球来展开。世界上每一名足球运动员，不管是小村庄来的还是大城市来的，他之所以将足球视为生命，都是因为在人生中的某一刻，他踢了一脚球，然后就爱上了这项运动。虽然人们说巴萨的体系很复杂，可实际上就是那么简单。我们拿到了球，那就看看你有没有能耐从我们这里抢走，我们尽可能多地互相传球，并且尝试着射门得分。这是我前任数位教练教给我的，也是我为自己注入的理念。我不确定在我离开之后巴萨的状况如何，但是从我在电视上看到的情景来判断，球队并不让我感到陌生。不管我到哪里执教，我都会尝试着传递我的想法。未来我将要做的就是传递我在球员时代和过去 5 年执教生涯所感悟的。我要让球队尽可能地进攻，奋力夺回球权，然后将球传到同队队友脚下。”

实际上，瓜迪奥拉将要去的俱乐部已经在这条路上走得很远了。范加尔在 2009 年至 2011 年的执教已经改变了球队的风格。他们原本的风格刻板务实，在范加尔的调教下看起来有了更多荷兰的元素，踢得更加奔放。他们的传球次数和控球时间冠绝德甲，范加尔和瓜迪奥拉又一次走到了一起。“佩普秉承了我的理念。”范加尔说道，“我创造了这个体系，海因克斯接管了这个体系，现在佩普的思路和我们是一样的，他会带着球队向着原来的方向前进。”

为了追求在国内外取得持续稳定的成功，拜仁在各个位置都配备了优秀球员：诺伊尔、罗本、哈维·马丁内斯、里贝里、拉姆、克罗斯、穆勒、施魏因施泰格、戈麦斯，这些球员都是国脚，对于足球也都有深刻的理解。当然，球队的工作不会到此为止。佩普会不会使用伪中锋战术呢？又或者那只是他的战术选择之一？拜仁有他喜欢的边锋，他们在一对一的情况下果敢犀利，同时他还有戈麦斯、皮萨罗和曼朱基奇这些正牌中锋。如果他想要延续从后向前的推进方式，他还要确定他的后卫具有这样的能力。格策为了在瓜迪奥拉手下效力加盟拜仁，相比球风更为直接的马丁内斯和施魏因施泰格，格策可以提供更多的节奏变化和控球能力。

“很多人都会等着看看状况如何，然后再评价对他的任命究竟是好是坏。”利略说道，“我就相信这是一次很好的任命，因为他拥有契合他足球理念的球员，所有位置的球员能力都符合他的要求。”

外界关于瓜迪奥拉想要签约新球员的流言不断，还有报道声称他对某些球员青眼有加。瓜迪奥拉则欣喜地发现，只要有需要，拜仁便乐于调整阵容，而他只需要提供建议就好了。

据2013年2月中旬的报道称，瓜迪奥拉出现在了著名的卡夫餐厅①，这是拜仁高层私下会面的场所。媒体称他提交了一份期望的收购名单，其中包含了苏亚雷斯、贝尔和法尔考，但是这篇报道是错误的，他倒是推荐了内马尔，但是拜仁高层更喜欢格策，他们觉得巴西人未必适应德国的生活。佩普理解自己扮演的角色，毫无问题地接受了球队为他打造的阵容。

虽然有些俱乐部愿意支付他更高的薪水，其中尤以切尔西合同的报价最高。但是拜仁的合同依旧让瓜迪奥拉成为了拜仁历史上薪酬最高的主帅，奥罗比茨没有透露瓜迪奥拉具体的年薪，但是他承认拜仁并不是出价最高的俱乐部：“他选择拜仁是因为他们是最好的。在我们收到的合同里，拜仁并不是出价最高的。他选择拜仁是因为俱乐部已有的组织

---

① 即*Kafer*，中文意为甲壳虫，为慕尼黑著名餐厅，每年慕尼黑啤酒节拜仁俱乐部都会聚集于此。

架构，他评估了球队和自己的契合度。”

据说俱乐部的赞助商兼股东阿迪达斯（占有9%的拜仁股份）也出资赞助了这份合同，这使得瓜迪奥拉每年可以挣到800万到1000万欧元，此外他不需要承受在西班牙或者英格兰那样的媒体压力，穆里尼奥也在结束了喜忧参半的皇马生涯后回到了切尔西。

瓜迪奥拉过去的大部分助手都还留在巴塞罗那，但是还有一些人会追随他。马努尔·埃斯蒂亚特就是其中之一。在瓜迪奥拉确认未来的目的地之前，埃斯蒂亚特一直处于待业状态，在圣诞节赫内斯与瓜迪奥拉会面之前，埃斯蒂亚特甚至不知道自己是该完善英语、重温意大利语还是补习德语。“我一月的时候再告诉你。”佩普对他说，“但是你要冷静。”

6月初，鲁梅尼格宣布俱乐部想要让瓜迪奥拉“正式开始第一天的工作”，球队还安排了一场与巴塞罗那的友谊赛。但是随着比赛时间的临近，看着瓜迪奥拉穿着新的制服，衣服上绣着他新东家的队徽，这让一些巴萨死忠感到了不适，有一些能够理解，还有一些则感到了背叛。拉蒙·贝萨解释道：“瓜迪奥拉职业生涯做出的大部分决定都没有获得众口一词的赞同，相反都引起了很大的争议。有些人无条件地拥戴他，还有一些人对他心怀蔑视，完全以结果来评判他，有些时候他们觉得瓜迪奥拉在欺骗他们。自打他球员时代就有一些记者和球迷持有这样的态度，有些人觉得他是巴塞罗那的财产，他应当完全为了俱乐部利益服务，可实际上他们也不知道什么是真正的俱乐部利益。还有一些人觉得他是一位巫师，他能够决定一切，甚至他自己的命运。”

在他42岁的时候，他就已经走过了很长的路，他的人生经历已经非常丰富了。在巴萨找他出任主帅之前，布雷西亚也曾邀他出山，他还向对方提议由他担任经理，比拉诺瓦担任教练，一转眼6年过去了，他已经是重新崛起的德甲的主要代言人，德甲也极有可能成为这个星球上最强大的联赛。谁能想到这一切呢？

在巴萨的更衣室里，大家唯有祝他好运。蒂托在手术前最后一次新闻发布会上说出了大家的感受："他能重新回到教练岗位我很高兴，他有权利做出选择，如果他选择拜仁，那说明这个决定让他感到快乐。他有时间来思考这个决定，并且做出这个决定，这就是他想要的。他能够选择的所有球队都是顶级球队，所以他斟酌之后做出的决定不会有错。"瓜迪奥拉与拜仁签下了一份3年的合同，而不像在巴萨的时候一样两次都仅续约一年，比拉诺瓦继而谈到："在这里，他是在家乡工作。这意味着凡事都会给你带来直接的影响。这和在其他地方工作感觉不同，在这里环境会更严苛。"

平托："他快乐，我们就会快乐。"

马斯切拉诺："人们都盼着他去一支欧洲强队。拜仁有些特质很契合佩普的理念：俱乐部和巴萨拥有类似的哲学，队中都是本土球员。"

普约尔："我没有感到惊讶，因为拜仁是家伟大的俱乐部。但是我更关心的是巴萨现在发生的事。"（除了他还有谁能说出这样的话?）

苏比萨雷塔："我为他感到高兴，因为这意味着他现在很好，他又重新获得了力量，从而得以回到疯狂的足球世界。他能够重返足坛最高舞台对我们来说也是个好消息，因为这迫使我们去思考如何保持最佳状态。至于他选择拜仁而非英超，我一点也不惊讶。"

"那么在慕尼黑生活是什么感觉?"回到纽约之后，佩普询问了了解这座城市的朋友。慕尼黑是一座富有的国际化都市，尽管不像柏林那么有名和文艺，但是在慕尼黑，你可以躲进深山，在广袤的绿色森林中选择一片属于你的清净天地。在大街上没人会烦扰你，你只是一个普通的慕尼黑市民。他们这样告诉他。

他在纽约一直待到孩子学期结束，不久之后他又要回到足球世界，回到球场，回到训练场，迎接教练生涯的新挑战。

漫步在高楼林立的慕尼黑街头，瓜迪奥拉突然找回了曾经丢失的甜蜜回忆，那是他在巴塞罗那时已经失去的感觉。

他又一次满怀深情地注视着足球，他突然想到，如果边锋更频繁地压上，施魏因施泰格从后插上，然后……他心里想的不再是伊涅斯塔，没有普约尔，也没有梅西。只是有那么一瞬间，忧郁占据了他的心，又旋即消失。

是的，没错，施魏因施泰格将是他下一支球队的关键所在。

Ⅳ. 附录：供读者参考

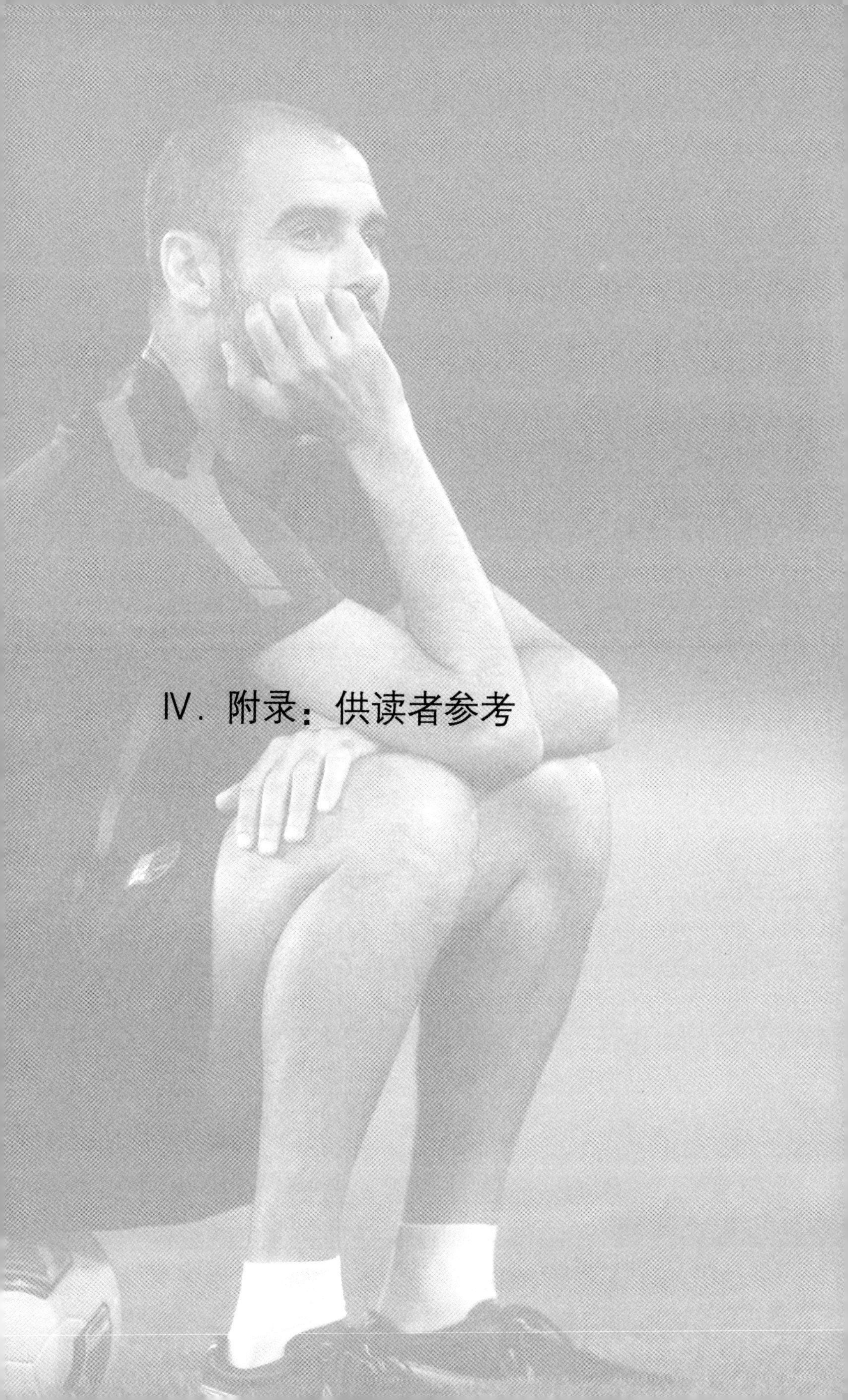

附录 1：拉玛西亚

要说巴萨开始遵循某种理念和哲学，使用特定类型的球员踢特定风格的足球，那还要追溯到 20 世纪 70 年代中期。

1974 年，劳利亚诺·鲁伊斯成为了巴萨青训主管，上任之初他便撕去了贴在办公室门口的一条标语，标语上写着：“如果你带来的是一个不到 1 米 80 的年轻人，就请把他领回去。”

“劳利亚诺考量球员时以技术、反应和头脑为先，其中尤以头脑最为重要，他希望球员能够学会阅读比赛。”马尔蒂·佩拉纳乌过去是一名奥运跳高选手，现在则是一位记者，也是对于巴萨青训体系研究最深的媒体人。“他理想中的球员必须能做到停球一气呵成，出脚速度要快，还能拿住球，可以通过个人能力和团队协作创造场上优势。他是这么说的，如果你可以很好地传球、接球和控球，你就有了更多可能。先前青训的原则是挑身高体壮的球员，哪怕这些球员很笨拙，劳利亚诺是这种理念的反对派。他在巴萨赢得了一场又一场战役，是他在这里播撒下了第一颗种子，俱乐部的哲学得以生根发芽。”

劳利亚诺训练的要义在于对球的利用，而不是当时盛行的力量和体能训练。当被问及为何手下年轻球员在训练中跑动如此之少时，劳利亚诺会回答：“如果我们把时间都花在跑步上，他们什么时候学习踢球呢?”总之，足球运动员在比赛中永远不可能不停地奔跑，他们有短途冲刺，有急停急转，还有长途奔袭。单单强调身体训练是不可取的，应该结合球去做训练才对。

佩拉纳乌曾经写过一本很精彩的书，叫作《冠军之路》，在书中，劳利亚诺讲述了他如何引入“遛猴”练习（即抢圈游戏），这种练习堪称俱乐部哲学的缩影，直至今日，拉玛西亚的孩子仍在孜孜不倦地练习着“遛猴”。“在此之前，西班牙没人练这个，这实际上是一种日积月累的球感练习。一开始我让两个人去抢三个人，我发现三个人总是两两之间拉开距离，这样一来总有一个人处于无人看防的状态。于是我就想，两个抢四个会怎么样呢？三个抢九个又会如何？”

70年代的时候有位英格兰教练来到了巴萨，他的名字叫作维克·白金汉，他向主席阿古斯蒂·蒙塔尔提议关闭青训营，将资金转而用于一队大牌的引进，值得庆幸的是蒙塔尔拒绝了他的提议，鲁伊斯也因此能够在俱乐部继续推行他的理念，打造出一种独特的风格。

1988年，克鲁伊夫在成为巴萨主帅之后这样说道：“我们将要做的事如下：首先将球作为进攻发起点，然后我希望球队占牢控球权，每一场比赛都要全力争胜。这意味着我的球员必须霸占皮球，绝不丢掉皮球。”这些话对于拉玛西亚来说很熟悉，因为15年前劳利亚诺就说过类似的话。所有的豪门都有战绩上的压力，他们往往会将短期回报置于长期收益之前，但是俱乐部没有忽视克鲁伊夫的想法。

米歇尔斯是克鲁伊夫在阿贾克斯和巴塞罗那时期的主帅，是他一手打造了“全攻全守”足球，而球员时代的克鲁伊夫正是“全攻全守”的代名词。根据维基百科的描述，“全攻全守”是一种足球战术体系，在这个体系中，当某位球员离开自己的位置时，另一位球员就会填补进来，这使得球队可以有效保持阵形结构。在这个流动体系中，没有球员会固定在原先设定的某个位置上，在一场比赛里，任何人都可以在前锋、中场和后卫之间进行角色转换。

克鲁伊夫很早就感受到了加泰罗尼亚对他的热忱欢迎，他想在全欧洲面前用真诚来回报这种赞赏，他选择加盟巴萨，而非皇马，因为皇马与西班牙独裁者弗朗哥有牵连，他不愿为这样一家俱乐部效力。他的第一个孩子名为约尔迪，在加泰罗尼亚语中意为圣乔治。1974年，克鲁伊夫率队夺得了14年来的第一个联赛冠军，并且帮助球队在伯纳乌历史性地以5－0击败皇马，这场比赛至今仍然是巴萨球迷最美好的记忆之一。不需多言，当他1988年作为主帅重回巴萨时，他可以放手推行他的“全攻全守”足球，在这里，他具有足够的威望和魅力。

“最大的问题在于加泰罗尼亚人的个性，当你有一些新的尝试时，他们总会有所怀疑，他们更愿意静观其变。”克鲁伊夫这样说道，他对于加泰罗尼亚人保守悲观的个性已有切身体会，但是他也知道，一旦加泰罗尼亚人对他感到信服，他们会成为自己理念最忠实的践行者。要想让他们信服，唯有保证球队的稳定和战绩。

克鲁伊夫在巴萨原有的训练体系中引入了一些新的传球训练，自那时起，“遛猴练习”不再是一种训练方法，而是成为了俱乐部风格的象征：占有控球权，绝不丢失球权。克鲁伊夫将一些理念和概念糅合，将它们变成了一种足球哲学，曾经播撒在这家俱乐部土壤上的种子正需要这样的培育，巴塞罗那需要拥有自己的特质。在那之前，巴萨一直生活在借口和假想敌的世界里，在面对皇马时他们安于扮演被迫害者的角色，他们将皇马视为权贵的象征。

哈维用最明了的语言诠释了这种风格：“我把球传走之后要么跑要么停，在你需要帮助的时候一定要让你找到我；我会看着你，然后停顿一下，我始终抬着头观察周遭的情况，总之，我的存在就是要拉开球场的空间。不管谁都要在移动中传接球，这是克鲁伊夫和瓜迪奥拉教给我们的，这就是巴萨。”在某次战胜皇马之后，瓜迪奥拉也非常简明地在新闻发布会上解读了这种风格：“我拿到球，然后把球传走，我又拿到球，然后又把球传走，我们拿到球，然后我们互相传球。”在巴塞罗那的大街小巷，你可以看到人们穿着印有这句话的T恤。

控球即需要快速控制皮球，然后精准地传出皮球，这对于技术能力的要求很高。用克鲁伊夫的话来说，球员好坏全看他的控球水准，看看他能把球停在哪儿，人球结合的协调性如何，能不能把球精确地传到队友脚下。球员需要在最佳位置接球，能够不断出球完成二过一，还要始终抬着头，在接球前寻找下一次传球的目标，对于接下来的行动进行预判。更重要的是，他们必须要阅读比赛理解比赛，只有这样的球员，克鲁伊夫才能向他们解释指令背后的原因，而不仅仅是下达指令。自那时起，克鲁伊夫对青训的运转和训练开始产生影响，青训选拔过程有了明显的变化。

“为什么我们要拉开场地空间?”克鲁伊夫通常会这样解释，“因为如果我们拿到了皮球，拉开了空间，对手就很难防范。”有时候他又会这么说：“人们批评我使用三后卫阵形，但是这样的批评很荒谬，我们所做的不过是根据比赛需要在某个区域进行人数填充。如果对手只有两个前锋，我的球队按常理派出四名后卫，那岂不是太多了吗？所以我从防线调走了一名球员，把他放到了中场。”还有时候他还会这么说：“人们常说对手得到角球非常危险。我觉得解决方法就是不给对手角球。”这是常识，却令人赞叹。

克鲁伊夫期待在拉玛西亚看到新气象，拉玛西亚也开始培养出那些他想要的孩子。在克鲁伊夫和巴萨的悉心调教下，这些孩子既有扎实的技术，也有蓬勃的雄心。“从拉玛西亚出来的球员和别的球员有所不同，从小穿着巴萨球衣与人竞争无异让你更加受益。”瓜迪奥拉这样说道。他谈论的不仅仅是竞技水准，还有做人的原则。拉玛西亚教导球员举止文明，为人谦逊。在他们的教育观念中，低调是让人赞赏的品质，为人谦虚才能让你学到东西，学到东西意味着你会有所提高，反之你将很难进步。

自打入主之后，克鲁伊夫就成功说服俱乐部，球队自青年队到成年队要使用同一套训练体系，在选择球员时，对于球员个人才华的评估要先于身体条件。当然在这个过程中仍有一些旧习和旧观念一时之间难以抹去。“我们试着一点点地去改变。”克鲁伊夫说道，“我们想在青年队就将球员打造成形。你必须了解他的优点和缺点，发挥他的长处，修正他的错误。在你的发展过程中，你可能先是打某个位置，最后又到了另外一个位置。最重要的是做好跳跃的准备，去阅读并理解比赛。就在这个改变俱乐部的进程中，佩普出现在了我们面前。”正是克鲁伊夫将瓜迪奥拉提拔到了一队。

瓜迪奥拉、哈维、普约尔和梅西，他们都知道自己所代表的俱乐部和民族对于自己抱有很高的期待，他们生来便要为荣誉而奋斗。当他们在俱乐部行走的时候，他们就是年轻球员眼中效仿的榜样，即便是最年幼的小球员也不例外。而当这些小球员来到另外一座城市，当他们一同用餐，当他们结伴出行时，他们都会记得俱乐部的训导：每天都要保持低调谦逊的姿态，展现良好的教养。瓜迪奥拉在入主 B 队的初次讲话中这样总结道：“我喜欢追逐胜利，我喜欢执教工作，但是我更希望教人在竞争时记得那些人们普遍认同的价值观，这种价值观是建立在尊重和教育之上的。不管比分如何，只要你带着尊严倾尽全力去战斗，那就是一种胜利。”

附录2：瓜迪奥拉执教巴萨4年数据一览

瓜迪奥拉在巴萨执教的4年让球队成为了世界足坛的标杆，他们赢得了3次联赛冠军、2次欧洲冠军联赛冠军、2次国王杯冠军、3次西班牙超级杯冠军、2次欧洲超级杯冠军和2次世界俱乐部杯冠军，他们跻身历史上最伟大的球队之列。

2008/2009赛季：西甲联赛，国王杯以及欧洲冠军联赛

2008/2009赛季是巴萨历史上最伟大的一个赛季，瓜迪奥拉的球队赢得了西甲冠军、国王杯冠军和欧冠冠军，这一年球队的表现无可挑剔，留下了很多欢庆的镜头和值得回忆的瞬间。这是21世纪欧洲足坛的第一个三冠王。巴萨的闪耀时刻包括了在伯纳乌对阵皇马的6－2大胜，以及伊涅斯塔在斯坦福桥令人难忘的绝杀。

球队阵容：巴尔德斯，卡塞雷斯，皮克，马奎斯，普约尔，哈维，古德约翰逊，伊涅斯塔，埃托奥，梅西，博扬，平托，加比·米利托，凯塔，亨利，西尔维尼奥，达尼·阿尔维斯，赫莱布，阿比达尔，图雷，霍尔克拉，佩德罗，布斯克茨，维克托·桑切斯

比赛场次总数：69（季前热身赛5，甘伯杯1，加泰罗尼亚杯1，西甲联赛38，国王杯9，欧洲冠军联赛15）

胜利场次总数：48（季前热身赛5，甘伯杯1，加泰罗尼亚杯0，西

甲联赛 27，国王杯 7，欧洲冠军联赛 8）

平局场次总数：13（季前热身赛 0，甘伯杯 0，加泰罗尼亚杯 0，西甲联赛 6，国王杯 2，欧洲冠军联赛 5）

失利场次总数：8（季前热身赛 0，甘伯杯 0，加泰罗尼亚杯 1，西甲联赛 5，国王杯 0，欧洲冠军联赛 2）

进球总数：186（季前热身赛 25，甘伯杯 2，加泰罗尼亚杯 1，西甲联赛 105，国王杯 17，欧洲冠军联赛 36）

失球总数：67（季前热身赛 8，甘伯杯 1，加泰罗尼亚杯 3，西甲联赛 35，国王杯 6，欧洲冠军联赛 14）

冠军总数：3（西甲联赛，国王杯，欧洲冠军联赛）

个人荣誉：萨莫拉奖（维克托·巴尔德斯）

2009/2010 赛季：西甲联赛，西班牙超级杯，欧洲超级杯以及世界俱乐部杯

巴萨将上赛季三冠的势头延续到了 2009/2010 赛季，在这个赛季，巴萨又获得了 4 座冠军奖杯：西甲冠军、西班牙超级杯、欧洲超级杯和俱乐部历史上首个世界俱乐部杯。球队的闪耀时刻是最终以 99 分登顶联赛。

球队阵容：巴尔德斯，皮克，马奎斯，普约尔，哈维，伊涅斯塔，梅西，博扬，平托，加比·米利托，凯塔，亨利，达尼·阿尔维斯，阿比达尔，图雷，佩德罗，布斯克茨，伊布拉希莫维奇，马克斯维尔，赫弗伦，齐格林斯基

比赛场次总数：65（季前热身赛 5，甘伯杯 1，西班牙超级杯 2，欧洲超级杯 1，西甲联赛 38，国王杯 4，欧洲冠军联赛 12 ，世界俱乐部杯 2）

胜利场次总数：48（季前热身赛 3，甘伯杯 0，西班牙超级杯 2，欧洲超级杯 1，西甲联赛 31，国王杯 3，欧洲冠军联赛 6 ，世界俱乐部杯 2）

平局场次总数：12（季前热身赛 2，甘伯杯 0，西班牙超级杯 0，欧洲超级杯 0，西甲联赛 6，国王杯 0，欧洲冠军联赛 4，世界俱乐部杯 0）

失利场次总数：5（季前热身赛 0，甘伯杯 1，西班牙超级杯 0，欧洲超级杯 0，西甲联赛 1，国王杯 1，欧洲冠军联赛 2，世界俱乐部杯 0）

进球总数：150（季前热身赛 12，甘伯杯 0，西班牙超级杯 5，欧洲超级杯 1，西甲联赛 98，国王杯 9，欧洲冠军联赛 20，世界俱乐部杯 5）

失球总数：44（季前热身赛 4，甘伯杯 1，西班牙超级杯 1，欧洲超级杯 0，西甲联赛 24，国王杯 2，欧洲冠军联赛 10，世界俱乐部杯 2）

冠军总数：4（西甲联赛，西班牙超级杯，欧洲超级杯，世界俱乐部杯）

个人荣誉：萨莫拉奖（维克托·巴尔德斯）；金球奖（莱奥·梅西），世界足球先生（莱奥·梅西），欧洲金靴奖（莱奥·梅西），皮齐齐奖（莱奥·梅西）

2010/2011 赛季：西甲联赛，欧洲冠军联赛以及西班牙超级杯

巴萨在那个赛季通过自身努力和优异表现克服重重困难，最终举起了三座奖杯。他们以华丽的球风赢得了欧冠，并且连续第三年登顶西甲。球队的闪耀时刻是梅西率队在诺坎普 5－0 重创穆里尼奥的皇马，梅西个人第二次赢得了金球奖。

2010/2011 球队阵容：巴尔德斯，皮克，普约尔，哈维，伊涅斯塔，梅西，博扬，平托，凯塔，达尼·阿尔维斯，阿比达尔，佩德罗，布斯克茨，马克斯维尔，赫弗伦，加比·米利托，阿德里亚诺，马斯切拉诺，丰塔斯，阿费莱，比利亚

比赛场次总数：66（季前热身赛 3，甘伯杯 1，西班牙超级杯 2，西

甲联赛 38，国王杯 9，欧洲冠军联赛 13）

胜利场次总数：48（季前热身赛 3，甘伯杯 0，西班牙超级杯 1，西甲联赛 30，国王杯 5，欧洲冠军联赛 9）

平局场次总数：12（季前热身赛 0，甘伯杯 1，西班牙超级杯 0，西甲联赛 6，国王杯 2，欧洲冠军联赛 3）

失利场次总数：6（季前热身赛 0，甘伯杯 0，西班牙超级杯 1，西甲联赛 2，国王杯 2，欧洲冠军联赛 1）

进球总数：185（季前热身赛 12，甘伯杯 1，西班牙超级杯 5，西甲联赛 95，国王杯 22，欧洲冠军联赛 30）

失球总数：44（季前热身赛 4，甘伯杯 1，西班牙超级杯 3，西甲联赛 21，国王杯 6，欧洲冠军联赛 9）

冠军总数：3（西甲联赛，欧洲冠军联赛，西班牙超级杯）

个人荣誉：萨莫拉奖（维克托·巴尔德斯），金球奖（莱奥·梅西）

2011/2012 赛季：西班牙超级杯，欧洲超级杯，世界俱乐部杯及国王杯

瓜迪奥拉在巴萨的最后一个赛季充满意外，主席罗塞尔和佩普本人在谈论这个赛季时都将其称之为“非常奇怪的赛季”，他们暗示裁判出现了一些诡异的判罚。比利亚、阿比达尔和丰塔斯等人的严重伤病阻碍了球队前进。尽管如此，巴萨依旧赢得了西班牙超级杯和欧洲超级杯，第二次问鼎世界俱乐部杯，夺得了国王杯，还打入了欧冠四强。球队的闪耀时刻是梅西第三次获得了金球奖，并且以 50 粒西甲进球获得皮奇奇奖，成为西甲历史上单赛季进球最多的射手王，他在所有赛事中总共打入 73 球，也拿到了欧洲金靴奖，此外巴尔德斯则第五次拿到了萨莫拉奖。

比赛场次总数：70（季前热身赛 6，甘伯杯 1，西班牙超级杯 2，欧洲超级杯 1，世界俱乐部杯 2，西甲联赛 38，国王杯 9，欧洲冠军联赛

12）

胜利场次总数：49（季前热身赛 2，甘伯杯 1，西班牙超级杯 1，欧洲超级杯 1，世界俱乐部杯 2，西甲联赛 28，国王杯 6，欧洲冠军联赛 8）

平局场次总数：15（季前热身赛 2，甘伯杯 0，西班牙超级杯 1，欧洲超级杯 0，世界俱乐部杯 0，西甲联赛 7，国王杯 2，欧洲冠军联赛 3）

失利场次总数：6（季前热身赛 2，甘伯杯 0，西班牙超级杯 0，欧洲超级杯 0，世界俱乐部杯 0，西甲联赛 3，国王杯 0，欧洲冠军联赛 1）

进球总数：202（季前热身赛 8，甘伯杯 5，西班牙超级杯 5，欧洲超级杯 2，世界俱乐部杯 8，西甲联赛 114，国王杯 25，欧洲冠军联赛 35）

失球总数：57（季前热身赛 8，甘伯杯 0，西班牙超级杯 4，欧洲超级杯 0，世界俱乐部杯 0，西甲联赛 29，国王杯 6，欧洲冠军联赛 10）

冠军总数：4（西甲联赛，西班牙超级杯，欧洲超级杯，国王杯）

个人荣誉：萨莫拉奖（维克托·巴尔德斯），金球奖（莱奥·梅西），皮齐齐奖（莱奥·梅西），欧洲金靴奖（莱奥·梅西）

2008/2012

比赛场次总数：255

胜利场次总数：194

平局场次总数：52

失利场次总数：24

进球总数：723

失球总数：212

冠军总数：14（3 次西甲联赛，2 次欧洲冠军联赛，2 次国王杯，3 次西班牙超级杯，2 次欧洲超级杯，2 次世界俱乐部杯）

个人荣誉：3 次金球奖（梅西），1 次世界足球先生（梅西），2 次皮齐齐奖（梅西），2 次欧洲金靴奖（梅西），4 次萨莫拉奖（维克托·巴尔德斯）

附录3：参考书目

《穆里尼奥传记：解密赢家》，作者：帕特里克·巴克莱 Patrick Barclay，Mourinho：*Anatomy of a Winner*（Orion，2005）

《巴萨的秘密》，作者：路易斯·卡努特 Lluis Canut，*Els secrets del Barça*（Columna Edicions S. A.，2010）

《佩普·瓜迪奥拉，从圣培多尔到巴萨的教练席》，作者：乔姆·考雷尔 Jaume Collell，*Pep Guardiola：de Santpedor a la banqueta del Barça*（La Butxaca，2010）

《穆里尼奥对决瓜迪奥拉》，作者：胡安·卡洛斯·库贝罗 Juan Carlos Cubeiro，*Mourinho versus Guardiola*（Alienta，2010）

《巴萨的媒体环境》，作者：阿列克斯·桑托斯·费尔南德斯 Alex Santos Fernández，*L'entorn. Elcirc mediátic del Barça*（Cossetània，2011）

《我的足球，和我生命中的人》，作者：何塞普·瓜迪奥拉 Josep-Guardiola I Sala，*La meva gent，el meufutbol*（Sport，2001）

《我是兹拉坦》，作者：兹拉坦·伊布拉希莫维奇 Zlatan Ibrahimovic，*I Am Zlatan*（Albert Bonniers Förlag，2011）

《天堂般的一年》，作者：安德雷斯·伊涅斯塔 Andrés Iniesta，*Un año en el paraíso*（Now Books，2009）

《冠军之路》，作者：马尔蒂·佩拉纳乌 Martí Perarnau，*El camí dels campions*（Columna Edicions S. A.，2011）

《回归之旅》，作者：杰拉德·皮克 Gerard Piqué，*Viatge d'anada*（Edicions 62，2010）

《无胆为之》，作者：约尔迪·庞斯 Jordi Pons，*No tindràs collons de fer – ho*（Editorial Base，2010）

《佩普语录》，作者：弗朗西斯科·哈维尔·加拉萨·西比斯和圣蒂亚戈·帕德罗·纳瓦罗 Francisco Javier Garasa Sibis& Santiago Padró Navarro，*Paraula de Pep*（AraLlibres，2009）

《巴萨方程式》，作者：里卡德·托尔奎马达 Ricard Torquemada，*Formula Barça*（Cossetánia，2011）

《瓜迪奥拉方法论》，作者：米盖尔·安赫尔·约兰 Miguel Angel Violán，*El mètode*，*Guardiola*（Columna Edicions S. A.，2010）

另需感谢马丁·马祖尔、《国家报》（拉蒙·贝萨和路易斯·马丁）、《加泰罗尼亚日报》（若安·多梅内克、马科斯·洛佩斯和大卫·托拉斯）提供的文章。Articles by Martín Mazur，and articles from *El País*（Ramón Besa，Luis Martín）and *El Periódico*（Joan Domenech，Marcos López，David Torras）

附录4：鸣谢

这本书基于过去 4 年和佩普·瓜迪奥拉、约翰·克鲁伊夫、若安·拉波尔塔、桑德罗、罗塞尔、安东尼·苏比萨雷塔、哈维·赫尔南德斯、安德烈·伊涅斯塔、维克托·巴尔德斯、哈维尔·马斯切拉诺、莱昂内尔·梅西、大卫·比利亚、塞斯克·法布雷加斯、佩德罗、卡莱斯·普约尔、杰拉德·皮克、马努尔·埃斯蒂亚特、埃米利·里卡特、奥斯卡·加西亚、米歇尔·劳德鲁普、若安·帕斯蒂、贝吉里斯坦、阿尔伯特·费雷尔、何塞·穆里尼奥以及路易斯·范加尔的对话，还有其他一些现在或曾经在巴萨的人也参与其中。

我必须感谢佩普·瓜迪奥拉抽出时间与我对话，也很感谢他写邮件给阿列克斯·弗格森爵士，促成了我前往曼彻斯特与他谈话。向马里乌斯说声抱歉，我占用了你和爸爸相处的时间。

如果没有我的经纪人大卫·卢克斯顿和猎户星出版社的阿兰·萨姆逊的信任，这本书永远不可能面世。再次为这本书的迟到说声抱歉！感谢卢辛达·麦克内尔的耐心和友善。

这些年里，我也和一些足球圈的朋友聊了许多关于佩普（以及其他相关）的话题。我想在这里借此篇章致以拥抱和感谢：文森特·德尔·博斯克、拉法·贝尼特斯、毛里西奥·波切蒂诺、拉蒙·普拉内斯、佩普·塞古拉、帕科·阿耶斯塔兰、帕科·赫雷拉、何塞·曼努埃尔·奥乔托雷纳、阿里戈·萨基、布伦丹·罗杰斯、法比奥·卡佩罗、格拉汉姆·亨特、胡安·伊格纳西奥·马丁内斯、乌奈·埃梅里、安德烈·维拉斯·博阿斯、加里·内维尔、维恩·鲁尼、迈克尔·罗宾森、阿尔弗瑞多·雷拉诺、桑蒂·吉梅内斯、米歇尔·萨尔加多、马科斯·洛佩斯、若安·多梅内克、大卫·托拉斯、约翰娜·加拉、保罗·杰维尔、大卫·特鲁巴、希奎·罗德里格斯、阿列克斯·卡斯特尔斯、胡安·卡洛斯·加里多、博尔哈·巴雷罗……

李·沃特森和伊丽莎白·达菲严谨仔细的编辑工作对这本书帮助良多。伊莎贝尔·迪亚兹也总能向我伸出援手，同样感谢你们！杰奎·菲丽为所有人注入了信心和力量，使得大家能坚持到最后。还要感谢凯文在菲丽最忙的时候照顾她。威廉·格拉斯维尔为整个项目带来了新的视角，现在他也成为了一位疯狂的足球迷。马克·赖特一直提醒我，书还没有写完，我们必须继续努力。他们的力量帮助我完成了最终的写作。

在西班牙语版的写作中，马里贝尔·赫鲁索和拉迪斯朗·J·莫尼诺给了我许多建议，也付出了许多时间和精力，没有你们，我不可能完成这本书。

还有一些好友，我对他们的感激之情不是只言片语可以表达的，这点我可以保证。路易斯·米盖尔·加西亚总能给我启发；加布里埃尔·马尔科蒂，我们总是会互相谈谈；还有拉斐尔·霍尼施泰因、卡洛斯·比安奇和塞尔吉奥·阿莱格瑞；察斯·略伦特，他平时要么穿着巴萨的6号球衣，要么穿着西班牙的8号球衣；还有巴萨球迷古斯塔沃·巴拉格和新晋的巴萨球迷约兰达·巴拉格；感谢克里斯·帕尔的；斯蒂夫·罗维听过许多瓜迪奥拉的轶事，斯科特·明托怎么也听不够，马克·佩恩却一点也不相信这些故事；还要感谢达米安·奥布莱恩和他的DVD，还有西甲回顾栏目团队对西班牙足球的热爱与激情，我在天空体育扬名归功于安迪·梅尔文、巴内·弗朗西斯和维克·瓦克林；还有帕特里克·巴卡莱和他关于锡切斯的故事，感谢彼得·本内特；感谢埃杜·阿巴斯卡尔在我完结这本书的时候替我料理《阿斯报》的工作；感谢爱德华多·卢比奥教练，感谢杰拉德·努斯和他的讲解；感谢恩卡娜·马丁内斯和索尼娅·莫雷诺与我分享好酒与故事；我还要请安迪·戈尔茨坦和杰森·昆迪喝上一两杯，在初版时我没有把安迪的名字写进来，他说自己永远都不会原谅我，我觉得他是对的！

还要感谢米盖尔·路易斯，你精彩的照片为这本书增色不少。

还要感谢我的父母，我写的每本英文书你们都会读，尽管你们不说英语。

附录5： 重要出场人物

（按姓氏英文首字母排序）

埃里克·阿比达尔（Eric Abidal）：法国后卫。2007年加盟巴萨，2008年至2012年期间效力于瓜迪奥拉手下。起初对瓜迪奥拉的管理手段极不适应，后来为瓜迪奥拉所折服。在队期间先后两次被查出肝部肿瘤，在第一次接受手术之后不到2个月即宣布复出，奇迹般地以主力身份出现在了2011年欧冠决赛赛场，最终为球队举起了欧冠奖杯。2012年3月阿比达尔旧疾复发，不得不接受肝移植，2013年再度复出。他被瓜迪奥拉视为球队的精神图腾和勇气源泉。本书在第三部分中对于阿比达尔的病情及其对瓜迪奥拉的影响有详细描述。

罗曼·阿布拉莫维奇（Roman Abramovich）：俄罗斯富豪，切尔西老板。痴迷于巴萨式的足球，一直试图将瓜迪奥拉带到切尔西，但是始终未能如愿。他对待过往历任切尔西教练的态度为瓜迪奥拉所不喜，他所拥有的这家俱乐部被瓜迪奥拉视为没有远见和耐心的俱乐部。切尔西是所有追逐瓜迪奥拉的球队中报价最高的，但是自始至终都没能获得与瓜迪奥拉谈判的机会。本书的第一部分和第三部分末尾着重描写了阿布拉莫维奇对瓜迪奥拉的追逐。

达尼·阿尔维斯（Dani Alves）：巴西后卫。2008年开始效力于巴萨，瓜迪奥拉上任后钦点的右后卫，具有非常强大的攻击能力，是瓜迪奥拉战术体系中重要的一环。但是在瓜迪奥拉执教巴萨的最后一年因为婚姻出现问题导致状态下滑，无法专注于比赛，也不能像过去一样严格执行瓜迪奥拉的战术指令，这令瓜迪奥拉十分失望。本书的第一部分和第三部分后半段有关于阿尔维斯状态下滑的内容。

吉尔莫·阿莫尔（Guillermo Amor）：西班牙退役球员，瓜迪奥拉前队友，上世纪 90 年代巴萨梦之队重要成员，并且是球队队长之一。比瓜迪奥拉年长 4 岁，同为拉玛西亚青训营学员。在效力青年队时期场内外表现都相当卓越，对少年瓜迪奥拉产生了很大的影响，瓜迪奥拉将其视为偶像和榜样，效仿他的一言一行。在 2003 至 2007 年间为巴萨青年队教练，2010 年被瓜迪奥拉再度请回出任巴萨各级青年队的技术总监。本书的第二部分有关于瓜迪奥拉与阿莫尔关系的叙述。

特西基·贝吉里斯坦（Txiki Beguiristain）：西班牙退役球员，巴萨前技术总监，瓜迪奥拉前队友，90 年代巴萨梦之队重要成员。在瓜迪奥拉回归巴萨出任 B 队主帅的过程中扮演了重要的角色，是巴萨高层中最先了解瓜迪奥拉执教才能的人，他也为瓜迪奥拉执教巴萨一线队提供了很大的支持。2012 年，已经从巴萨离任的贝吉里斯坦成为了曼城俱乐部总经理，因此外界也一度认为贝吉里斯坦的存在会影响瓜迪奥拉对于未来的选择。本书的第二部分关于瓜迪奥拉出任巴萨 B 队主帅和一队主帅的内容中有多处涉及贝吉里斯坦。

马塞洛·贝尔萨（Marcelo Bielsa）：阿根廷名帅。曾经执教过阿根廷国家队、智利国家队和毕尔巴鄂竞技队。其战术思想对于瓜迪奥拉有深远的影响，在瓜迪奥拉成为教练之前曾远赴阿根廷拜访贝尔萨，在其家中促膝长谈。瓜迪奥拉本人也承认在战术理念上有颇多借鉴贝尔萨之处，他也在公开场合数次引用贝尔萨的战术理念及过往言论。在瓜迪奥拉执教巴萨期间，二人在西班牙赛场也有过交锋。本书第二部分与第三部分均有关于贝尔萨对瓜迪奥拉影响的叙述。

博扬（Bojan Kirkic）：西班牙前锋，拉玛西亚青训营学员，2007年－2011年效力于巴萨一队。17 岁即被里杰卡尔德提拔至巴萨一队，并且在处子赛季攻入 10 球，一度被视为球队的希望之星。在瓜迪奥拉上任之后博扬逐渐被边缘化，最终因为难以得到上场机会而离开球队，离队时博扬向媒体控诉了瓜迪奥拉的冷酷无情。但是在离开巴萨之后博扬在其他球队也没有拿出有信服力的表现。本书第三部分“佩普和他的球员们”一节有博扬遭弃用的情节，也有他对于瓜迪奥拉的大量评论，内容多为负面。

塞尔吉奥·布斯克茨（Sergio Busquets）：西班牙中场，拉玛西亚青训营学员，2008 年进入巴萨一队，其父卡莱斯·布斯克茨为瓜迪奥拉球员时代的队友。在瓜迪奥拉执教 B 队期间布斯克茨得到重用，成为那支青年军的骨干球员，并且在瓜迪奥拉执教一队之后迅速上位，第一年就成为轮换球员，在第二年完全取代球队原本的后腰亚亚·图雷成为主力后腰。他冷静的头脑和精确的传球为瓜迪奥拉所赏识，被瓜迪奥拉认为是理想中的后腰球员。此后布斯克茨也成为博斯克麾下西班牙世界杯和欧洲杯冠军队的主力成员。他的成功被外界看做瓜迪奥拉调教本队青训球员的典范案例。在本书瓜迪奥拉执教 B 队和初任一队主帅的章节中有布斯克茨上位的相关内容。

约翰·克鲁伊夫（Johan Cruyff）：荷兰传奇巨星，在 20 世纪 70 年代以球员身份为巴萨效力，在 80 年代末至 90 年代执教巴萨，对于巴塞罗那和加泰罗尼亚有极高的认同和认知。在出任巴萨主帅之后着力打造球队青训，希望本土球员能够成为球队的重要基石，在这个过程中他将身处青年队的瓜迪奥拉提拔至一队，把瓜迪奥拉调教成为理想中的“4 号球员”。他率队在 1992 年欧冠决赛中战胜桑普多利亚，帮助俱乐部获得了历史上第一座欧冠。在瓜迪奥拉成为教练之后，克鲁伊夫依旧扮演了重要的导师角色，而他的足球理念和一手打造的拉玛西亚青训营至今仍是巴塞罗那俱乐部的宝贵财富。作为瓜迪奥拉的导师和巴萨的标志性人物，克鲁伊夫多次出现在本书各处。

马努尔·埃斯蒂亚特（Manel Estiarte）：西班牙退役水球运动员，瓜迪奥拉的挚友，被称为“水球界”的马拉多纳，曾被评为西班牙最伟大的十位运动员之一，也曾是国际奥委会委员。瓜迪奥拉在意大利遭遇禁药冤案期间埃斯蒂亚特为其提供了很大的帮助和支持，在瓜迪奥拉出任巴萨一队之后，埃斯蒂亚特受邀加入其团队，主要负责外事关系协调，此后又追随瓜迪奥拉前往拜仁。瓜迪奥拉执教生涯的各个重要时刻都有埃斯蒂亚特的身影。

萨穆埃尔·埃托奥（Samuel Eto'o）：喀麦隆前锋，2004 年至 2009 年期间为巴萨效力，是巴萨在里杰卡尔德时期中兴的功臣。在里杰卡尔德执教末期，埃托奥成为球队的不稳定因素，一度被即将接手球队的瓜迪奥拉放弃。在说服瓜迪奥拉留用自己之后，埃托奥表现得非常自律，但是他不满瓜迪奥拉树立以梅西为核心的做法，最终因为想要追求更高的个人成就而与瓜迪奥拉及巴萨分道扬镳，作为伊布转会巴萨的筹码加盟国际米兰。本书第三部分“佩普和他的球员们”一节中有关于埃托奥情绪变化的详细描述。

塞斯克·法布雷加斯（Cesc Fabrega's）：西班牙中场，拉玛西亚青训学员，为梅西和皮克的同届生，视瓜迪奥拉为偶像。16 岁时转投阿森纳，并且成长为阿森纳核心及队长，于 24 岁回归巴萨，在 2011 年即瓜迪奥拉执教巴萨的最后一个赛季重新披上红蓝战袍。在瓜迪奥拉手下，法布雷加斯被赋予了与在阿森纳时不同的职责，这让他难以适应，出场时间也变得不那么稳定。本书第三部分“佩普和他的球员们”一节中有关于法布雷加斯回归巴萨前后的细节。

阿列克斯·弗格森爵士（Sir Alex Ferguson）：苏格兰传奇教练，1986 年至 2013 年间执教曼联，率队夺得了 13 次联赛冠军和 2 次欧冠冠军。他执教的曼联曾经在 2009 年和 2011 年两次与瓜迪奥拉率领的巴萨在欧冠决赛中相遇，两次都以曼联败北而告终，其中第二次被弗格森本人视为完败，弗格森也将瓜迪奥拉的巴萨看作是执教生涯遇到过的最强大的对手。在场外，弗格森和瓜迪奥拉也有一定交流，他们对于彼此的执教理念都很认同。弗格森退休前的最后一个秋天曾在纽约与瓜迪奥拉见面，并且劝诫瓜迪奥拉不要执教切尔西。但是当弗格森第二次再度邀瓜迪奥拉见面时，瓜迪奥拉因为已经与拜仁签订协议而婉拒了弗格森。本书序言由弗格森所著，在本书第三部分中段“两次欧冠决赛”一节及最后一节“启程，前往慕尼黑”中有关于二人对彼此的看法及场外交流的细节。

若安·加斯帕特（Joan Gaspart）：2000 年至 2003 年期间任巴塞罗那俱乐部主席。在他的任期内俱乐部上下管理混乱不堪，主帅更迭不断，引援昏招频出，在他的治理下球队一度接近西甲降级区。加斯帕特对于瓜迪奥拉球员时代的出走也起到了推波助澜的作用，在本书第二部分与此相关的内容中我们可以一窥加斯帕特与瓜迪奥拉的关系。

克里斯蒂娜·瓜迪奥拉（Cristina Guardiola）：佩普·瓜迪奥拉的妻子。本书对于克里斯蒂娜着墨不多，但是我们仍然可以了解到她与佩普如何结识。无论低谷还是巅峰，克里斯蒂娜也始终陪伴瓜迪奥拉左右。

多乐丝·瓜迪奥拉（Dolors Guardiola）：佩普·瓜迪奥拉的母亲。相对于儿子的成就，多乐丝更关心他的健康和心情，寥寥数次都是以慈母形象出现在书中。

瓦伦蒂·瓜迪奥拉（Valenti Guardiola）：佩普·瓜迪奥拉的父亲，一位砖瓦匠。虽然瓦伦蒂·瓜迪奥拉在物质上并不富有，但是他将工匠最宝贵的品格传承给了自己的儿子。他是佩普早年足球道路上的领路人，佩普加入巴萨青训营的过程一波三折，正是瓦伦蒂让佩普在最合适的时间进入了拉玛西亚。对于佩普·瓜迪奥拉的人生大事件，瓦伦蒂总能用朴实无华的语言给出精辟的解读。

蒂耶利·亨利（Thierry Henry）：法国前锋，2007 年至 2010 年期间效力于巴萨。曾经是世界顶级前锋，为了追逐欧冠荣誉从阿森纳来到巴萨。加盟巴萨时已过职业生涯巅峰，加之里杰卡尔德执教末年球队几乎处于失控状态，亨利的表现远没有达到外界预期，受到了舆论的猛烈抨击。瓜迪奥拉上任之后成功激活了亨利，他与梅西、埃托奥组成了强大的攻击三叉戟，为球队的六冠王伟业做出了很大的贡献。经历过先后两任主帅的执教，走过低谷又重获新生，亨利在本书的第三部分多次出现。

约瑟夫·海因克斯（Josef Heynckes）：德国退役教练，拜仁功勋主帅，率领球队获得了 2012/2013 赛季三冠王。在 2012/2013 赛季开始前向拜仁高层表露了退休的念头，拜仁高层在其不知情的情况下与瓜迪奥拉签订协议，虽然拜仁高层和瓜迪奥拉都极力保密，依然没有阻止此事提前曝光。事后海因克斯以复杂的心情接受了现实，并在 2013 年夏天率队夺得三冠王之后功成身退。

乌里·赫内斯（Uli Hoeness）：拜仁主席，在管理职位为拜仁服务超过 30 年。在瓜迪奥拉加盟拜仁的过程中扮演了重要的角色，他亲赴纽约与瓜迪奥拉面谈，并且与之签订了协议。在本书第三部分的最后部分有大篇幅内容记录瓜迪奥拉签约拜仁背后的故事，赫内斯有大量原话叙述。

兹拉坦·伊布拉希莫维奇（Zlatan Ibrahimovic'）：瑞典前锋，2009/2010 赛季效力于巴萨。伊布的加盟让巴萨付出了高昂的代价，球队以埃托奥加现金的方式从国际米兰获得了伊布，瓜迪奥拉对他寄予厚望，希望他的加盟能够提升球队的进攻体系。伊布在巴萨虽然保障了一定的进球效率，但是他对于巴萨的球队文化并不认同，对于自身在球队的定位也有诸多抱怨，这使得他在下半赛季与瓜迪奥拉发生了激烈的冲突，瓜迪奥拉对于伊布的愤怒始终采取冷眼相对的态度。赛季结束后，在双方矛盾难以调和的情况下伊布离开巴萨，以租借形式加盟 AC 米兰。伊布本人的自传中有关于巴萨生涯的大篇幅描写，其中不乏对瓜迪奥拉的猛烈抨击乃至人身攻击，本书中也有大量引用。

安德雷斯·伊涅斯塔（Andre's Iniesta）：西班牙中场，拉玛西亚青训学员，2002 年进入巴萨一队。在青年队时期就展露了极高的天赋，被瓜迪奥拉和哈维视为“将来要逼我们提前退休的人”，对于瓜迪奥拉有近乎虔诚的拥戴。在瓜迪奥拉上任前，伊涅斯塔还是球队的轮换球员，瓜迪奥拉上任后将其调教为球队的进攻核心之一，他与哈维组成的双中场无论在俱乐部还是国家队都具有超强的控制力，伊涅斯塔本人在俱乐部的高光时刻无疑是 2009 年斯坦福桥一战的远射绝杀，他也被认为是世界上最优秀的中场之一。本书第三部分有大量关于伊涅斯塔表现的描述及其言论的引用，我们可以从中了解瓜迪奥拉对他的影响以及其在球队体系中扮演的角色。

若安·拉波尔塔（Joan Laporta）：2003 年至 2010 年期间担任巴塞罗那俱乐部主席，是 21 世纪初巴萨复兴之路上的重要人物。在竞选巴萨主席期间曾经与瓜迪奥拉所在阵营有过对立，担任主席之后任命里杰卡尔德为主帅，引进罗纳尔迪尼奥作为球队核心，球队战绩彪炳，完成了对皇马的大反攻。但是在 2006 年获得欧冠之后球队一路下滑进入低谷，2008 年拉波尔塔痛定思痛，放弃了里杰卡尔德，不计前嫌任命瓜迪奥拉为球队主帅，这使得巴萨再度进入辉煌期，他与瓜迪奥拉也“化敌为友”。但是在离开俱乐部之后，他遭到了继任者罗塞尔的责难，被后者以贪腐的名义起诉，一度陷入困境，瓜迪奥拉从中调和化解了这场争斗。拉波尔塔在本书第三部分前半段有多次出现。

胡安马·利略（Juanma Lillo）：西班牙教练，瓜迪奥拉的良师益友。从 16 岁就开始了执教生涯，没有执教过顶级强队，但是被瓜迪奥拉看作“这个世界上考虑问题最周全的教练”。瓜迪奥拉也因为利略于

2005年加盟了其执教的墨西哥球队多拉多斯，只为深入了解其执教思想，在这一层面利略堪称瓜迪奥拉最特别的交流对象。本书第二部分有瓜迪奥拉在墨西哥的经历描写，我们也可以从中了解利略的特别之处。

哈维尔·马斯切拉诺（Xavier Mascherano）：阿根廷中场，2010年加盟巴萨，曾经被认为是世界上最优秀的后腰之一，来到巴萨之后被瓜迪奥拉改造成为了中后卫。马斯切拉诺为瓜迪奥拉的管理手段及战术理念所折服，他声称没有在其他球队看到过更衣室的球员会如此死心塌地地追随一位主帅，瓜迪奥拉也让他对足球有了新的理解。在本书第三部分中后段有马斯切拉诺对瓜迪奥拉的相关评价。

莱昂内尔·梅西（Lionel Messi）：阿根廷前锋，拉玛西亚青训学员，2004年进入巴萨一队，当今足坛最佳球员，四届金球奖获得者，具有非凡的足球天赋。巴萨传奇雷克萨奇将梅西带到了巴萨，并由俱乐部出资为其治疗侏儒症。瓜迪奥拉上任之后将梅西树立为球队的绝对核心，为其量身订做了伪中锋战术，使得梅西在进攻端如鱼得水，在帮助球队高歌猛进的同时，个人数据上也有惊人的提升，他也凭借在俱乐部的出色表现连续四年获得金球奖，成为傲视足坛的当今王者。但是在瓜迪奥拉执教末年，梅西与球队之间的平衡似乎被打破，他开始越来越多地批评队友，并且因为出场时间的问题与瓜迪奥拉产生分歧，瓜迪奥拉某种程度上打破了自己团队至上的原则。本书第三部分中我们可以非常清晰地看到梅西与瓜迪奥拉的关系变化。

何塞·穆里尼奥（Jose' Mourinho）：葡萄牙教练，被认为是世界上最优秀的教练之一。他于20世纪90年代后期在巴萨工作，为博比·罗布森和路易斯·范加尔担任翻译，但是职责上近乎于一名教练，因此他与球员时代的瓜迪奥拉也有非常多的交流。之后他因2004年率领波尔图获得欧冠而名震天下。穆里尼奥和瓜迪奥拉教练时代的初次交锋出现在2009年，前者率领的国际米兰与后者率领的巴萨先后四度交手，最终国际米兰击败巴萨杀入欧冠决赛一举捧杯。2010年夏天，穆里尼奥来到西班牙执教皇马，他与瓜迪奥拉的较量也逐渐进入白热化状态。穆里尼奥信奉“比赛始于新闻发布会终于新闻发布会”，他频繁的心理战和场外招让瓜迪奥拉不胜其烦，这也导致二人关系恶化。但是穆里尼奥过于专注与巴萨的争斗，皇马本身的战绩提升并不显著，内部也存在很多不稳定因素，在瓜迪奥拉离开巴萨一年后，穆里尼奥也因战绩不佳从皇马离任。本书第三部分中“佩普·瓜迪奥拉与何塞·穆里尼奥”一节有关于二人关系变化的大篇幅述说，在其他章节中也穿插有二人的交锋。

佩德罗（Pedro Rodri'guez Ledesma）：西班牙前锋，拉玛西亚青训学员，2008 年进入巴萨一队。在瓜迪奥拉执教 B 队时得到重用，在瓜迪奥拉执教一队之后又得到提拔，开始进入球队轮换阵容，并逐渐进入首发阵容。佩德罗并不被认为拥有很高的天赋，但他是一位非常出色的团队球员，在反抢中表现得非常积极，而且勤于打磨自己的技术，左右脚都有很强的射门能力，曾经创下了一个赛季在六项不同的赛事均有进球的纪录。和布斯克茨一样，他也是瓜迪奥拉麾下青训球员获得成功的标志性人物。

杰拉德·皮克（Gerard Pique'）：西班牙后卫，拉玛西亚青训学员，为梅西和法布雷加斯的同届生。17 岁时转投曼联，于 21 岁时在昔日青年队教练、瓜迪奥拉助手比拉诺瓦的召唤下回归巴萨，迅速成长为球队后防中坚，与队长普约尔组成了坚固的中卫组合。皮克被称为瓜迪奥拉“情感上的弱点”，在瓜迪奥拉执教巴萨的最后一个赛季，皮克对于足球的专注度下降，伤病和场外新闻使他的状态受到了很大的影响，瓜迪奥拉努力帮助皮克重回正轨，皮克也最终理解了教练的苦心。本书第三部分“佩普和他的球员们”一节中描述了二人的关系。

卡莱斯·普约尔（Carles Puyol）：西班牙后卫，拉玛西亚青训学员，巴萨队长，1999 年进入巴萨一队，与球员时代的瓜迪奥拉当过队友。普约尔斗志旺盛，意志顽强，被视为球队的精神领袖。在瓜迪奥拉接手球队之初对普约尔提出了更多战术上的要求，普约尔非常出色地完成了瓜迪奥拉交付的任务，在队内他也很好地履行了队长的职责，是其他球员的表率。在本书第三部分中有一定篇幅讲述了瓜迪奥拉如何为普约尔灌输战术理念，也有关于普约尔领袖气质的描写。

米歇尔·普拉蒂尼（Michel Platini）：法国传奇球员，欧足联主席。被少年时期的瓜迪奥拉视为偶像，少年瓜迪奥拉将普拉蒂尼的海报张贴在了自己圣培多尔老家的房间内。在诺坎普担任球童期间瓜迪奥拉曾与普拉蒂尼擦肩而过，在成为教练之后瓜迪奥拉执教的巴萨两度从普拉蒂尼手中接过欧冠奖杯。

弗兰克·里杰卡尔德（Frank Rijkaard）：荷兰教练，球员时代为AC米兰的荷兰三剑客之一，声名显赫，2003年至2008年担任巴萨主帅。率领球队完成了进入21世纪之后的复兴。但是在他执教的最后两年里球队状态下滑，里杰卡尔德对更衣室的控制力大幅度下降，教练本人也没有以身作则。但是他在瓜迪奥拉上任前给予了后者很多建议和帮助，使得瓜迪奥拉能够做足准备，在上任之后就游刃有余地处理球队内部事务。在本书第二部分的后半段有关于里杰卡尔德执教末期的状况描述。

罗纳尔迪尼奥（Ronaldinho）：巴西球员，2003年至2008年期间效力于巴萨。罗纳尔迪尼奥球技天马行空，是巴萨复兴的重要人物，并且在巴萨成为了世界第一人。但是他的巅峰期过于短暂，在2006年获得欧冠之后他就因为不自律而状态下滑，在效力巴萨的最后一年，他出现在夜场的次数比出现在球场的次数更多，瓜迪奥拉还未上任便已决定要放弃罗纳尔迪尼奥以及另外一名重要球员德科。本书第二部分讲述了罗纳尔迪尼奥堕落的过程，也让我们了解了瓜迪奥拉和巴萨放弃他的原因。

桑德罗·罗塞尔（Sandro Rosell）：巴塞罗那俱乐部主席。曾经是拉波尔塔的竞选伙伴，并且一度担任其副手，但是二人后来因为矛盾分道扬镳，势同水火。2010 年罗塞尔通过选举成为俱乐部主席，并开始对前任拉波尔塔进行清算，并且剥夺了克鲁伊夫俱乐部荣誉主席的头衔。罗塞尔对于瓜迪奥拉并不完全认同，他甚至认为瓜迪奥拉庞大的教练团队是球队的财政负担，二人之间的关系始终维持着微妙的平衡。本书第一部分即有罗塞尔与瓜迪奥拉及拉波尔塔的关系描述，在本书第三部分瓜迪奥拉离任的相关内容中也有罗塞尔出现。

劳利亚诺·鲁伊斯（Laureano Rui'z）：西班牙教练，巴萨青训最早的奠基人。在 20 世纪 70 年代接手巴萨青训之后确立了技术和头脑为先的青训选拔和培养原则，并且将一整套训练方法推行到了俱乐部上下的梯队建设，但是鲁伊斯少有的一线队主帅经历并不美好。在本书的索引部分我们可以看到鲁伊斯如何为巴萨青训播下种子。

大卫·特鲁巴（David Trueba）：西班牙小说家、导演和编剧，瓜迪奥拉的挚友。二人私交甚笃，互相欣赏，瓜迪奥拉还曾经送给梅西一本特鲁巴的著作《理解失败》。当瓜迪奥拉从纽约回巴塞罗那度假时也会特地与特鲁巴共餐，所以特鲁巴属于瓜迪奥拉生活中的密友。本书中有大量特鲁巴口述的内容，大多涉及对其好友瓜迪奥拉的看法及相关回忆。

维克托·巴尔德斯（Victor Valde's）：西班牙门将，拉玛西亚青训学员，于 2002 年进入巴萨一队。在瓜迪奥拉执教一队之后，巴尔德斯不再是一名单纯的门将，按照瓜迪奥拉的设想，巴尔德斯开始越来越多地参与到球队的传递组织中，成为了球队的一个常规出球点和接球点。巴尔德斯的改变也是瓜迪奥拉足球理念的缩影，本书第三部分有巴尔德斯在队内战术角色和更衣室角色的相关讲述。

路易斯·范加尔（Luis van Gaal）：荷兰教练，提倡攻势足球，喜爱培养年轻球员，曾带领阿贾克斯获得欧冠冠军。于 1997 年和 2002 年两度进入巴萨执教，他在首次执教巴萨期间取得了一定成绩，并且提拔了哈维和普约尔这样的年轻球员，尤其对于哈维而言，范加尔有知遇之恩。但是范加尔与媒体之间关系紧张，因此他没有得到加泰罗尼亚媒体的公正评价。实际上他对于巴萨足球理念的发展、巴萨青训的夯实和瓜迪奥拉足球思想的充实都有很大的影响，在本书第二部分有关于这部分内容的详细描述，范加尔也发表了对瓜迪奥拉的看法。

蒂托·比拉诺瓦（Tito Vilanova）：西班牙教练，拉玛西亚青训学员，球员时代未能进入巴萨一队。比拉诺瓦教练生涯初期并不成功，但是瓜迪奥拉看重他的比赛分析能力，在执教巴萨 B 队时任命比拉诺瓦为助手，在接手一队后依然视比拉诺瓦为左右手。在瓜迪奥拉执教过程中比拉诺瓦提供了许多建议，瓜迪奥拉总是希望自己的想法能够让比拉诺瓦信服，这样他才能够放手实践。在 2011 年下半年，比拉诺瓦查出了腮腺肿瘤，他接受了第一次手术，这让瓜迪奥拉倍感悲伤。在瓜迪奥拉决定离任后俱乐部第一时间找到比拉诺瓦，他成为了瓜迪奥拉的继任者。这个决定出乎瓜迪奥拉的意料，两人的关系也因此受到损害。在 2012 年 12 月，已经身为巴萨主帅的比拉诺瓦腮腺肿瘤复发，不得不再次接手手术，休息两个月。这对巴萨的状态产生了很大的影响，虽然他们获得了联赛冠军，但是球队整个赛季都没能在关键战役中拿出令人满意的表现，在欧冠半决赛以总比分 0 -7 完败于拜仁，比拉诺瓦也在这个赛季结束后离任。作为瓜迪奥拉的助手，比拉诺瓦在他执教巴萨期间扮演了重要角色，在书中有多次出现。

哈维（Xavi Herna'ndez）：西班牙中场，拉玛西亚青训学员，1998 年进入巴萨一队，被范加尔当作时任队长瓜迪奥拉在队中的接班人。在瓜迪奥拉上任之前哈维就已经是巴萨中场长时间以来的主力人选，瓜迪奥拉上任后确立了哈维在战术体系中独一无二的重要性，某种程度上哈维是这支球队战术上的灵魂，哈维用清晰的头脑和精确的传球让球队有序运转，他则成为了举世公认的中场大师。作为球队培养的本土球员，哈维在球队更衣室内也起着积极的作用，他用自己的影响力帮助主帅维护球队团结。哈维出现在本书各章节多处，对于巴萨和瓜迪奥拉发表了诸多言论。

安东尼·苏比萨雷塔（Andoni Zubizaretta）：西班牙退役球员，巴萨技术总监，瓜迪奥拉前队友，20 世纪 90 年代巴萨梦之队队长。苏比萨雷塔随罗塞尔一同入主巴萨，在瓜迪奥拉执教的最后一年，苏比萨雷塔与瓜迪奥拉有频繁的交流，前者一直试图挽留后者，但是屡遭拒绝，在瓜迪奥拉决定离队后，苏比萨雷塔则第一时间帮助俱乐部确立了继任者，使得瓜迪奥拉离去后球队得以继续保持稳定。在本书的第一部分和第三部分后半段有大量苏比萨雷塔与瓜迪奥拉的对话及苏比萨雷塔本人的回忆。